Ignaz Furger

Strategie-Leitfaden

CIP-Kurztitelaufnahme der deutschen Bibliothek

Strategie-Leitfaden

Autor: Ignaz Furger

© 2013 WEKA Business Media AG, Hermetschloostrasse 77, CH-8048 Zürich
Telefon 044 434 88 88, Telefax 044 434 89 99

WEKA Business Media AG
Zürich • Kissing • Paris • Amsterdam • Wien

Alle Rechte vorbehalten, Nachdruck – auch auszugsweise – nicht gestattet.

ISBN 978-3-297-00939-0

Druck: Kösel GmbH & Co. KG, Layout: Dimitri Gabriel, Satz: Dimitri Gabriel,
Grafiken: Katja Rentemeister (Squirrel Graphics)

WEKA Business Media AG
Hermetschloostrasse 77
CH-8048 Zürich
Telefon +41 44 434 88 88
info@weka.ch
www.weka.ch

Furger und Partner AG
Strategieentwicklung
Hottingerstrasse 21
CH-8032 Zürich
Telefon +41 44 256 80 70
furger@furger-partner.ch
www.furger-partner.ch

- Aus der Praxis für die Praxis
- Mitarbeiter als Strategen
- Vervollständigung des Strategieprozesses
- Elektronisches Instrumentarium
- Strategie verstehen

- Aus der Praxis für die Praxis:
- Mitarbeiter als Strategen:
- Vervollständigung des Strategieprozesses:
- Elektronisches Instrumentarium:
- Strategie verstehen:

Dieser Strategie-Leitfaden ist eine praktische Anleitung für die Entwicklung von Unternehmensstrategien. Das Konzept beruht auf 20 Jahren Erfahrung, die ich in der Begleitung und Leitung von Strategieprojekten mit vorwiegend mittelständischen Unternehmen in Deutschland und in der Schweiz erworben habe. Der Leitfaden zeigt anschaulich auf, wie ein Strategieprojekt aufgesetzt wird, und führt dann Schritt für Schritt durch den Prozess bis hin zur Vorbereitung der Umsetzung. Das Buch soll die Mitarbeiter befähigen, selbstständig die Strategie ihres Unternehmens zu erarbeiten und umzusetzen.

Unternehmensstrategien werden damit weitgehend durch die eigenen Mitarbeiter erarbeitet – getreu dem Motto: «Mitarbeiter sind die besten Strategen». Dieser integrierte Ansatz sorgt dafür, dass Wissen und Erfahrung der Mitarbeiter für das Unternehmen genutzt werden, während gleichzeitig die Strategiekompetenz der Mitarbeiter gestärkt und neues Know-how aufgebaut wird. Nicht zuletzt werden die Mitarbeiter dazu motiviert, die erarbeitete Strategie mit viel Engagement auch umzusetzen.

Strategieprojekte werden zu 70% nur mangelhaft oder überhaupt nicht umgesetzt. Neben dem fehlenden Einbezug der Mitarbeiter liegt dies daran, dass eine Reihe von Aufgaben, die für den Erfolg entscheidend sind, zu wenig beachtet oder schlicht ignoriert werden. Dies gilt insbesondere für die Entscheidungsfindung zwischen den einzelnen Phasen und für die Planung der Umsetzung. Deshalb haben wir den klassischen Strategieprozess *Analyse–Gestaltung–Umsetzung* durch zusätzliche Phasen und Zwischenschritte ergänzt. Dies wird entscheidend zu einer erfolgreichen Strategieumsetzung beitragen.

Mit diesem Leitfaden erhalten Sie ein umfassendes Arbeitsinstrumentarium in elektronischer Form, das Sie von einer eigenen Website des Buches herunterladen und direkt als Arbeitsrahmen für Ihre Strategieprojekte einsetzen können. Dieses umfasst neben bekannten Strategiewerkzeugen wie der SWOT sämtliche Unterlagen, die Sie für ein Projekt benötigen: Checklisten für das Projektsetup, Agenden und Drehbücher für die Workshops, Formulare und Tabellen. Die Instrumente werden im Buch jeweils knapp auf die unmittelbare Anwendung hin ohne unnötigen theoretischen Ballast erklärt.

Nicht zuletzt gehört zum Konzept dieses Leitfadens, dass wir keine starren Anweisungen und Richtlinien vorgeben. Vielmehr erlaubt es das Vorgehen, sowohl den Ablauf als auch die Unterlagen jeweils im Hinblick auf die konkrete Situation und die Anforderungen des Unternehmens anzupassen. Das breite Angebot an Instrumenten und Formularen bildet keineswegs ein Korsett, das zu einem mechanischen Durchlaufen und Ausfüllen von Formularen verleiten soll. Das Buch soll gerade auch durch seine Vorgehensweise vor allem eines lehren: STRATEGIE VERSTEHEN.

Aufbau des Buches

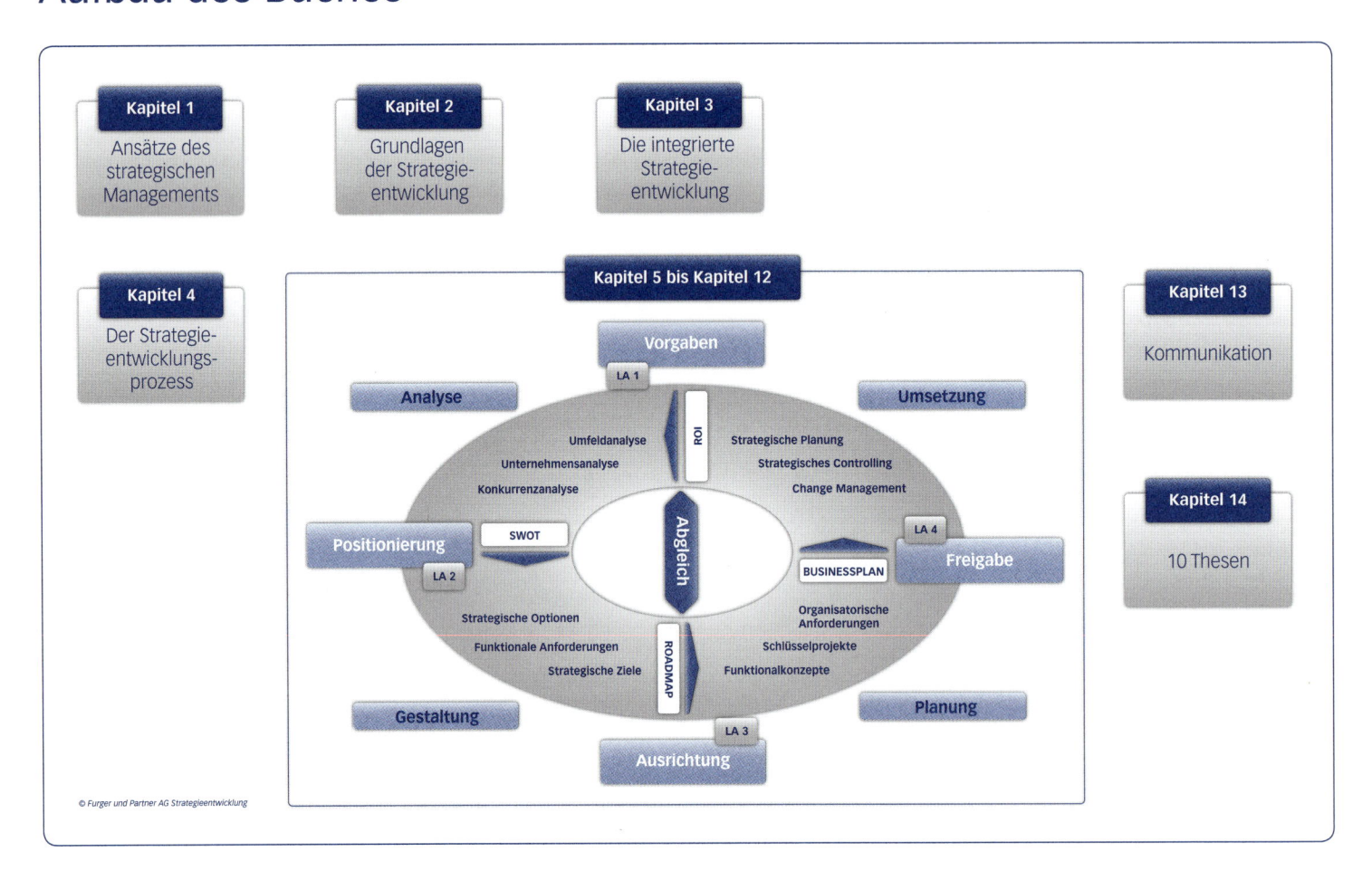

Kapitel 1 – Ansätze des strategischen Managements

Kapitel 2 – Grundlagen der Strategieentwicklung

Kapitel 3 – Die integrierte Strategieentwicklung

Kapitel 4 – Der Strategieentwicklungsprozess

Kapitel 5 bis Kapitel 12

- Vorgaben (LA 1)
- Analyse: Umfeldanalyse, Unternehmensanalyse, Konkurrenzanalyse
- SWOT
- Positionierung (LA 2)
- Abgleich
- ROI
- Umsetzung: Strategische Planung, Strategisches Controlling, Change Management
- BUSINESSPLAN
- Freigabe (LA 4)
- Planung: Organisatorische Anforderungen, Schlüsselprojekte, Funktionalkonzepte
- ROADMAP
- Ausrichtung (LA 3)
- Gestaltung: Strategische Optionen, Funktionale Anforderungen, Strategische Ziele

Kapitel 13 – Kommunikation

Kapitel 14 – 10 Thesen

© Furger und Partner AG Strategieentwicklung

Grundlagen

In den **Kapiteln 1 bis 3** werden knapp einige theoretische Grundlagen dargestellt. Nach einem Blick auf verschiedene Ansätze der Strategieentwicklung erörtern wir einige zentrale Fragestellungen und ökonomische Gesetzmässigkeiten. Ein Fokus gilt den Professoren Hans Ulrich und Aloys Gälweiler. Professor Ulrich, den man als den Begründer des systemorientierten Ansatzes bezeichnen darf, beschreibt ein Unternehmen als offenes, produktives und soziales System. Daraus leitet sich auch die zentrale Zielsetzung der strategischen Arbeit ab: die langfristige Lebensfähigkeit des Unternehmens zu fördern und sicherzustellen.

Strategieprozess

Kapitel 4 ist dem Strategieentwicklungsprozess gewidmet. Als Grundlage stellen wir ein Modell des ergänzten Prozesses vor, das Sie als Orientierung durch den gesamten Leitfaden begleiten wird. Dazu stellen wir auch mögliche Varianten des Gesamtprozesses dar, die sich je nach Anforderungen im Unternehmen anwenden lassen. Zusätzlich wird erläutert, welche Rollen in einen Strategieprozess involviert sind und wie die Entscheidungsfindung erfolgt. Hinweise und Ratschläge zur Organisation von Sitzungen und zur Ablage der Dokumentation runden das Kapitel ab.

Leitfaden

Die **Kapitel 5 bis 12** stellen je einen Schritt oder Zwischenschritt des Strategieprozesses dar. Wir beschreiben das Vorgehen und die Inhalte für die Workshops, präsentieren Vorlagen für Agenda und Drehbücher und führen jeweils eine Liste mit Hausaufgaben auf. Am Schluss jedes Kapitels werden die dazu notwendigen Instrumente aufgeführt. Sämtliche Checklisten, Vorlagen und Instrumente können von der Website des Buches heruntergeladen werden. Diese dienen als Vorlage und lassen sich nach Bedarf anpassen und ergänzen.

Herausgehoben werden in diesem Prozess vor allem drei Aspekte: der Entscheidungsprozess zwischen eigentlichen Projektphasen, eine detaillierte Planung der Umsetzung sowie die Implementierung des strategischen Controllings als Teil eines eigenen strategischen Planungsprozesses.

Abschluss

Ohne auf die theoretischen und weitläufig bekannten Grundlagen der Kommunikation einzugehen, geben wir Ihnen in **Kapitel 13** auf Basis unserer praktischen Erfahrung einige Hinweise zum Thema Kommunikation. Unsere 10 Thesen unter dem Titel «Mitarbeiter sind die besten Strategen» schliessen das Buch mit dem **Kapitel 14** ab.

Ignaz Furger

Ignaz Furger unterstützt seit 20 Jahren Unternehmen bei der Entwicklung und Umsetzung von nachhaltigen Strategien. Er ist Inhaber der Firma Furger und Partner AG Strategieentwicklung in Zürich.

Ignaz Furger studierte Mathematik an der Eidgenössischen Technischen Hochschule Zürich (Dipl. Math. ETH) und absolvierte an der Universität St. Gallen ein Wirtschaftsstudium, das er mit dem Executive MBA abschloss.

Nach einigen Jahren praktischer Tätigkeit in der Tourismus- und Hotelbranche in Spanien, arbeitete Ignaz Furger acht Jahre als IT-Spezialist bei Banken und bei GE Information Services. Es folgte eine lange und intensive Zeit als Berater beim MZSG und bei Helbling Management Consulting. 2010 machte er sich mit der Gründung einer eigenen Firma selbstständig.

Der Beratungsansatz von Ignaz Furger basiert auf dem systemorientierten Management und orientiert sich am St. Galler Management-Modell. Entscheidend ist dabei die Verankerung der Strategieentwicklung als eigenständiger Geschäftsprozess im Unternehmen.

Für die erfolgreiche Erarbeitung und Umsetzung von Strategien ist die Ausbildung der Mitarbeiter in strategischem Denken und Handeln eine unabdingbare Voraussetzung. Mit dem Konzept «Das praktische Seminar» unterstützt Furger und Partner AG die Entwicklung Ihrer Mitarbeiter zu den unternehmerisch denkenden und handelnden Personen, die sich jedes Unternehmen wünscht.

Liebe Strateginnen und Strategen

Sie haben dieses Buch gekauft und halten es jetzt in den Händen – das ist aber nicht alles, Sie bekommen noch viel mehr. Wir laden sämtliche Tools, Instrumente, Vorlagen, Checklisten und Tabellen wie Tagesordnungen und Drehbücher auf unsere Website. Sie können diese Vorlagen herunterladen, und das gratis und franko. Jedes Buch hat einen einmaligen Code, mit dem Sie sich auf www.strategieleitfaden.ch registrieren können. Dazu benötigen wir von Ihnen Ihren Namen und Ihre E-Mail-Adresse, optional auch Firmennamen und Postadresse. Mit einem Passwort, das Sie selber vorgeben, erhalten Sie ein Bestätigungsmail, und schon sind Sie registriert. Diese Mitgliedschaft gilt für ein Jahr, und während dieser Zeit können Sie sämtliche Instrumente und Unterlagen auch mehrfach herunterladen.

> Ihren persönlichen Code für www.strategieleitfaden.ch finden Sie vorne im Buch auf der Innenseite des Umschlags.

Die Website ist folgendermassen gegliedert: je Kapitel erhalten Sie eine kurze Einführung, gefolgt von einer Liste mit Vorlagen, die Sie einzeln herunterladen können. Sie erhalten die Dateien im Originalformat, d.h. in Word, PowerPoint oder Excel, und können diese nach Belieben anpassen und für Ihre Firma verwenden. Aus Copyright-Gründen sind Sie verpflichtet, die Herkunft der Unterlagen anzugeben, wenn Sie diese für andere Firmen, insbesondere für bezahlte Beratungsprojekte, einsetzen.

Das Ganze lebt – wir werden die Unterlagen immer wieder ergänzen und anpassen, dies auch mithilfe Ihres Feedbacks und Ihrer Anregungen. Sie sind eingeladen, einen Beitrag zu leisten – wir nehmen gerne Ihre Vorschläge und Anregungen auf, oder Sie schicken uns Ihre eigenen Tools, die wir auf der Plattform zur Verfügung stellen. Vielleicht richten wir später die Möglichkeit ein, dass Sie selber Dateien hochladen können.

Wir hoffen, dass sich damit der Kauf dieses Buches für Sie gelohnt hat, und wünschen den Anfängern viel Spass bei ihren ersten Gehversuchen und den Profis viel Erfolg bei ihren für ein Unternehmen so wichtigen Projekten. Über ein Feedback freuen wir uns und für Fragen stehen wir Ihnen selbstverständlich jederzeit gerne zur Verfügung.

Mit freundlichen Grüssen
Ignaz Furger

Inhaltsverzeichnis

Kapitel 1 Ansätze des strategischen Managements ... 15
Militärstrategische Ansätze: Von Sun Tzu über Machiavelli zu Clausewitz ... 18
Igor Ansoff: Systematischer Strategieprozess und Umfeldanalyse ... 20
Aloys Gälweiler: Steuerung der Erfolgspotenziale ... 22
Michael Porter: Der marktorientierte Ansatz ... 24
Gary Hamel / C. K. Prahalad: Der ressourcenorientierte Ansatz ... 26
Markt- und ressourcenorientierte Ansätze ergänzen sich ... 28
Henry Mintzberg: Strategiebildung durch Handlungsmuster ... 30
Hans Ulrich: Der systemorientierte Ansatz ... 32
Cuno Pümpin: Strategische Erfolgspositionen (SEP) ... 34
Die Blue-Ocean-Strategie: Erfolg und höhere Gewinne
in wettbewerbsfreien neuen Märkten ... 36

Kapitel 2 Grundlagen der Strategieentwicklung ... 39
Was ist ein Unternehmen? ... 41
Ziele der Strategieentwicklung ... 42
Strategische Gesetzmässigkeiten ... 45
Strategische Erfolgsfaktoren und Erfolgspotenziale ... 54
Das Gesamtkonzept der Strategie im Unternehmen ... 60

Kapitel 3 Die integrierte Strategieentwicklung ... 63
Das Wissen der Mitarbeiter und der Kunden optimal nutzen ... 66
Integration der Mitarbeiter bei der Strategieerarbeitung ... 67
Bedeutung für Geschäftsleitung und Verwaltungsrat ... 68
Change Management wird überflüssig ... 69
Projektteam ... 70
Der Nutzen eines integrierten ganzheitlichen Vorgehens ... 72
Beispiel aus einem Projekt ... 73

Kapitel 4 Der Strategieentwicklungsprozess ... 75
Vorgehensschritte im Strategieentwicklungsprozess ... 78
Beteiligte und Rollen ... 89
Der Entscheidungsprozess ... 92
Sitzungen und Workshops ... 94
Projektdokumentation ... 96
Vorgehensmodelle ... 98

Kapitel 5 Strategische Vorgaben ... 109
Eignerstrategie – Shareholder-Strategie ... 113
Das Leitbild oder die Unternehmenspolitik ... 114
Leitlinien ... 116
Rahmenziele der Unternehmensbereiche ... 118
Projektsetup ... 120

Kapitel 6 Strategische Analyse ... 125
Vorgehen ... 129
Workshop I ... 130
Arbeitssitzungen ... 139
Analyseinstrumente ... 140
Sofortmassnahmen ... 176
Themenspeicher ... 177

Kapitel 7 Strategische Positionierung ... 179
Vorgehen ... 183
Workshop II ... 184
Ergebnis auf Unternehmensebene ... 192
Ergebnis auf Geschäftsfeldebene ... 198
Normstrategien ... 202

Sofortmassnahmen 203
Lenkungsausschuss 204

Kapitel 8   Strategiegestaltung 207
Vorgehen 211
Workshop III 212
Instrumente Gestaltungsphase 221
Sofortmassnahmen 236
Themenspeicher 237

Kapitel 9   Strategische Ausrichtung 239
Vorgehen 243
Workshop IV 244
Instrumente Strategische Ausrichtung 255

Kapitel 10 Planung der Strategie 261
Vorgehen 265
Jetzt fängt die Arbeit an! 266
Workshop V 268
Instrumente Planung 275

Kapitel 11 Freigabe der Strategie 289
Vorgehen 293
Workshop VI 294
Der Lenkungsausschuss 300
Abschluss 302

Kapitel 12 Strategieumsetzung 305
Das strategische Controlling 309
Der strategische Planungsprozess 316
Die organisatorische Einbindung des strategischen Controllings 322

Kapitel 13 Kommunikation 325
Was? 328
Wer? 329
Wann? 330
An wen? 331
Wie? 332
Und die Gerüchte? 333

Kapitel 14 Mitarbeiter sind die besten Strategen 335
Engagement mit Herz 337
These 1 338
These 2 339
These 3 340
These 4 341
These 5 342
These 6 343
These 7 344
These 8 345
These 9 346
These 10 347

Literaturverzeichnis 349

Stichwortverzeichnis 351

Abbildungsverzeichnis 355

Tabellenverzeichnis 357

Danke

Toolverzeichnis

Kapitel 6 Instrumente Strategische Analyse 140
Analysebedarf..142
Leitplanken..144
Analysethemen Unternehmen 146
Analysethemen Umfeld...148
Konkurrenzanalyse 150
Finanzanalyse...153
Kostenstrukturanalyse 154
Wertschöpfungsketten-Analyse 156
ABC-Analyse...158
Marktsegmentierung...159
Geschäftsfeldgliederung 160
Value Proposition..162
Kernkompetenzen...164
Erfahrungskurve..166
Substitutionsanalyse...167
Portfolio-Analyse...168
PIMS..170
SWOT..172

Kapitel 8 Instrumente Strategiegestaltung..221
Marktplatz..222
Adjacencies...224
Die Ansoff-Matrix...226
Die erweiterte Business Model Canvas – eBMC......................................228
SWOT-GAP-Analyse 230
Bewertung der Stossrichtungen 232
7Q – Beschreibung der strategischen Stossrichtungen 234

Kapitel 9 Instrumente Strategische Ausrichtung 255
Grundstrategien..256
Funktionale Anforderungen und Massnahmen 258

Kapitel 10 Instrumente Planung der Strategie...................................275
Funktionalkonzepte..276
Massnahmen 278
Businesspläne..280
Organisatorische Anforderungen 287
Störungsanalyse...288

Ansätze des strategischen Managements

Militärstrategische Ansätze: Von Sun Tzu über Machiavelli zu Clausewitz 18

Igor Ansoff: Systematischer Strategieprozess und Umfeldanalyse 20

Aloys Gälweiler: Steuerung der Erfolgspotenziale 22

Michael Porter: Der marktorientierte Ansatz 24

Gary Hamel / C. K. Prahalad: Der ressourcenorientierte Ansatz 26

Markt- und ressourcenorientierte Ansätze ergänzen sich 28

Henry Mintzberg: Strategiebildung durch Handlungsmuster 30

Hans Ulrich: Der systemorientierte Ansatz 32

Cuno Pümpin: Strategische Erfolgspositionen (SEP) 34

Die Blue-Ocean-Strategie: Erfolg und höhere Gewinne in wettbewerbsfreien neuen Märkten 36

Ansätze des strategischen Managements

Der Begriff Strategie hat seinen Ursprung im Militärwesen und umschreibt Art und Weise, wie bewaffnete Auseinandersetzungen erfolgreich geplant und geführt werden. Im Altgriechischen bedeutet das zusammengesetzte Wort «strataegeo» soviel wie «an den umfassenden obersten Zielen orientiert handeln». Mit der Herausbildung der strategischen Unternehmensführung im 20. Jahrhundert erlangte der Begriff einen breiten Platz im Management. Militärhistorische Abhandlungen dienten immer wieder als Bezugsrahmen für die neue Wissenschaft.

Den Aufstieg zu einer Disziplin innerhalb der Betriebswirtschaft und Unternehmensführung erlebte das strategische Management nach dem Zweiten Weltkrieg. Grund dafür war das sich verändernde Umfeld. Die 1950er- und 1960er-Jahre markierten den Übergang von relativ stabilen ökonomischen Bedingungen zu einem beschleunigten Wandel der Rahmenbedingungen. Prägend für diese wurden die wachsende Internationalisierung und eine verschärfte Konkurrenz. Dies bedeutete insbesondere auch eine Zunahme der Komplexität im Management von Unternehmen.

Die Grundlagen, an denen sich Unternehmen bis anhin orientiert hatten, reichten nicht länger aus, um einen Betrieb langfristig erfolgreich zu führen. Dazu bedurfte es neuer Methoden und neuer Vorgehensweisen, die im Rahmen der strategischen Unternehmensführung rasch an Bedeutung gewannen. Als Antwort auf diese Herausforderung wurden eine Vielzahl von Ansätzen und Instrumenten entwickelt, die heute zum Grundhandwerk des strategischen Managements gehören.

Militärstrategische Ansätze: Von Sun Tzu über Machiavelli zu Clausewitz

Die frühesten Abhandlungen über Militärstrategie wurden vor rund 2500 Jahren in China verfasst. Als Perle dieses Erbes gilt «Die Kunst des Krieges» von Sun Tzu, ein Traktat, das um 500 v.Chr. entstand. Im europäischen Kulturraum liegen die Ursprünge des Genres in der Antike. «De Re Militari» (4. Jh.) von Flavius Vegetius Renatus hatte bis ins 18. Jahrhundert auf zahlreiche Herrscher grossen Einfluss. Mit militärtheoretischen Fragen beschäftigte sich auch Niccolò Machiavelli, der mit dem Band «Der Fürst» weltweiten Ruhm erlangte. Als der grosse Klassiker zum Thema gilt die Studie «Vom Kriege» des preussischen Offiziers Carl von Clausewitz.

> *«Der Grund dafür, dass der erleuchtete Herrscher und der tüchtige Feldherr mit jedem ihrer Manöver siegreich bleiben und Erfolge erzielen, die die Möglichkeiten der gewöhnlichen Menschen weit übersteigen, liegt nämlich im Vorabwissen.»*
>
> **Sun Tzu: Die Kunst des Krieges**

> *«Wer Frieden will, plane den Krieg. Wer den Sieg will, lasse seine Soldaten üben. Wer einen erfolgreichen Ausgang will, kämpfe mit Strategie, nicht aufs Geratewohl. Niemand wagt es, jemanden herauszufordern oder zu bedrohen, von dem man weiss, dass er im Fall eines Kampfes siegen wird».*
>
> **Flavius Vegetius: De Re Militari**

«Die Kunst des Krieges» entstand um 500 v.Chr. und wurde als Teil der Sammlung «Die sieben militärischen Klassiker» überliefert. Das Traktat wurde lange **Sun Tzu** zugeschrieben, der als General unter dem Herrscher von Wu diente. Heute dominiert die Ansicht, dass Sun Tzu nicht im engeren Sinn Autor des Buches war; selbst dessen historische Existenz wird zum Teil infrage gestellt.

Sun Tzu beschreibt in 13 Kapiteln, oft in Lehrsätzen formuliert, die wichtigsten Prinzipien der militärischen Führung. Dazu zählen das genaue Studium des Umfeldes, Kenntnisse des Gegners sowie der eigenen Verhältnisse und Stärken, eine sorgfältige Planung und der Aufbau der Schlagkraft durch kluges strategisches Vorgehen.

Flavius Vegetius Renatus war im ausgehenden 4. Jahrhundert Beamter des Römischen Imperiums. Selber ohne militärische Erfahrung, trug er in «De Re Militari» (Über militärische Angelegenheiten) das zum Thema verfügbare Wissen aus einer Vielfalt von Niederschriften, Kommentaren und Anweisungen zusammen. Als Quellen führt er u.a. Augustus, Hadrian und den Historiker Sallust auf.

In «De Re Militari» hebt Vegetius die Leistungen der Zeit der Römischen Republik und des frühen Imperiums hervor. Angesichts des sich abzeichnenden Niedergangs Roms sollten diese als Orientierung für dringende Reformen dienen. Kapitel 3 der Abhandlung ist der Taktik und der Strategie gewidmet.

Mit dem Aufkommen der strategischen Führung im Unternehmensmanagement wurden häufig auch militärtheoretische Abhandlungen als Quellen beigezogen. Inzwischen liegt zudem eine wahre Flut von Publikationen vor, die militärische Studien unmittelbar als praktische Anleitung für Manager auslegen. Das Vorgehen stösst nicht nur auf Zuspruch. So gesteht Aloys Gälweiler zwar ein, dass die Denkmethodik auf hoher abstrakter Ebene die gleiche ist. Er betont aber, dass zwischen Militär und Unternehmen mehr Gegensätze als Gemeinsamkeiten bestehen, was eine Anwendung militärischer Prinzipien auf die Unternehmensführung wenig sinnvoll macht.

> *«Ich schliesse also, dass gute Ratschläge, von wem sie auch kommen mögen, aus der Klugheit des Fürsten entspringen müssen, und nicht die Klugheit des Fürsten aus guten Ratschlägen».*
> **Machiavelli: Der Fürst**

> *«Die Strategie ist der Gebrauch des Gefechts zum Zweck des Krieges; sie muss also dem ganzen kriegerischen Akt ein Ziel setzen, welches dem Zweck desselben entspricht, d.h., sie entwirft den Kriegsplan, und an dieses Ziel knüpft sie die Reihe der Handlungen an, die zu demselben führen sollen …»*
> **Clausewitz: Vom Kriege**

Niccolò Machiavelli (1469–1527), in Florenz in eine bürgerliche Familie geboren, widmete sich als Kanzlei-Sekretär von Florenz dem Aufbau einer Bürger-Miliz. Nach dem Fall der Regierung der Republik Florenz und der Rückkehr der Medici an die Macht wurde er des Amtes enthoben und inhaftiert. Neben dem berühmten Traktat «Der «Fürst» (Il Principe, 1513), umfasst sein Werk u.a. die «Discorsi», sein Hauptwerk, sowie eine militärtheoretische Abhandlung.

Machiavelli, der zu unrecht als Anwalt rücksichtsloser Machtpolitik gilt, vielmehr republikanische Prinzipien befürwortet, beschreibt in «Der Fürst» die diversen Typen von Fürstenstaaten im Italien der Renaissance sowie die Methoden, die zur Macht führen und deren Erhalt sichern. Das Buch zeigt schonungslos die Verhältnisse seiner Zeit auf.

Carl von Clausewitz (1780–1831) trat in jungen Jahren in Preussens Armee ein. Nach der Niederlage von 1806 kämpfte er auf Russlands Seite gegen Napoleon. 1814 fand er erneut Aufnahme in die preussische Armee, wurde General und Direktor der Allgemeinen Kriegsschule in Berlin. Seine Studie «Vom Kriege» wurde erst nach Clausewitz' Tode von seiner Frau veröffentlicht.

«Vom Kriege» basiert auf einer breiten historischen Analyse von Feldzügen aus unterschiedlichen Epochen sowie auf persönlichen Erfahrungen. Auf dieser Grundlage entwickelt Clausewitz systematisch theoretische Überlegungen zum Thema. Dazu gehört auch die Einordung des Krieges in den gesellschaftlichen Kontext, wobei der Primat der Politik und die Wichtigkeit der Analyse von Zweck, Ziel und Mitteln betont werden.

Igor Ansoff: Systematischer Strategieprozess und Umfeldanalyse

H. Igor Ansoff (1918–2002), in Russland geboren, emigrierte als 17-Jähriger in die USA. Nach Abschluss des Studiums (Mathematik und Physik) war er im Management bei der Rand Corporation und bei der Lockheed Aircraft Corporation tätig. 1963 wurde er Professor an der Carnegie Mellon University und an der Vanderbilt University. Später lehrte er an weiteren Universitäten in den USA und in Europa.

Ansoff kompakt

- Ansoff entwickelte ab den 1950er-Jahren ein umfassendes, mehrstufiges Modell zur Strategieentwicklung. Zentrale Elemente sind eine Lücken-Analyse zur Ermittlung des Abstands zwischen Ist-Zustand und Zielen sowie die Ausarbeitung von Diversifikationsstrategien.
- Mit «Corporate Strategy» legte er 1965 als erster ein systematisches Modell als Instrumentarium für die Strategieentwicklung vor. Dabei griff er bestehende Konzepte auf, führte aber auch viele neue Begriffe und Konzepte ein. Ansoff wird heute denn auch als Vater des strategischen Managements bezeichnet.
- Ansoff beschäftigte sich in der Folge zunehmend mit dem Zusammenhang zwischen Wachstum und wirtschaftlichem Umfeld. Daraus entstand ein komplexes Instrumentarium für die Analyse von Gefahren und Chancen angesichts unterschiedlicher Grade von Turbulenzen sowie zur Formulierung strategischer Entscheide und Massnahmen.
- Mit der Produkt-Markt-Matrix (Ansoff-Matrix) schuf Ansoff ein Instrument für die Ausarbeitung von Unternehmensstrategien im Kontext verschiedener Wachstumsalternativen.

Kontext

- Die 1950er- und 1960er-Jahre markierten den Übergang von relativ stabilen Umfeldbedingungen zu raschem Wandel im wirtschaftlichen Umfeld. Die von Ansoff in diesem Kontext erstellten Analysemodelle (Turbulenzen-Theorie) zählen zu seinen wichtigsten Beiträgen zur Entwicklung von Strategietheorien.
- Mit seiner komplexen, auf umfangreichen Analysen basierten Theorie prägte Ansoff die Strategieentwicklung der 1960er- und 1970er-Jahre. Seine Arbeiten bildeten die Grundlage für bedeutende spätere Entwicklungen, u.a. für Porters Wettbewerbstheorie (1980er-Jahre) und den Kernkompetenzen-Ansatz von Hamel und Prahalad (1990er-Jahre).

Werkauswahl

- Strategies for Diversification, HBR, 1957.
- Corporate Strategy, 1965; dt. Management-Strategie, 1966.
- Implanting Strategic Management, 1984.

Das strategische Planungsmodell von Ansoff

- Entwicklung der Wettbewerbsstrategie
  - Formulierung der langfristigen Ziele
- Erarbeiten einer Diversifikationsstrategie
  - Parallel zur Entwicklung der Wettbewerbsstrategie
- Entwicklung in Stufen
  - Lücken-Konzept
  - Die Strategieausarbeitung verläuft stufenweise über Entscheide und eine allmähliche Verfeinerung

- Formulierung der Ziele – Ermittlung der Lücke zwischen Ist-Zustand und Ziel – Erarbeitung einer Strategie zur Beseitigung der Lücke – Evaluierung und eventuell Konzipieren einer neuen Strategie
- Zentrale Konzepte und Ideen
  - Bereich Produkt-Markt: klare Vorstellung davon, welche Produkte/Dienstleistungen angeboten werden (bei Ansoff ist auch die Idee der Kernfähigkeiten eines Unternehmens anzutreffen)
  - Produkt-Markt-Matrix (Ansoff-Matrix)
  - Idee des Wettbewerbvorteils

Umfeldanalyse und Reaktionsstrategien

Strategic Issue Management

Angesichts der wachsenden Bedeutung der betrieblichen Umfeldveränderungen werden dem strategischen Management zur strategischen Planung drei weitere Aufgabenbereiche zugeteilt:
- Echtzeit-Reaktion auf Umfeldveränderungen (Strategic Issue Management)
- Frühzeitiges Erkennen von Trendbrüchen und Turbulenzen (Weak Signal Management)
- Institutionalisiertes Krisenmanagement (Response Management) für den Fall, dass Turbulenzen nicht rechtzeitig erkannt werden

Die Ansoff-Matrix

Das Modell basiert auf vier grundlegenden Wachstumsalternativen: Marktdurchdringung, Marktentwicklung, Produktentwicklung, Diversifikation. Die Matrix dient der Formulierung einer Unternehmensstrategie, die am besten geeignet ist, um langfristiges Wachstum zu sichern.

Ein Unternehmen lässt sich als Bündel von Geschäftsfeldern betrachten.

	Bestehende Produkte	Neue Produkte
Heutige Märkte	**A) Marktdurchdringung** Kosten 100% Erfolgswahrscheinlichkeit 50% Wachstum durch Verdrängungswettbewerb, intensive Marktbearbeitung, Marketing, Distribution, Produktanpassung	**B) Produktentwicklung** Kosten 80% Erfolgswahrscheinlichkeit 33% Ausweitung der Produktpalette, Substitution durch neue Produkte und Technologien, Optimierung
Neue Märkte	**C) Marktentwicklung** Kosten 400% Erfolgswahrscheinlichkeit 20% Neuer Markt, Wechsel der Märkte, Schaffen neuer Kundenbedürfnisse, neue Distributionskanäle (Kooperation, Akquisitionen)	**D) Diversifikation** Kosten 1600% Erfolgswahrscheinlichkeit 5% Aufbau einer komplett neuen Geschäftslinie, horizontale und/oder vertikale Diversifikation Exit

© Furger und Partner AG Strategieentwicklung

Quelle: Ansoff

Aloys Gälweiler: Steuerung der Erfolgspotenziale

> **Aloys Gälweiler** (1922–1984) studierte Volks- und Betriebswirtschaft und war viele Jahre bei Brown, Boveri & Cie. tätig. Als Dozent unterrichtete er Unternehmensplanung und Unternehmensstrategie an diversen Hochschulen in Deutschland und in der Schweiz, u.a. an der Hochschule St. Gallen.

Gälweiler kompakt

- Aloys Gälweiler entwickelte in den 1970er- und 1980er-Jahren ein umfassendes Konzept für die Unternehmensführung. Dessen Grundlage bildet ein detailliertes Navigationssystem. Zentral ist dabei die Unterscheidung zwischen operativen und strategischen Aufgabenbereichen mit den entsprechenden Orientierungsunterlagen und Steuergrössen.
- Den Kern das Ansatzes bildet das Konzept der Erfolgspotenziale. Gemeint sind damit sämtliche Massnahmen, die über das operative Tagesgeschäft hinaus den langfristigen Erfolg sicherstellen. Die Erfolgspotenziale dienen als Steuerungsgrösse der strategischen Führung, während Erfolg und Liquidität die Orientierungsgrundlagen der operativen Führung bilden.
- Die Steuerung der Erfolgspotenziale, Kernaufgabe der strategischen Führung, dient der «Vorsteuerung» von Erfolg und Liquidität, den beiden für die operative Führung massgeblichen Grössen. Für die strategische Führung ist diese Vorsteuerung entscheidend. Durch sie werden langfristig der Erfolg und die Überlebensfähigkeit des Unternehmens sichergestellt.

Kontext

- Den Ausgangspunkt von Gälweilers Konzept bildet die Feststellung, dass es angesichts zunehmend schnelleren und unvorhersehbaren Änderungen der Umwelt neue und zuverlässigere Grundlagen für die Unternehmensführung brauchte. Die im herkömmlichen Management verwendeten Grössen Erfolg und Liquidität konnten nicht länger als zuverlässige Orientierungsgrundlage für die Sicherung des langfristigen Erfolgs dienen.
- Gälweiler orientierte sich am systemorientierten und kybernetischen Ansatz. Mit seinem Navigationsmodell lieferte er einen bedeutenden Beitrag zur Entwicklung des St. Galler Management-Modells.

Werkauswahl

- Unternehmensplanung. Grundlagen und Praxis, 1986.
- Strategische Unternehmensführung, 1987.

Operative und strategische Führung

Die Aufgabenbereiche der operativen und strategischen Führung mit ihren Führungsgrössen:

- Operative Führung: Unmittelbare Erfolgssicherung im Alltagsgeschäft durch beste Nutzung der Erfolgspotenziale. Erfolg und Liquidität dienen als Steuerungsgrössen
- Strategische Führung: Sicherung des langfristigen Erfolgs. Als Steuerungsgrösse dienen die Erfolgspotenziale. Deren Sicherung und Aufbau ist die Hauptaufgabe der strategischen Führung

Erfolgspotenziale – Vorsteuerung des Erfolgs

Erfolgspotenziale (EP) eröffnen als Orientierungsgrundlage der strategischen Unternehmensführung einen langfristigen Zeithorizont. Diese zu schaffen, erfordert eine lange Zeit.

- Zentral bei der Bildung von EP sind die Faktoren Produktentwicklung, Aufbau von Produktionskapazitäten, Marktposition, Organisation. Aufbau und Erhalt spielen die dominierende Rolle
- Gälweiler unterscheidet zwischen bestehenden und neuen EP: Neue (zukünftige) EP beziehen sich auf neue Produkte oder Märkte, die zusätzlich neue EP begründen oder an die Stelle von auslaufenden EP treten
- Die Steuerung der Erfolgspotenziale hat die Funktion der systematischen «Vorsteuerung» der für die operative Führung massgebenden Grössen Erfolg und Liquidität

Orientierungsgrössen der Vorsteuerung

Zwei Gruppen von Orientierungsgrundlagen dienen als Basis für Daten, die zeitlich über die Erfolgsdaten hinausreichen. Für die Ortung von Innovationspotenzialen bilden sie zwei markant unterschiedliche Schwerpunkte. Dabei ist die Bedeutung für den Innovationsschwerpunkt wechselseitig übergreifend:

1. Das Phänomen der Erfahrungskurve (Kosten)
 - Sach- und Zeithorizont reicht weiter als bei Erfolgsdaten
 - Funktion: Das Orten von Verfahrensinnovationen

2. Das Anwenderproblem (Kundennutzen)
 - Sach- und Zeithorizont ist maximal
 - Funktion: Orientierung für Produktinnovationen

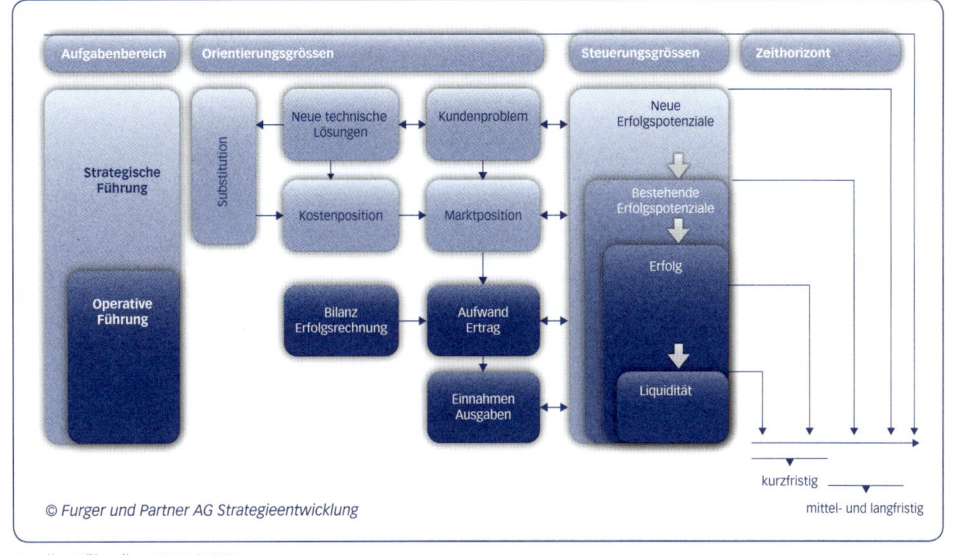

Quelle: Gälweiler, 1974 / 1987

Michael Porter: Der marktorientierte Ansatz

Michael Porter (geb. 1947) studierte Ingenieurs- und Wirtschaftswissenschaft. Durch seine Lehrtätigkeit und die Veröffentlichung zahlreicher Bücher erlangte er breite Anerkennung als einer der führenden Managementtheoretiker. Porter ist Professor für Wirtschaftswissenschaft an der Harvard Business School und leitet das Institute for Strategy and Competitiveness.

Porter kompakt
- Michael Porter entwickelte in den 1970er- und 1980er-Jahren einen marktorientierten Ansatz, den er umfassend in «Competitive Strategy» (1980) und «Competitive Advantage» (1985) darstellte. Porter geht von der Annahme aus, dass der Erfolg eines Unternehmens vom Markt abhängt. Im Zentrum stehen eine präzise Analyse der Branchen und Märkte sowie der eigenen Positionierung. Ziel ist es, attraktive Branchen sowie die optimale Positionierung zu finden und nachhaltige Wettbewerbsvorteile aufzubauen.
- Wichtigstes Konzept von Porters Wettbewerbstheorie ist das Fünf-Kräfte-Modell. Dieses besagt, dass der Wettbewerb in jeder beliebigen Branche von 5 Faktoren bestimmt wird: Auftreten neuer Wettbewerber, Herausforderung durch Substitute, Verhandlungsspielraum der Kunden, Verhandlungsspielraum der Zulieferer, Rivalität unter den Wettbewerbern.
- Vom Fünf-Kräfte-Modell leitet Porter das Konzept der drei generischen Strategien ab (auch als Wettbewerbsmatrix bekannt). Um sich erfolgreich im Markt zu behaupten, muss sich ein Unternehmen für einen der drei grundlegenden Strategie-Typen entscheiden und diesen strikt beibehalten: Kostenführerschaft, Differenzierung, Fokussierung (Nischenstrategie).

Kontext
- Seit den 1990er-Jahren beschäftigt sich Porter vermehrt mit volkswirtschaftlichen und makroökonomischen Fragen, so unter anderem mit nationalen Wettbewerbsvorteilen («Competitive Advantage of Nations», 1990), mit der Rolle des Staates in einer globalisierten Wirtschaft und sozialen Problemfeldern wie Gesundheit und Armut.
- Porter, der an der Harvard University lehrt, verschiedentlich als Berater von Regierungen tätig war und bis heute regelmässig in der Harvard Business Review veröffentlicht, gilt als einer der einflussreichsten Ökonomen.

Werkauswahl
- Competitive Strategy, 1980; dt. Wettbewerbsstrategie, 1999.
- Competitive Advantage, 1985; dt. Wettbewerbsvorteile: Spitzenleistungen erreichen und behaupten, 1996.
- Competitive Advantage of Nations, 1990; dt. Nationale Wettbewerbsvorteile: erfolgreich konkurrieren auf dem Weltmarkt, 1993.

Das «Fünf-Kräfte-Modell» von Porter

Das Modell ermöglicht es, die Wettbewerbslandschaft des eigenen Geschäfts zu ergründen und attraktive Märkte / Branchen zu finden.

Für die Analyse werden folgende Faktoren berücksichtigt:
- Rivalität unter den bestehenden Wettbewerbern in der Branche
- Bedrohung durch Konkurrenten (Markteintrittsbarrieren)
- Bedrohung durch die Verfügbarkeit von Ersatzprodukten
- Marktmacht der Lieferanten
- Marktmacht der Kunden

Matrix der Wettbewerbsstrategie

Ein zweites zentrales Instrument der Strategieentwicklung bilden bei Porter sogenannt generische (allgemeingültige) Wettbewerbsstrategien.

Wettbewerbsvorteile lassen sich nur erzielen, wenn sich Unternehmen konsequent für eine der Strategien entscheiden, um sich mit Erfolg zu positionieren:

- Strategie der Kostenführerschaft (Kostenvorsprung): Günstigere Herstellungskosten gestatten es, den Kunden die Vorteile in Form von attraktiven Preisen weiterzugeben. Wer die Preisführerschaft anstrebt, muss auch Kostenführer sein
- Strategie der Differenzierung (Qualitätsstrategie): Die Leistungen sollten Funktionen oder Merkmale aufweisen, welche den Konkurrenten fehlen. Das Produkt muss möglichst «einzigartig» sein
- Strategie der Fokussierung auf Teilsegmente des Marktes: Hier kann sich das Unternehmen erneut entweder als Kostenführer oder als Qualitätsführer positionieren

In Anlehnung an Porters generische Strategien finden sich in der Unternehmerlandschaft 4 Strategietypen:
- Pionier-Strategien
- Kostenführerstrategien
- Strategie der Kundenfokussierung
- Nachahmerstrategien

Weitere Arbeitsinstrumente
Analyse der Wertschöpfungskette:

Dient dazu, kosten- und leistungsbeeinflussende Aktivitäten eines Unternehmens zu systematisieren

Anhand der Wertschöpfungskette lassen sich primäre und unterstützende Arbeiten unterteilen

Ist ein Hilfsmittel, um strategisch relevante Tätigkeiten eines Unternehmens systematisch zu erfassen

Gary Hamel / C. K. Prahalad: Der ressourcenorienterte Ansatz

> **Gary Hamel** (geb. 1954) lehrte an der Ross School of Business (University of Michigan) und an der Harvard Business School und ist seit den 1980er-Jahren Gastprofessor an der London Business School. Zusammen mit C.K. Prahalad veröffentlichte er 1994 «Competing for the Future», einen einflussreichen Bestseller zur Unternehmensstrategie.
>
> **Coimbatore Krishna Prahalad** (1941–2010), in Südindien aufgewachsen, war langjährig als Professor an der Ross School of Business tätig. In zahlreichen Veröffentlichungen beschäftigte er sich mit Unternehmensstrategie und der Armutsproblematik in Entwicklungsländern.

Hamel / Prahalad kompakt

- G. Hamel und C.K. Prahalad gehen vom Standpunkt aus, dass sich Strategieentwicklung mit dem Wettbewerb um den Chancenanteil in zukünftigen Märkten befasst und nicht wie im marktorientierten Ansatz mit dem Wettbewerb um Marktanteile im gegenwärtigen Markt.
- Im Fokus der Unternehmensstrategie stehen die für den zukünftigen Erfolg erforderlichen strategischen Kernkompetenzen und nicht Produkte oder strategische Geschäftseinheiten. Das Unternehmen ist als Portfolio von Kernkompetenzen zu betrachten.
- Nur «revolutionäre» Unternehmen, die sich und ihre Industrie ständig neu erfinden und fähig sind, ihre Kernstrategie zu erneuern, sind auch langfristig erfolgreich.

Kontext

- Der Ansatz entstand Anfang der 1990er-Jahre als viele Firmen im Westen die Ablösung ihrer Führerschaft durch japanische Konkurrenten mit Restrukturierung und Redimensionierung konterten. Hamel und Prahalad sahen darin keine taugliche Strategie für die Rückkehr zum Erfolg.
- Am Beispiel japanischer Unternehmen zeigten sie auf, dass Firmen dank Innovation, Enthusiasmus und effizientem Einsatz von Ressourcen Konkurrenten mit weit grösseren Ressourcen ausstechen können.
- Die beiden Ökonomen führten an, dass die dominierenden, am Markt orientierten Strategieansätze der Komplexität eines sich rapide wandelnden Umfelds nicht mehr gerecht wurden.
- Hamel / Prahalad griffen mit der ressourcenorientierten Perspektive zwar ein bereits bekanntes Konzept auf (u. a. von Ansoff). Sie erneuerten dieses aber durch den Begriff der Kernkompetenz und indem sie diesem Bereich eine dynamische Auslegung und einen zentralen Platz zuwiesen.
- Der Ansatz wurde zum wichtigsten Beitrag zur Erneuerung der Strategietheorie der 1990er-Jahre.

Werkauswahl

- The Core Competence of the Corporation, HBR, 1990.
- Competing for the Future, 1994; dt. Wettlauf um die Zukunft: wie Sie mit bahnbrechenden Strategien die Kontrolle über Ihre Branche gewinnen und die Märkte von morgen schaffen, 1997.
- G. Hamel: Leading the Revolution, 2000.

Wettbewerbsstrategie

- Wettbewerb um Chancenanteile
  - Im Fokus steht der Wettbewerb um Anteile an zukünftigen Chancen eines Marktes (vs. Wettbewerb um Anteile am gegenwärtigen Markt)
- Kernkompetenzen im Fokus
  - Das Unternehmen ist als Portfolio von Kernkompetenzen zu betrachten: Hauptaufgabe der Strategie ist es, die für zukünftige Erfolge notwendigen Kompetenzen zu eruieren und aufzubauen
- Wettbewerb in drei Stufen
  - Wettbewerb um die intellektuelle Führerschaft
  - Wettbewerb um das Management des Transformationsweges
  - Wettbewerb um Marktanteile und Marktpositionen

Im Fokus liegen die Schritte 1 und 2 (Vormarktwettbewerb); traditionelle Ansätze widmen sich hauptsächlich der Stufe 3

Kernkompetenzen

- Kernkompetenzen sind Bündel von Fähigkeiten und Erfahrungen, die folgende Voraussetzungen erfüllen müssen:
  - Kernkompetenzen sind nicht auf ein Produkt gerichtet, sondern eröffnen den Zugang zu einer Vielzahl von Märkten
  - Sie liefern einen einzigartigen Beitrag zum Kundennutzen
  - Kernkompetenzen lassen sich nicht oder nur schwer imitieren
- Kernkompetenzen erlauben die Produktion von Kernprodukten, die als Grundlage für diverse Endprodukte dienen (z. B. Prozessoren)
- Kernkompetenzen sind unternehmensweit zu bewirtschaften, was die primäre Ausrichtung auf Geschäftsfelder ausschliesst

Industrieller Vorausblick

- Strategischer Intent
  - Ein Unternehmen muss eine Vision haben, die die Zielrichtung vorgibt; eine Mission, die von den Mitarbeitern verinnerlicht wird
- Strategische Architektur
  - Ein Bauplan gibt die Richtung und Teilziele vor, ist aber nicht wie ein Plan detailliert ausgearbeitet
- Stretch und Leverage als Strategie
  - Zwischen den zur Verfügung stehenden Ressourcen und dem anvisierten Ziel muss eine Kluft bestehen (Stretch)
  - Effiziente Nutzung der Ressourcen, Kreativität und beherztes Engagement erlauben es, diese Kluft wettzumachen (Leverage). Der Weg dazu: 1) Konzentration auf strategische Kernziele; 2) Effizientere Beschaffung von Ressourcen; 3) Zusammenführung von Ressourcen zu höherem Wert; 4) Erhalt von Ressourcen wo möglich; 5) Raschere Wiederherstellung von Ressourcen

Das «revolutionäre» Unternehmen

- Allein durch Innovation und eine revolutionäre Strategieentwicklung kann ein Unternehmen seine Führerschaft sichern oder diese erobern. Hamel formuliert dazu die folgenden Prinzipien:
  - Strategieentwicklung sollte subversiv neue Wege ausloten, findet aber meist im Korsett orthodoxer Denkweisen des Managements und gefangen in langjährigen Erfahrungen statt
  - Strategieprozesse sollten demokratisch sein und das Potenzial und innovatives Denken der Belegschaft einbeziehen
  - Imagination und die Berücksichtigung mehrerer und neuer Perspektiven sind für die Strategieentwicklung unerlässlich

Markt- und ressourcenorientierte Ansätze ergänzen sich

Die Marktsicht analysiert die aktuelle Erfolgsposition eines Geschäfts anhand des «Fünf-Kräfte-Modells». Die Ressourcensicht analysiert die Erfolgspotenziale des Unternehmens anhand der Kernkompetenzen.

> Die «reinen» Lehren der marktorientierten Strategieschulen (von aussen nach innen) und der ressourcenorientierten Strategieschulen (von innen nach aussen) sind in der Praxis kaum anwendbar.
>
> Die beiden Ansätze zum Erreichen von Wettbewerbsvorteilen lassen sich kombinieren – sie sind komplementär.

Aus der Kombination der markt- und ressourcenorientierten Ansätze ergeben sich 4 strategische Alternativen

- Move or quit (Bewege dich oder verlasse das Feld): In dieser unattraktiven Situation ohne eigene Kernkompetenzen sollte man das Feld räumen oder nachhaltig seine Position verbessern. Dazu ist auch eine Zusammenarbeit mit Partnern möglich.
- Search for new markets (Suche nach neuen Märkten): Kernkompetenzen in unattraktiven Märkten aufzubauen und zu halten, ist suboptimal. Nach Möglichkeit ist nach andern Anwendungsfeldern für das Know-how mit entsprechenden Produkten zu suchen.
- Build up competencies (Baue neue Kompetenzen auf): In attraktiven Marktkonstellationen keine Kernkompetenzen zu haben, führt zu erheblichen Wettbewerbsnachteilen.
- Stay on top (Verteidige die Spitzenposition): Unternehmen in dieser Lage müssen ihre hervorragende Stellung verteidigen.

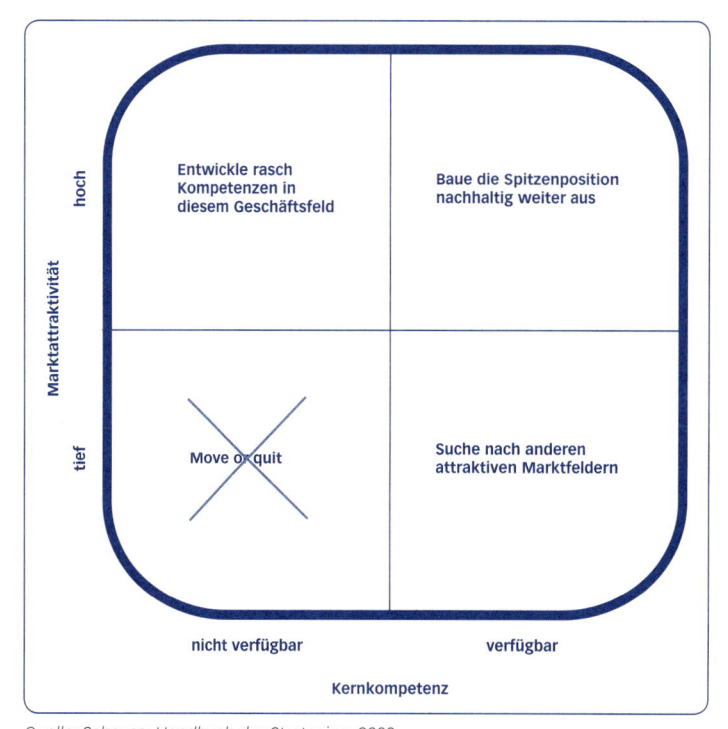

	Kernkompetenz nicht verfügbar	Kernkompetenz verfügbar
Marktattraktivität hoch	Entwickle rasch Kompetenzen in diesem Geschäftsfeld	Baue die Spitzenposition nachhaltig weiter aus
Marktattraktivität tief	Move or quit	Suche nach anderen attraktiven Marktfeldern

Quelle: Scheuss: Handbuch der Strategien, 2008.

Henry Mintzberg: Strategiebildung durch Handlungsmuster

> **Henry Mintzberg** (geb. 1939) studierte Maschinenbau an der McGill University in Montreal und doktorierte zum Thema Management an der MIT Sloan School of Management. Neben Gastprofessuren in den USA und in Europa lehrt er seit 1968 an der McGill University als Professor für Management und Strategie.

Mintzberg kompakt

- Mintzbergs Arbeiten über das strategische Management gründen auf der Erkenntnis, dass Strategien nicht allein als Resultat der Planung auf Führungsebene entstehen. Strategien entwickeln sich oft aus Mustern der Unternehmenspraxis heraus und können ihren Ausgang überall im Unternehmen haben.
- Einen zweiten Ankerpunkt bildet die Feststellung, dass die konventionelle strategische Planung kein strategisches Denken erzeugt, sondern «nur» bestehende Strategien programmiert. Mintzberg macht an der formalen Planung gravierende Irrtümer aus, die wichtige Faktoren wie Kreativität und strategisches Lernen behindern.
- Mintzberg sieht Strategieentwicklung als Prozess, bei dem Denken, Handeln und permanentes Lernen parallel verlaufen. Er gesteht der Analysearbeit der Planer eine wichtige Rolle zu, betrachtet aber die intuitive und kreative Denkweise des Managers als unabdingbare Voraussetzung der Strategiefindung.

Kontext

- Mintzberg stellte in den 1970er- und 80er-Jahre viele Annahmen der strategischen Planung infrage. Damit sorgte er für kontroverse Diskussionen und erlangte breite Beachtung. Er machte geltend, dass strategische Planung oft nur ein leeres Ritual sei, und sich deren Wert für die Strategieentwicklung häufig nicht nachweisen lasse.
- Mintzberg beschäftigte sich intensiv mit der Geschichte der Strategieentwicklung. In «Strategie-Safari» gibt er – in Zusammenarbeit mit Lampel/Ahlstrand – einen Überblick über die seit den 1960er Jahren entstandenen Ansätze; diese werden in 10 Denkschulen unterteilt und kritisch kommentiert.

Werkauswahl

- Crafting Strategy. Harvard Business Review, 1987.
- Mintzberg, H./Waters, J.A.: Of Strategies, Deliberate and Emergent. Strategic Management Journal, 1985.
- The Rise and Fall of Strategic Planning, 1994; dt. Die strategische Planung, Aufstieg, Niedergang und Neubestimmung, 1995.
- Mintzberg et al.: Strategy Safari, 1998; dt. Strategy Safari, 2012.

Irrtümer der formalen Strategieplanung

Mintzberg bestreitet die wichtige Rolle der traditionellen strategischen Planung nicht. Diese formuliert bereits vorliegende Strategien, bringt aber nicht strategisches Denken hervor. Planung ist analytisch, Strategiebildung erfordert Synthese-Arbeit.

Die formale strategische Planung weist aus Mintzbergs Sicht drei «fundamentale Irrtümer» auf:

- Der Glaube an die Vorhersagbarkeit: Planung setzt auf Vorhersagbarkeit und auf Prognosen, die auf abstrakten Fakten und Zahlen beruhen. Diese sind oft ungenau und unsicher
- Trennung vom operativen Management: Die Trennung von Planung und Umsetzung verhindert Lernprozesse und das Einbeziehen der Erfahrungen der verschiedenen Mitarbeiterebenen

- Glaube an die Formalisierbarkeit des strategischen Managements: Planung beruht auf der falschen Annahme, dass sich Strategiefindung durch den Einsatz von Systemen programmieren lässt

Strategiebildung als Gestaltungsprozess

Mintzberg entwickelt kein eigenes Gegenmodell zu den von ihm kritisierten Ansätzen, führt aber Leitideen für die Strategiefindung auf:

- Das Management muss strategische Muster entdecken können
- Neben der sachlichen Planung braucht es Gefühl und Engagement
- Denken und Handeln verlaufen parallel und erzeugen Denkprozesse
- Frühes Entdecken von Diskontinuitäten, Zeitpunkt für Strategieerneuerung spüren

Geplante versus intuitive Strategien

Mintzberg unterscheidet zwischen beabsichtigten, vom Top-Management geplanten Strategien (deliberate strategies) und intuitiven Strategien (emergent strategies), die sich aus der Unternehmenspraxis ergeben und oft erst im Nachhinein formuliert und als geplant deklariert werden.

Dabei handelt es sich um idealtypische Kategorien. Rein geplante Strategien würden jegliches Lernen ausschliessen; rein intuitive Strategien müssten ohne Kontrolle auskommen. In der Realität liegen Strategien auf einem Kontinuum zwischen den zwei Polen. Mintzberg teilt dieses in 8 Strategiefindungswege auf:

	Strategiefindung	Beschreibung
Bewusst geplant	Planung	Präzise Ziele werden ausformuliert und der zentralen Führungsspitze artikuliert. Überraschungsfreie, kontrollierte Implementierung.
	Entrepreneur	Ziele bestehen als persönliche, nichtartikulierte Visionen des Unternehmers, der dominiert. Es besteht die Möglichkeit, auf neue Chancen einzugehen.
	Ideologie	Ziele existieren als gemeinsame Vision aller Organisationsteilnehmer. Kontrolle erfolgt durch die gemeinsamen Normen. Sehr oft sind derartige Unternehmen proaktiv.
	Schirmstrategie	Grundsatzstrategien werden als Leitlinien vorgegeben, innerhalb derer sich die dezentralen Einheiten bewegen müssen. Leitplanken für emergente Strategien. Flexibilität gegenüber Detailstrategien.
	Prozessstrategie	Lediglich der Strategiefindungs- und -umsetzungsprozess wird formalisiert. Die Formulierung der Strategien wird den dezentralen Einheiten überlassen.
	Unzusammenhängend	Dezentrale Einheiten führen ein eigenständiges strategisches Management durch. Eine Kontrolle durch die Zentrale erfolgt nicht.
	Konsensstrategie	Gegenseitige Abstimmung unterschiedlicher Organisationsteilnehmer verbindet Detailstrategien zu einer gemeinsamen Unternehmensstrategie. Keine zentrale Vorgaben.
Aufgetaucht	Auferlegt	Das Umfeld diktiert die Strategie des Unternehmens entweder durch direkte Einflussnahme oder durch indirekte Verpflichtungen.

Quelle: Eschenbach et al.: Strategische Konzepte, 2008.

Hans Ulrich: Der systemorientierte Ansatz

> **Hans Ulrich** (1919–1997), in Brig geboren, studierte an der ETH Zürich und an der Universität Bern. Anfänglich in der Industrie engagiert, war Ulrich vor allem in der Lehre tätig. Von 1954 bis 1985 lehrte er als Professor für Betriebswirtschaftslehre an der Hochschule St. Gallen. Er war Mitbegründer und langjähriger Leiter des Instituts für Betriebswirtschaft.

Ulrich kompakt
- Hans Ulrich begründete in den 1950er- und 60er-Jahren die systemorientierte Managementlehre. Der Ansatz beruht auf der Sicht, dass ein Unternehmen ein System ist, dessen Elemente unter sich und nach aussen vielfältige Beziehungen aufweisen. Ein Unternehmen wird insbesondere als offenes soziales System charakterisiert sowie als zielorientiertes und strukturiertes System.
- Der Ansatz zeichnet sich durch eine umfassende und integrierte Herangehensweise an die Aufgaben der Unternehmensführung aus: diese ist interdisziplinär, ganzheitlich, analytisch-synthetisch, pragmatisch und prozessorientiert.
- Ulrich entwickelte ein integriertes Unternehmenskonzept, das als umfassender «Ordnungsrahmen zur Erfassung von Führungsproblemen» dient. Den Begriff der «Strategie» verwendet er darin in einem recht engen Sinn, beschränkt auf die Frage des «Wie». Dabei geht es um «grundsätzliche Vorgehensweisen zur Erreichung der unternehmerischen Ziele».

Kontext
- Ulrich verankerte seinen systemorientierten Ansatz explizit in der Systemtheorie, die in den 60er-Jahren u. a. von Norbert Wiener und Ross Ashby entwickelt wurde, sowie in der Kybernetik, die in der Folge daraus hervorging.
- Zusammen mit Walter Krieg gilt Hans Ulrich als Begründer des St. Galler Management-Modells. Das Modell des integrierten Managements wurde in der Folge weiterentwickelt und ist heute als «Das neue St. Galler Management-Modell» bekannt.

Werkauswahl
- Das Unternehmen als produktives soziales System, 1970 (2001).
- Unternehmenspolitik, 1978 (2001).

Teilbereiche der Unternehmensführung

Ulrich teilt die Unternehmensführung in 3 Teilbereiche auf:
- Unternehmenspolitik
- Planung
- Dispositive (operative) Führung

Die Unternehmenspolitik

Mit dem Begriff Unternehmenspolitik bezeichnet Ulrich die strategische Unternehmensführung. Diese sollte konkrete Aussagen über die Zukunft beinhalten, nicht isoliert von der praktischen Führung sein und Methoden zur Entwicklung unternehmerischer Entscheide enthalten.

Die Unternehmenspolitik besteht aus 3 Elementen:
Leitbild – Unternehmenskonzept – Führungskonzept

Das Leitbild

Das Leitbild beschreibt die wesentlichen Merkmale, die das Unternehmen idealerweise in seiner zukünftigen Entwicklung bestimmen sollen. Zu den wichtigsten Bestandteilen gehören:
- Marktleistung, Kundenbedürfnis
- Marktstellung
- Funktion des Unternehmens in der Gesellschaft

Das Unternehmenskonzept

Das Unternehmenskonzept baut auf dem Leitbild auf und konkretisiert dieses. Dazu gliedert Ulrich das Gesamtkonzept in drei Teilkonzepte:
- Leistungswirtschaftliches Konzept
- Finanzwirtschaftliches Konzept
- Soziales Konzept

Für jedes dieser Teilkonzepte werden **Ziele,** Aussagen über die zur Verfügung stehenden **Mittel** sowie **Strategien** vereinbart.

Das Führungskonzept

Das Führungskonzept basiert auf einer «philosophischen» Grundhaltung zum Wesen der Unternehmensführung. Ulrich führt dazu 10 Thesen an.

Die Führungsaufgaben selber werden durch die Aufgliederung in 4 Teilkonzepte näher bestimmt:
- Das Führungssystem
- Das Organisationskonzept
- Die Führungsmethodik
- Das Führungspotenzial

Cuno Pümpin: Strategische Erfolgspositionen (SEP)

> **Cuno Pümpin** (geb. 1939) war nach einem Studium der Volkswirtschaft in vielfältigen Positionen in der Wirtschaft, in der Lehre und als Berater tätig und publizierte zahlreich Bücher und Artikel, insbesondere über strategisches Management. Er lehrt Betriebswirtschaft an der Universität St. Gallen.

Pümpin kompakt

- Cuno Pümpin beschrieb in den 1980er-Jahren ein umfassendes Führungskonzept mit dem Ziel, die Effektivität der Unternehmensführung gezielt zu steigern. Angesichts der turbulenten Entwicklung der Umwelt hielt er die Orientierung an den Faktoren Gewinn und Wachstum nicht mehr für ausreichend. Der Fokus sollte vielmehr auf die Faktoren fallen, welche Gewinn und Wachstum langfristig beeinflussen.
- Grundlage seines Ansatzes bildet das Konzept der Strategischen Erfolgsposition (SEP). Als SEP definiert Pümpin jene Eigenschaften, die in jeder gegebenen Umweltsituation für den längerfristigen Erfolg für das Unternehmen besonders nützlich sind. SEP sind somit die Basis für sein Führungskonzept und «fundamentale Basis für die Unternehmensführung».
- Auf dieser Grundlage formuliert Pümpin 10 Führungsregeln und 10 Leitsätze.

Kontext

- Pümpin orientiert sich an der ganzheitlichen Betrachtungsweise des Systemansatzes von Hans Ulrich. Grossen Einfluss auf seine Arbeit hatte zudem Peter Drucker. Pümpin definiert seinen Ansatz auch als Kombination des Konstruktivismus und des evolutionären Ansatzes.

Werkauswahl

- Strategische Führung in der Unternehmenspraxis, 1980.
- Management strategischer Erfolgspositionen, 1982 (1983).
- Strategische Erfolgspositionen – Methodik der dynamischen strategischen Unternehmensführung, 1992.

Definition und Typologie der SEP

- Nicht kopierbar
- Bedeutende Inhalte für die Zukunft
- SEP stellen den langfristigen Erfolg sicher
- SEP lassen sich auf jedem Aktivitätsfeld aufbauen:
  - Produkte
  - Märkte
  - Unternehmungsfunktionen

Konsequenzen

1. Die Festlegung der aufzubauenden SEP ist eine fundamentale unternehmerische Entscheidung
2. Strategie und Planung müssen die festgelegten SEP aufbauen
3. Die Unternehmungsorganisation muss auf die SEP abgestimmt werden
4. Die SEP ist ein zentrales Entscheidungskriterium für alle Unternehmungsangehörigen
5. Die Führungsinstrumente der Unternehmung müssen auf die SEP ausgerichtet werden
6. Die vom Management ausgehenden Signale müssen mit den SEP übereinstimmen

10 Leitsätze zum Management der SEP
1. Das Vorhandensein von SEP bestimmt den Unternehmenserfolg
2. SEP werden durch die Zuordnung von Ressourcen aufgebaut
3. Einer vorgegebenen SEP zugeordnete Ressourcen müssen anderen möglichen SEP entzogen werden, es sei denn, zwischen ihnen bestehe eine Synergie
4. Die Anzahl aufbaubarer SEP ist begrenzt
5. Die Erhaltung aufgebauter SEP ist nur dann möglich, wenn diese durch entsprechende Ressourcenzuteilung laufend gepflegt werden
6. Aufzubauende SEP können zueinander in einem harmonischen, einem neutralen oder einem antinomischen Verhältnis stehen
7. Starke SEP können nur dann aufgebaut werden, wenn alle Unternehmungsbereiche durch interdisziplinäre Zusammenarbeit dazu beitragen
8. Der Aufbau von SEP ist eine mittel- bis langfristige Angelegenheit
9. Der Nutzen von SEP ändert sich im Zeitablauf
10. Zwischen Unternehmungskultur und SEP bestehen enge Wechselbeziehungen

Quelle: Pümpin, 1983

Die Blue-Ocean-Strategie: Erfolg und höhere Gewinne in wettbewerbsfreien neuen Märkten

> **W. Chan Kim und Renée Mauborgne** sind Professoren für strategisches Management an der INSEAD (Fontainebleau und Singapur). Mit ihrem Ansatz der Blue-Ocean-Strategie stiessen sie auf ein breites internationales Echo. Ihr Buch dazu liegt mittlerweile in 42 Sprachen vor und wurde in über 2 Millionen Exemplaren verkauft.

Blue-Ocean-Strategie kompakt

- Die Blue-Ocean-Strategie unterteilt den Markt in Red Oceans und Blue Oceans: Red Oceans beinhaltet die Gesamtheit der bestehenden Wirtschaftstätigkeit. Blue Oceans umfasst zukünftige, noch zu schaffende Markträume. Wettbewerb ist hier zumindest eine Zeitlang irrelevant.
- Da im Red-Ocean-Markt eine brutale Konkurrenz herrscht, und die Margen unter Druck sind, wird dieser Markt gemieden. Folglich entfällt die Orientierung am Schaffen von Wettbewerbsvorteilen.
- Der Fokus der Blue-Ocean-Strategie liegt statt dessen auf dem Aufbau von Wertinnovationen (Nutzeninnovationen für Kunden) und neuen Markträumen, die wettbewerbsfrei sind und hohe Gewinne erlauben. Der Ansatz basiert auf dem Glauben, dass ein Unternehmen ständig genug unerschlossene Märkte anzapfen und somit den Wettbewerb auf die Dauer vermeiden kann.
- Die Blue-Ocean-Strategie arbeitet mit einer Reihe von Werkzeugen und zeigt in einer Anleitung auf, wie sich Unternehmen auf systematische Weise Blue Oceans erarbeiten können.
- Die Blue-Ocean-Strategie kombiniert Differenzierung und Niedrigkostenstrategie.

Kontext

- W. Chan Kim und Renée Mauborgne haben die Blue-Ocean-Strategie auf der Grundlage von langjährigen Studien entwickelt. Dabei untersuchten sie 150 strategische Muster in 30 Branchen im Zeitraum zwischen 1880 und 2000.
- Der Ansatz der Blue-Ocean-Strategie nimmt eine Gegenposition zu klassischen Theorien ein, insbesondere zum Wettbewerbsansatz von Porter und dem ressourcenorientierten Ansatz (Kernkompetenzen) von G. Hamel und C.K. Prahalad.
- Kritiker der Blue-Ocean-Strategie machen geltend, dass diese vor allem im Nachhinein Strategien beschreibt und nicht anwendungsorientiert ist.
- Als markante Beispiele für die Entwicklung von Blue-Ocean-Strategien gelten Ikea, Nintendo oder Sony (Walkman).

Werkauswahl

W. Chan Kim / Renée Mauborgne: Blue Ocean Strategy, 2005; dt. Der blaue Ozean als Strategie: wie man neue Märkte schafft, wo es keine Konkurrenz gibt, 2005.

Red-Ocean-Strategie versus Blue-Ocean-Strategie

Red-Ocean-Strategie	Blue-Ocean-Strategie
Wettbewerb im bestehenden Markt	Schaffung neuer, wettbewerbsfreier Märkte
Die Konkurrenz schlagen	Konkurrenz irrelevant machen
Die existierende Nachfrage nutzen	Neue Nachfrage schaffen und erschliessen
Direkter Zusammenhang zwischen Nutzen und Kosten	Aushebeln des direkten Zusammenhangs zwischen Nutzen und Kosten
Ausrichtung des Gesamtsystems der Unternehmensaktivitäten an der strategischen Entscheidung entweder für Differenzierung oder für Kostenführer	Ausrichtung des Gesamtsystems der Unternehmensaktivitäten auf Differenzierung und niedrige Kosten

Quelle: Kim/Mauborgne, Blue Ocean Strategy, 2005.

Der Ansatz der Wertinnovation bildet den Grundstein der Blue-Ocean-Strategie. Nicht das tun, was alle tun: Anstatt auf Wettbewerb liegt der Fokus auf der Erschliessung von neuen, wettbewerbsfreien Markträumen.

6 Prinzipien, die die erfolgreiche Formulierung und Umsetzung der Blue-Ocean-Strategie leiten

Formulierungsprinzipien
1. Marktgrenzen neu definieren
2. Fokus auf «das grosse Bild», nicht auf Zahlen
3. Über die vorhandene Nachfrage hinausgreifen
4. Die strategische Sequenz richtig einhalten

Durchführungsprinzipien
5. Überwindung entscheidender organisatorischer Hürden
6. Einbau der Ausführung in die Strategie

Grundlagen der Strategieentwicklung

Was ist ein Unternehmen? 41

Ziele der Strategieentwicklung 42

Strategische Gesetzmässigkeiten 45

Strategische Erfolgsfaktoren und Erfolgspotenziale 54

Das Gesamtkonzept der Strategie im Unternehmen 60

2 Grundlagen der Strategieentwicklung

Die Beschäftigung mit Strategieentwicklung im Unternehmensmanagement hat sich seit den 1950er-Jahren zu einer komplexen und kaum mehr überblickbaren Wissenschaft entwickelt. Im Rahmen dieses praxisorientierten Leitfadens ist es allerdings nicht sinnvoll, sämtliche Theorien und Ansätze darzustellen oder diese in ihrer vollen Tiefe zu beschreiben. Auch die Verweise auf weiterführende Literatur halten sich im Rahmen der praktischen Zielsetzung dieses Leitfadens.

Der Fokus dieses Kapitels gilt einigen zentralen Fragestellungen und Grundlagen der Strategieentwicklung: Was ist überhaupt ein Unternehmen? Wozu braucht ein Unternehmen eine Strategie und welche Bedeutung hat diese für die Entwicklung und den Erfolg einer Firma? Was sind die zentralen Kategorien und Orientierungsgrössen einer Strategie?

Besondere Aufmerksamkeit erhalten die Theorien zweier Ökonomen, an deren Ansätzen sich unsere Methode und damit das Vorgehen in diesem Leitfaden bevorzugt orientieren. Zum einen der systemorientierte Ansatz von Hans Ulrich, auf dem das St. Galler Management-Modell beruht. Zum andern die Theorie von Aloys Gälweiler, dessen Navigationssystem in modifizierter Form als Grundlage unseres Ansatzes dient.

Was ist ein Unternehmen?

Im Zentrum jeder Strategieentwicklung stehen Organisationen, die von Menschen gegründet werden und sich aus Menschen zusammensetzen. Grossmehrheitlich handelt es sich dabei um Unternehmen, die in der freien Marktwirtschaft operieren, dann aber auch um Körperschaften, die nicht gewinnorientiert sind, etwa Spitäler, öffentliche Verkehrsunternehmen oder gemeinnützige Organisationen.

Beide Organisationsarten haben das Ziel, langfristig oder zumindest für eine bestimmte Zeit am Leben zu bleiben. Meistens sollte die Organisation systembedingt auch eine gewisse Grösse erreichen. Auf die Frage, ob sie immer auch langfristig wachsen muss, wird an späterer Stelle eingegangen (Zielsetzung der Strategie).

> Hans Ulrich definiert das Unternehmen als **produktives soziales und offenes System.** Diese Definition enthält alle Elemente, die ein Unternehmen seinerseits zu einem Teil eines weiteren, übergeordneten Systems machen (H. Ulrich, 1970).
> Mehr zu H. Ulrich im Kapitel 1: *Ansätze des strategischen Managements.*
>
> Eine aufschlussreiche Definition des Unternehmens gibt auch Reinhard Sprenger in seinem Buch: «Radikal führen»: Das Unternehmen ist ein Zusammenschluss von Personen mit dem Ziel, Aufgaben für den Markt gemeinsam zu lösen und damit die Transaktionskosten zu senken (R. Sprenger, 2012).

Das Unternehmen ist ein System

Ein Unternehmen ist eine Einheit, die sich aus verschiedenen Bestandteilen, den Systemelementen, zusammensetzt. Es sind dies die Geschäftseinheiten, die Abteilungen, die Mitarbeiter, die Produkte oder die Produktionsanlagen. Diese Elemente stehen alle zueinander in Beziehung, was dem System seine Komplexität verleiht.

Das Unternehmen ist ein offenes System

Ein Unternehmen steht in ständigem Austausch mit seiner Umwelt und ist daher nicht in sich abgeschlossen. Es ist somit ein Element übergeordneter Systeme: des Wirtschaftssystems, des Gesellschaftssystems, des Systems der Umwelt.

Das Unternehmen ist ein produktives System

Der Output des Systems ist grösser als der Input. Es wird etwas geschaffen; dieses Produzieren ist ein inhärenter Teil des Unternehmens. Die Haupttätigkeit besteht in der Produktion von Gütern und Dienstleistungen für Kunden. Darauf bauen auch die Zielsetzung, der Zweck und das Leitbild des Unternehmens. Hier zeigt sich, was Strategieentwicklung bedeutet und dass sie wichtig ist.

Das Unternehmen ist ein soziales System

Das Unternehmen ist Teil der Gesellschaft. Es besteht nicht nur aus sachlichen Elementen, sondern vor allem aus Menschen. Für den Umgang mit dem System Unternehmen wird somit ein Aspekt wichtig, der weit über die klassische Systemtheorie hinausreicht: die Rolle der Mitarbeiter. Die bedeutende Rolle der Mitarbeiter ist erst in jüngster Zeit auf breiteres Interesse gestossen und wird von Ökonomen, deren Ansatz in der Systemtheorie steckengeblieben ist, teilweise noch heute vernachlässigt.

Ziele der Strategieentwicklung

Der Systemtheorie zufolge beschäftigt sich die Strategie damit, die **langfristige Lebensfähigkeit des Elements Unternehmen in seinem übergeordneten System sicherzustellen.** Neudeutsch wird diese Aufgabe oft als «Sichern der Zukunftsfähigkeit» bezeichnet.

Mit der langfristigen Lebensfähigkeit eines Unternehmens ist nicht einfach das unmittelbare Überleben von Tag zu Tag oder von Jahr zu Jahr gemeint, sondern das Sicherstellen einer gesunden und tragfähigen Unternehmensentwicklung auf längere Sicht. Somit unterscheidet sich dieser Aufgabenbereich klar von der kurz- und mittelfristigen Planung, die als operative Unternehmensführung bezeichnet wird.

Strategische und operative Planung und Führung unterscheiden sich dabei nicht nur bezüglich ihres Zeithorizonts, sondern auch im Hinblick auf Aufgaben und Inhalt:

- Aufgabe der **operativen Führung** ist es, die bestehende Planung umzusetzen und aus den vorhandenen Ressourcen und Potenzialen Ergebnisse zu erzielen.
- Die **strategische Planung** schaut über das Bestehende hinaus. Sie baut neue Potenziale für die Zukunft auf, neue Märkte, neue Produkte, neue Geschäfte. Sie bereitet die Voraussetzungen für zukünftige Ergebnisse vor. Somit ist sie nicht unmittelbar produktiv, sondern schafft die Voraussetzungen dafür, dass das System auch langfristig produktiv bleibt.

> **Einsichten aus dem systemorientierten Ansatz**
>
> Strategieentwicklung ist gleichzeitig immer auch Innovation. Innovationsmanagement und Strategieentwicklung sind somit als Synonyme zu betrachten.
>
> Die wichtige Frage darf nun nicht mehr lauten, wie der Gewinn maximiert werden kann, und welches Gewinnmaximum sich erzielen lässt. Stattdessen lautet die Frage: was ist das Gewinnminimum, welcher Gewinn muss mindestens erreicht werden, damit sich die Zukunft des Unternehmens finanzieren lässt. Und dieses Minimum liegt meist höher als das Maximum, das sich auf die Frage nach der Gewinnmaximierung ergibt.

Da sich die Umwelt dauernd verändert, wird die langfristige Lebensfähigkeit eines Unternehmens immer wieder durch neue Herausforderungen infrage gestellt. Kunden treten mit neuen Wünschen an den Markt, die Konkurrenten kümmern sich um diese Bedürfnisse mit neuen Produkten, und die Technologie entwickelt sich unermüdlich und in stets wachsendem Tempo weiter.

Deshalb sind die Tragfähigkeit der Strategie und die zur Sicherung der langfristigen Lebensfähigkeit gewählten Massnahmen immer wieder neu zu überprüfen und anzupassen. Dazu empfiehlt sich ein systematisches Vorgehen gemäss folgender Frageliste:

- Mit welchen Produkten können wir die erwünschten Erträge erreichen, den Umsatz steigern? Genügen die bisherigen Leistungen, können diese verbessert werden?
- In welchen Märkten können wir Umsatz erzielen? Lässt sich unser Marktgebiet ausdehnen, können wir neue Märkte mit unseren Produkten erschliessen?
- Welche Kunden können wir bedienen? Gibt es neue Kundengruppen, die unsere Produkte und Dienstleistungen kaufen möchten?
- Welche Bedürfnisse können wir mit den bisherigen, mit neuen Produkten zufriedenstellen? Gibt es neue Bedürfnisse, neue Wünsche, für die der Kunde bereit ist zu bezahlen?
- Wo können wir gegenüber der Konkurrenz Vorteile anbieten, durch die wir den Kunden für uns gewinnen?
- Wie müssen wir das Marketing gestalten, um den Kunden auf die Vorteile unserer Produkte aufmerksam zu machen, um ihn dazu zu bringen, bei uns und nicht bei der Konkurrenz zu kaufen?
- Welche Technologien müssen wir einsetzen? Gibt es neue Verfahren, um Produkte kostengünstiger und gleichzeitig besser herzustellen?
- Welche Kompetenzen brauchen wir – welche Kernkompetenzen sind aufzubauen, um den Wettbewerb um den Kunden zu gewinnen? Welche Mitarbeiter müssen wir einstellen, und wie soll deren Entwicklung erfolgen (Human Development)?
- Zusammengefasst: Wie lässt sich auch in Zukunft der Ertrag, das Ergebnis sicherstellen, um die Weiterentwicklung des Unternehmens zu finanzieren?

Shareholder-Value

Das Konzept des Shareholder-Value erlangte in den 1990er-Jahren breite Anwendung als Prinzip für die strategische Führung von Unternehmen. Diesem Ansatz zufolge wird die Wertsteigerung des Unternehmens gemessen an der Marktkapitalisierung als oberstes oder gar als einziges Prinzip der Unternehmensführung betrachtet.

Problematisch an diesem Ansatz ist, dass die Fokussierung auf den Marktwert oft nicht die Stärkung der langfristigen Lebensfähigkeit eines Unternehmens zur Folge hatte, wie dies zahlreiche Fälle vor Augen führten. Zudem schaffte das Konzept Verwirrung um den Begriff «Wert». Wertorientiertes Management kann Fokussierung auf moralische Werte, aber auch eine Maximierung des Börsenwertes bedeuten.

Wir gehen hier nicht weiter auf den Sharholder-Value-Ansatz ein, weil er aus unserer Sicht als Basis für die Strategieentwicklung zu eng gefasst ist.

Strategische Gesetzmässigkeiten

Die strategische Unternehmensführung stützt sich auf eine Reihe von Gesetzmässigkeiten, die als Orientierungsgrundlage für die Sicherstellung des langfristigen Erfolgs dienen. Auf der Basis dieser Gesetzmässigkeiten wurden im Laufe der letzten Jahrzehnte leistungsfähige Instrumente geschaffen, die aus der Entwicklung von Unternehmensstrategien nicht mehr wegzudenken sind.

In diesem Abschnitt werden 4 für das strategische Management zentrale Gesetzmässigkeiten sowie darauf basierende Werkzeuge und deren Anwendung vorgestellt und beschrieben:

Die Erfahrungskurve
Zeigt die Zusammenhänge zwischen den Kosten und der produzierten Menge eines Produkts auf

Die Komplexitätskurve
Veranschaulicht die Beziehung zwischen Varietätsgrad, Organisationsaufwand und Kosten

Die S-Kurve
Beschreibt Gesetzmässigkeiten der Entwicklung von Technologien und die Substitution von bestehenden Produkten durch neue Produkte

Die «Disruptive Innovation» oder die Innovation von unten
Innovationen und das Aufkommen neuer Technologien können zur plötzlichen Ablösung bestehender Produkte führen

> «Erst das Wissen um strategische Gesetzmässigkeiten eröffnete die instrumentelle Möglichkeit, Erfolgspotenziale messen, strukturieren und steuern zu können.»
> (A. Gälweiler, 1987)

Die Erfahrungskurve

Das Konzept

- Die Erfahrungskurve besagt, dass sich in der Produktion bei jeder Verdoppelung der kumulierten Menge (Erfahrung) ein Kostensenkungspotenzial der Stückkosten oder der Serviceleistungen um 20–30% ergibt. Die Beziehung zwischen Produktionsmenge und Kosten ist dabei potenzieller Art. Der vom Mengenwachstum abgeleitete Kostenrückgang stellt sich nicht von allein ein. Es ist Aufgabe der Unternehmensführung, das Potenzial zu erkennen und zu realisieren.
- Das Unternehmen mit dem höchsten Marktanteil hat somit die potenziell niedrigsten Stückzahlkosten. Folglich sind Marktanteile stets bestimmend für die Kostenposition. Die Wirkung der Erfahrungskurve ist besonders hoch in der ersten Hälfte des Lebenszyklus eines Produkts.
- Die Erfahrungskurve ist eine Erweiterung der Lernkurve. Während die Letztere allein die Fertigungskosten einbezieht, berücksichtigt die Erfahrungskurve sämtliche Wertschöpfungsstufen.

Das Konzept der Erfahrungskurve wurde von der Boston Consulting Group auf der Basis empirischer Untersuchungen entwickelt und von Bruce D. Henderson in «Die Erfahrungskurve in der Unternehmensstrategie» (1968) erstmals ausführlich beschrieben.

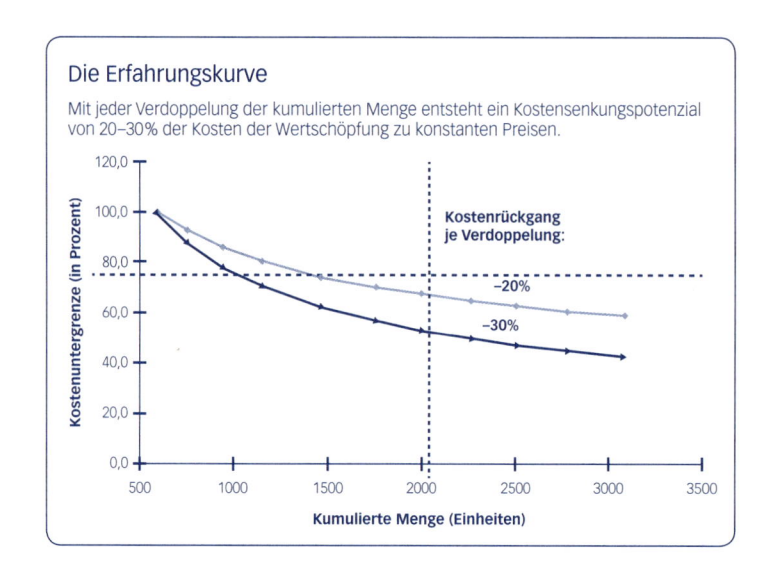

Die Erfahrungskurve

Mit jeder Verdoppelung der kumulierten Menge entsteht ein Kostensenkungspotenzial von 20–30% der Kosten der Wertschöpfung zu konstanten Preisen.

Ursachen der Erfahrungskurveneffekte

- Übergang zu rationelleren Fertigungsverfahren
- Übergang zu rationelleren Organisationsformen
- Verminderte Personalkosten durch Lerneffekte
- Effizientere Lagerung
- Rationellere Distributionsverfahren
- Allgemeine Fixkostenregression bei zunehmender Beschäftigung

Anwendung

- Die Gesetzmässigkeiten, die durch die Erfahrungskurve aufgezeigt werden, sind von weitreichender Bedeutung für das strategische Management. Die Erfahrungskurve zeigt die Bedeutung der Marktanteile auf. Sie hat eine ähnlich grundlegende Bedeutung für die strategische Unternehmensführung wie die Bilanz für die Erfolgssteuerung (A. Gälweiler, 1987).
- Die Erfahrungskurve dient zum Verständnis von langfristigen Entwicklungen; sie ist nicht geeignet für kurzfristige Analysen, da sie ein langfristiges Phänomen ist.
- Die Erfahrungskurve ist ein leistungsfähiges Instrument für Wettbewerbsanalysen und Marktkonzeptionen. Mit ihrer Hilfe lassen sich insbesondere die nachfolgenden Fragen bezüglich Unternehmensstrategie und Wettbewerbsumfeld klären:

> Grenzen der Anwendung:
> Das Potenzial der Erfahrungskurve wird durch den Umstand beschränkt, dass eine genaue Produkt- und Kostenabgrenzung sowie das Messen der kumulierten Erfahrung schwierig sind.

Im Unternehmen

- Zukünftige Stückkosten lassen sich planen
- Ermöglicht Kontrolle, ob die aus dem Zuwachs der kumulierten Menge resultierenden Kostensenkungspotenziale genutzt werden
- Liefert Grundlagen für Zielvorgabe für Kostensenkungen
- Kostenabstände zu Wettbewerbern lassen sich eruieren (insofern deren Marktvolumen und Marktanteile bekannt sind)
- Dient als leistungsfähiges Werkzeug zur Beurteilung strategischer Ziel-Alternativen

Bezüglich Lieferanten

- Erlaubt Einschätzung der Kostensituation der Zulieferer
- Bildet eine Grundlage für Make-or-Buy-Entscheidungen

Für die Marktanalyse

- Hilft, Kosten- und Preisentwicklungen zu erkennen
- Gibt Aufschluss über die Kostensituation der Konkurrenten

Quellen: A. Gälweiler: Strategische Unternehmensführung, 1987; Bruce D. Henderson: Die Erfahrungskurve in der Unternehmensstrategie, 1968; J.-P. Thommen: Betriebswirtschaftslehre, 2007.

Die Komplexitätskurve

Das Konzept

- Systeme sind in unterschiedlichem Grad komplex. Je mehr Elemente sowie Beziehungen zwischen diesen ein System aufweist, desto grösser ist seine Komplexität. Als Messeinheit dient die «Varietät». Diese bringt die Summe der Zustände zum Ausdruck, die ein System einnehmen kann. Komplexität ist die Voraussetzung für anspruchsvolle Systeme. Je höher die Varietät eines Systems ist, desto anspruchsvoller und aufwendiger wird allerdings dessen Steuerung.
- Unternehmen sind im höchsten Grad komplexe Systeme (High Variety Systems). Die Ursachen lassen sich vier Bereichen zuordnen: der Variantenvielfalt der Produkte, der Komplexität der Struktur, der Komplexität der Prozesse sowie der Art der Führung. Zudem kann Komplexität systemintern sein oder auf den Beziehungen zur Umwelt beruhen.

Messgrösse «Varietät»

Besteht ein System aus 2 Lichtquellen, von denen jede an oder aus sein kann, kann dieses 4 verschiedene Zustände einnehmen. Bei 20 Lichtquellen beträgt die Varietät bereits 2^{20}, was 1 048 576 ergibt. Und bei 64 steigt diese auf über 18 Trillionen. Noch weit rascher wächst die Varietät, wenn es sich um ein dynamisches System handelt (H. Ulrich, 1970).

Die Komplexitätsfalle

Zu hohe Anforderungen in zu kurzer Zeit haben nachteilige Folgen für das Management: Tunnelblick, Ungenügende Lösungen, Verunsicherung und Glaubwürdigkeitsproblem.

Komplexität der Organisation — **Komplexität der Produkte**

- Organisationsstruktur
- Kundenstruktur
- Anzahl Produkte, Variantenvielfalt
- Lieferantenstruktur
- Komponentenvielfalt
- Vielfalt in der Beschaffung von Dienstleistungen
- Vielfalt in der Konstruktion
- Vielfalt im Produktdesign
- Informelle Prozesse
- Unklare Ziele
- Lieferantenstruktur
- Unterschiedliche Prozesse
- Unklare Zuständigkeiten
- Zuviel Analyse

Ursachen von Komplexität

Komplexität der Prozesse — **Komplexität der Führung**

© Furger und Partner AG Strategieentwicklung

Anwendung

- Komplexität im Unternehmen muss aktiv gemanaged werden. Im Fokus stehen die Fragen, welches Mass an Komplexität erforderlich ist und wie ein System mit seiner Komplexität steuerbar bleibt. Dabei greift Komplexitätsmanagement in zwei Richtungen ein: zu hohe Komplexität ist zu reduzieren, die verbleibende Komplexität ist zu kontrollieren. In Unternehmen bestimmt die Strategie weitgehend das Mass an erforderlicher Komplexität.
- Um Komplexität zu kontrollieren und zu reduzieren, stehen für das strategische Management insbesondere die von H. Wildemann entwickelte Komplexitätskurve, aber auch weitere Instrumente zur Verfügung.

Die Komplexitätskurve ist der Feind der Erfahrungskurve

Stückkosten | Stückkosten

- Erfahrungskurve: 10 → 2
- Komplexitätskurve: +(20–35%), 10 → 50; –(20–30%)
- Achse: 2, 4, 8, 16, 32
- Erfahrungskurve versus Komplexitätskurve

© Furger und Partner AG Strategieentwicklung

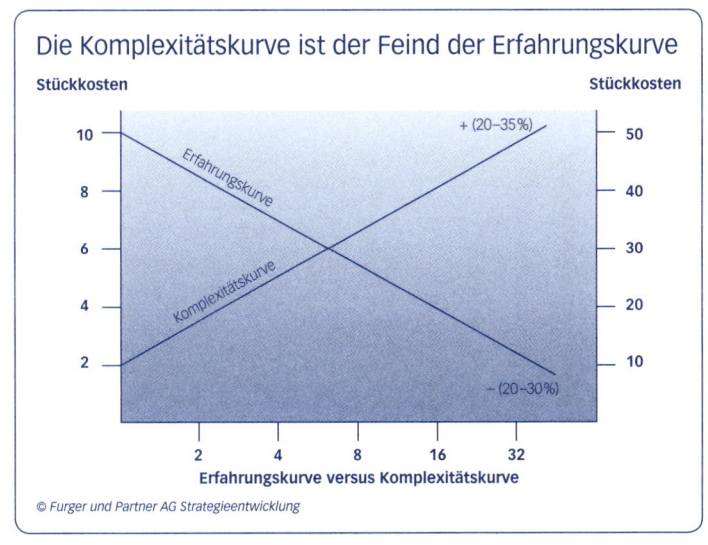

Quelle: Wildemann

Die Komplexitätskurve

In einem Unternehmen steigen die Stückkosten auf Vollkostenbasis mit wachsender Variantenvielfalt. Die Komplexitätskurve zeigt, dass mit jeder Verdoppelung der Anzahl Varianten die Kosten pro Produkteinheit um 20–35% steigen. Diese Kosten verstecken sich im «Overhead» – und werden damit von einer Deckungsbeitragsrechnung nicht offengelegt.

Die Komplexitätskurve dient als Werkzeug zur Regulierung der Produktvarietät im Verhältnis zum Verwaltungsaufwand und unterstützt damit das Ziel, Komplexität kontrollierbar zu machen.

Weitere Ansätze zur Begrenzung und Reduktion von Komplexität

Ashbys «Gesetz der erforderlichen Varietät»

Ashbys Gesetz besagt, dass die Varietät möglicher Verhaltensweisen einer Organisation mindestens gleichgross sein muss wie die Varietät der auftretenden Störungen (von innen oder von aussen). Nur Varietät kann Varietät kontrollieren (W. Ross Ashby, 1956).

ABC-Analyse

Wird eingesetzt, um Schwerpunkte und Prioritäten festzulegen. Dient der Kontrolle von Komplexität.

Systematische Müllabfuhr

Einrichten eines Prozesses im Unternehmen, mit dessen Hilfe Überholtes und Überflüssiges systematisch ausgeräumt und entfernt wird.

Quellen: D. Adam (Hrsg.): Komplexitätsmanagement, 1998.; H. Ulrich: Unternehmenspolitik, 1978.

Die S-Kurve

Das Konzept

- Märkte wachsen nicht in den Himmel. Die Verbreitung von Produkten und damit die Entwicklung von Märkten folgen einem s-förmigen Muster. Damit lassen sich diese in drei Phasen unterteilen: die Startup-Phase, die Wachstumsphase und die Sättigungsphase. Die strategischen Erfolgsfaktoren sind je nach Phase unterschiedlich: in der Startup-Phase ist es der Kundennutzen, in der Wachstumsphase der Marktanteil, in der Sättigungsphase sind es die Kosten.
- Die Grundlage zu diesem Sachverhalt bildet das Phänomen der S-Kurve. Das von Foster und McKinsey in den 1980er-Jahren lancierte Konzept basiert auf dem Modell des Technologielebenszyklus und beschreibt den Zusammenhang zwischen der Leistungsfähigkeit einer Technologie und den dafür eingesetzten Ressourcen (kumulierte Kosten für E & F).
- Je weiter entwickelt eine Technologie ist, desto grösser sind die Kosten für eine zusätzliche Leistungssteigerung. Neue Technologien weisen zu Beginn einen kleinen Zuwachs der Leistungsfähigkeit bezüglich des investierten Aufwands auf. Diese steigt aber nach dem Erreichen einer kritischen Stufe rasch an. Geht die Technologie ihrer Leistungsgrenze entgegen, sinkt die Wachstumsrate im Verhältnis zum Aufwand erneut.
- Die Entwicklung von Technologien verläuft idealtypisch in 4 Phasen: Kognition – Invention – Innovation – Diffusion (nach G. Ropohl). Entsprechend lassen sich Technologien in 3 Typen unterteilen: Basistechnologie – Schlüsseltechnologie – Schrittmachertechnologie.

Substitution von Produkten

Bestehende Produkte werden von neuen Produkten meist auf Basis einer neuen Technologie substituiert.

Dieses Phänomen zeigte sich z.B. bei folgenden Ablösungsprozessen:

- Substitution der Pferdekutsche durch das Automobil
- Substitution der Langspielplatte durch die CD
- Substitution von Telex durch Fax, dann durch E-Mail und jetzt durch soziale Netzwerke
- Substitution von gedruckten Büchern durch E-Books.

Das Marktvolumen des neuen Marktes ist dabei jeweils um Faktoren grösser als das alte.

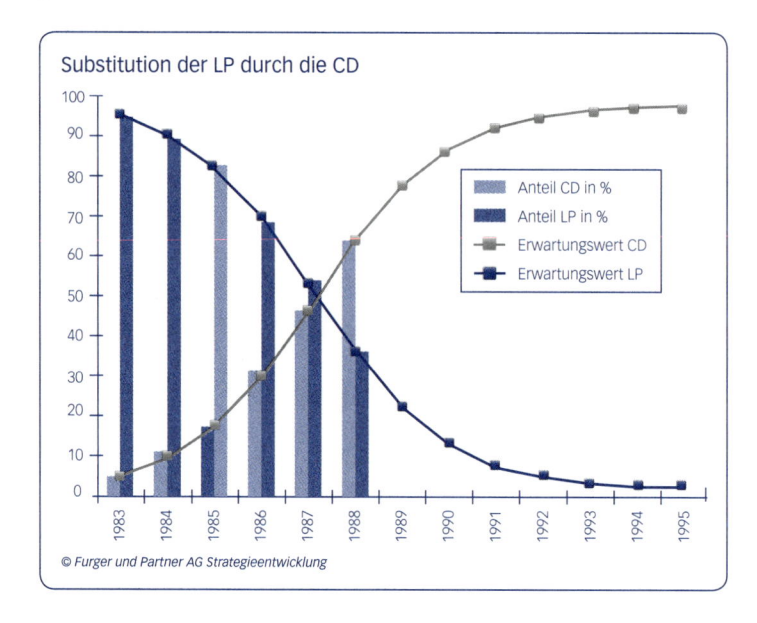

Substitution der LP durch die CD

© Furger und Partner AG Strategieentwicklung

Anwendung

Das S-Kurven-Konzept wird im strategischen Management eingesetzt, um möglichst frühzeitig «technische Diskontinuitäten» zu erkennen und um den besten Zeitpunkt zu finden, um von einer alten auf eine neue Technologie zu wechseln. Damit kann die Zuteilung von Investitionsmitteln zu bestehenden Technologien und Innovation optimiert werden.

Technologiesprung – «technische Diskontinuitäten»

- Die Ablösung von Technologien durch das Aufkommen neuer technischer Lösungen wird als Technologiesprung oder als «technische Diskontinuität» bezeichnet.
- Dieser Substitutionsprozess birgt für Unternehmen ebenso Risiken wie Chancen. Wird ein Technologiesprung nicht rechtzeitig erkannt, kann dies zu einem erheblichen Nachteil oder gar zum Aus für ein Unternehmen führen. Eine wichtige Aufgabe des strategischen Managements besteht darin, die richtige Strategie in diesem Innovationsprozess zu wählen.

Leistungsfähigkeit der Technologie (Index)

- Grenze neuer Technologie 2
- Technologische Entwicklungspotenziale
- Grenze neuer Technologie 1
- Neue Technologie
- Alte Technologie
- Heutiger Stand
- Kumulierte F&E-Aufwendungen

© Furger und Partner AG Strategieentwicklung

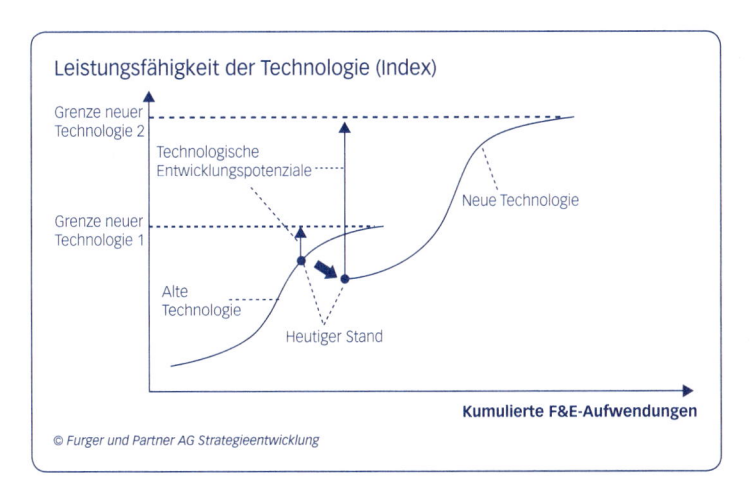

Erstellen einer S-Kurve in 7 Schritten

1. Festlegung des Untersuchungsobjektes
2. Bestimmung des Ausbreitungstyps
3. Festlegung der Indikatoren
4. Datenerhebung, Sichtung des Datenmaterials
5. Kurvenanpassung
6. Beurteilung der Ergebnisse
7. Ableitung der Konsequenzen

Grenzen der S-Kurve

Die praktische Anwendung der S-Kurve wird durch eine Reihe von Gegebenheiten erschwert. So ist die Abgrenzung des Untersuchungsobjektes immer nur unter gleichen Bedingungen möglich.

Daher ist das Instrument vor allem als Sensibilisierungshilfe und in Bezug zu weiteren Grundlagen zu verwenden. Der Einsatzbereich kann die folgenden Aufgaben umfassen (T.J. Gerpott, 1999):

- Abgrenzung von Technologien und Produkten
- Vorgehensweise bei der Bildung eines summarischen Leistungsfähigkeitsindexes für verschiedene Technologien
- Bestimmung des optimalen Zeitpunktes für eine Ressourcenverlagerung von einer alten zu einer neuen Technologie
- Prognose des im Einzelfall gültigen S-Kurvenverlaufs

T. J. Gerpott: Strategisches Technologie- und Innovationsmanagement, 1999.

Die «disruptive Innovation» oder Innovation von unten

Das Konzept

- Unter «disruptiven Innovationen» versteht man ein bestimmtes Aufkommen von neuen Technologien, Anwendungen oder Methoden, durch die Produkte oder Dienstleistungen verbessert werden, und die althergebrachte Produkte schliesslich verdrängen und ablösen. Meist werden dabei auch neue Märkte geschaffen.
- Der Prozess weist ein klares Muster auf: Etablierte Unternehmen greifen Innovationen nicht oder zu spät auf. Aufstrebende junge Unternehmen entwickeln die neuen, oft noch weniger leistungsfähigen Produkte in kleinen neuen Märkten bis zu einem Grad, wo sie in den Markt der Branchenführer eindringen. Wenn dann etablierte Unternehmen die Innovation aufgreifen, finden sie sich häufig bereits weit im Rückstand und werden oft gar aus dem Markt verdrängt.

Warum etablierte Unternehmen disruptive Innovationen verpassen

- Etablierte Unternehmen sind auf die bestehende aktuelle Bedürfnisbefriedigung Ihrer Kunden fokussiert und damit auf die Verbesserung der bestehenden Technologien («sustaining innovations»). Die Kunden wollen vorerst häufig die neuen Technologien noch nicht.
- Neue, disruptive Innovationen sind meist zu Beginn weniger leistungsfähig, auf einen neuen, kleineren Markt ausgerichtet und damit für etablierte Unternehmen nicht interessant.
- Der Druck, die bestehende Kundschaft zu versorgen und die bestehenden Produkte zu verbessern, verhindert, dass Ressourcen für unsichere Innovationen zur Verfügung gestellt werden.

> **Beispiele**
> - Chemische Fotografie – Digitale Fotografie
> - CD, DVD – Herunterladbare digitale Inhalte
> - USB Flash Drives – Cloud Computing

Anwendung

Selbst wenn Unternehmen das Aufkommen disruptiver Innovationen erkennen, schaffen sie es häufig nicht, entsprechend auf die Bedrohung zu reagieren. Als Schlüssel für das Angehen der Problematik schlagen Bower/Christensen folgenden Weg vor: Strategisch wichtige disruptive Innovationen sind in einem organisatorischen Kontext zu managen, in dem unternehmerische Vorstösse in neue Märkte ohne den Druck der etablierten Organisation möglich sind. Dieses Vorgehen erinnert an Peter Druckers Empfehlungen zum Innovationsmanagement (Innovation and Entrepreneurship, 1985).

Methode (Bower/Christensen)

1. Abklären, ob eine Innovation disruptiv oder sustaining ist und welche unter den disruptiven Innovationen eine Bedrohung darstellt. Zu deren Erkennen sollte ein Unternehmen ein systematisches Vorgehen haben.
2. Definieren der Bedeutung der disruptiven Technologie: Der Fehler vieler Unternehmen besteht darin, dass die falschen Fragen gestellt werden und das falsche Kundensegment befragt wird.
3. Den anfänglichen Markt für die disruptive Innovation lokalisieren. Herkömmliche Marktanalysen sind dabei nicht hilfreich. Dazu sind Versuche zu Produkten und Märkten notwendig.
4. Die Zuständigkeit für den Aufbau eines Geschäfts für disruptive Technologien ist in eine unabhängige Organisation zu legen: in kleinen Teams, frei von den Zwängen der Hauptorganisation. Diese Strategie wird meist falsch verstanden: eine separate Organisation eignet sich nur dann, wenn die disruptive Innovation noch niedrige Ergebnisse hat und ein neues Kundensegment anspricht.
5. Die disruptive Organisation unabhängig halten: Etablierte Unternehmen können nur durch das Aufstellen kleiner Organisationen aufkommende Märkte dominieren. Die Integration von disruptiven Innovationen, auch wenn sie einmal profitabel sind, kann desaströs sein (Kampf um Ressourcen; Frage, wann welches Produkt kannibalisieren).

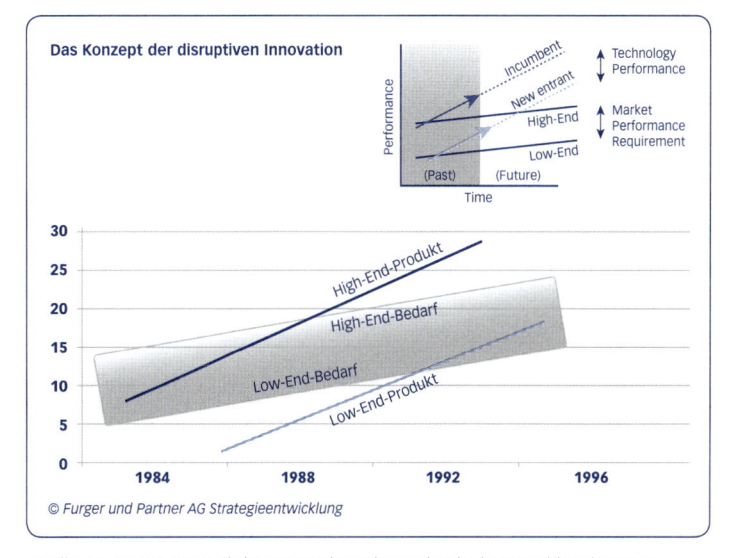

Quelle: J.L. Bower/C.M. Christensen: Disruptive Technologies: Catching the Wave, HBR, 1995.

Strategische Erfolgsfaktoren und Erfolgspotenziale

So wie das operative Management in den Ergebniszahlen auf Jahres- oder Quartalsebene seine Steuerungs- oder Kerngrössen hat, gibt es diese auch für das strategische Management. Als wichtigster Erfolgsfaktor gilt hier der Marktanteil oder, allgemeiner umschrieben, die Marktposition. Die weiteren Ausführungen zu den strategischen Kerngrössen erfolgen auf der Grundlage des Navigationssystems von Aloys Gälweiler.

Strategische Erfolgspotenziale

Erfolgspotenziale sind sämtliche Voraussetzungen und Fähigkeiten eines Unternehmens, aus denen die operativen Ergebnisse des Unternehmens erzielt werden. Gälweiler nimmt hier eine Differenzierung vor, indem er zwischen heutigen und zukünftigen Erfolgspotenzialen unterscheidet.

Heutige Erfolgspotenziale

Heutige oder bestehende Erfolgspotenziale sind die Basis für den mittelfristigen Erfolg des Unternehmens. Wichtigste Kennzahlen dafür sind die Marktposition und die Kostenposition. Über den langfristigen Erfolg und Fortbestand des Unternehmens sind auch diese Kennzahlen zu wenig aussagekräftig.

Zukünftige Erfolgspotenziale

Zukünftige Erfolgspotenziale sorgen dafür, dass ein Unternehmen langfristig erfolgreich bleiben kann. Die zentralen Steuerungsgrössen dafür sind das «lösungsunabhängige Kundenproblem» sowie neue technologische Entwicklungen. Auch der Aufbau von zukünftigen Erfolgspotenzialen wird der strategischen Führung zugerechnet. Im Wesentlichen entspricht damit die Entwicklung zukünftiger Erfolgspotenziale der Innovation und somit dem strategischen Innovationsmanagement.

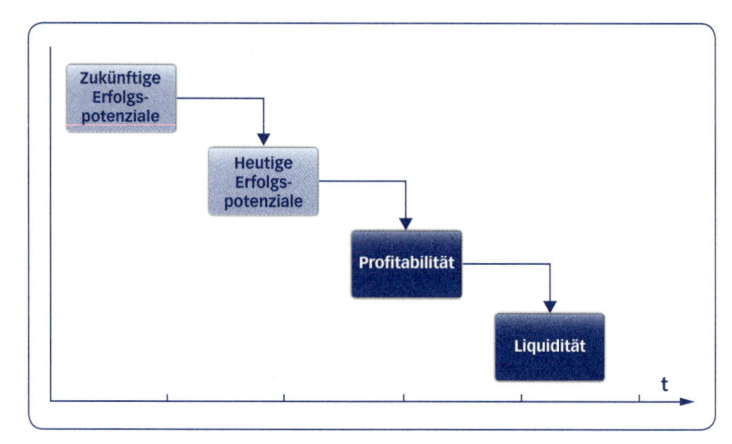

Die Ableitung des Unternehmenserfolgs aus den Erfolgspotenzialen.
Quelle: nach Gälweiler

> «Die strategische Unternehmensführung als eine Vorsteuerungsaufgabe in Bezug auf die spätere Erfolgsrealisierung besteht daher aus der Suche, Schaffung und Erhaltung hoher und sicherer Erfolgspotenziale, was stets das rechtzeitige Orten von Innovationspotenzialen einschliesst.»
>
> (A. Gälweiler, 1987)

Mehr zu A. Gälweiler im Kapitel 1: *Ansätze des strategischen Managements.*

A. Gälweiler über operative Erfolgskennzahlen versus strategische Erfolgsfaktoren

- Die Eigenständigkeit der strategischen Unternehmensführung besteht vor allem in ihren eigenständigen Orientierungsgrundlagen. (S. 26)
- Operative Geschäftsdaten, so wichtig und unersetzlich sie für die Führung des laufenden Geschäftes sind, lassen nicht selten die eigentlichen strategischen Probleme einer Unternehmung in einem Licht erscheinen, das den wirklichen strategischen Gegebenheiten nicht entspricht. Ergebnisse und Daten des laufenden Geschäftes verleiten daher meistens auch zu einem strategisch falschen Verhalten. (S. 25)
- Erfolgsdaten sind als Orientierungsgrundlagen für die strategische Unternehmensführung relativ wirkungslos und oftmals total irreführend. (S. 30)
- Die von den kurzlebiger gewordenen Erfolgsdaten ausgehenden Signale kommen meistens nicht nur zu spät. Allzu häufig verleiten sie auch zum Handeln in eine langfristig sich als falsch herausstellende Richtung, ohne dass man das zunächst bemerkt. (S. 240 f.)
- Nicht zuletzt beruht deshalb die fundamentale Bedeutung der strategischen Führungsaufgabe darin, dass Fehlentscheidungen und Versäumnisse in der Regel dann nicht mehr korrigierbar oder nachholbar sind, wenn sie erst im Zeitpunkt des operativen Vollzuges an den Erfolgsdaten bemerkbar werden. (S. 26)

Zitate aus A. Gälweiler: Strategische Unternehmensführung, 1987.

Grundlagen der Strategieentwicklung 57

Strategisches Navigationssystem nach Gälweiler

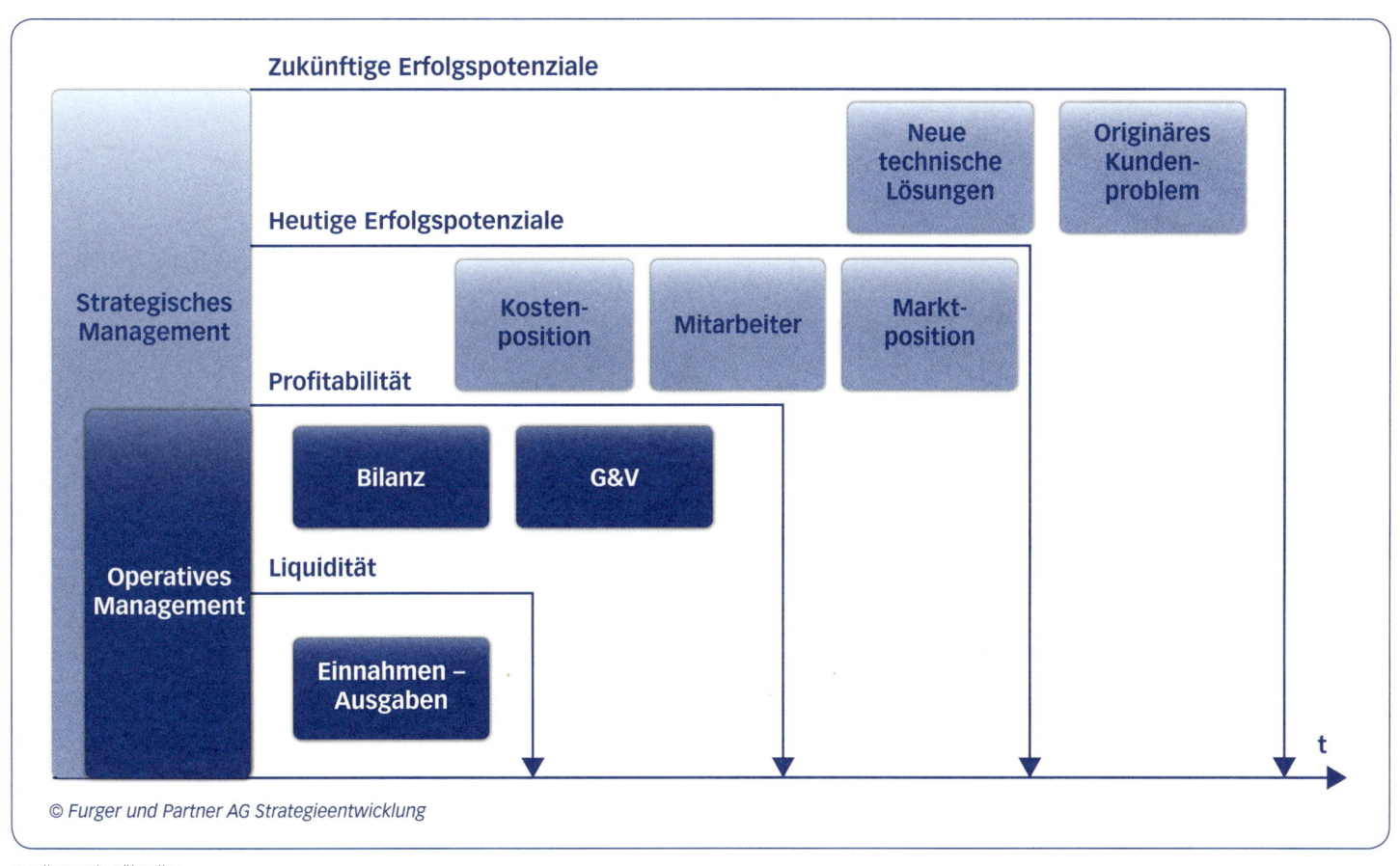

- Zukünftige Erfolgspotenziale: Neue technische Lösungen, Originäres Kundenproblem
- Heutige Erfolgspotenziale: Kostenposition, Mitarbeiter, Marktposition
- Profitabilität: Bilanz, G&V
- Liquidität: Einnahmen – Ausgaben

Strategisches Management | Operatives Management

© Furger und Partner AG Strategieentwicklung

Quelle: nach Gälweiler

Die zukünftigen Erfolgspotenziale und ihre Steuerungsgrössen

Die zukünftigen Erfolgspotenziale leitet Gälweiler aus den Steuerungsgrössen von Kundennutzen und Technologien ab. Damit bildet dieses Konzept eine Kombination der Ansätze von Porter (marktorientiert) und Hamel/Prahalad (ressourcenorientiert).

Originäres Kundenproblem

Der Kundennutzen ist der Ankerhaken für jede Unternehmensstrategie
- Für was bezahlt der Kunde wirklich?
- Für was legt er das Geld auf unsere Theke und geht nicht zur Konkurrenz?

Man nennt das auch das «Lösungsunabhängige Kundenproblem»

Neue technische Lösungen

Als **Steuerungsgrössen** der Technologien stellen sich die Fragen nach den
- richtigen Schlüsseltechnologien
- Kernkompetenzen
- Technologien, die bestehende Produkte substituieren werden

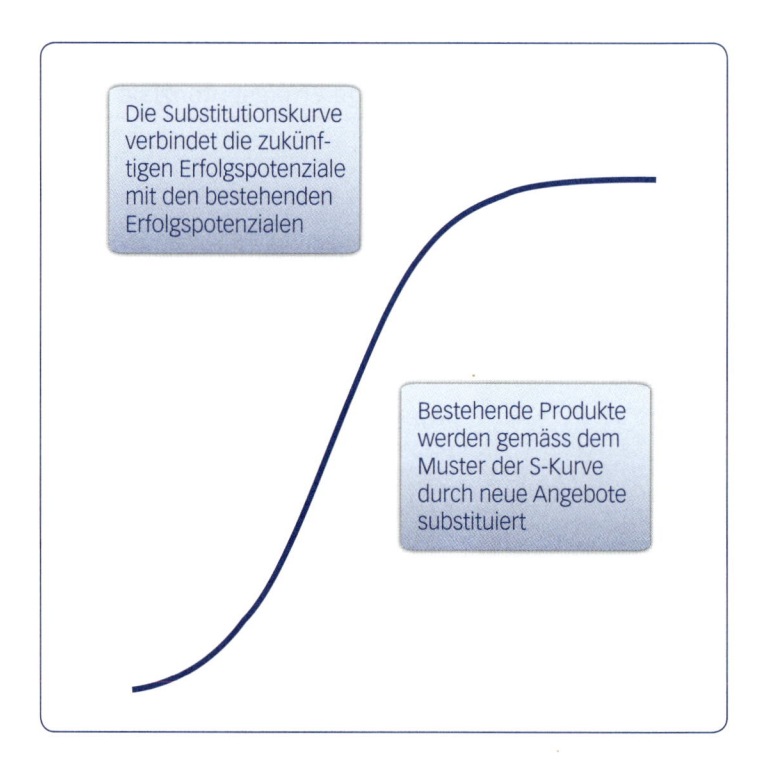

Die Substitutionskurve verbindet die zukünftigen Erfolgspotenziale mit den bestehenden Erfolgspotenzialen

Bestehende Produkte werden gemäss dem Muster der S-Kurve durch neue Angebote substituiert

Die heutigen Erfolgspotenziale und ihre Steuerungsgrössen

Die **heutigen Erfolgspotenziale** leiten sich gemäss Gälweiler aus Steuerungsgrössen der **Kostenposition** und der **Marktstellung** ab. Aus unserer Sicht ist es unerlässlich, als weitere Position für Steuerungsgrössen den **Bereich der Mitarbeiter** einzubeziehen. Unsere Erfahrung zeigt, dass diesem als strategisches Erfolgspotenzial ebenfalls eine entscheidende Rolle zukommt.

Kostenposition

Als **Steuerungsgrössen** der Kostenposition wirken die verschiedenen Arten von Produktivität. Zum Tragen kommen hier die kontinuierliche Verbesserung der Prozesse und die Etablierung von Best Practice:
- Produktivität des Wissens
- Produktivität des eingesetzten Kapitals
- Produktivität der Mitarbeiter

Marktposition

Die **Steuerungsgrössen** der Marktposition umfassen die folgenden Faktoren:
- Absoluter Marktanteil
- Relativer Marktanteil (im Verhältnis zu den 3 grössten Konkurrenten)
- Kundenbeziehung
- Relative Qualität
- Image

Mitarbeiter

Der aktive Einbezug der Mitarbeiter in die Unternehmensentwicklung setzt starke und oft ungeahnte Energien frei und unterstützt entscheidend den Aufbau von Faktoren wie:
- Know-how
- Kernkompetenzen
- Motivation, Engagement
- Ideen

Das Gesamtkonzept der Strategie im Unternehmen

Die Unternehmensstrategie beschäftigt sich auf umfassende Weise mit der langfristigen Entwicklung des Unternehmens und den dazu erforderlichen Orientierungsgrundlagen. Die Funktionen des Managements betreffen folglich ganz unterschiedliche Anforderungen und Aufgabenbereiche.

Aufgrund der unterschiedlichen Funktionsbereiche lässt sich das strategische Management in unterschiedliche Ebenen aufgliedern. Jede dieser Ebenen hat ganz unterschiedliche Anforderungen, Aufgabenbereiche und Vorgehensweisen zu bewältigen. Zu den grundlegenden Anforderungen zählt dabei, dass die verschiedenen Bereiche aufeinander abgestimmt werden und konsistent sein müssen. Wir halten uns in unserem Vorgehen an die folgenden 4 Ebenen:

Die 4 Ebenen des strategischen Managements

- Unternehmenspolitik
  - Unternehmensstrategie
  - Geschäftsfeldstrategien
  - Funktionalstrategien

© Furger und Partner AG Strategieentwicklung

Die Unternehmenspolitik
Der Begriff und das Konzept wurden erstmals von Hans Ulrich ausführlich beschrieben. Als Aufgabenbereiche nennt er die Bestimmung eines Unternehmensleitbildes sowie die Bestimmung von Unternehmungskonzept und Führungskonzept. (H. Ulrich: Unternehmungspolitik, 1978)

Die vier Ebenen des strategischen Managements

Die Unternehmenspolitik

Die Unternehmenspolitik gibt den umfassenden Rahmen für die Geschäftstätigkeit des Unternehmens vor:

- Formuliert die grundlegenden Ziele und Wertvorstellungen des Unternehmens
- Die Unternehmensziele werden in einem Leitbild festgehalten
- Das Erstellen eines Leitbilds basiert auf einer umfassenden Bewertung des Unternehmens sowie der Unternehmensumwelt

Die Geschäftsfeldstrategie(n)

Die Geschäftsfeldstrategien beinhalten die Festlegung von strategischen Elementen zum Erreichen nachhaltiger Wettbewerbsvorteile:

- Marktposition
- Marktziele (Wachstum, Marktanteile)
- Kostenposition
- Marketing-Mix, Produkt-, Markt- und Serviceprogramm
- Investitionsstrategien

Die Unternehmensstrategie

Die Unternehmensstrategie definiert die Strategie als Ganzes:

- Grundlegende Wachstumsziele, Vorgaben für Akquisitionen und Kooperationen
- Grundsätze der Innovationspolitik
- Prinzipien der Marketingpolitik
- Grundsätze der finanziellen Führung und Personalpolitik
- Grundsätze der Risikopolitik
- Geschäftsfeldportfolio

Die Funktionalkonzepte

Funktionalkonzepte definieren und setzen strategische Vorgaben innerhalb der Funktionsbereiche um:

- Grundsätze innerhalb einzelner Funktionsbereiche im Sinne der Unternehmens- und Geschäftsstrategie
- Funktionalkonzepte sind notwendig für z.B.: Vertrieb & Marketing, F&E, Produktion, Logistik/Beschaffung, IT, Finanzen

2

Die integrierte Strategieentwicklung

Das Wissen der Mitarbeiter und der Kunden optimal nutzen 66

Integration der Mitarbeiter bei der Strategieerarbeitung 67

Bedeutung für Geschäftsleitung und Verwaltungsrat 68

Change Management wird überflüssig 69

Projektteam 70

Der Nutzen eines integrierten ganzheitlichen Vorgehens 72

Beispiel aus einem Projekt 73

3

Die integrierte Strategieentwicklung

Die meisten Unternehmensstrategien entstehen mit der Unterstützung externer Berater im kleinen Kreis im Top-Management. Die Praxis zeigt: Ein Grossteil dieser Strategien funktioniert nicht oder nur mangelhaft. Sie mögen inhaltlich gut durchdacht oder sogar brillant sein, schaffen jedoch massive Probleme in der Umsetzung. Der Grund: Sie erreichen weder das Herz noch den Kopf der Mitarbeiter. Sie werden daher zu wenig oder gar nicht verstanden und damit nicht mitgetragen. Die Folge sind Missverständnisse und Widerstände, die mit grossem Aufwand ausgeräumt werden müssen, um die Ziele umzusetzen. Dieser Aufwand wird dann unter dem Konto Change Management abgebucht.

Wie lässt sich die Sache besser anpacken? Wie kann sich ein Unternehmen ohne teure externe Berater neu ausrichten? Die Antwort liegt auf der Hand: Das Unternehmen findet zu einer erfolgsträchtigen Strategie, wenn es sich auf die Erfahrung und das Know-how seiner Mitarbeiter stützt. Dabei geht es nicht nur darum, Ideen und Meinungen einzuholen, sondern die Mitarbeiter direkt an der Entwicklung der Strategie zu beteiligen.

Diesen Ansatz nennen wir «Integrierte Strategieentwicklung». Durch die Einbindung der Mitarbeiter wird das Ergebnis zur Strategie der Mitarbeiter. Diese gehen nun mit höherer Motivation an die Umsetzung – mit dem positiven Nebeneffekt, dass im Unternehmen gleichzeitig auf breiter Basis strategische Kompetenz aufgebaut wird.

Das Wissen der Mitarbeiter und der Kunden optimal nutzen

Die Erfahrung zeigt, dass 80% des notwendigen Wissens im eigenen Unternehmen vorhanden sind. Zusätzliches Wissen kann gezielt eingekauft und verwertet werden. Dazu gibt es Datenbanken, Analysten, Branchenspezialisten und Verbände, die ihr Wissen anbieten.

Entscheidendes Expertenwissen findet sich zudem bei den Kunden – und Nichtkunden. Regelmässige Kundenbefragungen und Feedback aus dem Markt bilden daher einen weiteren unabdingbaren Input für die Entwicklung einer fundierten Strategie.

Aus diesen Einsichten ergeben sich drei zentrale Fragen:
- Wie systematisch und in welcher Art nutzen Sie das Wissen Ihrer eigenen Mitarbeiter?
- Wie systematisch und in welcher Form beziehen Sie Ihre Kunden mit ein?
- Wo kaufen Sie – gezielt und fokussiert – externes Wissen ein und wie integrieren Sie dieses?

Mitarbeiter statt Berater

Anstatt teure Berater einzukaufen, setzen Unternehmen mit Vorteil auf die Erfahrung und das Wissen der eigenen Mitarbeiter, denn

Wer kennt die Märkte besser als die eigenen Vertriebsmitarbeiter?

Wer kennt die Kundenwünsche besser als die eigenen Serviceleute?

Wer ist mit den Produkten intimer vertraut als die eigenen Techniker?

Integration der Mitarbeiter bei der Strategieerarbeitung

Als logische Konsequenz dieses Ansatzes lässt jede Unternehmensführung die Strategie am besten von den eigenen Mitarbeitern erarbeiten. Dabei wird der strukturierte Strategieentwicklungsprozess in enger Abstimmung mit der Führung durchlaufen. Die beteiligten Mitarbeiter bearbeiten die Aufgabenstellungen in selbstständig durchgeführten Projekten und erarbeiten eine Entscheidungsgrundlage. Der Ablauf folgt dem Strategieentwicklungsprozess: Leitbild – Analyse – Optionen – Grundstrategien – Massnahmen und Umsetzung.

Nach jeder Phase werden die Ergebnisse verabschiedet und zur weiteren Bearbeitung an das Team gegeben. Je nach Bedarf und Erfahrung begleiten und unterstützen interne oder externe Fachleute die Arbeitsgruppen. Unsere Erfahrung zeigt, dass dieses Vorgehen ein enormes Potenzial an Know-how für den Betrieb freisetzt.

Voraussetzung für das Gelingen dieses nachhaltigen Verfahrens ist, dass die strategische Planung als **eigenständiger Geschäftsprozess** des Unternehmens *grundsätzlich* die Mitarbeit der Schlüsselpersonen einschliesst.

Dabei muss es nicht immer um die unternehmensweite Gesamtstrategie gehen. Es können auch strategische Einzelaufgaben von interfunktionalen Teams erarbeitet und am jährlichen Strategie-Review-Meeting der Geschäftsführung zur Entscheidung vorgelegt werden.

Bei Annahme der Ergebnisse werden diese in die Mittelfristplanung integriert. Setzt eine Firma auf diesen integrierten Ansatz, widmen die Schlüsselpersonen etwa 10 bis 20 Prozent ihrer Arbeitszeit strategischen Problemstellungen. Sie entwickeln sich zu unternehmerisch denkenden und handelnden Personen wie sie sich *jedes gut geführte, erfolgreiche Unternehmen wünscht.*

	Strategieentwicklung	
	Standard	**Integriert**
Nutzung von Marktstudien	✓	✓
Nutzung des internen Wissens	—	✓
Aufbau neuen Wissens	—	✓
Aufbau von strategischem Denken	—	✓
Entwicklung von Optionen	✓	✓
Strategiepapiere	✓	✓
Strategieplanung	—	✓
Strategieformulierung	✓	✓
Strategieumsetzung		
Umsetzung der Strategie	Aufwendig und mit externer Unterstützung	TAKE OFF

© Furger und Partner AG Strategieentwicklung

Bedeutung für Geschäftsleitung und Verwaltungsrat

Für die Geschäftsleitung und den Verwaltungsrat bedeutet dies allerdings nicht, dass sie entlastet werden:

Ihre Aufgabe ist es, die strategischen Leitlinien zu definieren, klare Aufgaben zu stellen, die richtigen Schlüsselpersonen zu finden, einzubinden und zu beauftragen.

Zudem sind sie gefordert, sich an den Lenkungsausschuss-Sitzungen immer wieder einzubringen und die Richtung zu bestimmen.

Die Vorgaben in Form von strategischen Leitlinien beinhalten das Leitbild (Zweck, Ziele und Werte des Unternehmens) und die Leitplanken innerhalb derer die strategischen Ideen und Optionen zu entwickeln sind. Zusätzlich ist es Aufgabe der Geschäftsführung, auch die finanziellen Ziele und die Vorgaben zum Wachstum des Unternehmens einzubringen.

Geschäftsleitung und Verwaltungsrat beschäftigen sich somit intensiv mit Strategie:

Sie studieren Unterlagen, stellen sich Diskussionen und dies nicht nur während der Entwicklung, sondern auch bei der Umsetzung.

Sie hinterfragen regelmässig die Arbeit ihrer Mitarbeiter – und oft auch ihre eigene. Zu ihrer Führungsrolle gehört es, nachzuhaken, dranzubleiben und die Umsetzung unterstützend voranzutreiben.

Als Belohnung winkt die höchst befriedigende Erfahrung, dass sich die Mitarbeiter die Strategie zu eigen gemacht haben und bei der Umsetzung mit voller Energie beweisen wollen, dass ihre Strategie tatsächlich funktioniert.

Change Management wird überflüssig

Überzeugungsarbeit kostet viel Zeit und Aufwand und erreicht das Ziel meist nur partiell: «Die Geschäftsleitung hat 19 Wochen gebraucht, um die neue Strategie zu erarbeiten, die Mitarbeiter haben 20 Minuten gebraucht, um sie falsch zu verstehen.»

Sollen die Mitarbeiter über eine wirklich fundierte Kenntnis der Strategie verfügen, reicht es nicht, dass die in der Unternehmensleitung formulierte Strategie nach unten kommuniziert wird. Zu einer gründlichen und verinnerlichten Kenntnis gelangt nur, wer an der Ausarbeitung der Strategie beteiligt war. Gehört bedeutet nicht auch verstanden, und verstanden keineswegs auch einverstanden.

Das klassische Change Management geht von der Annahme aus, dass sich Menschen nicht verändern wollen, der Veränderung Widerstand entgegensetzen und dieser erst überwunden werden muss. Als Folge dieser Annahme wird es als unumgänglich betrachtet, Machtpromoter, Change Agents, Pilotprojekte und Kommunikationsstrategien einzusetzen, um den nötigen Spannungsbogen aufzubauen und Veränderungsenergie zu erzeugen.

Wenn die Mitarbeiter eine Strategie selber (mit)entwickeln, wollen sie diese auch realisieren, da sie diese bereits verinnerlicht haben. Nur wer von einem Projekt überzeugt ist, leistet bei dessen Umsetzung seinen Beitrag zum Ganzen. Des Weiteren gilt, dass sich Menschen für eigene Entwicklungen auch verantwortlich fühlen. Dies bedeutet, dass beim Auftreten von Schwierigkeiten die Verantwortung nicht einfach an das Top-Management delegiert wird. Folglich sind weder zusätzlich Fremdmotivationen noch extra Anreize erforderlich. Change Management geschieht somit von innen heraus, und weitere Unterstützung von aussen wird völlig überflüssig.

> Der Mensch tut das, wovon er überzeugt ist – und überzeugt ist er von einer Erkenntnis, die er selber erarbeitet hat.

Projektteam

Welche Mitarbeiter sollen an der Strategie mitarbeiten? Es ist ja keineswegs sinnvoll, dass sich jeder Mitarbeiter mit der Strategie beschäftigen muss, und letztlich alle an der Strategie arbeiten. Jedes Unternehmen weist Funktionen auf, die näher an strategischen Aufgaben liegen, und solche, die wenig damit zu tun haben. Und manche Mitarbeiter sind aufgrund ihres Charakters geeigneter als andere, strategische Ideen zu diskutieren und Konzepte zu entwickeln.

Eine Reihe von Führungsfunktionen beinhalten klare strategische Aufgaben. So ist es beispielsweise Aufgabe des Geschäftsführers eines Landes, die Strategie für seine Region jährlich zu überarbeiten und vorzulegen. An ihm liegt es, aus seinem Bereich die Mitarbeiter einzubeziehen, die ihn dabei unterstützen können. Infrage kommen in erster Linie Personen aus dem Vertrieb, aus dem Service, ganz allgemein all jene, die in intensivem Kundenkontakt stehen. Und es ist Sache der Personalentwicklung, Mitarbeiter aus anderen Abteilungen darin einzubinden, vor allem sogenannte «High Potential» – junge Mitarbeiter, die das Potenzial zur Führungskraft haben. Als Faustregel gehen wir davon aus, dass bis zu 10% oder 15% der Mitarbeiter mehr oder weniger in die Strategiediskussion eingebunden werden sollten.

Eine heterogene Zusammensetzung des Projektteams unterstützt den Austausch von Wissen und fördert die gemeinsame Sichtweise

Einen wichtigen Aspekt bildet die Zusammensetzung von Arbeitsteams. Dabei geht es darum, unterschiedliche Erfahrungen und Sichtweisen zusammenzubringen und, wie es Alfred P. Sloan formuliert hat, Konsens ist erst dann wirkliches Einverständnis, wenn er aus Dissens entsteht. Eingefahrene Denkstrukturen erlauben nur wenig Raum oder Möglichkeiten zur Veränderung. Deshalb sollten Teams sowohl aus Fachleuten als auch aus Laien bestehen. Die grossen Innovationen der Vergangenheit wurden nicht nur in Fachteams entworfen, sondern vor allem auch von Querdenkern und Laien initiiert.

Unsere Empfehlung:

Ein Team soll zu je 50% Fachleuten und 50% Personen aus anderen Bereichen zusammengesetzt sein. Daraus ergeben sich die folgenden Vorgänge:

1. Die Fachleute sind sich ihrer Sache plötzlich nicht mehr so sicher, wenn sie Ihre Kerngebiete Kollegen erläutern sollen, denen die Materie völlig fremd ist. Denn sie sehen sich gezwungen, ihre Ideen und oft vermeintlichen Lösungen besser zu durchdenken, zu überarbeiten oder anders anzugehen.
2. Laien stellen oft die richtigen Fragen – Fragen, die von den Fachleuten gar nicht in Betracht gezogen werden. Damit erhält die Diskussion ganz neue Perspektiven.

In einem guten Strategieteam finden sich:

- **Vertreter der Hierarchien:** Die tragenden Verantwortlichkeiten in der Aufbauorganisation sollen vertreten sein. Dadurch wird sichergestellt, dass nicht an der Organisation vorbeigearbeitet wird.
- **Vertreter der Funktionsbereiche:** Alle funktionalen Bereiche sind angemessen zu beteiligen, damit sie die unterschiedlichen Aspekte und Sichtweisen einbringen. Marktsicht muss mit Leistungserstellungssicht abgeglichen werden.
- **Vertreter der Produktbereiche und Anwendungen:** Alle Produktaspekte müssen in Betracht gezogen werden.
- **Vertreter der Regionen:** Die für ein global ausgerichtetes Unternehmen strategisch wichtigen Regionen und ihre Markt- bzw. Kundenbedürfnisse sollen einbezogen werden.
- **Vertreter der Generationen:** Ein gutes Team besteht sowohl aus erfahrenen Teilnehmern als auch aus jungen Mitarbeitern oder solchen, die neu zur Firma gestossen sind.

Der Nutzen eines integrierten ganzheitlichen Vorgehens

- Eine gemeinsam mit den Mitarbeitern entwickelte Strategie ist leichter umsetzbar. Die Mitarbeiter werden von Kritikern zu Anwälten der Strategie. Anstatt nur als passive «Befehlsempfänger» zu agieren, sind sie von der Richtigkeit der Strategie überzeugt und werden damit zu aktiven Treibern der Umsetzung.

- Durch die Integration von Schlüsselpersonen wird Change Management weitgehend überflüssig. Es entsteht Lust an Veränderung, und Barrieren werden leichter überwunden.

- Das gesamte vorhandene Wissen der Organisation wird konsolidiert, verbreitet und nachhaltig in der Organisation verankert. So bildet dieses die Basis für eine eigenständige Strategie, die kontinuierlich weiterentwickelt wird.

- Fachwissen kann gezielt extern eingekauft werden. Ein grosser Teil des Marktwissens lässt sich heute unter angemessener Anleitung auch durch interne Trainees, Praktikanten oder Studenten erstellen.

- Die Mitarbeiter werden in strategischem Management geschult und wenden dieses Wissen an. Strategisches Denken und Handeln wird zu einem integralen Teil der Mitarbeiterausbildung sowie der Managemententwicklung.

- Es bildet sich eine gemeinsame Sprache heraus. Die Bedeutung von Begriffen wird geklärt und verstanden, und durch das gemeinsame Verständnis von Problemen und Lösungen entsteht Vertrauen.

- Die konstruktive Kontroverse wird zum zentralen Element der Unternehmenskultur. Sie stärkt das gegenseitige Vertrauen und schafft Transparenz bei der Zusammenarbeit.

Beispiel aus einem Projekt

Nach einer Restrukturierung, die mit der Entlassung von 20 Prozent der Belegschaft verbunden war, sah sich die Unternehmensleitung mit der Frage konfrontiert, wie es weitergehen sollte. Die Frage stellte sich nicht nur in Bezug auf Marktstrategien; vielmehr ging es auch darum, die verbleibenden Mitarbeiter wieder ins Boot zu holen und von der Zukunftsfähigkeit ihres Unternehmens zu überzeugen. In dieser Situation wurde in der Belegschaft nach Schlüsselpersonen gesucht, die in der Zukunftsplanung des Unternehmens eine aktive Rolle spielen sollten.

Nach mehreren Workshops, in denen Ideen gesammelt und systematisch nach Machbarkeit und strategischer Wichtigkeit sowie nach Potenzial und Aufwand bewertet wurden, konnte die neue Strategie verabschiedet werden. Im Verlauf von vier Monaten entstand aus zunächst kontroversen Meinungen eine gemeinsame Sicht der Dinge, die in einem Massnahmenplan konkretisiert wurde. Mit dessen Umsetzung beauftragte das Unternehmen Projektleiter, die aus dem Kreis der beteiligten Schlüsselpersonen stammten. Jetzt war die Strategie mehr als ein blosses Stück Papier: Sie war das Werk von Mitarbeitern, die mit grossem Elan – jeder in seinem Bereich – die Neuausrichtung des Unternehmens vorantrieben.

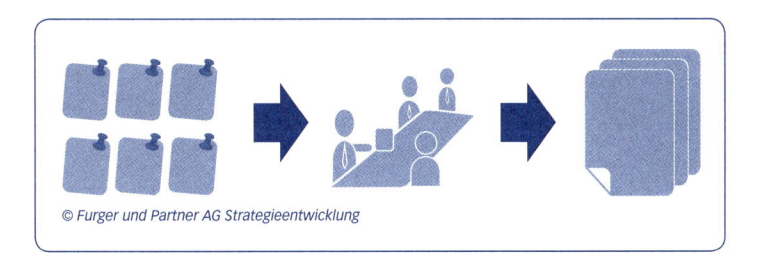

© Furger und Partner AG Strategieentwicklung

Vorgehen

Mit einem Ideenmarktplatz wurden erste Ansätze in der Optionsphase konkretisiert, bewertet und gefiltert – und daraus erfolgte die Erarbeitung der strategischen Stossrichtungen.

- Alle Ideen wurden auf Pinnwänden angeordnet – über 400 an der Zahl
- Für den Marktplatz standen 4 Flipcharts zur Verfügung
- Die Währung auf dem Marktplatz waren Unterschriften der Teammitglieder
- Jedes Teammitglied konkretisierte Vorschläge auf einem Flipchart mit 3–5 Sätzen
- Damit der Vorschlag zur Weiterverfolgung aufgenommen wurde, musste er mindestens zwei Unterschriften von anderen Teilnehmern erhalten
- Dazu musste er den Vorschlag konkret darstellen und erläutern können
- → Das Ergebnis waren rund 70 strategische Optionen, die konkret dargestellt und visualisiert wurden, die sich aber gleichzeitig in den Köpfen der Teilnehmer festgesetzt haben.

3 Die integrierte Strategieentwicklung

4 Der Strategieentwicklungsprozess

Vorgehensschritte im Strategieentwicklungsprozess 78

Beteiligte und Rollen 89

Der Entscheidungsprozess 92

Sitzungen und Workshops 94

Projektdokumentation 96

Vorgehensmodelle 98

4

Der Strategieentwicklungsprozess

Strategieentwicklung ist Teil des strategischen Planungsprozesses eines Unternehmens, der als ein eigenständiger Geschäftsprozess zu betrachten ist. Dieser umfasst neben der Strategieentwicklung die strategische Planung, das strategische Controlling und das Ausarbeiten von strategischen Fragestellungen, die wir auch als strategische Initiativen bezeichnen.

Somit betrachten wir die Strategieentwicklung nicht als abgeschlossenen Vorgang, sondern als kontinuierliche Aufgabe. Strategisches Denken und Handeln muss als dauerhafte Haltung in den Köpfen der Mitarbeiter verankert werden. In diesem Sinne reden wir von einem «Change-Prozess», durch den sich strategisches Denken und Handeln im Unternehmen oder in der Organisation etablieren.

Ein Strategieentwicklungsprojekt dient auch dazu, diesen «Change-Prozess» erst einmal in Gang zu bringen. Gleichzeitig kann die operative Organisation für die Umsetzung aufgebaut werden. Es geht darum, das Rad der dauernden strategischen Erneuerung in Schwung zu bringen. Der klassische Strategieentwicklungsprozess dient als Anstoss, der dann in einen ständigen Erneuerungs- und Innovationsprozess übergeht. Für ein Strategieentwicklungsprojekt ist je nach Unternehmensgrösse ein Zeitraum von rund 4–8 Monaten einzuplanen.

In diesem Kapitel beschreiben und erläutern wir zudem die Rollen der im Strategieentwicklungsprozess involvierten Personen, den Prozess der Entscheidungsfindung, die Organisation von Sitzungen sowie die Dokumentation der Unterlagen.

4 Vorgehensschritte im Strategieentwicklungsprozess

Ein Strategieentwicklungsprojekt wird in der Regel in vier Phasen eingeteilt:
1. In der Analysephase wird die Ausgangslage erarbeitet; die Phase endet mit einer SWOT als Ergebnis
2. In der Gestaltungsphase werden die strategischen Optionen und die Geschäftsfeldstrategien ausgearbeitet
3. Die Planungsphase schliesst mit den Funktionalkonzepten und den Businessplänen ab
4. Die Umsetzungsphase startet mit der Implementierung und wird durch das strategische Controlling begleitet

Diese Unterteilung hat sich praktisch als allgemeingültiges Vorgehen etabliert. Dabei wird jedoch fast durchwegs ein wichtiger Teil ausgeblendet und übergangen: der Übergang von einer Phase in die nächste. In diesen Transitionsphasen werden die Entscheide gefällt und die Weichen für die folgende Phase gestellt. Sie verlangen nicht nur inhaltlich Beachtung, sie beanspruchen auch Zeit. Darum legen wir zwischen die einzelnen Phasen jeweils einen Zwischenschritt und reservieren dafür die notwendige Zeitspanne, um die vorhergehende Phase abzuschliessen und die Entscheidungsvorlagen für den Lenkungsausschuss (LA) zu erstellen. Der LA wird diese begutachten, über die Anträge entscheiden und die Freigabe für die nächste Phase beschliessen.

Einen weiteren Schritt widmen wir gleich zu Beginn der Vorbereitung des Projekts mit dem Ziel, dieses organisatorisch aufzusetzen und die Leitlinien für die Strategieentwicklung vorzugeben. Diese Vorbereitung kann die Eignerstrategie beinhalten, grobe strategische Ziele, das Leitbild oder aber ganz einfach eine Liste mit Vorgaben, die vom Auftraggeber vorgegeben werden.

Das hier beschriebene Vorgehen ist als idealtypischer Prozess gedacht. Dazu gibt es Varianten, und je nach Anforderungen eines Falls ist es angebracht, den einen oder anderen Schritt zu verkürzen oder ganz wegzulassen. Am Schluss des Kapitels beschreiben wir einige Vorgehensvarianten, die wir anhand von Vorgehensdiagrammen veranschaulichen.

Die 4 Phasen sowie die Vorbereitung des Projekts und die Zwischenstufen, insgesamt 8 Schritte, werden in den folgenden Kapiteln detailliert dargestellt – mit Vorgehen, Instrumenten sowie Ausführungen zu den Beteiligten und den angestrebten Ergebnissen.

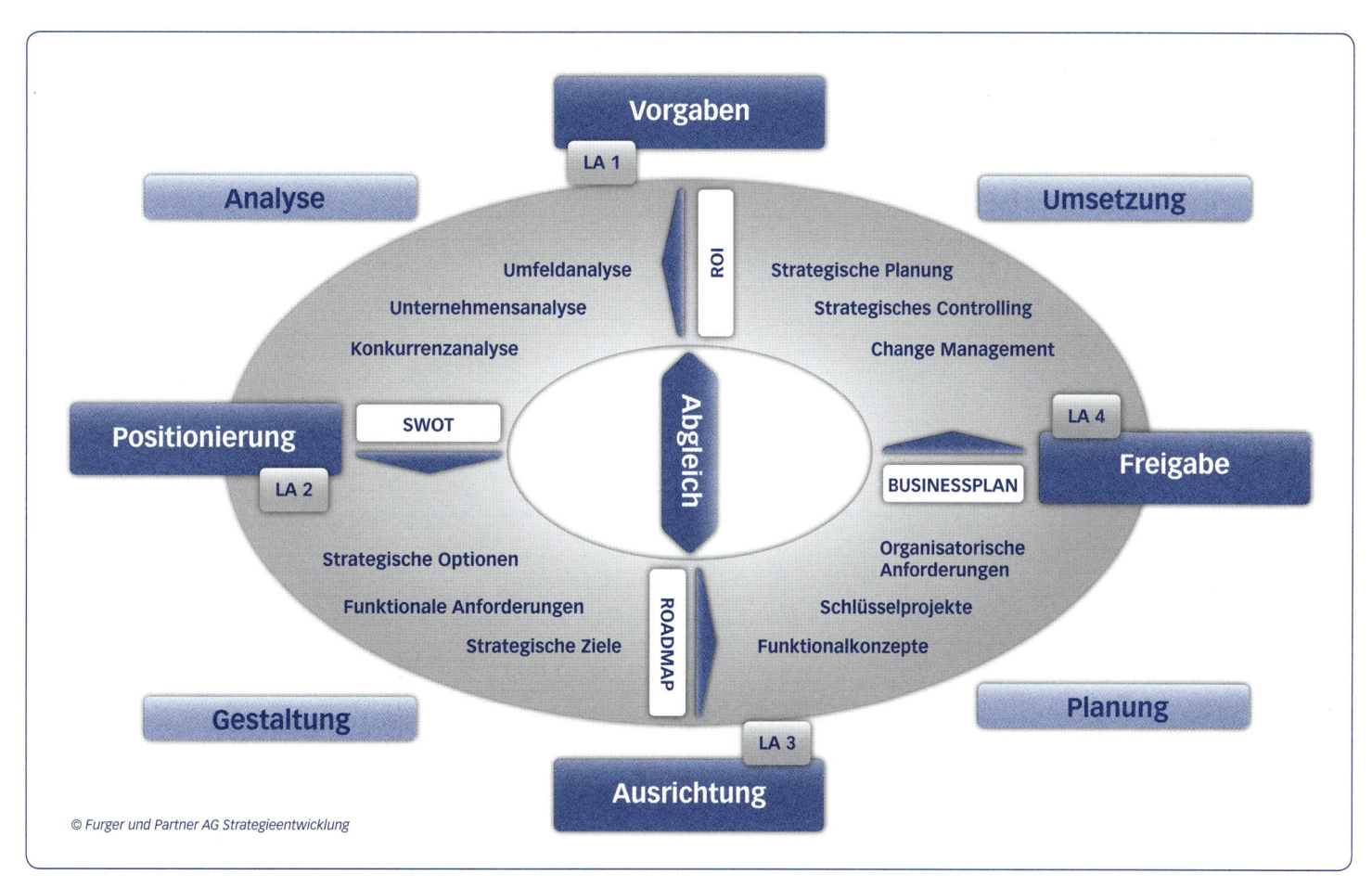

Abbildung 1: Der Strategieentwicklungsprozess

		WS	Input	Inhalt	Output / Ergebnis	LA
Setup			Projektauftrag	Vorbereitung, Ressourcen, Zeitplanung, Abstimmungen	Projektplan mit Terminen, Meilensteinen, Ressourcen und Projektorganisation	LA I
Schritt 1	Vorgaben		Projektauftrag, Projektplan	Leitbild, Eignerstrategie, Leitlinien	Leitlinien Richtlinien	
Schritt 2	Analyse	WS I	Auftrag Projektplan	Analyse	Ausgangslage Zusammenfassung Vorlage LA	
Schritt 3	Strategische Positionierung	WS II	Ergebnis der Analyse	Unternehmensportfolio Geschäftsfeldstrategien	Vorlage an den LA Entscheid Konsens Auftrag Schritt 4	LA II
Schritt 4	Gestaltung	WS III	Entscheid LA	Strategieentwicklung	Strategische Roadmap	
Schritt 5	Strategische Ausrichtung	WS IV	Roadmap, Strategische Stossrichtungen	Geschäftsfeldstrategien, Abgleich mit dem Leitbild und den Vorgaben	Vorlage an den LA Entscheid über Strategie, Abgleich	LA III
Schritt 6	Planung	WS V	Entscheid LA	Strategische Massnahmen	Businessplan	
Schritt 7	Freigabe der Umsetzung (und Organisation)	WS VI	Businesspläne	Strategisches Controlling Umsetzung	Vorlagen an den LA Entscheid Organisation Entscheid Umsetzung	LA IV
Schritt 8	Umsetzung		Strategie	Umsetzung	Operative Ergebnisse, ROI	

Tabelle 1: Übersicht Projektschritte

Schritt 1: Vorgaben

Die Entwicklung einer Unternehmensstrategie findet in der Regel nicht auf der grünen Wiese, sondern in einem gegebenen Rahmen statt, der berücksichtigt werden muss. Wir lassen diese Vorgaben meist in Form von Leitlinien zusammenfassen und geben diese als Anleitung an das Projektteam weiter. Diese Leitlinien können stringent festgelegt oder aber mindestens zum Teil auch als grobe Richtlinien oder Stossrichtungen verstanden werden.

Die Leitlinien lassen sich ableiten aus den Elementen Eignerstrategie oder Shareholder-Strategie, aus dem Leitbild des Unternehmens sowie aus aktuellen Situationen, die die Strategiearbeit beeinflussen. Dies kann z.B. eine offensichtliche Kosten- oder Produktionsproblematik sein, ohne deren Lösung das Unternehmen strategisch nicht mehr wettbewerbsfähig ist.

Die Vorgaben können Aussagen zu folgenden Punkten und Themen enthalten:
- Strategische Ziele
- Produkte und Dienstleistungen
- Märkte und Regionen
- Wachstum
- Konkurrenzverhalten
- Innovationsstrategie
- Produktivität
- Kernkompetenzen
- Allgemeine Ausrichtung

Schritt 2: Analyse

Die Analyse beginnt mit der Darstellung der bisherigen Entwicklung auf der Ebene des Gesamtunternehmens. Anschliessend folgen die systematischen Analysen von Umfeld, Unternehmen und Konkurrenz. Für diese Analysen empfiehlt es sich, vorab eine strategische Segmentierung durchzuführen, da viele strategische Grössen auf der Ebene der Geschäftsfelder darzustellen sind. Es liegt in der Natur der Sache, dass sich die Analysen teilweise überschneiden. Für jeden dieser Analyseschritte sind Instrumente einzusetzen, die wir in den entsprechenden Kapiteln einzeln vorstellen und beschreiben.

Die Darstellung der bisherigen Entwicklung des Unternehmens umfasst in der Regel zeitlich die letzten drei bis fünf Jahre und inhaltlich die Entwicklung der strategischen und finanziellen Grössen über diese Zeit:

Strategische Kennzahlen	Finanzielle Kennzahlen
Marktgrösse	Umsatz
Marktposition / Marktanteil	Cashflow
Kostenposition	Auftragseingang
Kundenstruktur	ROI
Produktstruktur	ROE
Kundennutzen	ROCE
Mitarbeiter – Qualifikation	G&V
Innovationsfähigkeit	Bilanz
Marktkapitalisierung	Mittelflussrechnung

Tabelle 2: Kennzahlen

Soweit möglich werden diese Kennzahlen den bestehenden Geschäftseinheiten zugeordnet, so dass sich daraus ein Geschäftsfeldportfolio erstellen lässt.

Die Ergebnisse werden mit den strategischen Gesetzmässigkeiten verglichen, um daraus die SWOT und die strategischen Hauptherausforderungen abzuleiten. Diese stellen die Ausgangslage dar und werden danach dem LA vorgelegt. Das Ziel ist der «Konsens aller Beteiligten über die Beurteilung der Ausgangslage».

Die Ergebnisse der Analysephase lassen sich wie folgt zusammenfassen:
- SWOT
- Strategische Hauptherausforderungen
- Strategische Erfolgspotenziale
- Strategische Lücken
- Konsens über die Beurteilung der Ausgangslage

Schritt 3: Strategische Positionierung

Dies ist der erste wichtige Zwischenschritt. Die meisten Strategiebücher ignorieren diesen allerdings und springen von der Ausgangslage direkt zur Strategieentwicklung. Dabei ist es unerlässlich, eine gewisse Zeit dafür einzuräumen, die Ergebnisse aufzubereiten, zu diskutieren und die notwendigen Schlussfolgerungen zu ziehen. Daraus wird eine Entscheidungsvorlage erstellt und dem LA vorgelegt. Dieser muss sich mit den Ergebnissen auseinandersetzen, einen Konsens finden und die Entscheide treffen.

Diesem Schritt widmen wir einen eigenen Workshop. Er beinhaltet weiter die Zusammenfassung der Ergebnisse, die Diskussion im LA sowie die Kommunikation der Beschlüsse und Vorgaben.

Aus diesem Schritt ergeben sich folgende Resultate:
- Konsens über die Beurteilung der Ausgangslage
- Darstellung der strategischen Situation auf Geschäftsfeld- und Unternehmensebene
- Verabschiedung der strategischen Hauptherausforderungen
- Entscheid über die Vollständigkeit der Analysephase – diese ist somit abgeschlossen
- Entscheid über die Geschäftsfeldgliederung
- Verabschiedung der Wertvorstellungen
- Vorgabe der Normstrategien als Leitplanke für die Ausarbeitung der strategischen Optionen
- Auftrag an das Projektteam zum Start der Gestaltungsphase und damit zur Erarbeitung der Geschäftsfeldstrategien

Schritt 4: Gestaltung

Die Entwicklung der Strategie startet mit dem Ausarbeiten von strategischen Optionen je Geschäftsfeld. Grundsätzlich mögliche Geschäftsaktivitäten werden in einem kreativen Prozess als Strategieoptionen erarbeitet und zusammengestellt. Diese Optionen werden bewertet und zu strategischen Stossrichtungen gebündelt.

Auf dieser Grundlage werden die Grundstrategien ausformuliert, konsolidiert und daraus Anforderungen an die Funktionen erstellt. Aus den Anforderungen erfolgt die Ableitung der strategischen Massnahmen. Hieraus ergeben sich die Vorgaben für die Funktionalkonzepte einerseits sowie die Grundlagen für die strategischen Projekte und die Businesspläne anderseits. Eine erste grobe Ressourcenplanung bildet den Abschluss dieser Phase.

Ziel des abschliessenden Workshops ist es, die Hauptstossrichtungen der Strategie in einer strategischen Roadmap zusammenzufassen und dem Lenkungsausschuss vorzulegen, damit dieser die konkrete Ausformulierung der Businesspläne je Geschäftsfeld freigeben kann.

Schritt 5: Strategische Ausrichtung

Dieser Schritt beinhaltet wieder einen Übergang von einer Phase in die nächste. Nachdem die Geschäftsfeldstrategien in groben Zügen bestimmt wurden, geht es nun darum, diese detailliert in Businesspläne umzuarbeiten. Auftraggeber und der LA müssen sich jedoch erneut mit den Ergebnissen auseinandersetzen, um die richtigen Entscheide zu treffen, und den nächsten Schritt freigeben. Es kann sein, dass gewisse Strategien zurückgestellt, dass die Prioritäten anders gesetzt werden.

Zusätzlich wird in diesem Schritt die Unternehmensstrategie als Ganzes formuliert und verabschiedet. Diese umschreibt die Stossrichtung für das Gesamtunternehmen und bildet auch das Leitbild ab. Um diesen Schritt abzuschliessen, muss die Strategie mit dem ursprünglich vorgegebenen Leitbild abgeglichen werden. Dies bedeutet, dass das Leitbild allenfalls zu überarbeiten oder zu ergänzen ist. Erst wenn dieser Abgleich und eventuelle Anpassungen klar und von allen verabschiedet sind, wird die Strategie weiter ausgearbeitet und in die Umsetzung gegeben.

Das Ergebnis dieses Schrittes sind somit die Verabschiedung der Grundstrategien und der strategischen Ressourcen sowie die Freigabe für die Ausformulierung der strategischen Projekte und der Businesspläne.

Schritt 6: Planung

Dieser Schritt wird meist gewaltig unterschätzt. Der Grossteil der Strategiearbeiten hört an dieser Stelle einfach auf. Und da die Strategien vorwiegend noch von oben vorgegeben werden, beginnen hier mühselige Massnahmen zur Umsetzung – meist mit Change-Management-Ansätzen. Diese Vorgehensweise ist sehr oft zum Scheitern verurteilt, und es wundert nicht, dass 70% der Strategien am Schluss nicht oder, was letztlich auf dasselbe herauskommt, nur bruchstückartig umgesetzt werden.

Entscheidend im Hinblick auf die Umsetzung ist, dass die Ausarbeitung der Businesspläne und die Umsetzungsplanung von den gleichen Mitarbeitern gemacht werden, die bisher die Strategie erarbeitet haben. Damit werden das Commitment gestärkt und die Chancen für den Umsetzungserfolg erhöht.

Inhaltlich werden hier folgende Arbeiten erledigt:
- Ausarbeiten der Funktionalkonzepte
- Ausarbeiten der strategischen Projekte
- Aufsetzen des Projektmanagements für die Umsetzung der Projekte
- Aufsetzen des strategischen Controllings mit den Bereichen Eckwertecontrolling, Massnahmencontrolling und Frühwarnsystem
- Anforderungen an die Organisation

Schritt 7: Freigabe der Umsetzung (und Organisation)

Bis zu diesem Schritt liegen die Strategien auf dem Papier beziehungsweise in den Tiefen der EDV vor. Durch den Einbezug der Mitarbeiter im Prozess ist die Strategie auch in den Köpfen und Gedanken dieser Mitarbeiter verankert und das ist wichtiger als alle Schaubilder, Grafiken und Präsentationen, die vielfach noch von externen Beratern erstellt worden sind.

Auf dieser Basis kann jetzt die Umsetzung eingeleitet werden. Der Lenkungsausschuss verabschiedet die Businesspläne. Die Massnahmen und die Ressourcen werden freigegeben und in die Mittelfristplanung aufgenommen.

Getreu nach dem Motto «Structure follows strategy» taucht hier die Frage nach der Organisation auf. Wir werden allerdings nicht detailliert auf das Thema Organisation eingehen, da dies den Rahmen des Buches sprengen würde.

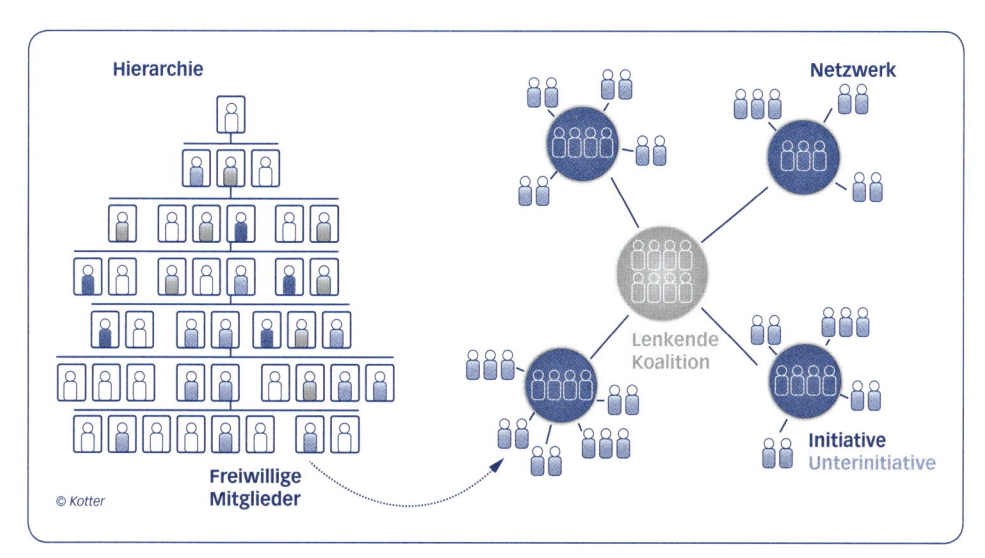

Abbildung 2: Zwei Strukturen – ein Unternehmen
Quelle: Kotter: Die Kraft der zwei Systeme, Harvard Business Manager, Dezember 2012.

Mit dem Instrument «Organisatorische Anforderungen» kann das Team zumindest Hinweise geben, wie eine neue strategiegerechte Organisationsstruktur aussehen könnte oder wie die bestehende Organisation zumindest teilweise angepasst werden muss.

Häufig wird krampfhaft versucht, die Organisation auf den Kopf zu stellen, und damit wird nicht selten das Kind mit dem Bade ausgeschüttet. Die Mitarbeiter sind als Folge davon mehr damit beschäftigt, sich in der neuen Organisation zurechtzufinden, statt die Strategie umzusetzen.

John P. Kotter hat in seinem Artikel «Die Kraft der zwei Systeme» (Harvard Business Manager, 2012) einen Ansatz beschrieben, der dieses Problem lösen könnte. Er nennt es das duale Betriebssystem und geht davon aus, dass die bestehende Struktur erhalten bleibt, und zusätzlich ein komplementäres System in Form einer Netzwerkorganisation eingeführt wird. Ansatzweise wird dieses Vorgehen auch schon mit den sogenannten «Change Agents» eingeschlagen, nur geht Kotter in seinem Vorgehen konsequent weiter.

⬇ Download

Den Artikel und weitere Unterlagen zum Thema finden Sie auf:
www.strategieleitfaden.ch

Schritt 8: Umsetzung

Für die Umsetzung arbeiten wir mit dem Konzept des strategischen Controllings, das in den strategischen Planungsprozess eingebunden wird.

Strategisches Controlling

Das strategische Controlling umfasst drei Elemente:
- Das Prämissencontrolling mit dem Frühwarnsystem
- Das Eckwertecontrolling
- Das Massnahmencontrolling

Idealerweise ist das strategische Controlling organisatorisch bei der strategischen Planung oder der Unternehmensentwicklung angegliedert und berichtet direkt an die Geschäftsführung.

Elemente	Beispiele					
1 Kontrolle der Annahmen	Annahmen	Geschäftsbedingungen	Schlüsselindikatoren	Strategische Annahmen	Annahmen 2013–2023	
	Haupttrends					
	Technologisches Umfeld					
	Wirtschaftliches Umfeld					
	Politisches/soziales Umfeld					

	Ziele	2013	2015	2016	2017	2021	2023
2 Kontrolle der strategischen Ziele	Marktvolumen						
	Marktanteil						
	Umsatz						
	Profitabilität						
	Relative Qualität						
	Kostenposition						
	Preisindex						

	Nr.	Geschäftslinie	Beschreibung strategisches Ziel	Status Zeit	Status Inhalt	Zeitplan Jahr / Monat	2013 Jan	Feb	...
3 Kontrolle der strategischen Projekte	1	Stu		Nicht auf Kurs	Auf Kurs				
	2	Cde		Auf Kurs	Auf Kurs				

© Furger und Partner AG Strategieentwicklung

Abbildung 3: Das Konzept des strategischen Controllings kombiniert das Überprüfen der Annahmen, der strategischen Ziele und Projekte

Einbindung in den strategischen Planungsprozess
Eine umfassende Strategieentwicklung für ein Unternehmen ist in der Regel alle 5–6 Jahre angesagt. Eine Neuformulierung der Strategie kann sich aber auch aus anderen Gründen aufdrängen, z.B. wenn ein Unternehmen den Inhaber wechselt.

Wir versuchen die Erarbeitung einer Unternehmensstrategie zeitlich so zu planen, dass das Ergebnis im jährlichen Strategie-Review-Meeting vorgelegt werden kann und die verabschiedeten Resultate in die nächste Budgetierungsphase einfliessen.

Der Strategieentwicklungsprozess kann auch auf strategische Fragestellungen angewendet werden, die nicht die gesamte Unternehmensstrategie betreffen, z.B. für die Ausarbeitung einer Landesstrategie, die Einführung eines neuen Produktes oder den Relaunch einer Produktreihe. Wir nennen diese Fragestellungen «Strategische Initiativen». Ein Unternehmen arbeitet meistens zeitgleich an mehreren solchen Initiativen. Im Idealfall wird aber versucht, diese in einem zeitlich getakteten Ablauf zur Entscheidung zu bringen. Die Entscheidungsvorlagen werden einmal oder maximal zweimal pro Jahr vorgelegt. Im Rahmen der Strategischen Planung findet ein- oder zweimal pro Jahr ein strategisches Review-Meeting statt. Nach Verabschiedung der Vorlage kann das Ergebnis dieser strategischen Initiativen in die Mittelfristplanung eingebunden werden.

Bevor wir den Strategieentwicklungsprozess im Einzelnen beschreiben, wird in der Folge erläutert, wer die Beteiligten sind und welche Funktion diese ausüben.

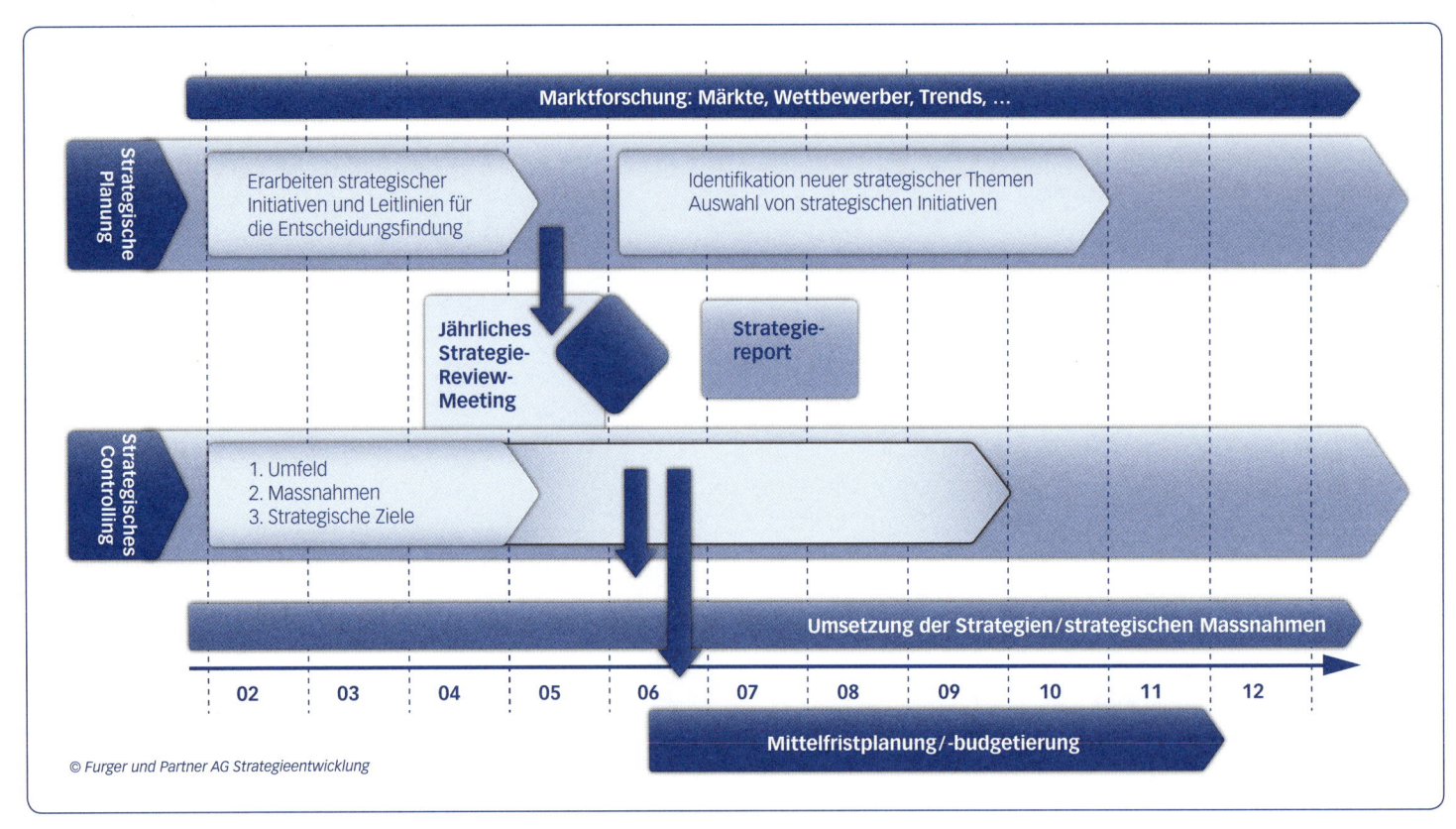

Abbildung 4: Die strategische Planung als eigenständiger Geschäftsprozess

Beteiligte und Rollen

Die Organisation einer Strategieentwicklung verlangt eine sorgfältige Planung der Auswahl der Beteiligten und der erforderlichen Stellen. Einerseits sollten so viele Stakeholder wie möglich einbezogen werden, um die Umsetzung zu erleichtern, andererseits wird der Prozess langsamer, je mehr Leute und Stellen daran beteiligt sind. Wir schlagen deshalb einen Mittelweg vor, der je nach Grösse und Art des Unternehmens angepasst werden kann.

Rolle	Besetzung	Aufgabe	Beitrag
Auftraggeber	Intern / VR / GF	Gibt den Projektauftrag	Zuständig für Ressourcen
Lenkungsausschuss	Intern / VR / GF / evtl. externe Experten	Fällt Entscheide und gibt nächste Phasen frei	Zuständig für Entscheide zur Führung des Projektes
Projektleitung	Intern / externe Unterstützung	Führt das Projekt organisatorisch und methodisch / Entscheidungsunterlagen / Protokolle	Organisation / Zuteilung der Ressourcen / Methodik
Projektmitarbeiter	Intern / eventuell externe Experten	Führen die operative Projektarbeit durch / Teilprojektleiter	Operative Ergebnisse / Resultate / Unterlagen
Experten	Intern / extern	Bringen Expertenwissen / werden fallweise eingesetzt	Expertisen

Tabelle 3: Beteiligte und Rollen

Der Lenkungsausschuss

Der Lenkungsausschuss (LA) befindet sich in der Rolle des Entscheiders. Er ist nicht gleichzusetzen mit dem Auftraggeber, er wird vielmehr von diesem eingesetzt. Der Auftraggeber wird allerdings selbstredend dafür sorgen, dass seine Interessen vom LA wahrgenommen werden. Oft besteht der LA allein aus der Geschäftsführung. Bei kleineren Unternehmen kann aber auch das obere Management miteinbezogen werden. Auf alle Fälle ist hier die Überlegung zu machen, wer von ausserhalb in den Entscheidungsprozess einzubeziehen ist. Zumindest ein Vertreter des Verwaltungsrats oder der Eigentümer sollte vertreten sein. Da der Verwaltungsrat die Verantwortung für die Strategie trägt, kann die Geschäftsführung ohnehin nur eine Vorentscheidung treffen. Die Entscheide müssen letztlich vom VR endgültig abgesegnet werden.

Mögliche Zusammensetzung des Lenkungsausschusses:
- Geschäftsführung
- Vertreter des Verwaltungsrats bzw. des Aufsichtsrats (Deutschland)
- Vertreter der Eigentümer
- Vertreter des oberen Führungskaders, Bereichsleiter

Externe Vertreter: Wird der Strategieprozess von einem externen Begleiter unterstützt oder moderiert, kann ein Vertreter dieser beratenden Stelle ebenfalls in den LA eingeladen werden. Sein Beitrag kann fachlicher aber auch prozessualer Natur sein.

Der LA sollte aus maximal sieben bis acht Mitgliedern bestehen. Grössere Gremien diskutieren länger. In der Regel wird der LA jeweils nach jeder Phase tagen; seine Aufgabe besteht darin, die vorgelegten Ergebnisse zu verabschieden und den Auftrag für das weitere Vorgehen zu erteilen.

Zu den Entscheidungsvorlagen können jeweils auch Sofortmassnahmen gehören, die sich auf Basis von Analysen aufdrängen. Des Weiteren besteht die Möglichkeit, dass der LA die Nachbearbeitung der Arbeitsergebnisse verlangt.

Die Projektleitung

Ein Strategieprojekt erfordert eine professionelle Leitung. Deshalb wird der Projektleiter bei einem Unternehmen für die Zeit der Strategieentwicklung zu 50–100% mit diesem Projekt beschäftigt sein. Bezüglich Wissen und Können muss er folgende Anforderungen erfüllen:
- Kenntnis und Erfahrung in der Projektentwicklung
- Kenntnis des Strategieentwicklungsprozesses
- Kenntnis der strategischen Tools und Methoden
- Kenntnis des Unternehmens und des Geschäftes
- Akzeptanz im Unternehmen und Vernetzung in der Organisation

Seine Aufgabe ist die methodische Betreuung und Begleitung des Projektes – weniger die inhaltliche Beschäftigung mit der Ausarbeitung der Strategie.

Hier stellt sich häufig die Frage der externen Betreuung. Hat man in den 1990er-Jahren noch für fast jede Strategieentwicklung in einem grösseren Unternehmen externe Hilfe beigezogen, so verfügen heute die meisten Unternehmen selber über das Wissen, um solche Prozesse eigenständig durchzuführen. Trotzdem kann eine externe Unterstützung hilfreich sein, und das in dreierlei Hinsicht:
- Methodische Begleitung und Schulung der Mitarbeiter
- Fachliche Unterstützung – Expertenwissen: dieses Wissen kann meist nicht von einer einzigen Beratungsfirma geliefert werden. Somit empfiehlt es sich, dieses Wissen gezielt einzukaufen
- Rolle des Vermittlers bei schwierigen Entscheidungen oder bei Interessenskonflikten

Es ist in jedem Fall abzuwägen, ob sich der finanzielle Aufwand lohnt. Manchmal empfiehlt es sich, den Projektleiter zu betreuen oder die Rolle mit einem externen Coach zu teilen. Dies vor allem bei der ersten Durchführung eines solchen Vorhabens.

Es ist Ziel dieses Leitfadens, die methodische Unterstützung durch eine externe Stelle weitgehend überflüssig zu machen.

Die Projektmitarbeiter

Wir vertreten die Ansicht, dass eine Strategie von den eigenen Mitarbeitern erarbeitet werden sollte. Strategien müssen intern entwickelt werden. Es gibt hauptsächlich zwei Gründe, die eigenen Mitarbeiter am Projekt zu beteiligen:
- Das Wissen der Mitarbeiter soll erschlossen und genutzt werden
- Es soll beim Mitarbeiter das Commitment gefördert werden, eigene Ideen umsetzen zu wollen

Wer wird in den Strategieprozess mit einbezogen? Es ist immer nur eine Auswahl möglich. Wir empfehlen, nach den folgenden Prinzipien vorzugehen:

- **Vertreter der Hierarchien:** Die tragenden Verantwortlichkeiten in der Aufbauorganisation sollen vertreten sein. Dadurch wird sichergestellt, dass nicht an der Organisation vorbeigearbeitet wird.
- **Vertreter der Funktionsbereiche:** Alle funktionalen Bereiche sollten angemessen beteiligt sein, damit sie die unterschiedlichen Aspekte und Sichtweisen einbringen. Marktsicht muss mit Leistungserstellungssicht abgeglichen werden.
- **Vertreter der Produktbereiche und Anwendungen:** Alle Produktaspekte sind zu berücksichtigen.
- **Vertreter der Regionen:** Die für ein global ausgerichtetes Unternehmen strategisch wichtigen Regionen und ihre Markt- bzw. Kundenbedürfnisse sind einzubeziehen.
- **Vertreter der Generationen:** Ein gutes Team besteht sowohl aus erfahrenen Teilnehmern als auch aus jungen Mitarbeitern oder solchen, die neu zur Firma gestossen sind.

Das gesamte Projektteam soll nicht mehr als 10 bis 20 Mitglieder umfassen. Auch hier gilt: je mehr Teilnehmer mitmachen, umso mehr wird diskutiert, und ab einer gewissen Menge wird das Projekt zu komplex und kann nicht mehr in einer vernünftigen Zeitspanne durchgeführt und abgeschlossen werden.

Weitere Teilnehmer

Die Zusammensetzung des Projektteams wird für die ganze Zeitspanne festgelegt. Es ist nicht zu empfehlen, das Team während des Projektes zu ändern. Andernfalls passiert Folgendes:

Ein Team gewöhnt sich an die Zusammenarbeit in der gegebenen Zusammensetzung. Es werden Fragen und unterschiedliche Ansichten geklärt. Zusätzlich entsteht eine gemeinsame Sprache. Wenn plötzlich neue Teilnehmer in den Prozess einsteigen, beginnt der Annäherungs- und Abstimmungsprozess von vorne.

Etwas anderes ist die zeitweise Einbindung von Experten. Diese können aus dem Unternehmen sein und zu spezifischen Fragen Stellung nehmen. Oder es werden externe Experten beigezogen, die zu einem Thema ihr Fachwissen einbringen. Die besten Erfahrungen habe ich jeweils dann gemacht, wenn ein externes Expertenteam eine spezifische Fragestellung bearbeitete und diese an einer Arbeitssitzung geschlossen vortrug. Damit wurde auch die Distanz zwischen dem Team und den Experten gewahrt.

Zusätzliche Stakeholder sollten nur sporadisch und wenn unbedingt notwendig in den Prozess mit einbezogen werden. Eine weiterführende Berücksichtigung von Standpunkten erfolgt über die Kommunikation und die LA-Sitzungen. Gemeint sind damit etwa der Beirat, die Eigentümerfamilie, Vertreter der Arbeitnehmer (vor allem in Deutschland sehr wichtig) oder im Einzelfall die Öffentlichkeit.

Der Entscheidungsprozess

Im Fokus der Entwicklung von Strategien stehen in erster Linie die Analyse, die Vorschläge und Optionen, die Strategie selber und schliesslich die Planung und Initiierung der Umsetzung. Nicht weniger grundlegend ist aber auch die Art und Weise, wie im Verlaufe des Projektes die Entscheidungsvorlagen erstellt, präsentiert und verabschiedet werden. Für die strukturierte Gestaltung dieses Aufgabenbereichs sorgt der Entscheidungsprozess, der parallel zum Strategieprojekt verläuft und dieses steuert. Die Führung wird vom Lenkungsausschuss wahrgenommen, der jeweils in einer Zwischenphase die Entscheide diskutiert und verabschiedet.

Die Entscheidungsschritte der Strategieentwicklung:
- Start und Durchführung eines Strategieprojektes
- Verabschiedung der Ausgangslage: Konsens über die Beurteilung der Ausgangslage (nach der Analysephase)
- Auswahl der strategischen Stossrichtungen (nach der Gestaltungsphase)
- Verabschiedung der Umsetzung inklusive Zeitrahmen und Ressourcen (nach der Planungsphase)

Damit ist der Entscheidungsprozess in den Strategieentwicklungsprozess eingebunden und die beiden Prozesse sind aufeinander abgestimmt.

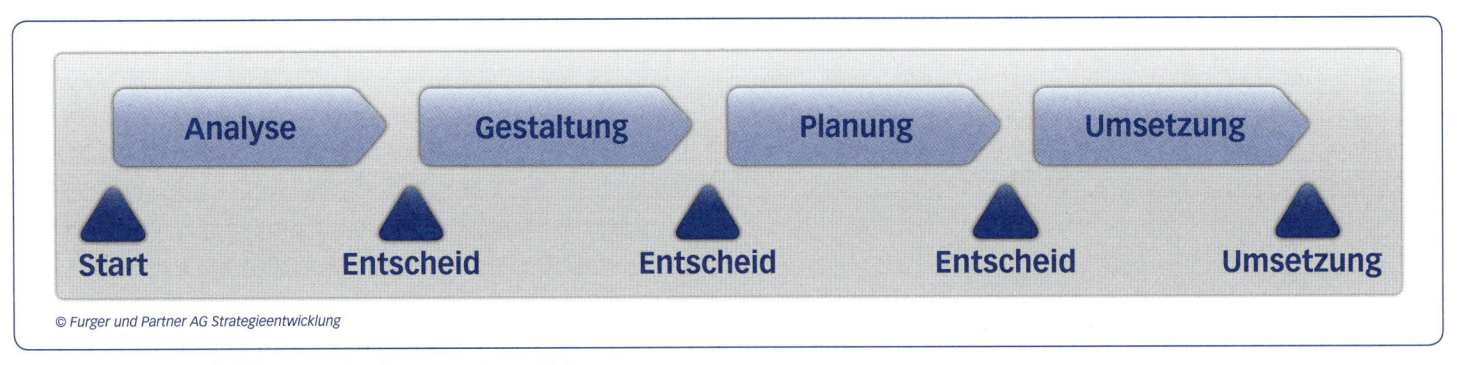

Abbildung 5: Entscheidungspunkte im Strategieprojekt

Überblick über die Lenkungsausschusssitzungen: Sachlage und Entscheidungsinhalte

LA-Sitzung	Sachlage	Entscheid
LA I	Der Auftraggeber hat über die Durchführung des Projektes entschieden und ab jetzt übernimmt der Lenkungsausschuss (LA) die Aufgabe, das Projekt zu begleiten. Die Unterlagen oder der Grund für den Entscheid können sehr unterschiedlich sein. Oft ist es so, dass das Vorgehen und die Konzeption von einem externen Experten erstellt und vorgestellt werden. Damit sind das Vorgehen und auch das Budget umrissen. Auch wenn der Entscheid intern getroffen wird, ist es unerlässlich, dass ein Grundkonzept inklusive Termine, Ressourcen, Meilensteine etc. klar ausgearbeitet und zum Entscheid vorgestellt wird.	Zielsetzung ■ Terminplan ■ Ressourcen ■ Projektorganisation ■ (Interner) Projektleiter
LA II	Als sie die Orientierung verloren, verdoppelten sie die Anstrengung. Die klare Kenntnis der Ausgangslage ist die halbe Miete – aber was kann denn zu diesem Zeitpunkt entschieden werden? Viele geben sich am Ende der Analysephase mit einer allgemeinen SWOT zufrieden. Das greift zu kurz, geht es hier doch insbesondere auch um die Erarbeitung der wichtigsten Herausforderungen. Ein Konsens diesbezüglich gibt bereits die Richtung für die Strategie vor. In dieser Sitzung wird entschieden, ob die Ausgangslage wirklich klar ist; wir nennen das «Konsens über die Beurteilung der Ausgangslage». Erst wenn das erreicht ist, kann die Analysephase abgeschlossen werden. Falls nicht, muss allenfalls nachgearbeitet werden, was auch eine Zeitverschiebung zur Folge haben kann. Ein weiterer Punkt sind Sofortmassnahmen: es gibt immer wieder Situationen und Angelegenheiten, die sofort gelöst werden können oder manchmal auch müssen. Diese Sofortmassnahmen sind vom LA zu verabschieden und in die Umsetzung zu geben. Hier ist ein Aspekt zu beachten, den man auf Neudeutsch «Quick wins» nennt. Erste Erfolge motivieren das Team und setzen Zeichen in der Organisation. Weitere Entscheide können das Vorgehen oder die Zusammensetzung des Projektteams betreffen.	Konsens über die Ausgangslage ■ Sofortmassnahmen ■ Entlastung Analysephase ■ Bestätigung Teamzusammensetzung
LA III	In der Gestaltungsphase werden strategische Optionen ausgearbeitet und zu Strategien gebündelt. Bevor diese für die Umsetzung in Massnahmen gegossen und die dazugehörigen Ressourcen ermittelt werden, müssen diese Strategien zum Entscheid vorgelegt werden. Diese umfassen je Geschäftsfeld die Hauptstossrichtungen, die dazugehörigen Ziele und eine erste grobe Abschätzung der Investitionen und anderer benötigter Ressourcen. Zudem wird hier der Abgleich mit dem Leitbild noch einmal durchgeführt, was einen Entscheid über eventuelle Anpassungen erfordert.	Hauptstossrichtung der Geschäftsfeldstrategien ■ Unternehmensstrategie ■ Strategische Roadmap ■ Strategische Zielgrössen ■ Abgleich mit dem Leitbild
LA IV	In der Planungsphase sind die Businesspläne für jeden Geschäftsbereich ausgearbeitet, die Funktionalkonzepte erstellt und die benötigten Ressourcen ermittelt. In Bezug auf die Organisation werden vom Projektteam die Anforderungen aufgelistet, die sich aus der Strategie ergeben. Die Ausarbeitung der Organisation und der Entscheid für eine neue Struktur werden als separater Schritt gesehen und werden hier nicht im Detail behandelt. Deshalb ist der Entscheid über die Umgestaltung der Organisation auch nur bedingt Teil dieses Prozesses.	Strategische Massnahmen ■ Freigabe zur Umsetzung ■ Freigabe der Ressourcen ■ Funktionalkonzepte ■ Organisation ■ Mittelfristplanung

Tabelle 4: Die Sitzungen des Lenkungsausschusses

Sitzungen und Workshops

Die Lenkungsausschuss-Sitzung (LA-Sitzung)

Der Lenkungsausschuss (LA) ist das Gremium, das die Entscheide trifft und festhält. Damit erhält die LA-Sitzung für die Dauer des Projektes die Bedeutung und Funktion einer Geschäftsführungs- oder Verwaltungsratssitzung. Eine Integration in diese Gremien empfiehlt sich allerdings nicht. Die LA-Sitzung soll einzig und allein dem Thema Strategie gewidmet sein.

Teilnehmer der Sitzung sind die LA-Mitglieder als Entscheider, die Projektleitung als Organisator sowie die Vertreter der Themen aus dem Projektteam, deren Zusammensetzung je nach Themen wechseln kann. Es ist nicht notwendig, alle Teammitglieder einzuladen; es geht hier (wie auch bei anderen Sitzungen) nicht darum, wer mitmachen möchte, sondern wer einen Beitrag leisten kann. Die Teammitglieder sind somit auch diejenigen, die vortragen. Damit wird die fachliche Kompetenz sichergestellt. Es ist mir immer wieder aufgefallen, mit wie viel Wissen und mit welchem Enthusiasmus die Mitarbeiter eines Unternehmens ihre Ergebnisse vortragen und in den Diskussionen verteidigen. Ganz im Gegensatz zu externen Beratern, die häufig viel zu wenig vom Geschäft verstehen, um eine tiefgreifende Diskussion mitzugehen, geschweige denn zu gestalten.

Je nach Komplexität und Umfang des Projektes dauert eine LA-Sitzung zwischen 2 Stunden und einem Tag. Zu Beginn eines Projekts lohnt es sich, die Sitzung etwas länger anzusetzen und sich die Zeit zu nehmen, damit sich die Teilnehmer in die Themen einarbeiten und aneinander gewöhnen können.

Workshops

Workshops sind formale Sitzungen, an denen jeweils ein Projektschritt gestartet oder aber abgeschlossen wird. In einem Workshop werden auch die Entscheidungsvorlagen für den LA vom gesamten Team verabschiedet. Damit ist klar, dass die Sitzungen gut vorbereitet und geplant werden müssen. Das ist die Aufgabe der Projektleitung.

Ich habe Workshops im Umfang von bis zu 4 Tagen durchgeführt. Zu Beginn sitzt das Team oft einfach da, die Teilnehmer schauen sich um und warten darauf, dass ihnen Aufgaben zugeteilt werden. Auch während der Sitzungen kann es vorkommen, dass die Arbeit an einer Aufgabe ins Stocken gerät, dass nicht ganz klar ist, was der nächste Schritt ist. Da ist es ratsam, dass sich der Projektleiter sorgfältig vorbereitet. Wir empfehlen, nicht nur eine gut durchdachte Tagesordnung zu erstellen, sondern immer auch ein Drehbuch mitzuführen. Dieses legt im Einzelnen genau fest, wer wann für was zuständig ist, welche Materialien und Räumlichkeiten notwendig sind und wer wie wann wo zu informieren ist. Mit der Zeit und Erfahrung wird man mehr und mehr darauf verzichten können, aber besonders für die ersten Projekte ist das ein hervorragendes Hilfsmittel. Wir haben in der Beschreibung der Projektphase ein paar Beispiele aufgeführt.

Am Startworkshop ist es die Aufgabe des Projektleiters, das Vorgehen klar darzustellen und das Team in die Aufgaben einzuführen. Der Schlussworkshop jeder Phase hat dann die Funktion, die erarbeiteten Ergebnisse darzulegen und die Vorlagen für den Lenkungsausschuss zusammenzustellen.

Die Arbeitssitzungen

Die Arbeitssitzungen dienen der Teamarbeit und können je nach Bedarf für das ganze Team oder separat für die einzelnen Arbeitsgruppen organisiert und durchgeführt werden. Es ist jeder Gruppe selber überlassen, das Vorgehen zu bestimmen. Wir haben in einzelnen Projekten die Teilnehmer regelmässig aus dem Tagesgeschäft herausgenommen und mit diesen an einem davon getrennten Ort 2 bis 4 Tage zusammen an der Strategie gearbeitet. Die Anforderungen für die Organisation dieser Meetings sind ähnlich wie für die Workshops – auch hier sind eine gute Vorbereitung seitens des Projektleiters sowie eine funktionierende Organisation Voraussetzung für den erfolgreichen Ablauf. Es ist allerdings auch angebracht, die Teams sich selber organisieren zu lassen. Ein Meeting muss zudem nicht unbedingt physisch an einem Ort durchgeführt werden. Wenn sich die Leute einmal gut kennen, kann es auch online durchgeführt werden. Wir führen viele Projekt- und Arbeitssitzungen mit Webex durch (www.webex.com).

4 Projektdokumentation

Der Aufgabenbereich der Projektdokumentation hat sich in den letzten Jahren tiefgreifend verändert. Die elektronische Datenbearbeitung und die jüngsten Entwicklungen des Informationsaustausches haben völlig neue Möglichkeiten eröffnet. Und doch arbeiten Unternehmen und Berater zu einem grossen Teil noch immer gemäss den Prozessen der alten Papierwelt. Anstatt Briefe werden nun einfach Hunderte von E-Mails verschickt; man hat den klassischen Postweg auf den Computer verlagert, ihn aber nicht geändert. Die Komplexität ist bestehen geblieben oder sogar noch angewachsen. Und damit hat auch die Wahrscheinlichkeit zugenommen, dass die Übersicht verloren geht.

Datenbeschaffung

Analyse beruht auf Informationen und Informationen basieren auf Daten. Meist sind sehr viele, zu viele Daten vorhanden – und diese sind weder so geordnet noch strukturiert, dass sich daraus Schlüsse ziehen liessen, die als Basis für die Strategieentwicklung dienen können. Dies bedeutet, dass der Strategieprozess letztlich mit der Aufgabe beginnt, Daten zusammenzutragen, zu ordnen und so aufzubereiten, dass daraus die SWOT als Basis für die Ausarbeitung der Strategie erstellt werden kann. Um diesen Schritt zu strukturieren, legen wir Analysefelder oder Analysethemen fest und lassen diese von Mitgliedern des Teams ausarbeiten. Wenn wir die Analyse grob in drei Bereiche einteilen – nämlich das Unternehmen selber, das Umfeld und die Konkurrenz – können wir jedem dieser Felder 10–12 Themen zuordnen.

Analysethemen Unternehmen	
1	Management und Führungssysteme

Analysethemen Umfeld	
1	Wirtschaftliche Entwicklung – Marktentwicklung

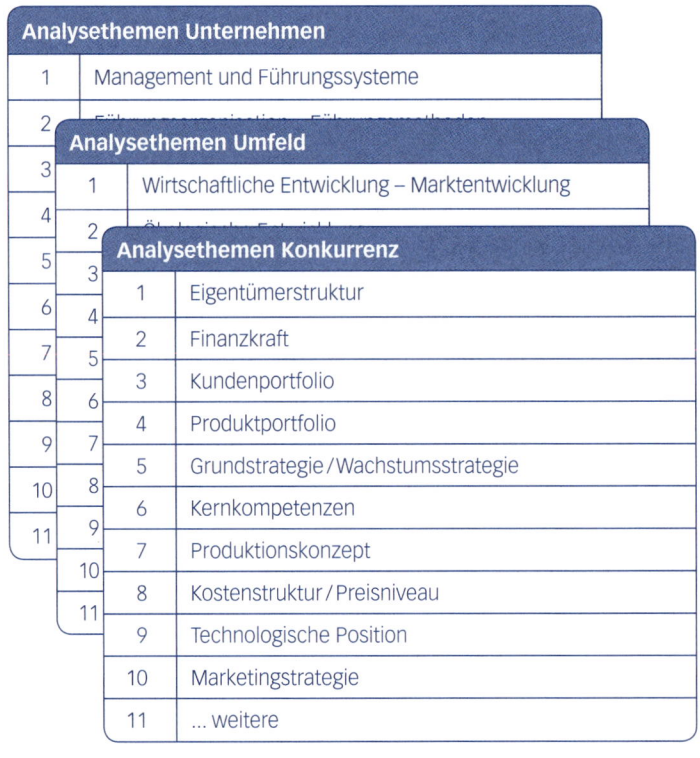

Analysethemen Konkurrenz	
1	Eigentümerstruktur
2	Finanzkraft
3	Kundenportfolio
4	Produktportfolio
5	Grundstrategie / Wachstumsstrategie
6	Kernkompetenzen
7	Produktionskonzept
8	Kostenstruktur / Preisniveau
9	Technologische Position
10	Marketingstrategie
11	… weitere

Tabelle 5: Analysethemen

Für diese Themen werden einzeln die Informationen zusammengetragen und die ersten Schlussfolgerungen beschrieben. Daraus ergibt sich am Schluss die SWOT.

Dokumentation

Die einfachste Art, die Dokumentation zu führen, besteht aus einer zentralen Projektablage und dem Austausch über E-Mails. Dies erfordert klare Regeln und wird sehr schnell unübersichtlich. Ein seriöses Dokumentenmanagement mit Versionen ist damit gar nicht möglich. Diese Variante der Dokumentenablage funktioniert nur, wenn sie von einer einzigen Person verwaltet wird, die zusätzlich noch über einen ausgesprochenen Ordnungssinn verfügt. Ich habe auf diese Weise ein grosses Projekt geführt; geklappt hat das aber nur deshalb, weil ich die Dokumentenverwaltung einem Mitarbeiter übergeben konnte, der genau diese Qualität besass. Die Dokumente sind somit an einem zentralen Ort abgelegt und werden von hier aus an die entsprechenden Empfänger verteilt. Die Folge dieses Vorgehens ist, dass praktisch jeder Empfänger eine eigene Ablage führt. Dies führt schliesslich zu einer unübersichtlichen Flut von Ordnern und Versionen. Ans Löschen denkt nämlich niemand mehr. Als weiteres Problem kommen die fehlende Sicherheit und Vertraulichkeit dazu. Werden zusätzlich noch Sticks für den Transport und die Übergabe eingesetzt, sind Datenlecks kaum mehr zu verhindern.

An einem grossen von mir betreuten Projekt war ein hervorragender Mitarbeiter des Unternehmens beteiligt, der die Daten aufs Beste organisierte. Als Ergebnis hatten wir am Schluss 6 Gigabyte an Dokumenten auf dem Server liegen. Eine kurze Überschlagsrechnung ergab, dass einzelne Dokumente in bis zu 500 Varianten abgelegt waren. Die Menge der Daten, die für die Ergebnisse und Weiterverwendung benötigt wurde, lag letztlich gerade mal bei 200 MB.

Eine bessere Lösung sind zentrale Ablagen mit Zugriff für alle Teammitglieder und Benachrichtigung von Änderungen. Hier werden nicht mehr die Daten verschickt, sondern nur noch Hinweise, wo etwas verändert wurde, und das Team kann auf die Daten der zentralen Ablage zugreifen. Dazu werden diverse Programme angeboten, die jeweils ihre Vor- und Nachteile haben. Interessante Beispiele hierfür sind Microsoft Sharepoint – IMB Lotus Live – Bridge (http://www.eckert-caine.com).

4 Vorgehensmodelle

Wir beschreiben in diesem Leitfaden den idealtypischen Strategieentwicklungsprozess mit den einzelnen Schritten. Es ist jedoch nicht immer möglich und angebracht, den ganzen Prozess im Einzelnen durchzugehen. In einer schnelllebigen Zeit ist auch hier Schnelligkeit verlangt. Deshalb stellen wir in knapper Form fünf weitere Vorgehensweisen vor, die je nach Situation und Sachlage angewendet werden können. Wir sind sicher, dass Sie für sich daraus eine sechste Variante erstellen, und das ist auch gut so.

Welches der Vorgehensmodelle auch angewendet wird, entscheidend ist stets, dass das Grundprinzip beibehalten wird, dass die Grundlogik stimmt und die Strategie am Schluss die Hauptherausforderungen abdeckt. Dazu sichern wir uns mit Hilfe der SWOT-GAP-Analyse ab, die immer als Strategiecheck einzusetzen ist.

Grosses Modell

Das grosse Modell deckt den Strategieprozess in seiner ganzen Länge und Tiefe ab. Dieses Modell wird auch die Grundlage für die detaillierte Beschreibung des Strategieprozesses bilden. Sie finden hier den Prozess mit all seinen Elementen grafisch dargestellt. Das Wesentliche daran ist, dass die LA-Sitzungen separat von den WS-Sitzungen durchgeführt werden.

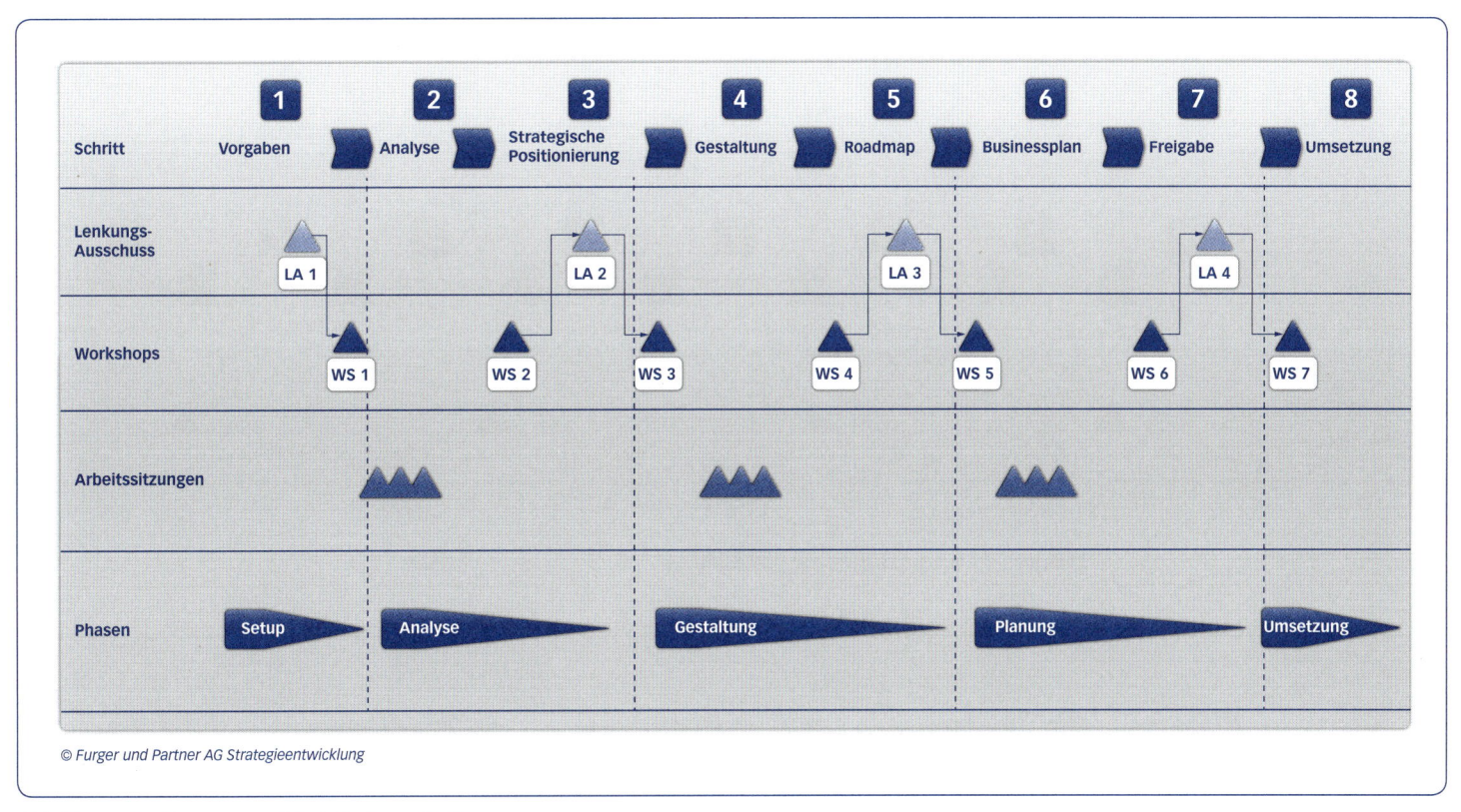

Abbildung 6: Das grosse Modell: der volle Prozess

Vereinfachtes Modell

Eine vereinfachte Vorgehensweise erhalten wir dadurch, dass wir die LA-Sitzungen und die Workshops zusammenlegen. Damit sparen wir einen Tag ein, und die Übergabe für die nächste Phase kann direkt vom LA an das Team erfolgen. Der Nachteil dabei ist, dass die LA-Unterlagen, das heisst die Ergebnisse und die Entscheidungsunterlagen, entweder in Arbeitssitzungen erstellt werden müssen oder aber vom Projektleiter zusammengestellt werden. Für die Abstimmung mit dem Team wird der Spielraum eng. Dies kann dadurch gelöst werden, dass die einzelnen Arbeitsgruppen einen Teamsprecher bestimmen, der sie bei der Zusammenstellung der Entscheidungsunterlagen vertritt.

Der Prozess kann etwa wie folgt aussehen:

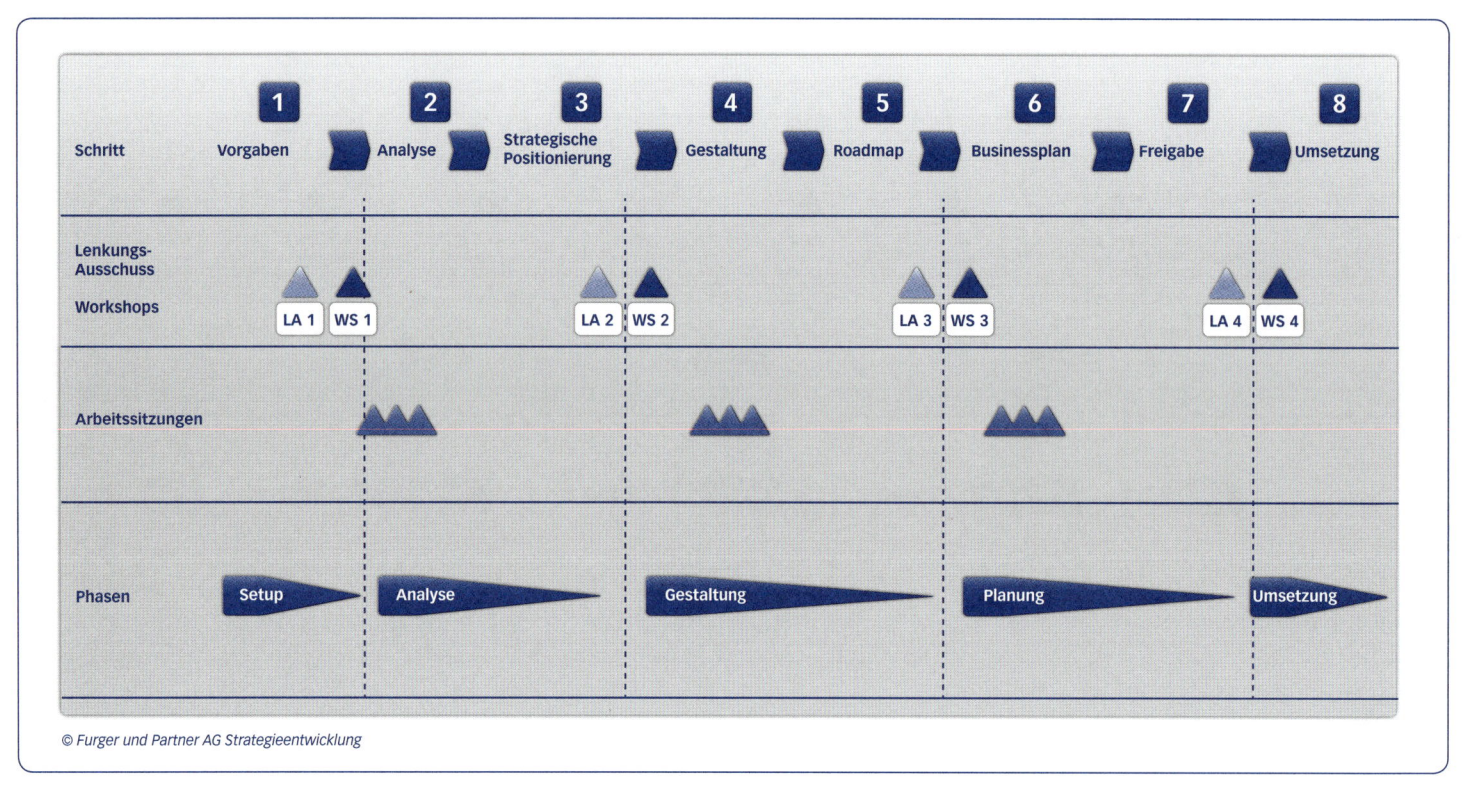

Abbildung 7: Vereinfachtes Modell: der einfache Prozess

Kurzstrategie

Die Kurzstrategie wird mit zwei Workshops durchgeführt. Das Team ist entsprechend anzupassen, d.h. es werden weniger Teilnehmer dabei sein, und man wird von Anfang an die Geschäftsfelder auf die Gruppen verteilen. Die Vorarbeit, die Aufbereitung der Daten und die Analysen haben entweder vorher zu erfolgen oder liegen zum grossen Teil schon vor. Man startet unmittelbar mit der SWOT und der Ausarbeitung der ersten strategischen Optionen. Im zweiten Workshop werden die Strategien pro Geschäftsfeld formuliert und danach dem LA oder der GF zum Entscheid vorgelegt. Die Umsetzung wird von der GF direkt an die Linie gegeben.

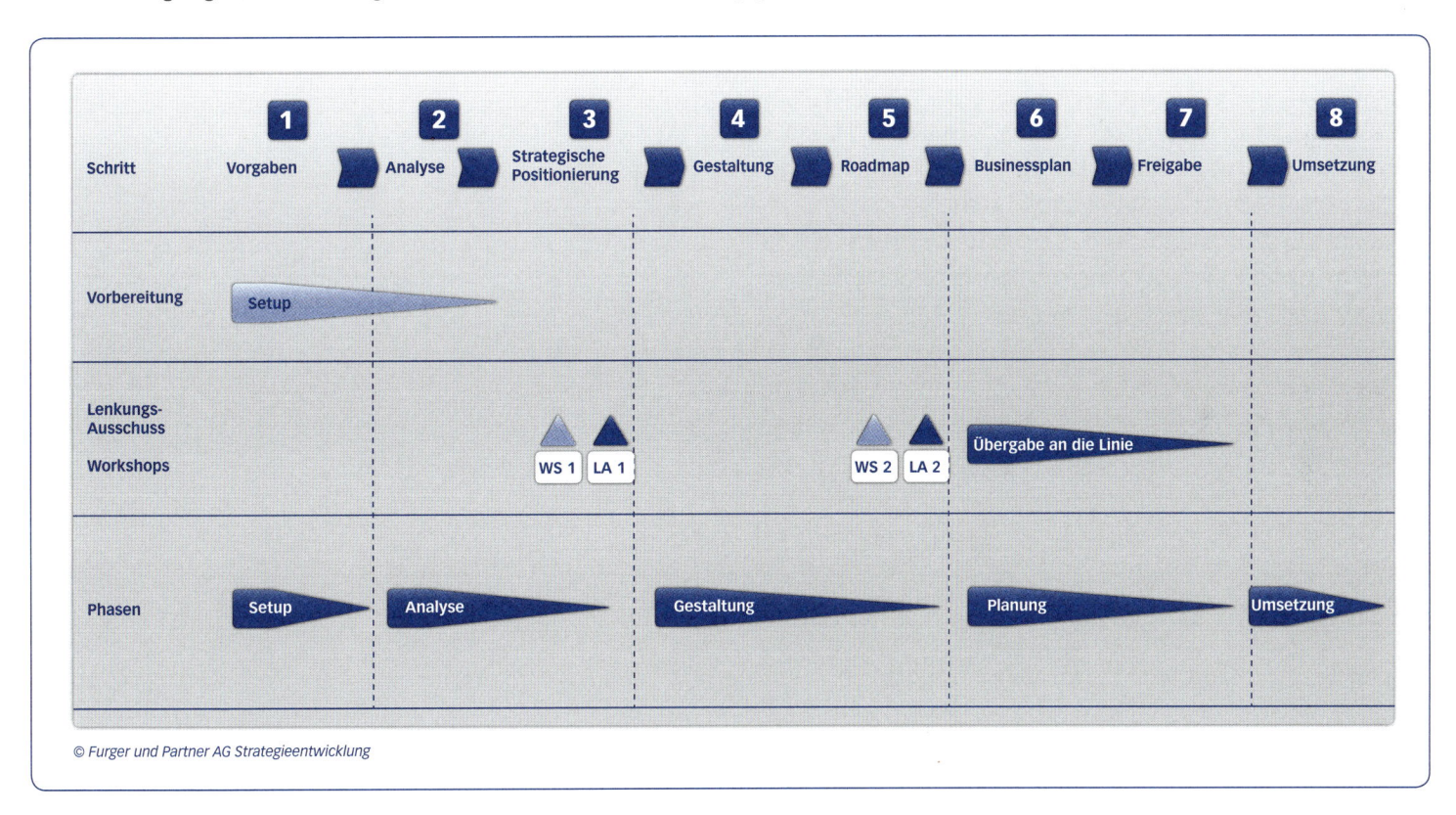

Abbildung 8: Die Kurzstrategie

Der Top-Management-Strategie-Workshop

Der Top-Management-Strategie-Workshop ist die kürzeste und effizienteste Form einer Strategieerarbeitung. Es ist jedoch zu bedenken, dass hier die Entscheide sehr kurzfristig und vor allem von oben herab getroffen werden. Trotzdem ist es manchmal angebracht oder sogar notwendig, dass sehr schnell entschieden wird, und wenn das Top-Management dadurch Führungsstärke zeigt, wird dies von der Belegschaft auch akzeptiert. Dieses Vorgehen soll aber nicht der Normalfall sein und entweder in Krisensituationen, in denen schnelle Entscheide notwendig sind, oder dann auf Basis einer laufenden Strategie, wo es um eine strategische Weichenstellung geht, angewendet werden. Für den Top-Management-Workshop ist eine intensive Vorbereitung unabdingbar, und es ist angebracht, betroffene Mitarbeiter möglichst mit einzubeziehen und die Vorbereitung nicht nur von externen Beratern durchführen zu lassen.

Für den Workshop liegen die SWOT und die Hauptherausforderungen vor, sodass das Top-Management wirklich auf Basis von starken Fakten entscheiden kann. Die Strategie wird in den Grundzügen skizziert und geht zur Ausarbeitung in die Linie bzw. an die Leiter der Geschäftsbereiche, die auch als Teilnehmer am Workshop dabei sein können.

1	2	3	4
In einer umfassenden Vorbereitungsphase werden Daten, Informationen und Themen zusammengestellt	Als nächster Schritt werden die Daten sowie wesentliche Themen und Inhalte aufbereitet und Fragestellungen formuliert	Darauf aufbauend kann die Strategieklausur fokussiert und effizient angegangen und durchgeführt werden	Das Resultat der Strategieklausur ist ein Umsetzungsprogramm mit konkreten Zielen, Massnahmen und Verantwortlichkeiten
– Desktop Research – Survey – Vorgespräche – Schärfung der Fragestellung – Interview mit Stakeholdern	Datenaufbereitung	Strategieklausur	Umsetzungsprogramm

© Furger und Partner AG Strategieentwicklung

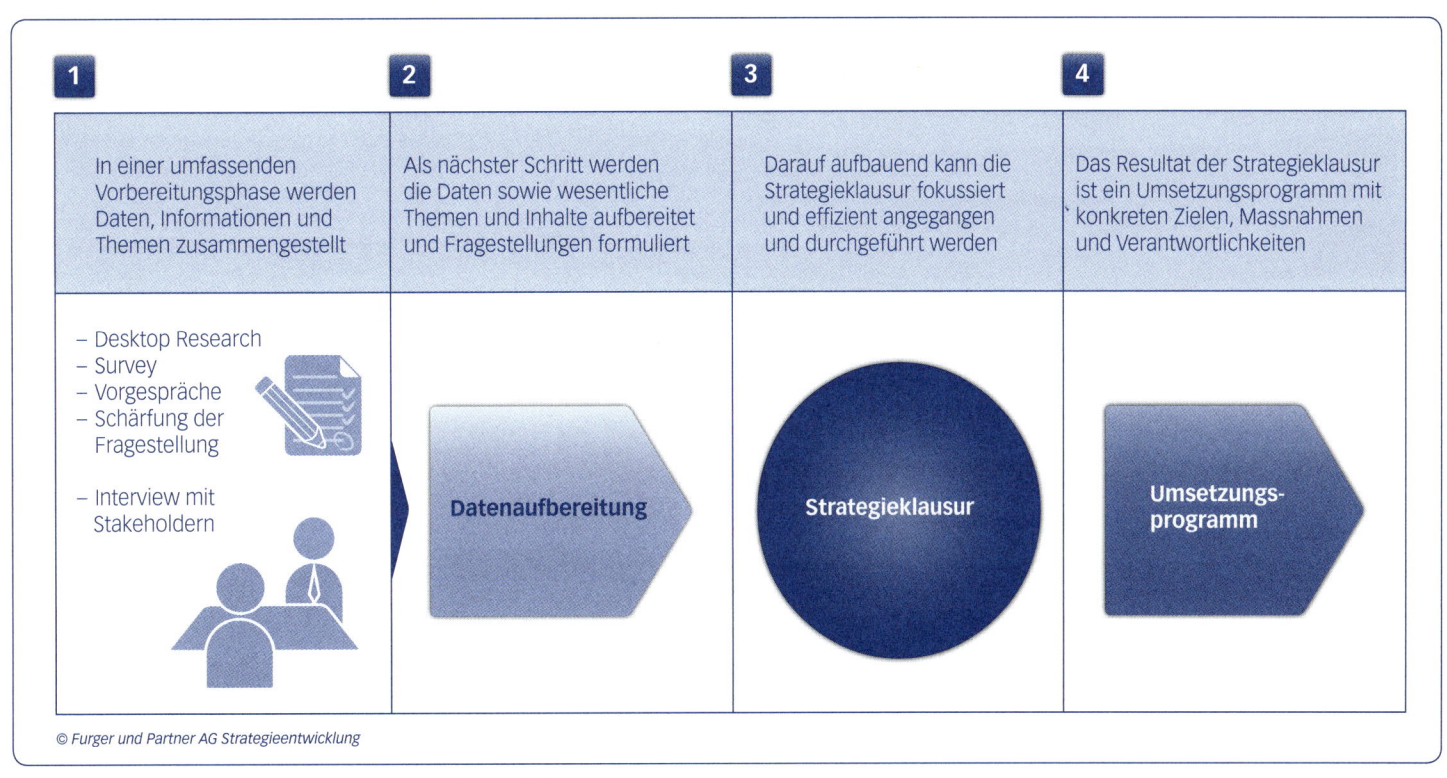

Abbildung 9: Der Top-Management-Strategie-Workshop

Download

Ein Vorgehenskonzept mit Checkliste für die Vorbereitung und Tagesordnung finden Sie als Download unter:
www.strategieleitfaden.ch

Strategieentwicklung im Kloster

Eine weitere Vorgehensweise ist die Erarbeitung der Strategie innerhalb der Geschäftsführung in mehreren Arbeitssitzungen. Ich habe eine Firma begleitet, deren Geschäftsführung sich dazu über mehrere Monate jeweils an einem Wochenende in ein Kloster zurückzog. Am Anfang war noch nicht klar, wie viele Sitzungen es werden würden, aber das Ziel war gesetzt: Ende Jahr mussten die Strategie und die entsprechende Organisation stehen. Interessant dabei war, dass dieser Prozess in einer Zeit lanciert wurde, in der es der Firma gut, ja sehr gut ging. So hatte man nicht nur Zeit, sondern auch den Kopf frei für neue Ideen und Gedanken und war nicht gezwungen, aus der Not heraus zu handeln.

Die Kommunikation des Ergebnisses erfolgte zu Beginn des Jahres unter dem Titel «Fit for the Future». Als Folge der Einbindung des gesamten Managements der ersten Ebene wurde das Projekt auch breit getragen und erfolgreich umgesetzt.

Der Strategieentwicklungsprozess 105

Schritt	1 Vorgaben	2 Analyse	3 Strategische Positionierung	4 Gestaltung	5 Roadmap	6 Businessplan	7 Freigabe	8 Umsetzung
Workshops		WS 1		WS 2		WS 3		WS 4

Inhalte der Workshops:
- WS 1: Leitbild, Vision, Werte
- WS 2: Ausgangslage, SWOT, Strategische Optionen
- WS 3: Strategische Stossrichtungen, Roadmap, Funktionale Anforderungen
- WS 4: Ziele – Mittel – Massnahmen, Organisation, Umsetzungsplan

Phasen: Setup – Analyse – Gestaltung – Planung – Umsetzung

© Furger und Partner AG Strategieentwicklung

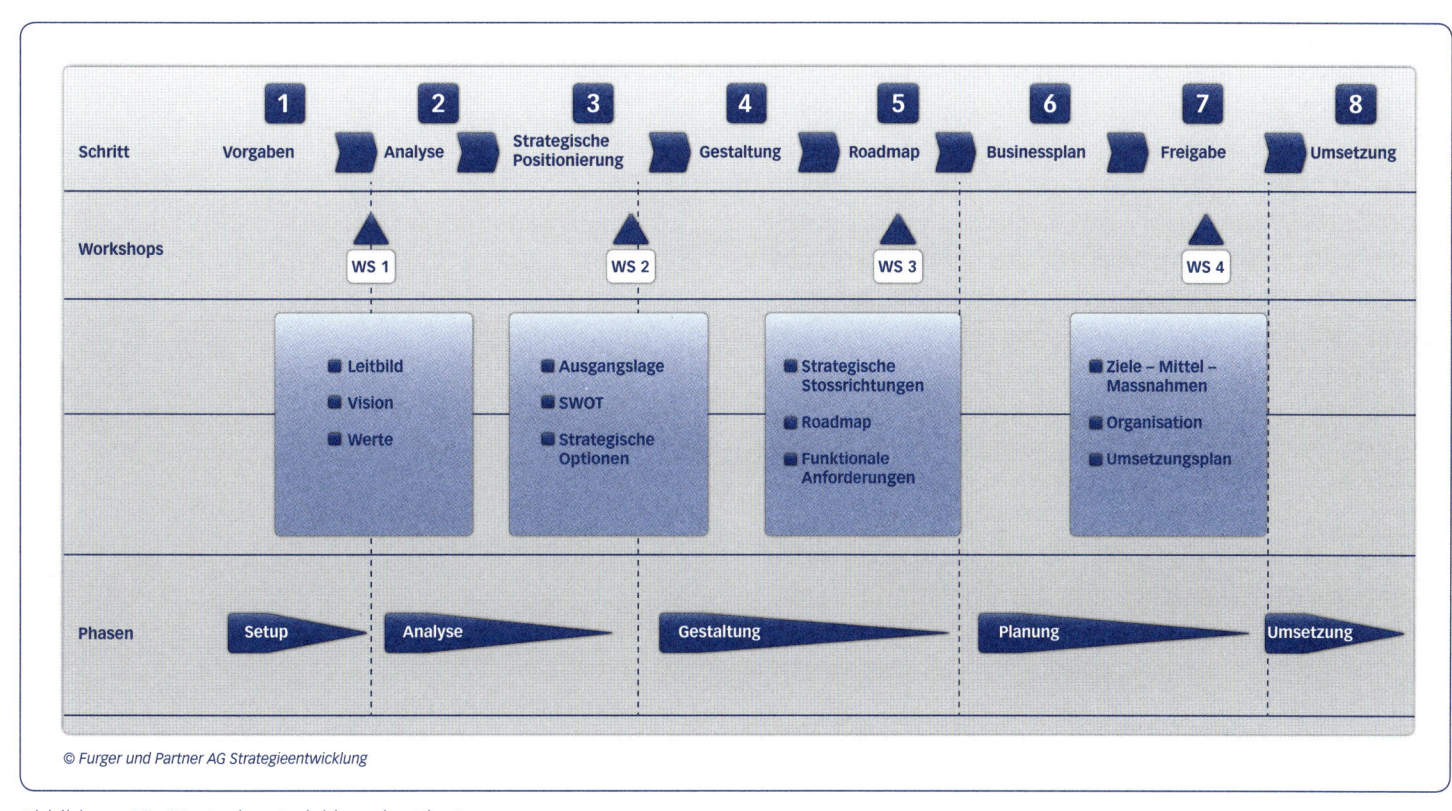

Abbildung 10: Strategieentwicklung im Kloster

Download

Vorbereitung, Ablauf, Tagesordnungen und Protokolle auf:
www.strategieleitfaden.ch

Die strategischen Initiativen

Die strategische Initiative ist ein Element der strategischen Planung und bearbeitet jeweils eine strategische Fragestellung. Der Inhalt kann eine Länderstrategie sein, ein neues Geschäftsfeld, die Überarbeitung einer Teilstrategie oder die Einführung einer neuen Produktlinie. Während im Top-Management-Workshop die Geschäftsführung sich mit der Strategie befasst, kann eine strategische Initiative vom Bereichsleiter mit seinen Mitarbeitern erarbeitet werden. Das Vorgehen ähnelt einer kleinen Strategie und folgt der gleichen Logik wie die Erarbeitung einer Gesamtstrategie.

Wir haben mehrmals nach der Erarbeitung einer Unternehmensstrategie Initiativen dieser Art durchgeführt. Dabei wurden Themen bearbeitet, die bei der Gesamtstrategie zurückgestellt worden oder aber erst später aufgetaucht waren. Mit diesem Instrument lassen sich strategische Fragestellungen geordnet innerhalb der strategischen Planung bearbeiten und in die Planung integrieren.

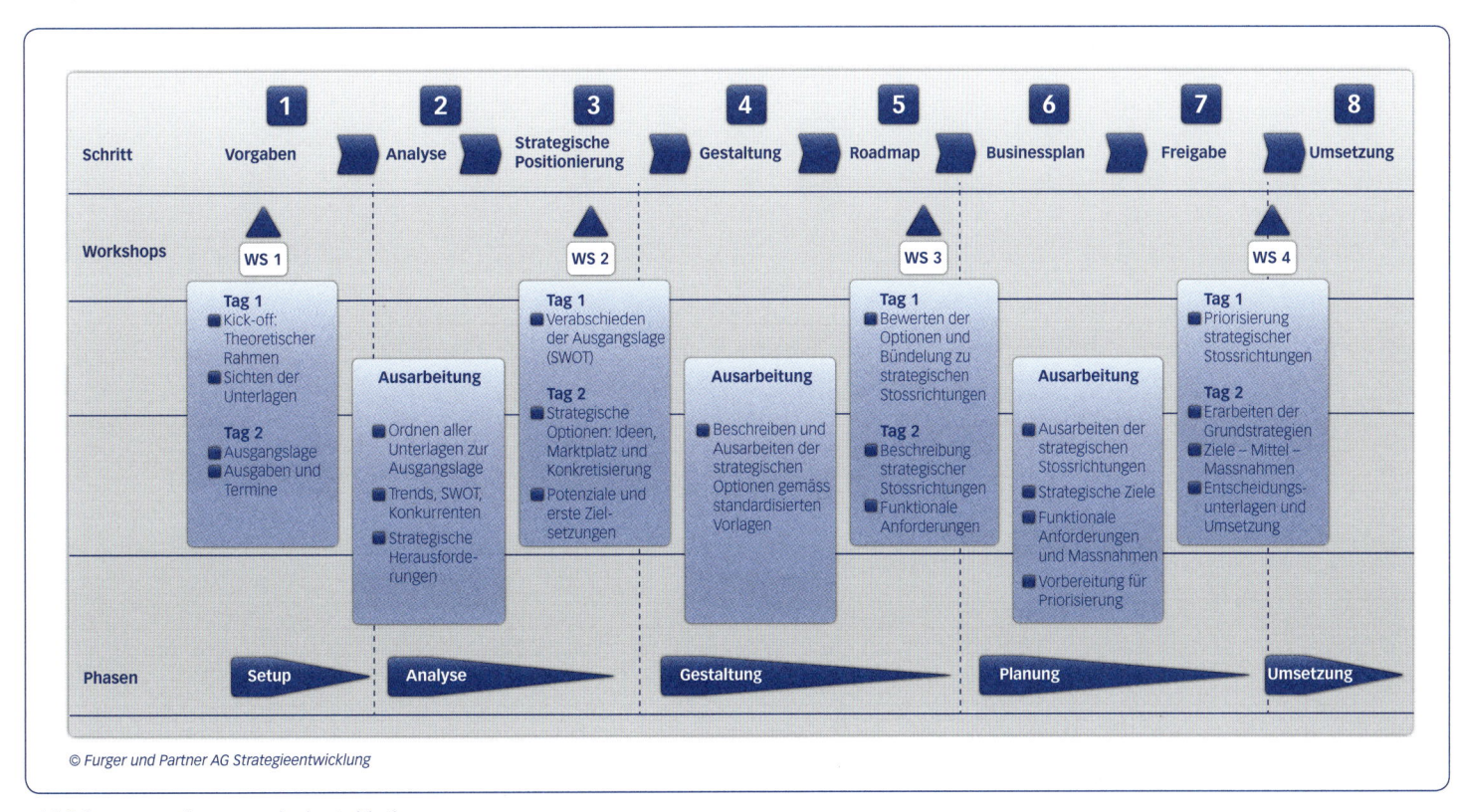

Abbildung 11: Die strategische Initiative

> **Download**
>
> Vorbereitung, Ablauf, Tagesordnungen und Protokolle auf:
> **www.strategieleitfaden.ch**

Strategische Vorgaben

Eignerstrategie – Shareholder-Strategie 113

Das Leitbild oder die Unternehmenspolitik 114

Leitlinien 116

Rahmenziele der Unternehmensbereiche 118

Projektsetup 120

5 Strategische Vorgaben

Vorgaben

LA 1

Analyse
- Umfeldanalyse
- Unternehmensanalyse
- Konkurrenzanalyse

ROI

Umsetzung
- Strategische Planung
- Strategisches Controlling
- Change Management

Abgleich

Positionierung

SWOT

LA 2

BUSINESSPLAN

LA 4

Freigabe

Gestaltung
- Strategische Optionen
- Funktionale Anforderungen
- Strategische Ziele

ROADMAP

Planung
- Organisatorische Anforderungen
- Schlüsselprojekte
- Funktionalkonzepte

LA 3

Ausrichtung

© Furger und Partner AG Strategieentwicklung

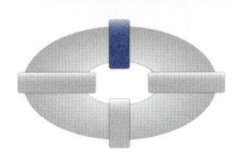

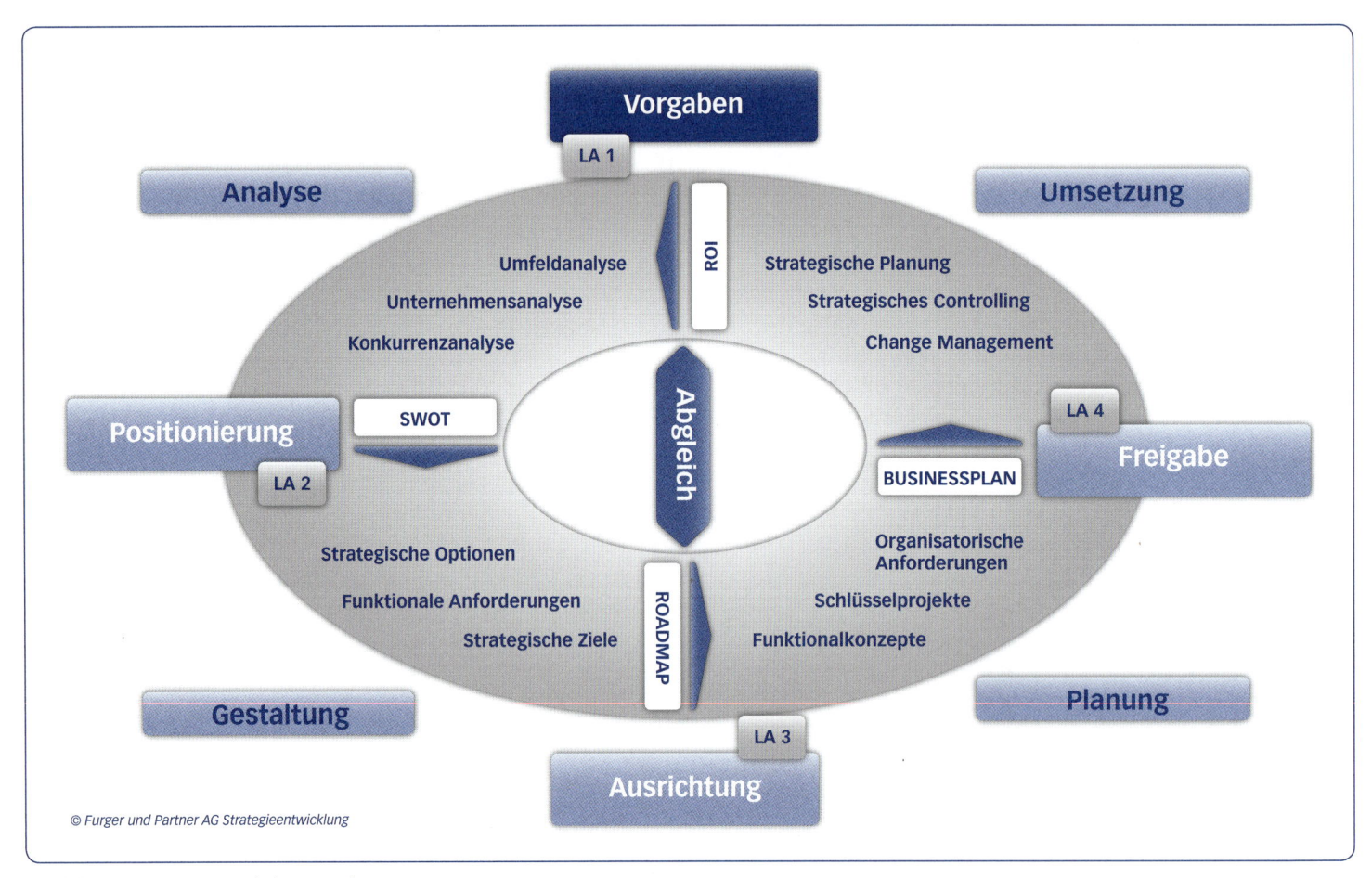

Abbildung 1: Prozessschritt Vorgaben

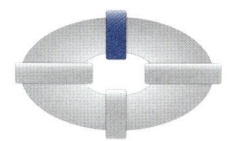

Strategische Vorgaben

Die Entwicklung einer Unternehmensstrategie erfolgt nicht auf der grünen Wiese, sondern in einem gegebenen Rahmen, der berücksichtigt werden muss. Wir lassen diese Vorgaben meist in Form von Leitlinien zusammenfassen und geben diese als Anleitung an das Projektteam weiter. Diese Leitlinien können stringent festgelegt oder zum Teil auch nur als grobe Richtlinien oder Stossrichtungen verstanden werden.

Es ist Aufgabe des Eigentümers bzw. der Shareholder, die Leitlinien zu erstellen, innerhalb derer die Unternehmensstrategie ausgearbeitet werden kann. Damit sollen unnötige Diskussionen und Ausflüge in Themen, die von vornherein nicht infrage kommen, verhindert werden.

Die Leitlinien lassen sich ableiten aus den Elementen Eignerstrategie oder Shareholder-Strategie, aus dem Leitbild des Unternehmens sowie aus aktuellen Situationen, die offensichtlich die Strategiearbeit beeinflussen. Dies kann z.B. eine Kosten- oder Produktionsproblematik sein, ohne deren Lösung das Unternehmen strategisch nicht mehr wettbewerbsfähig ist.

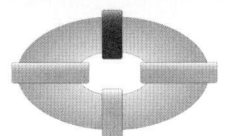

Eignerstrategie – Shareholder-Strategie

Eigner- und Shareholder-Strategien beschreiben die strategischen Absichten der Eigentümer, seien es die der Eigentümerfamilie oder die der Aktionäre. Diese dürften mehr oder weniger klare Vorstellungen haben, in welche Richtung sie das Unternehmen führen wollen. Eine Eigner- oder Shareholder-Strategie umfasst im Wesentlichen die folgenden Inhalte, die gleichzeitig auch als Vorgabe für die Unternehmensstrategie gelten.

Zweck und Ziel der Unternehmung
- Welchen Beitrag soll das Unternehmen zur Gestaltung der Umwelt / der Gesellschaft und des öffentlichen Raumes leisten?
- Was soll betreffend Nachhaltigkeit der Produkte (Qualität) das Ziel sein?
- Wie soll der Unternehmensfortbestand gesichert werden?

Geschäftsmodell
- Kunden / Märkte
  - Wer sollen Ihre Kunden sein? (Heute und zukünftig)
  - Welches sollen die geographisch relevanten Märkte Ihres Unternehmens sein? (Heute und zukünftig)
  - Welche Kunden und Märkte sollen nicht Ziel des Unternehmens / Geschäftsmodells sein?
- (Dienst-)Leistungen und Produkte
  - Welche (Dienst-)Leistungen und Produkte soll das Unternehmen anbieten?
  - Was sollen Ihre Kernkompetenzen / Wettbewerbsvorteile und Erfolgsfaktoren sein? (heute und zukünftig)

Finanzierung des Unternehmens
- Wie soll die Kapitalstruktur des Unternehmens zusammengesetzt sein? (Verhältnis von EK / FK und kurzfristig / langfristig)
- Wie soll zusätzlicher Bedarf an Kapital und Liquidität gedeckt werden?
- Wie soll der Gewinn verwendet werden? (Verhältnis von Gewinnrückstellungen zu Ausschüttungen)
- Wie soll das Unternehmen auf keinen Fall finanziert werden?
- Soll das Unternehmen ganz oder teilweise an der Börse kotiert sein, sollen Sperrminderheiten behalten werden?

Risiko
- Wie gross dürfen die Unternehmensrisiken sein, für welche die Eigner haften?
- Welche unternehmerischen Risiken dürfen eingegangen werden?
- Welche Risiken dürfen auf keinen Fall eingegangen werden? (Finanziell / qualitativ)

Die Vorgaben aus der Eignerstrategie können bindend sein oder aber nur Hinweise, die im Einzelfall zu überprüfen sind und angepasst werden können.

> **⬇ Download**
> Eine detaillierte Vorlage für die Ausarbeitung einer umfassenden Eignerstrategie können Sie unter **www.strategieleitfaden.ch** herunterladen.

Das Leitbild oder die Unternehmenspolitik

Während man heute gerne über das Leitbild redet, hat Hans Ulrich das gleiche Anliegen mit dem Begriff Unternehmenspolitik umschrieben. Damit fasste er die Aussagen zum grundlegenden Unternehmenszweck, zu den Unternehmenszielen und den Unternehmenswerten zusammen. Wir werden diese beiden Begriffe in der Folge synonym verwenden.

Jedes Unternehmen hat ein mehr oder weniger konkret ausformuliertes Leitbild. Manchmal existiert dieses einzig in den Köpfen der Eigentümer oder der Unternehmensführung, was zu unterschiedlicher Akzentsetzung oder Präzisierung führen kann. Wenn ein ausgearbeitetes und ausformuliertes Leitbild vorhanden ist, soll es in dieser Form an das Projektteam abgegeben werden und kann diesem als Leitfaden für die Strategiearbeit dienen.

Aus meiner Erfahrung ist das Leitbild aber meist nicht unmittelbar verfügbar, sei es, dass es nicht in schriftlicher Form vorhanden ist oder dass sich die Auftraggeber über die Form und den Inhalt nicht einig sind. Es kann daher ein extra Workshop zu diesem Thema durchgeführt werden. Auch habe ich es schon erlebt, dass das Projektteam von sich aus einen Vorschlag erarbeitet hat.

Was wir auf alle Fälle empfehlen, ist das Leitbild nach der Gestaltungsphase noch einmal abzugleichen. Die neuen Stossrichtungen der Strategie können das alte Leitbild infrage stellen – und das muss ausdiskutiert werden, bevor die Strategie ausgearbeitet und umgesetzt wird.

> Entscheidend für ein Leitbild ist, dass dieses spezifisch für ein Unternehmen entwickelt wird.
>
> Das Leitbild darf auf keinen Fall austauschbar und damit beliebig sein.

Unternehmenszweck

Unternehmensziele
- Kundenzufriedenheit
- Marktstellung
- Attraktiver Arbeitgeber
- Produktivität
- Cashflow Liquidität
- Rentabilität
- Innovation

Unternehmenswerte
- Kundenorientierung
- Unternehmertum
- Leistung
- Authentizität
- Ökologie
- Vertrauen

© Furger und Partner AG Strategieentwicklung

Zweck des Unternehmens und Identität
- Grundsätzliche Aussagen über die Dienstleistungen, die Produkte
- Aussagen über die Eigentümerverhältnisse und Ziele

Gesamtunternehmerische Ziele
- Wachstumsziele
- Finanzielle Ziele
- Das Verhalten gegenüber Konkurrenten
- Risiken, die man einzugehen bereit ist

Wertvorstellungen
- Das Verhalten gegenüber Konkurrenten, der Öffentlichkeit, Mitarbeitern, Kunden und anderen Stakeholdern
- Risikoverhalten

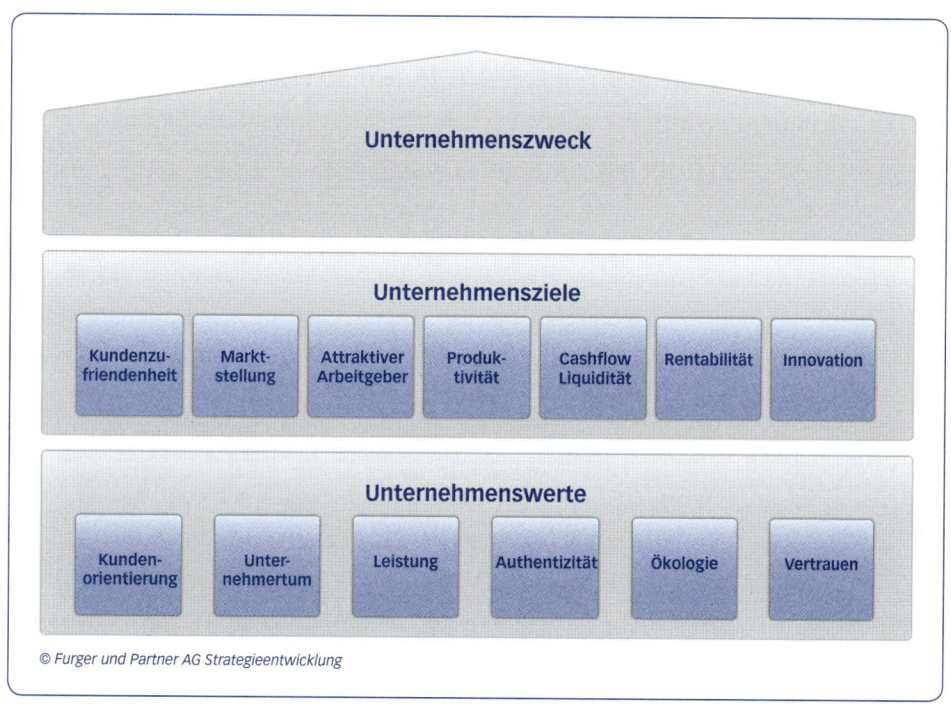

Abbildung 2: Die Unternehmenspolitik nach Ulrich

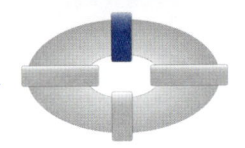

Leitlinien

Die Leitlinien fassen die Vorgaben zusammen. Wir empfehlen auch hier, diese in schriftlicher Form festzuhalten. Wichtig ist, dass die Leitlinien eingehend diskutiert und von allen, vor allem vom Auftraggeber, verabschiedet worden sind. Diese Vorgaben sind jedoch nur als Leitlinien und noch nicht als Strategie zu verstehen.

Die Leitlinien enthalten:
- Allgemeine Ausrichtung
- Vorgaben über Märkte und Produkte
- Grundsätze des Risikomanagements: mit Leitlinien für die Risiken bezüglich Finanzen, Umwelt, Gesellschaft, Ökologie, Politik, Mitarbeiter und Know-how
- Vorgaben zu den Prinzipien der Marketingpolitik, der Innovationspolitik, der Akquisitionspolitik sowie zu den Grundsätzen der finanziellen Führung und der Personalpolitik

Leitlinien, die dem Team vorgegeben werden, enthalten Aussagen zu den folgenden Themen. Allerdings begrenzt auf eine Auswahl, da der Freiraum sonst zu stark eingeschränkt würde:

1. Strategische Ziele
   a) Aussagen zur Marktposition allgemein und pro Geschäftsfeld
   b) Aussagen zur Kostenposition allgemein und pro Geschäftsfeld
   c) Aussage zum Know-how der Mitarbeiter und zu Kernkompetenzen allgemein und pro Geschäftsfeld
   d) Innovationsziele – Umsatzgrösse mit neuen Produkten
   e) Umsatz und Ergebnisziele

2. Produkte und Dienstleistungen
   a) Aussagen zu bestehenden Produkten – welche sind als Kerngeschäft zu betrachten, welche sollen neu aufgebaut werden?
   b) Welche Geschäftsfelder sind voranzubringen, welche zurückstellen?

3. Märkte und Regionen
   a) Welches sollen die Kernmärkte bleiben?
   b) Welche Märkte sollen neu aufgebaut werden?
   c) In welchen Märkten muss man auf jeden Fall präsent sein?
   d) Ist die Firma regional – national – international – global?

4. Wachstum
   a) Welches sind die mittel- und langfristigen Wachstumsziele?
   b) Welche Ziele werden vom Shareholder / Eigner vorgegeben?
   c) Wie sollen diese erreicht werden – organisch oder durch Akquisition?
   d) Wo sollen diese erreicht werden – im Kerngeschäft oder durch Diversifikation?

5. Konkurrenzverhalten
   a) Wie gehen wir mit der Konkurrenz um?
   b) Welchen Konkurrenten greifen wir an?
   c) Gibt es Kooperationsmöglichkeiten?

6. Innovationsstrategie
   a) Aussagen zu neuen Produkten, Innovationszielen, zum Vorgehen, zum Prozess
   b) Wie soll innoviert werden – schrittweise? Oder mit ganz neuen Ansätzen?
   c) Kann das Geschäftsmodell überdacht – überarbeitet werden?
   d) Welche Mittel stehen für Innovationen zur Verfügung?

7. Produktivität
   a) Aussagen zur Kostenposition – wo muss gespart werden?
   b) Produktivität des Kapitals
   c) Produktivität der Mitarbeiter
   d) Produktivität des Wissens

8. Kernkompetenzen
   a) Welche sind auszubauen?
   b) Auf welche will man sich fokussieren?
   c) Welche sind neu aufzubauen?

9. Allgemeine Ausrichtung
   a) Kundenorientierung
   b) Image – Ansehen
   c) Positionierung der Firma in der Öffentlichkeit

Download
Beispiele dazu auf
www.strategieleitfaden.ch

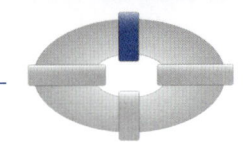

Rahmenziele der Unternehmensbereiche

Die Rahmenziele sind ein weiterer Teil der Vorgaben und werden vom Auftraggeber zur Verfügung gestellt. Sie beinhalten Aussagen zu den Messgrössen einzelner Bereiche oder Geschäftseinheiten, die im Leitbild meist nur qualitativ und teilweise auch quantitativ umrissen sind.

Als Beispiel werden hier die Rahmenziele für die Wettbewerbsfähigkeit eines Unternehmensbereiches aufgeführt:

Zielbereich	Ist	Rahmenziel
Kundenzufriedenheit		
Kundennutzen		
Servicelevel		
CRM		
Marktstellung		
Umsatz		
Absoluter Marktanteil		
Relativer Marktanteil		
Regionale Präsenz		
Image		
Innovationsleistung		
Anteil neuer Produkte		
Innovationsleistung		
Produktivitäten		
Produktivität der Arbeit		
Produktivität des Wissens		
Produktivität des Kapitals		

Tabelle 1: Rahmenziele für einen Unternehmensbereich

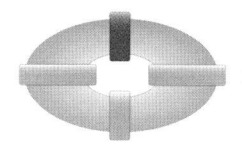

Das Leitbild und die Rahmenziele können einen Teil der Agenda im Kick-off-Workshop bilden. Es ist aber in der Praxis vielfach so, dass diese Unterlagen nicht in einer Form aufbereitet sind, die ihre eindeutige und klare Präsentation erlauben würde. In diesem Fall wird der Auftraggeber diese Inhalte in einer vorläufigen Fassung umreissen und gegebenenfalls zu einem späteren Zeitpunkt nachliefern. Es ist von der Logik her auch möglich, diesen Input im Workshop II einzubringen, bevor die Gestaltungsphase in Angriff genommen wird. Aus Erfahrung kann ich versichern, dass das Projektteam darauf pochen wird, diese Vorgaben zu bekommen, bevor es in die Gestaltungsphase geht.

5 Projektsetup

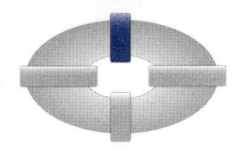

Wie jedes andere Projekt findet auch eine Strategieentwicklung im Umfeld von vielen anderen Projekten und Tätigkeiten statt. Es ist unumgänglich, diese Zusammenhänge und Abhängigkeiten vor dem Beginn des Projektes aufzuzeigen und zu klären.

Um das Projekt gründlich vorzubereiten und alle Voraussetzungen zu schaffen, die für den Erfolg entscheidend sind, haben wir die Aufgaben des Projektsetups in neun Punkten zusammengefasst:

Schritt		Thema	Bemerkung
1	Projektorganisation	**Lenkungsausschuss** ■ Mitglieder, Zusammensetzung, Interessenvertretung, evtl. jemanden von aussen dazunehmen, bei Beratern einen Vertreter – Chef des externen Projektleiters	
		Projektleiter ■ Interner Projektleiter, externer Projektleiter, Rollen der Projektleiter – wer hat den Lead?, Coaching	
		Beirat/Experten ■ Wer kann Experteninput liefern für Themen wie Markt, Technik, Einkauf, Produktion, Controlling?	
		Projektteam ■ Heterogenes Team aus Vertretern der Organisation – siehe auch im Kapitel «Die integrierte Strategieentwicklung», Rollen der Projektmitarbeiter, Aufwand, Verfügbarkeit und Abwesenheiten ■ Wie berichten die Projektmitarbeiter an den Projektleiter und an den Linienvorgesetzten?	
		Teilprojekte ■ Aufteilen des Projektes in Teilprojekte und Festlegen von Teilprojektleitern	
		Rollen ■ Verteilen der Rollen auf die Projektmitarbeiter und Bestimmen von Stellvertretern	
		Kommunikation ■ Information aller beteiligten Rollenträger über die Einzelheiten ■ Information der Linienorganisation	
		Kalender ■ Verfügbarkeiten und Absenzen aller Beteiligten, Ferienpläne ■ Kalender und Jahresplan des Unternehmens für Berichte und Planungsphasen, Budgetierung, Mittelfristplanung, Generalversammlung, Pressetermine, Investorentermine	

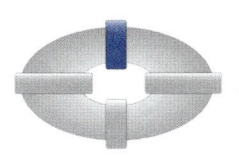

	Schritt	Thema	Bemerkung
2	**Vorbereitung des Arbeitsumfeldes**	**Infrastruktur** ■ Raumplanung ■ Möglichkeiten für Videokonferenzen ■ Anreisen	
		Sachmittel ■ Computer, IT-Struktur, Internetzugang ■ Arbeitsunterlagen ■ Beamer, Flipcharts, Pinnwände	
		Kommunikation ■ Adresslisten – Kontaktdaten – Telefon – E-Mails ■ Sitzungspläne ■ Information über Internet – Intranet	
		Dokumentation ■ Zugang zu Daten ■ Ablage der Unterlagen ■ Datensicherheit	
		Sicherheit ■ Datenschutz ■ Geheimhaltungsvereinbarungen	
3	**Analyse der Vorbedingungen**	**Parallel laufende Projekte** ■ Welche Projekte laufen im Unternehmen? ■ Welche davon haben strategische Bedeutung? ■ Mit welchen Projekten muss man sich abstimmen? ■ Welche müssen gestoppt werden?	
		Abhängigkeiten, Termine, Zusammenarbeit ■ Wie sehen die Unternehmenstermine aus? ■ Vorstandssitzungen / Aufsichtsratssitzungen ■ Jahresabschluss ■ Berichtswesen	
		Informationen ans Umfeld ■ Alle involvierten und interessierten Stellen über den Projektstart informieren	
		Bedarf an Transitzeiten ■ Phasenübergänge analysieren – Setup für Folgephasen planen	

Schritt		Thema	Bemerkung
4	Aktivitätenliste erstellen	**Aktivitätenliste komplettieren** ■ Massnahmenplan führen ■ Integration weiterer Aktivitäten, inklusive Terminierung	
		Verfeinerung der Aktivitätenliste ■ Aktion – Verantwortung – involvierte Rollen – Termin – Ergebnis ■ Beauftragung einzelner Mitarbeiter	
5	Projektplan entwerfen	**Einplanen des Projektes** ■ Aufzeichnen der Vorgehensstrukturen – Entwurf eines Soll-Plans ■ Vorgabe von Meilensteinterminen ■ Abstimmen des Ressourceneinsatzes ■ Feinplanung «bottom-up» (Einarbeiten von Teilprojekten) ■ Freigabe des Projektplans	
		Abstimmung durchführen ■ Prozesse mit «Prozessownern» aus der Linie abstimmen ■ Abstimmung mit parallel laufenden Aktivitäten / Projekten	
6	Projektauftrag erstellen bzw. aktualisieren	**Projektauftrag erstellen** ■ Klare Formulierung des Projektzieles ■ Genaue und vollständige Beschreibung der Projektgrenzen ■ Bestimmung und Beschreibung der Lieferprodukte ■ Identifikation der Zulieferprodukte	
		Freigabe einleiten und durchführen ■ Besprechung des Entwurfs mit Auftraggeber und Projektbeteiligten ■ Freigabe mittels Unterschrift bekräftigen ■ Freigabe an alle Betroffenen und Interessenten kommunizieren	
7	Arbeitspakete erstellen	**Arbeitspakete beschreiben** ■ Arbeitspakete in sich thematisch homogen, wenig Schnittstellen ■ Arbeitspakete müssen Bezug auf Ziel / Phasenziel haben ■ Arbeitspakete jeweils nur für die nächste Phase identifizieren und einplanen	
		Einzelne Schritte ■ Arbeitspakete-Verantwortliche bestimmen ■ Besprechung / Kommunikation der Aufgaben und Ziele ■ Feinplanung der AP durch die AP-Verantwortlichen selber ■ Besprechung der Ergebnisse der Feinplanung und erstes Controlling durch Projektleitung	

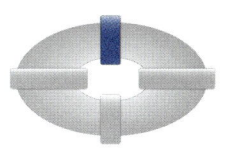

Schritt		Thema	Bemerkung
8	Projektplan finalisieren	**Projektplan fertigstellen** ■ Abbilden der einzelnen Arbeitspakete ■ Fertigausbau der Projektstruktur, Einplanen von Ressourcen, Abhängigkeiten, Terminen ■ Plan optimieren	
		Eventuell Projektplan genehmigen lassen ■ Genehmigung durch Auftraggeber ■ Genehmigung durch Lenkungsausschuss	
		Projekt in den Status «produktiv» erheben ■ Soll-Plan als Masterplan einfrieren	
9	Kick-off-Meeting durchführen	**Kick-off-Meeting vorbereiten** ■ Teilnehmerkreis festlegen ■ Tagesordnung erstellen ■ Einladen	
		Kick-off-Meeting durchführen und protokollieren ■ Orientierung über den Projektauftrag und Bekräftigung der Freigabe ■ Detaillierte Darlegung des Projektplans ■ Orientierung über begleitende Aktivitäten ■ Offizieller Anstoss des Projektes / der Folgephase ■ Sitzungsprotokoll an alle Teilnehmer und an weitere Beteiligte	

Tabelle 2: Vorgehensschritte für das Projektsetup

> **Download**
>
> Link zur Software:
> **www.strategieleitfaden.ch**

Beispielhafter Ablauf eines Projektsetups

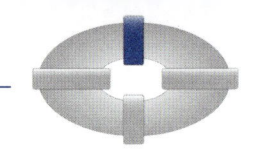

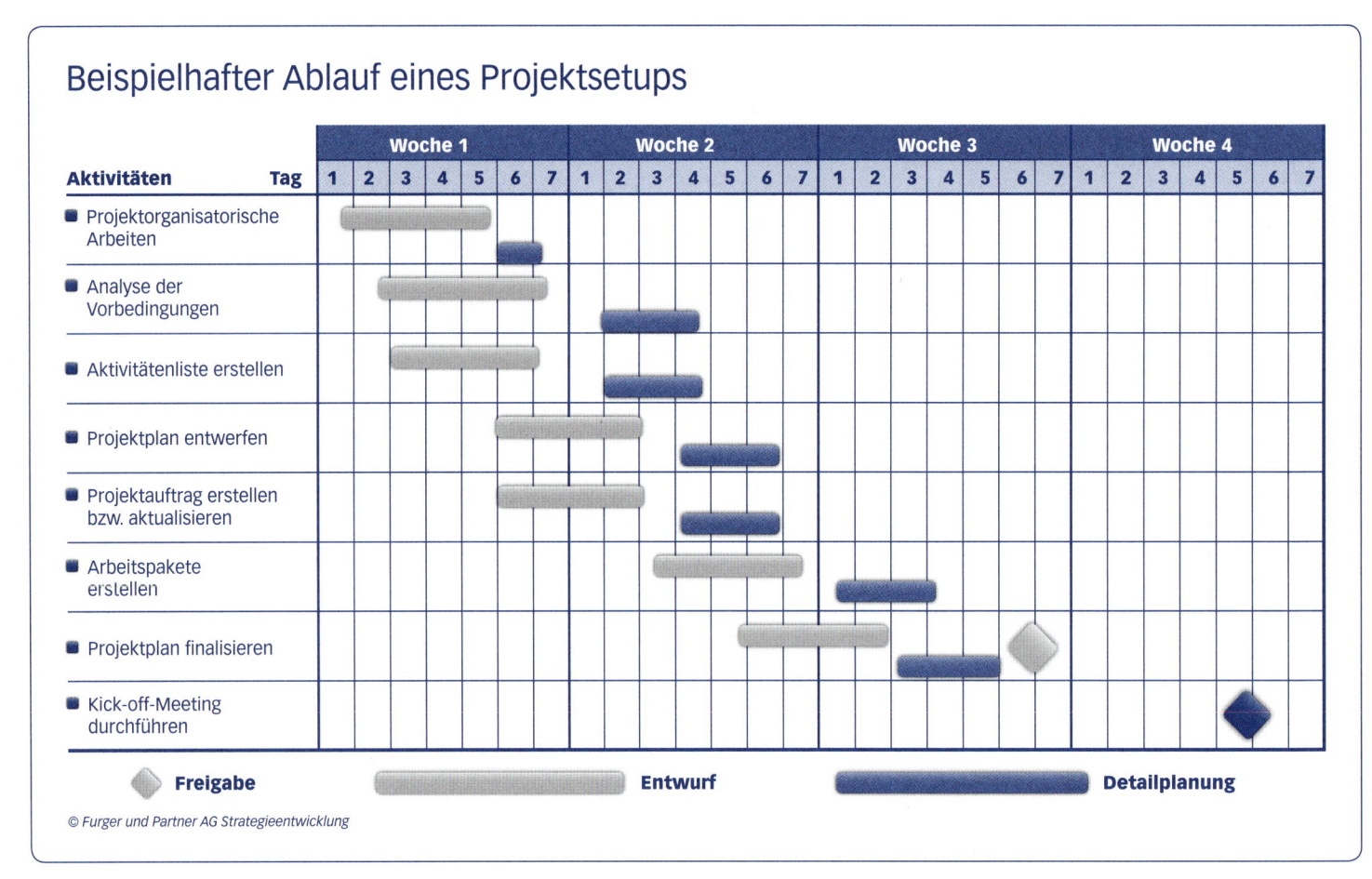

Aktivitäten / Tag	W1-1	W1-2	W1-3	W1-4	W1-5	W1-6	W1-7	W2-1	W2-2	W2-3	W2-4	W2-5	W2-6	W2-7	W3-1	W3-2	W3-3	W3-4	W3-5	W3-6	W3-7	W4-1	W4-2	W4-3	W4-4	W4-5	W4-6	W4-7
Projektorganisatorische Arbeiten		▬	▬	▬	▬		▬																					
Analyse der Vorbedingungen		▬	▬	▬	▬			▬	▬	▬																		
Aktivitätenliste erstellen			▬	▬	▬	▬		▬	▬																			
Projektplan entwerfen				▬	▬	▬	▬				▬	▬																
Projektauftrag erstellen bzw. aktualisieren				▬	▬	▬	▬				▬	▬																
Arbeitspakete erstellen								▬	▬	▬	▬				▬	▬												
Projektplan finalisieren												▬	▬	▬	▬	▬		▬	▬	◆								
Kick-off-Meeting durchführen																										◆		

◇ Freigabe — Entwurf — Detailplanung

© Furger und Partner AG Strategieentwicklung

Abbildung 3: Roadmap für Projektsetup

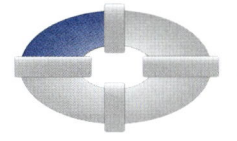

Strategische Analyse

Vorgehen	129
Workshop I – Kick-off	130
Arbeitssitzungen	139
Analyseinstrumente	140
Sofortmassnahmen	176
Themenspeicher	177

Analyseinstrumente	140
Analysebedarf	142
Leitplanken	144
Analysethemen Unternehmen	146
Analysethemen Umfeld	148
Konkurrenzanalyse	150
Finanzanalyse	153
Kostenstrukturanalyse	154
Wertschöpfungsketten-Analyse	156
ABC-Analyse	158
Marktsegmentierung	159
Geschäftsfeldgliederung	160
Value Proposition	162
Kernkompetenzen	164
Erfahrungskurve	166
Substitutionsanalyse	167
Portfolio-Analyse	168
PIMS	170
SWOT	172

Strategische Analyse

Analyse
- Umfeldanalyse
- Unternehmensanalyse
- Konkurrenzanalyse

Vorgaben — LA 1

SWOT

ROI

Umsetzung
- Strategische Planung
- Strategisches Controlling
- Change Management

Freigabe — LA 4

BUSINESSPLAN

Abgleich

Positionierung — LA 2

Gestaltung
- Strategische Optionen
- Funktionale Anforderungen
- Strategische Ziele

ROADMAP

Ausrichtung — LA 3

Planung
- Organisatorische Anforderungen
- Schlüsselprojekte
- Funktionalkonzepte

© Furger und Partner AG Strategieentwicklung

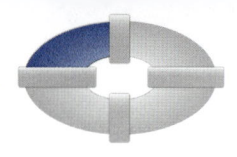

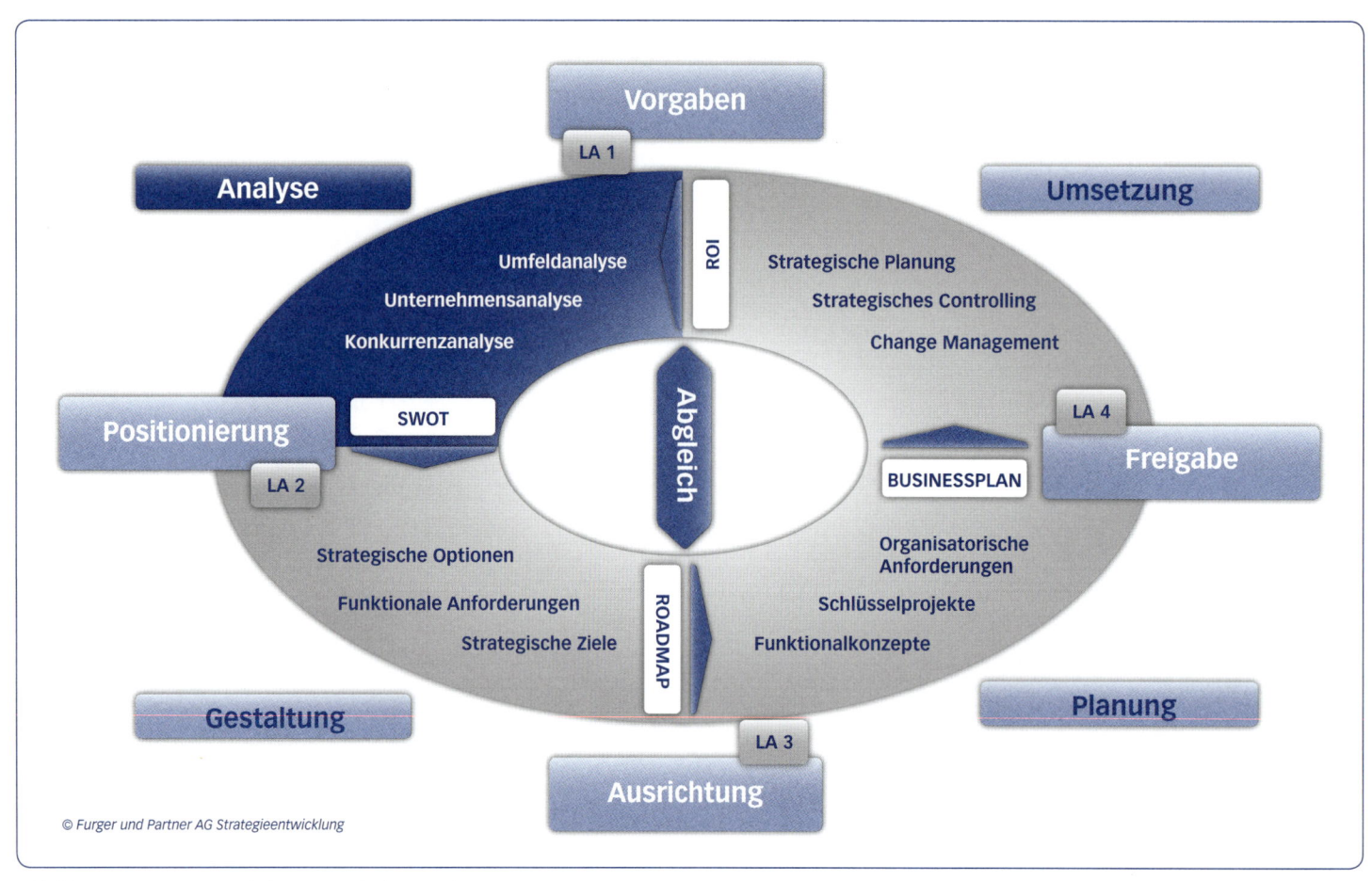

Abbildung 1: Prozessschritt strategische Analyse

Strategische Analyse

Die Analyse der Ausgangslage beginnt mit der Darstellung der bisherigen Entwicklung auf Ebene des Gesamtunternehmens. Anschliessend folgen die systematischen Analysen von Umfeld, Unternehmen und Konkurrenz. Dazu empfiehlt es sich, als Arbeitsgrundlage vorab eine Segmentierung des Unternehmens in strategische Geschäftsfelder festzulegen, da viele strategische Grössen auf der Ebene der Geschäftsfelder darzustellen sind. Es liegt in der Natur der Sache, dass sich die Analysen teilweise überschneiden.

In jedem Analyseschritt werden Instrumente eingesetzt. Deren effiziente und fachgerechte Anwendung bildet das Fundament jeder seriösen Strategiearbeit. Am Schluss dieses Kapitels beschreiben wir kurz die Werkzeuge, ihre Funktion und Einsatzbereiche sowie das Vorgehen in der praktischen Arbeit. Eine ausführliche Anleitung sowie Vorlagen für die Formulare zu jedem dieser Instrumente finden Sie auf www.strategieleitfaden.ch zum Herunterladen.

Die Darstellung der bisherigen Entwicklung des Unternehmens umfasst in der Regel zeitlich die letzten fünf bis zehn Jahre und inhaltlich die Entwicklung der strategischen und operativen Kenngrössen über diese Zeit. Eine SWOT mit den daraus abgeleiteten strategischen Herausforderungen bildet das Ergebnis dieser Projektphase.

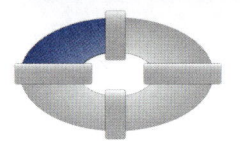

Was bisher erledigt wurde

Bevor die strategische Analyse gestartet werden kann, sind folgende Aufgaben erledigt und die Entscheide dazu verabschiedet:

- ✓ Der Projektauftrag ist vom Auftraggeber erteilt
- ✓ Die Projektleitung und der Lenkungsausschuss sind ernannt
- ✓ Der Projektleiter hat das Projektteam organisiert und die Teammitglieder sind bestimmt
- ✓ Die Infrastruktur und Hilfsmittel sind organisiert
- ✓ Der Zeitplan für das ganze Projekt ist erstellt und verabschiedet
- ✓ Das Projekt ist an alle Stakeholder kommuniziert worden
- ✓ Die Vorgaben und Leitlinien sind vom Auftraggeber erstellt

Ergebnisse der strategischen Analyse

Die Hauptergebnisse der Strategischen Ausrichtung auf einen Blick:

- Die drei Themenkreise Unternehmen, Umwelt und Konkurrenz sind analysiert worden
- Die Bestandsaufnahme der Ausgangslage ist erstellt – der Analysebedarf ist abgeschlossen
- Eine umfassende SWOT ist erstellt
- Die Hauptherausforderungen sind aus der SWOT abgeleitet und verabschiedet
- Sofortmassnahmen sind aufgenommen und für die Umsetzung vorbereitet

Vorgehen

Abbildung 2: Arbeitsschritte der strategischen Analyse

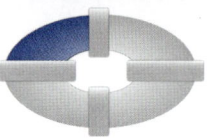

Workshop I – Kick-off

Die Workshops setzen sich in der Regel aus zwei Teilen zusammen, die im Idealfall je einen Tag umfassen:
1. Vorstellung und Verabschiedung des bisher erarbeiteten Materials
2. Einführung und Start der nächsten Phase

Im Kick-off-Workshop wird der erste Tag dazu benutzt, den Auftrag und die Vorgaben zu präsentieren. Es empfiehlt sich, den Teilnehmern auch einen kurzen theoretischen Abriss über das Thema Strategieentwicklung zu vermitteln. Eine Bestandsaufnahme der Unternehmenssituation rundet den ersten Tag ab. Am zweiten Tag wird die strategische Analyse gestartet.

Zielsetzung und Inhalt

Der erste Workshop dient somit als Start des Projektes und kann entsprechend als «Kick-off-Workshop» oder Workshop Nummer I bezeichnet werden. Folgende Aufgaben sind hier zu behandeln:
1. Einführung in das Projekt
2. Theoretischer Abriss
3. Begrüssung durch den Auftraggeber
4. Durchführung einer ersten SWOT
5. Festlegen der Leitplanken
6. Festlegen der Geschäftsfeldgliederung als Arbeitsgrundlage
7. Festlegen des Analysebedarfs
8. Beginn der Analysearbeit in Gruppen
9. Verteilen der Hausaufgaben

Agenda

Die Agenda für den Kick-off-Workshop kann wie folgt aussehen:

Kick-off-Workshop Tag 1			
	Thema	**Inhalt**	**Verantwortlich**
09:00	Begrüssung	Einführung – Vorstellung – Infrastruktur – Organisatorisches	Projektleitung
09:30	Ausgangslage	Situation des Unternehmens – warum Strategie jetzt? Leitlinien und Rahmenziele	Auftraggeber – Vertreter aus dem LA
10:30	Pause		
10:45	Theoretischer Input	Abriss über strategisches Management – Strategieentwicklung	Projektleitung / evtl. externer Experte
12:30	Mittagessen		
14:00	SWOT	Gruppenarbeit im Plenum: Erste Vorschläge für SWOT zusammenstellen	Team – Projektleitung
15:30	Pause		
15:45	Leitplanken	Gruppenarbeit im Plenum: Leitplanken ausarbeiten	Team – Projektleitung
19:00			

Tabelle 1: Vorschlag Agenda für Kick-off-Workshop Tag 1

Kick-off-Workshop Tag 2

	Thema	Inhalt	Verantwortlich
08:30	Geschäftsfeldgliederung	Diskussion der bestehenden Geschäftsfeldgliederung – 10 Fragen – evtl. Anpassung als Arbeitsgrundlage erstellen	Projektleitung – Team
11:00	Analysebedarf I	Festlegen des Analysebedarfs – auf Unternehmensebene und auf Geschäftsfeldebene	3 Gruppen – je eine für Unternehmen, Umfeld und Konkurrenz
12:30	Mittagessen		
14:00	Analysebedarf II	Präsentation und Diskussion der Ergebnisse – Festlegen der Analysethemen	3 Gruppen
15:00	Start 1–2 Analysethemen	Ausarbeiten von 1–2 Analysethemen gemäss Formular	3 Gruppen – je eine für Unternehmen, Umfeld und Konkurrenz
17:00	Hausaufgaben	Verteilen der Analysethemen auf die Teammitglieder	Projektleitung im Plenum
19:00			

Tabelle 2: Vorschlag Agenda für Kick-off-Workshop Tag 2

👍 Tipp

Eine Anmerkung zum Mittagessen: aus meiner Erfahrung ist eine Mittagspause von 1,5 Stunden angemessen. Meist ist das Essen nicht gleich bereit, und es ermöglicht den Teilnehmern, danach Telefonate und E-Mails zu erledigen, sich kurz zu entspannen, ein paar informelle Gedanken auszutauschen oder frische Luft zu schnappen. Eine Pause von nur 60 Minuten führt zu Zeitdruck und häufigerem Zuspätkommen. Anders sieht die Situation im angelsächsischen Raum aus – hier wird vielfach ein kaltes Buffet bereitgestellt oder gar nur mit ein paar Sandwiches ausgeholfen, viele Teams arbeiten auch einfach durch.

Es ist dem Projektleiter überlassen, diese Agenda anzupassen und zu ergänzen. Dies betrifft vor allem die Anfangs- und Schlusszeiten sowie die Pausen am Vor- und am Nachmittag. Für diese Pausen schlagen wir 15 Minuten vor – das genügt, um einen Kaffee zu trinken und sich kurz zu entspannen.

Tagesordnungspunkte Tag 1

Einführung in das Projekt
Die Einführung umfasst Informationen zu sämtlichen administrativen und organisatorischen Bereichen: Teilnehmer, Projektorganisation, Infrastruktur, Reisezeiten, Absenzen, Ferienpläne, Hotels, Kommunikation, Ablage und Verteilen von Informationen und Dokumenten. Idealerweise hat der Projektleiter in der Setup-Phase dazu eine Anleitung erstellt und verteilt. So sind an diesem Tag vor allem noch allfällige Fragen dazu zu beantworten.

Begrüssung durch den Auftraggeber
Der Auftraggeber stellt den Auftrag, die Vorgaben sowie die Rahmenziele vor. Es wird erwartet, dass diese möglichst klar umrissen werden. Die Praxis zeigt allerdings, dass dies häufig vor allem für die Rahmenziele oder die Leitlinien für das Projekt, wie wir diese auch nennen, nicht zutrifft. In diesem Fall sollte der Auftraggeber mindestens den Auftrag entgegennehmen, die Leitlinien bis zum folgenden LA-Termin vorzubereiten.

Zusätzlich legt er die Situation des Unternehmens sowie den Grund für den Auftrag dar: Wo stehen wir heute, welches sind die wichtigsten Herausforderungen, wieso ein Strategieprojekt gerade jetzt?

Theoretischer Abriss
Theorie oder Praxis? Es geht hier nicht darum, einen langen theoretischen Vortrag zu halten – und doch ist es wichtig, dass das Projekt mit einem gemeinsamen Verständnis über den Sinn und Zweck von Strategien in Angriff genommen wird. Wir setzen für diesen Teil meist etwa 1–1,5 Stunden ein. Das genügt, um die folgenden Fragen zu umreissen:

- Was ist Strategie, welches sind die Zielsetzungen, was sind strategische Kenngrössen?
- Wo unterscheidet sich strategisches Management von operativem Management?
- Wie sieht der strategische Planungsprozess im Idealfall aus?

Für die Einführung kann auch ein Reader abgegeben werden, der die Grundprizipien des strategischen Managements kurz beschreibt.

Download
Sie finden dazu einen Vorschlag auf
www.strategieleitfaden.ch

SWOT
Eine erste Analyse der Stärken und Schwächen des Unternehmens, der Chancen und Gefahren, die sich aus dem Umfeld ergeben, sowie das Herausarbeiten der Hauptherausforderungen oder Key Issues des Unternehmens helfen, den Analysebedarf festzulegen. Die SWOT-Analyse (Englisch Strengths – Weaknesses – Opportunities – Threats) und die Hauptherausforderungen werden schriftlich für die spätere Verwendung dokumentiert. Hier stellt sich die Frage: Wieso jetzt schon die SWOT, bevor wir die Analyse überhaupt angefangen haben?

Zwei Gründe lassen sich dafür anführen: die SWOT dient zur Unterstützung beim Festlegen des Analysebedarfs; vielleicht noch wichtiger ist das Argument, dass damit die Teilnehmer von Anfang an Ihre Anregungen, Ideen, Bedenken und Wünsche mit einbringen können. Das gemeinsame Zusammenstellen aller Ideen, die man seit langem mit sich herumgetragen hat, hilft, sich zu öffnen, zu diskutieren und eine erste gemeinsame Basis zu finden. Das wirkt wie eine Katharsis. Gerade die SWOT bietet sich dazu als hervorragendes, auch didaktisches Instrument an; und man wird damit umgehen müssen, dass sich die meisten Karten bei den Schwächen des Unternehmens ansammeln.

Leitplanken
Mit den Leitplanken schliessen wir alles aus, was nicht in der Strategie auftauchen soll. Sie geben somit einen ersten Rahmen und bilden die Leitplanken für die spätere Arbeit. Die Leitplanken werden entsprechend den Vorgaben des Auftraggebers vom Team zusammengestellt und diskutiert.

Die beiden Instrumente SWOT und Leitplanken werden weiter unten zusammen mit den anderen Instrumenten im Detail beschrieben und sind auf www.strategieleitfaden.ch verfügbar.

Tagesordnungspunkte Tag 2

Geschäftsfeldgliederung
Für die Analysen und deren Aufbereitung muss das Unternehmen in Geschäftseinheiten unterteilt werden. Dies kann zu diesem Zeitpunkt als Arbeitshypothese erfolgen, wobei später eine Anpassung vorzunehmen ist. Viele Analyseinstrumente beziehen sich auf Geschäftseinheiten. Im Idealfall wird diese Gliederung vom Auftraggeber vorgegeben. Sie kann aber auch vom Team erarbeitet werden. Wir lassen in diesem Fall in der Regel zwei Vorschläge von je einer Arbeitsgruppe erarbeiten. Die beiden Vorschläge werden im Plenum präsentiert und bewertet und derjenige, der besser abschneidet, wird als Arbeitsgrundlage ausgewählt.

Die Gliederung der Geschäftsfelder kann prinzipiell nach einer der folgenden Dimensionen vorgenommen werden:
1. Kundengruppe
2. Kundenbedürfnis
3. Technologie
4. Produkt
5. Absatzkanal

Als Hauptkriterium dient die Frage: Kann für jedes der Geschäftsfelder eine eigenständige Strategie entwickelt werden?

Zu einem späteren Zeitpunkt – während der Gestaltungsphase – wird die Frage der Geschäftsfeldgliederung noch einmal aufgenommen. Erst dann wird die endgültige Segmentierung festgelegt.

Analysebedarf
Analyse bis zur Paralyse – es ist immer wieder schwierig, den richtigen Aufwand für die Analyse und die Darstellung der Ausgangslage abzuschätzen. Einerseits ist es notwendig, alle wesentlichen Unterlagen und Auswertungen zusammenzustellen, um die Ausgangslage richtig zu beurteilen. Andererseits genügen meist ein paar wenige markante Kennzahlen, um die Lage darzustellen. Wenn der Marktanteil in den letzten Jahren von 20% auf 10% gesunken ist, muss man dazu keine Analysen mehr machen, sondern handeln. Den grössten Stapel Analysematerial habe ich bei einem Projekt in Deutschland gesehen: er war einen Meter hoch – alle Berichte im A4-Format aufeinandergelegt. Das war zu einer Zeit, als man alles noch auf Papier ausdruckte – heute ist der Dokumentenumfang in solchen Fällen häufig noch grösser.

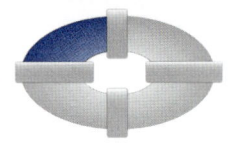

Um den Aufwand für die Analysearbeiten in einem vernünftigen Rahmen zu halten, sollten ein paar einfache Regeln und Arbeitsprinzipien befolgt werden:
- «Ungefähr richtig ist besser als genau falsch»
- Konzentration auf Kernbereiche
- ABC-Denken: 80/20-Regel
- Zusammenhänge vernetzt beachten
- Plausibilitäts-Check
- Helikopterblick

Der Auftrag an das Team besteht nun darin, den Analysebedarf zusammenzustellen. Wir nennen die einzelnen Themen, die analysiert werden, «Analysethemen». Für die Bereiche Umfeld, Unternehmen und Konkurrenz werden je 7–10 Themen festgelegt. Beispiele für Analysethemen des Unternehmens sind: Finanzkennzahlen, Mitarbeiter und Know-how, Produktion, F&E und Patente. Für die Beschreibung des Umfelds dienen Themen wie die konjunkturelle Entwicklung, die Rahmenbedingungen oder politische Situation in Zielmärkten, technologische Entwicklungen, Lieferanten und Beschaffungsmärkte.

Die einzelnen Themen werden an die Teammitglieder verteilt, damit diese am zweiten Tag mit der Arbeit beginnen können.

Start Analysethemen

Es empfiehlt sich, mit der Arbeit an den Analysethemen direkt im WS zu starten. Dadurch wird einerseits die Aufteilung der Gruppen festgelegt, und andererseits können diesen bereits die Aufgaben zugeteilt werden. Die Erfahrung zeigt, dass so der Arbeitsprozess in Gang kommt und sich erste Fragen direkt klären lassen. Für den weiteren Ablauf ist es wesentlich, dass die Teammitglieder den Elan aus dem Workshop mitnehmen und an der Arbeit dranbleiben. Andernfalls droht die bekannte Malaise: die Zuweisung der Aufgaben wird aufgeschoben, diese werden von den Teilnehmern im letzten Moment erhalten und bei der ersten Frage oder Schwierigkeit auf die Seite gelegt. Häufige Folge davon ist, dass die Hausaufgaben nicht termingerecht fertiggestellt sind. Dadurch, dass die Aufgaben miteinander schon am Workshop gestartet werden, erfahren wir immer wieder, dass die Begeisterung aus dem Workshop mitgenommen und der Arbeitsprozess in Schwung gehalten wird.

Hausaufgaben

Hausaufgaben ist eigentlich nicht das richtige Wort, da die Arbeiten kaum zuhause erledigt werden – der Begriff hat sich in unseren Projekten trotzdem durchgesetzt. Wenn Sie sich daran stören, sprechen Sie einfach von Aufgaben. Für den Projektleiter sind die folgenden Punkte wichtig:

- Die Verantwortung für die Ausarbeitung der festgelegten Analysethemen muss individuell zugeordnet werden, d.h. für jedes Thema ist eine Person verantwortlich. Dieser Person kann eine zweite als Unterstützung zur Seite gestellt werden, und es liegt dann an diesen, die Aufgaben weiter zu delegieren.
- Für die einzelnen Analysethemen können Analyseinstrumente eingesetzt werden. Es ist Aufgabe des Projektleiters, Instrumente zuzuordnen und zu erklären. Im besten Fall übernimmt er in den Arbeitssitzungen die Moderation, um die richtige Anwendung sicherzustellen. Dabei geht es hier vor allem um die folgenden Instrumente:
  a) Value Proposition
  b) ABC-Analyse
  c) Kernkompetenzen
  d) Konkurrenzanalyse
  e) Erfahrungskurve
  f) Substitutionsanalyse
- Damit die Ergebnisse nicht erst im folgenden Workshop mit allen Teilnehmern von vorne an diskutiert werden müssen, schlagen wir vor, die Resultate von einer weiteren Personengruppe gegenlesen zu lassen. Am besten sollten diese «Checker» aus einer anderen Abteilung oder einem anderen Bereich kommen, damit ein neuer Blickwinkel eingebracht wird. Dies trägt dazu bei, die Analysen von Anfang an aus unterschiedlichen Gesichtspunkten zu betrachten. Das erfordert jedoch eine entsprechende Organisation hinsichtlich terminlicher Abstimmung und Dokumentation. Andernfalls erhält man von Beginn an ein unübersichtliches Tohuwabohu von Dateien, E-Mails und Versionen. Erstens sind feste Termine für die Übergabe zum Gegenlesen festzulegen und dann auch einzuhalten. Zweitens müssen das Versionenmanagement und die Dokumentenablage entsprechend organisiert sein.
- Eine gut organisierte Dokumentenablage mit einem einfachen, aber stringenten Versionenmanagement hilft, die Unterlagen unter Kontrolle zu halten. Dies ist nicht jedermanns Sache. Deshalb ist hier die Unterstützung durch eine Person gefragt, die diese Arbeit von sich aus gerne macht, Ordnung liebt und am Abend nicht aus dem Büro rennt, bevor alles aufgeräumt ist.
- Terminmanagement ist die Projektmanagementaufgabe per se. Und trotzdem kommt es immer wieder vor, dass man genau hier zu nachlässig ist: die Teammitglieder sind voll in das Tagesgeschäft eingebunden und erledigen diese Aufgaben nebenbei (oder eben zuhause). Deshalb ist es notwendig, immer wieder nachzuhaken, zu erinnern und darauf zu bestehen, dass die Ergebnisse abgeliefert werden. Ein guter Projektleiter macht das bestimmt, ohne aufdringlich zu sein.
- Ist der Projektleiter auch in die inhaltliche Erarbeitung eingebunden, hat er die Inhalte auf Plausibilität zu überprüfen. Gerade weil er eine Aussensicht hat, sollte er nicht nur Stichproben machen, sondern die Ergebnisse auch infrage stellen. Es ist seine Aufgabe, die Resultate allenfalls als ungenügend zu beurteilen und ein Überarbeiten zu fordern.

Am Schluss werden die endgültigen Versionen zusammengestellt und für den nächsten Workshop aufbereitet. Auch das ist Aufgabe des Projektleiters und/oder seiner Assistenten.

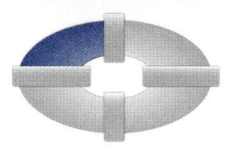

Drehbuch

Vorbereitung ist das halbe Leben. Es empfiehlt sich für den Projektleiter, die Sitzungen und Workshops jeweils sehr gut vorzubereiten. Wenn es auch Projektleiter gibt, die aus dem Stand eine Sitzung oder einen Workshop leiten können und je nach Situation immer einen Schritt voraus sind, so ist es doch ratsam, zumindest bei den ersten paar Durchführungen den Ablauf genau zu planen. Dies geht über die reine Agenda oder Tagesordnung hinaus. Wir arbeiten zu diesem Zweck mit einem Instrument, das wir das «Drehbuch» nennen.

Das Drehbuch beinhaltet die gesamte Vorbereitung in Bezug auf Infrastruktur, Einladungen, Material, Sitzungs- und Gruppenräume sowie alle Unterlagen, Angaben zur Kommunikation, zu den Spielregeln und natürlich zu den eingeladenen Referenten.

Studieren Sie die Drehbücher genau und passen Sie diese den jeweiligen Gegebenheiten an. So kann es insbesondere notwendig sein, das Thema Dokumentation anzupassen, da Sie wahrscheinlich die Ablage und den Zugriff auf die Daten individuell organisiert haben.

Für den WS I haben wir folgendes Drehbuch vorbereitet:

Vorbereitung	Bemerkung	Erledigt ja/nein
Infrastruktur	Moderatorenkoffer, Laptops, Beamer, Flipcharts, Pinnwände, E-Mail-Zugang	
Hotel	Zimmer bestellt, evtl. besichtigt	
Anreise	Anreise für alle geklärt, Parkplätze vorhanden, muss Anreise speziell organisiert werden?	
Termine	Zusätzliche Termine eingeplant und kommuniziert, z.B. für externe Referenten	
Einladungen Teilnehmer	Vollständige Einladung verschickt mit – Agenda, Anfangs- und Schlusszeiten – Anreiseplänen, Information zum Hotel – Kleiderordnung, spezielle Kleidung für Outdoor-Aktivitäten	
Tagesordnung verschickt	An alle Teilnehmer – oder wird die aktuelle Tagesordnung erst an Ort und Stelle verteilt?	
WS-Material	Moderatorenkoffer, Laptop, Beamer	
Dokumentation verteilt	Offline, E-Mail, online	
Weitere Teilnehmer wie Geschäftsführung oder Referenten für Vorträge	Eingeladen, Anreise, Abreise organisiert	
...		

Tabelle 3: Checkliste für die Vorbereitung

Tag 1				
Zeit	**Inhalte**	**Wer**	**Material**	**Bemerkungen**
09:00 Uhr (30 Min)	**Begrüssung** ■ Status Projekt und Vorgehen ■ Administratives / Hotel / Essen / Pausen / Auschecken	PL PL	Projektordner / Prozess Notizen mit Zeiten / vorher Rücksprache mit Hotel	
09:30 Uhr (60 Min)	**Ausgangslage** ■ Einführung durch den Auftraggeber	AG	Vorlage für den Auftraggeber	Vorlage ist mit dem Projektleiter abgestimmt
10:30 Uhr	Pause			
10:45 Uhr (105 Min)	Theoretischer Input	PL	Vorlage Handout für die Teilnehmer	Dies ist einer der wenigen theoretischen Vorträge – er soll vor allem Orientierung geben und den Prozess darstellen. Der Prozess kann auch visuell im Arbeitsraum präsentiert werden
12:30 Uhr (90 Min)	Mittagessen			
14:00 Uhr (90 Min)	**SWOT-Herausforderungen** ■ Input Vorgehen ■ Erarbeiten der Hauptherausforderungen	PL Teams	Handout / Anleitung verteilen Unterlage SWOT bereitstellen Elemente der SWOT auf Karten vorbereiten	Gruppenraum oder Pinnwände bereitstellen Kreuz legen und beschreiben Gruppeneinteilung für die Clusterung und für die Beschreibung vorbereiten (evtl. die gleiche)
				Kurz zusammenkommen vor der Pause und die Hauptherausforderungen diskutieren und verabschieden
15:30 Uhr	Pause			
16:00 Uhr (120 Min)	**Leitplanken** ■ Vorgehen ■ Vorgaben vom LA / vom Auftraggeber ■ Gruppenarbeiten ■ Präsentation	PL PL / AG Teams Teams / PL	Unterlagen verteilen / Handout Vorgaben verteilen	Die Leitplanken geben einen ersten Orientierungsrahmen und helfen, den Rahmen festzulegen
18:00 Uhr (30 Min)	**Wrap-up und Feedback** ■ Zusammenfassung ■ Feedback	PL Teams	Vorbereitet – auf Flipchart oder auf PC-Overhead vorzeichnen – Farbstifte bereitgestellt	
18:30 Uhr	Ende Tag 1			

Tabelle 4: Drehbuch-Vorlage für den Ablauf des Workshops I Tag 1

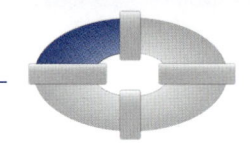

Tag 2				
Zeit	**Inhalte**	**Wer**	**Material**	**Bemerkungen**
08:30 Uhr	Wrap-up und Wiederholung vom Vortag			
09:00 Uhr (60 Min)	Geschäftsfeldgliederung	PL Teams	Unterlagen / Formulare verteilen	In der Regel lassen wir zwei Vorschläge von je einer Gruppe erarbeitet Die Geschäftsfeldgliederung dient als Arbeitsgrundlage und kann später angepasst werden
10:00 Uhr (30 Min)	Bewertung der Geschäftsfeldgliederung	Teams	10 Fragen vorbereitet und verteilt	Wenn die Geschäftsfeldgliederung nicht vorgegeben ist, wird diese im Plenum anhand des Fragenkatalogs bewertet – 10 Fragen
10:30 Uhr	Pause			
11:00 Uhr (90 Min)	Analysebedarf I	Gruppen	Vorlagen / Handouts / Checklisten	3 Gruppen erarbeiten je die Themenliste von Unternehmen, Umfeld und Konkurrenten
12:30 Uhr	Mittagspause			
14:00 Uhr (90 Min)	Analysebedarf II	Gruppenpräsentation	Flipcharts / Pinnwände / Beamer	Je eine Gruppe präsentiert die Themen – kurze Diskussion und Verabschiedung im Plenum
15:30 Uhr	Pause			
16:00 Uhr (60 Min)	Start Analysethemen	Gruppen	Faktoren den Verantwortlichen zuteilen Unterlagen / Gruppenräume / Beamer	Unterlagen verteilen – elektronisch, damit die Gruppen direkt am PC arbeiten können – eventuell 3 Beamer bereithalten PL geht von Gruppe zu Gruppe und hilft bei Fragen – eventuell Beispiel an andere verteilen
17:00 Uhr (60 Min)	Hausaufgaben	Plenum	Analysethemen werden verteilt an Verantwortliche und je an einen Gegenleser (Checker) Termine festlegen Terminplan vorbereiten	
18:00 Uhr	Mindmap	Plenum	Mindmap vorbereitet – zeichnen auf PC / Flipchart oder Pinnwand	

Tabelle 5: Drehbuch-Vorlage für den Ablauf des Workshops I Tag 2

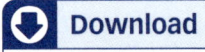

Download

Eine Vorlage kann mit dem folgenden Link heruntergeladen werden:
www.strategieleitfaden.ch

Arbeitssitzungen

Je nach Bedarf können Arbeitssitzungen mit den Gruppen durchgeführt werden. Dazu bieten sich mehrere Möglichkeiten an:

1. Arbeitsworkshops mit dem ganzen Team: das Team trifft sich für 2 oder 3 Tage. Wir haben auch schon Arbeitssitzungen von bis zu 4 Tagen durchgeführt; so kann ein grosser Teil der «Hausaufgaben» in diesen Sitzungen erledigt werden. Die Aufgaben werden verteilt in Gruppen bearbeitet und die Ergebnisse immer wieder ausgetauscht. Dies erlaubt eine intensive Auseinandersetzung mit der Materie, hat aber manchmal auch den Nachteil, dass man sehr in die Details geht.
2. Arbeitsworkshops mit einzelnen Gruppen des Teams: Damit kann der Prozess zu einem grossen Teil dem Team überlassen werden.
3. Online-Meetings des Teams oder einzelner Arbeitsgruppen: Dies erlaubt es, Reisekosten und Reisezeiten zu reduzieren, bedingt aber hohe Disziplin und Verpflichtung der Teilnehmer.

Es ist im Einzelfall abzuklären, welche die beste Vorgehensweise ist. Die Erfahrung zeigt, dass in jedem Fall mindestens eine Arbeitssitzung zwischen den Workshops hilfreich ist.

> **⬇ Download**
>
> Eine Agenda zu einer Arbeitssitzung finden Sie unter **www.strategieleitfaden.ch**

Analyseinstrumente

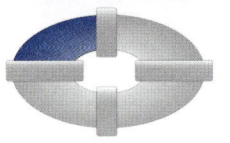

Analyseinstrumente werden sowohl auf Unternehmensebene als auch auf Geschäftsfeldebene eingesetzt. Jedes Instrument beschreibt die Ausgangslage aus einer anderen Sichtweise und gibt Hinweise auf Handlungsbedarf. Ihre Anwendung erfolgt nicht einzeln oder isoliert, sondern in Ergänzung für die Beschreibung der Gesamtlage. Welche Instrumente angewendet werden, hängt vom Informationsbedarf zu den einzelnen Themen ab und ist von Fall zu Fall zu entscheiden. Es sollten jedoch immer mindestens die folgenden Instrumente eingesetzt werden:

- Leitplanken
- Analysethemen Unternehmen, Umfeld und Konkurrenz
- Finanz- und Kostenstrukturanalyse
- ABC-Analyse
- Value Proposition
- Geschäftsfeldgliederung
- SWOT

	Instrument	Unternehmensebene			Geschäftsfeldebene		
		Unternehmen	Umfeld	Konkurrenz	Unternehmen	Umfeld	Konkurrenz
1	Analysebedarf	X	X	X	X	X	X
2	Leitplanken	X					
3	Analysethemen Unternehmen	X			X		
4	Analysethemen Umfeld		X			X	
5	Konkurrenzanalyse			X			X
6	Finanzanalyse	X			X		
7	Kostenstrukturanalyse	X			X		
8	Wertschöpfungsketten-Analyse	X			X		
9	ABC-Analyse	X			X		
10	Marktsegmentierung		X				
11	Geschäftsfeldgliederung	X					
12	Value Proposition				X	X	X
13	Kernkompetenzen	X			X		
14	Erfahrungskurve	X		X	X		X
15	Substitutionsanalyse					X	X
16	Portfolio-Analyse	X		X			
17	PIMS	X	X	X	X	X	X
18	SWOT	X	X	X	X	X	X

Tabelle 6: Übersicht über die Analyseinstrumente

Analysebedarf

> **Funktion und Anwendung auf einen Blick:**
>
> Der Analysebedarf am Anfang eines Strategieprojektes kann sehr unterschiedlich sein. Meist sind viele Daten vorhanden, aber nicht in der richtigen Form, um diese in die Arbeit einfliessen zu lassen. Daher geht es zuerst einmal darum, den genauen Analysebedarf zu ermitteln. Dazu setzen wir ein Instrument ein, mit dem sich dieser systematisch eruieren und übersichtlich in Form einer Stichwortliste darstellen lässt. Die Liste wird mit den vorhandenen Unterlagen abgeglichen. Ausgehend von den Informationslücken werden die Aufgaben zusammengestellt, die an die Teammitglieder verteilt und in der strategischen Analyse bearbeitet werden.
>
> Dieser Arbeitsschritt wird am Anfang der strategischen Analyse durchgeführt, in der Regel im WS I.

Für eine effiziente Ermittlung des Analysebedarfs sind einige Grundsätze und Arbeitsprinzipien bezüglich Arbeitsaufwand und Vorgehen zu beachten. Anhand einer Liste führen wir sämtliche Analysethemen auf, die dem Team für die Abklärung des Bedarfs vorgelegt werden können.

Regeln und Arbeitsprinzipien

- **«Ungefähr richtig ist besser als genau falsch»**
  - Nicht mehr weiter forschen, wenn Daten hinreichend genau vorhanden sind. Ob der Marktanteil 20% oder 21% beträgt, ist für die Ausgangslage irrelevant
  - Dieser Punkt trifft natürlich nicht in gleichem Masse auf die Finanzdaten zu

- **Konzentration auf Kernbereiche**
  - Welches sind die wichtigsten Themen?
  - Kleine Produktreihen – sogenannter Bauchladen – weglassen

- **ABC-Denken: 80/20-Regel**
  - Mit 20% des Aufwands können 80% der Daten beschafft werden

- **Zusammenhänge vernetzt beachten**
  - Unterlagen in Verbindung zueinander bringen
  - Abhängigkeiten betrachten

- **Plausibilitäts-Check**
  - Kann das sein?
  - Wie passen die Unterlagen mit unseren Aussagen zusammen?

- **Helikopterblick**
  - Distanz wahren – nicht die eigenen Bereiche alleine analysieren
  - Externe und unabhängige Teilnehmer einbinden, die die Sicht von aussen mitbringen (siehe dazu auch die Tipps zur Zusammenstellung von Arbeitsgruppen)

Strategische Analyse 143

Liste der Analysethemen, die dem Team vorgelegt werden kann, um daraus den Bedarf abzuleiten:

Analyse des Umfeldes
Die Umfeldanalyse teilen wir ein in die Analyse der Umweltsphären, die auf das Unternehmen einwirken, in die Analyse der Stakeholder und in die Analyse der Konkurrenten:

Analyse der Umfeldsphären
Mögliche Themen für die Analyse:
- Wirtschaftliche Entwicklung
- Technologische Entwicklung
- Ökologisches Umfeld
- Gesellschaftliches und soziales Umfeld

Analyse der Stakeholder
- Kunden
- Lieferanten
- Mitarbeiter
- Geldgeber
- Medien
- Behörden
- Verbände
- Öffentliche Interessengruppen wie z.B. NGO

Analyse der Konkurrenten
- Konkurrenten heute
- Konkurrenten morgen
- Konkurrenten in der eigenen Branche
- Konkurrenten aus fremden Branchen

Analyse des Unternehmens
Leistungserstellung
- Produktion
- Beschaffung
- Logistik
- F & E

Leistungserbringung (Markt)
- Vertrieb
- Marketing
- Kommunikation

Funktionalbereiche
- Human Resources
- Finanz- und Rechnungswesen
- Controlling
- Administration

Führungssysteme
- Managementsysteme
- Führungsorganisation
- Führungsmethoden

Resultate und Ergebnisse
- Umsatzentwicklung
- Ergebnisentwicklung
- G & V und Bilanz
- Analysethemen für das Unternehmen als Ganzes
- Führungssysteme
  - Managementsysteme
  - Führungsorganisation
  - Führungsmethoden
  - Management – Personen
- Leistungserstellung und -erbringung
- Funktionalbereiche

Vorgehen
Das Vorgehen erfolgt in zwei Schritten:
1. Auswahl der Themen und Zusammenfassung zu einer Liste von ca. je 10 Themen
2. Abgleich mit den vorhandenen Unterlagen (dieser Schritt kann auch als Hausaufgabe verteilt werden)

Download
Link zur Software:
www.strategieleitfaden.ch

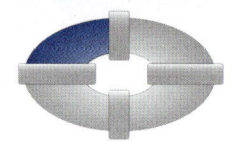

Leitplanken

> **Funktion und Anwendung auf einen Blick:**
>
> Die Leitplanken werden am Anfang des Strategieprozesses ermittelt und bilden den Rahmen für die Strategieentwicklung.
>
> Der Rahmen wird von den Auftraggebern/Eigentümern oder Shareholdern definiert. Gleichzeitig ist der Grundsatz zu berücksichtigen, dass die Mitarbeiter, die die Strategie entwickeln, einzubinden sind. Deshalb schlagen wir vor, dass der Fragebogen «Leitplanken» gleich zu Beginn mit dem Strategie-Team beantwortet und diskutiert wird. Die Ergebnisse werden dem Lenkungsausschuss vorgelegt und mit dem Auftraggeber abgestimmt.
>
> Diese Abstimmung bildet einen unverzichtbaren Teil im Entscheidungsprozess und muss in der Entscheidungsvorlage für die LA-Sitzung enthalten sein.

Mit diesem Instrument wird der Rahmen für die Strategieentwicklung präzisiert. Obwohl die Vorgaben vom Auftraggeber kommen, ist es von Vorteil, dass das Projektteam den Rahmen diskutiert und seine Sicht in das Projekt einbringt. Dabei geht es vor allem um Themen und Optionen, die explizit nicht in die Strategie aufgenommen wurden. Das können Produkte sein, Regionen oder Länder, aber auch spezifische Marktsegmente. Ein Unternehmen, das Hörgeräte herstellt, kann in der Strategie explizit festhalten, dass Kopfhörer nicht hergestellt und vertrieben werden.

Die Auseinandersetzung mit den Vorgaben trägt dazu bei, ein gemeinsames Verständnis innerhalb des Projektteams und in Bezug zum Auftraggeber aufzubauen und festzulegen. Gleichzeitig werden erste Ideen der Mitarbeiter eingeholt und festgehalten. So können sich alle Beteiligten von Anfang an mit einem eigenen Beitrag in den Prozess einbringen.

Dieser Arbeitsschritt umfasst zwei Ebenen:
1. Festhalten, was nicht (oder nicht mehr) gemacht werden soll
2. Ideensammlung, was (neu) gemacht werden könnte

Es ist darauf zu achten, dass für jeden Aspekt die erste Ebene fertig diskutiert und erfasst wird. Denn die Erfahrung zeigt, dass das Team jeweils schnell zum zweiten Punkt springt und neue Ideen einbringt.

Zeitlich sind für die Ermittlung der Leitplanken etwa zwei Stunden einzuplanen. Diese Aufgabe kann im Plenum durchgeführt werden. Wenn das Team aber mehr als sieben Mitglieder umfasst, empfiehlt sich eine Aufteilung in Gruppen. Sonst wächst die Wahrscheinlichkeit rapide, dass sich einzelne Teilnehmer innerlich von der Runde verabschieden. Zudem ist es für den Moderator praktisch unmöglich, alle Beiträge aufzunehmen und festzuhalten.

Die einzelnen Aspekte lassen sich so auf die Gruppen aufteilen. Die Ergebnisse werden dann im Plenum vorgestellt und diskutiert.

Ein solides Vorgehen umfasst im Minimum die Berücksichtigung folgender Aspekte. Je nach Anforderungen kann die Liste auch erweitert werden:

1. Zu bearbeitende Märkte und Regionen
2. Wachstumspolitik
3. Kooperation und Allianzen
4. Investitionen und Finanzierung
5. Standort / Investment
6. Marktstellung / Marktposition
7. Leistungsprogramm
8. Kunden / Zielgruppen
9. Flächendeckung
10. Positionierung in Bezug auf Qualität / Preis
11. Innovationspolitik
12. Personalpolitik

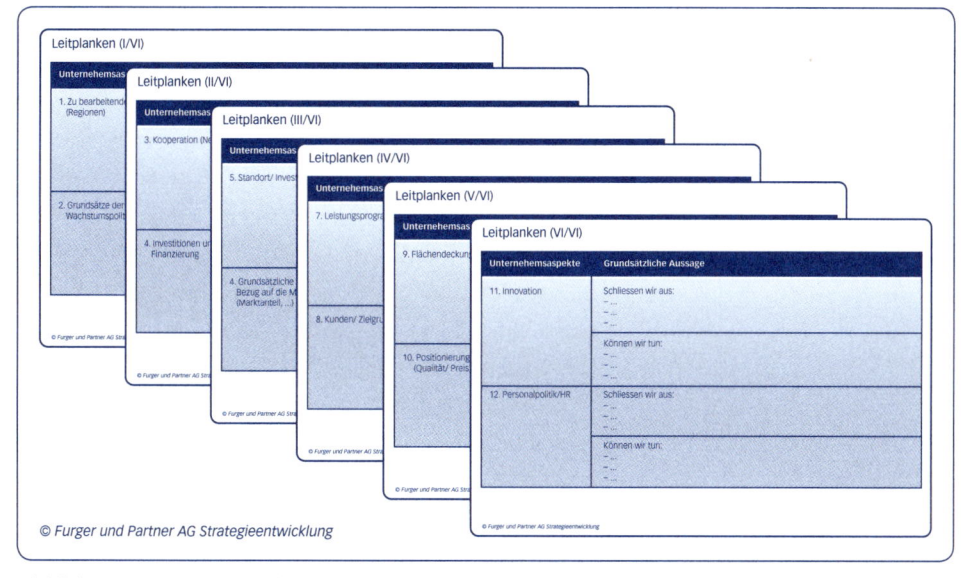

Abbildung 3: Formulare für die Leitplanken

Analysethemen Unternehmen

Funktion und Anwendung auf einen Blick:

Die Unternehmensanalyse untersucht und beschreibt das Unternehmen im Detail aus Sicht des Marktes und des Kunden. Sie dient dazu, die eigenen Leistungen, Ergebnisse und auch die Potenziale mit jenen der stärksten Konkurrenten zu vergleichen. Im Zentrum steht dabei die Ermittlung der eigenen Stärken und Schwächen im Vergleich mit den Hauptkonkurrenten.

Für jedes festgelegte Analysethema wird die Entwicklung beschrieben und qualitativ bewertet. Wo es notwendig oder sinnvoll erscheint, werden Sofortmassnahmen abgeleitet, die, wie es der Name sagt, zur sofortigen Umsetzung vorgelegt werden.

Die Unternehmensanalyse ist ein Hauptteil der strategischen Analyse; sie wird von den Teammitgliedern in der strategischen Analyse bis zum WS II als Hausaufgabe erarbeitet.

Vorgehen

Schritt 1: Die Analysethemen wurden anhand des Analysebedarfs zusammengestellt und in einer Liste unter 8–12 Faktoren aufgeführt. Sie sollen die folgenden Unternehmensbereiche abdecken: Beschaffungsbereich – Verwaltungsbereich – Leistungsbereich – Führungsbereich.

Schritt 2: Die Analysethemen werden einzeln detailliert ausgearbeitet. In der Regel gelten diese Themen für das gesamte Unternehmen; sie können nach Bedarf aber auch pro SGF erstellt werden.

Schritt 3: Die aktuelle Situation und Trends der einzelnen Themen werden über den Planungszeitraum in der Detailanalyse erfasst.

Schritt 4: Für jeden Punkt werden die internen Auswirkungen auf das Unternehmen abgeleitet und beschrieben.

Schritt 5: Für die weitere Arbeit werden bereits hier mögliche Massnahmen als Ideen- und Themenspeicher aufgenommen. Diese werden später als Input für die Optionsphase weiter verwertet.

Schritt 6: Wird ein unmittelbarer Handlungsbedarf erkannt, wird dieser auch hier zu den Sofortmassnahmen aufgenommen und dem LA für die umgehende Umsetzung vorgelegt. Diese sollten aber die Strategie nicht vorwegnehmen (präjudizieren).

Schritt 7: Die Zusammenfassung der Analyse in Hauptaussagen pro Thema gibt eine erste Übersicht und erlaubt die Ableitung der Stärken und Schwächen. Diese werden für die abschliessende SWOT verwendet. Sämtliche Sofortmassnahmen sind ebenfalls in dieser Zusammenfassung festzuhalten.

Strategische Analyse 147

Liste der Analysethemen Unternehmen

	Analysethemen	Beschreibung
1		
2		
3		
4		
5		
6		
7		
8		
9		
10		
11		

© Furger und Partner AG Strategieentwicklung

Bewertung der Analysethemen Unternehmen

Analysethemen: ....

Nr.	Situation und mögliche Ent...
1	• ... • ... • ...

Vorschlag für Sofortmassnahmen:
- ...
- ...

© Furger und Partner AG Strategieentwicklung

Zusammenfassung Analysethemen Unternehmen

Hauptaussagen
1.
2.
3.

Stärken:
- ...
- ...
- ...
- ...

Schwächen:
- ...
- ...
- ...
- ...

Sofortmassnahmen:
1.
2.
3.

© Furger und Partner AG Strategieentwicklung

© Furger und Partner AG Strategieentwicklung

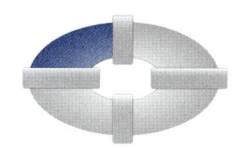

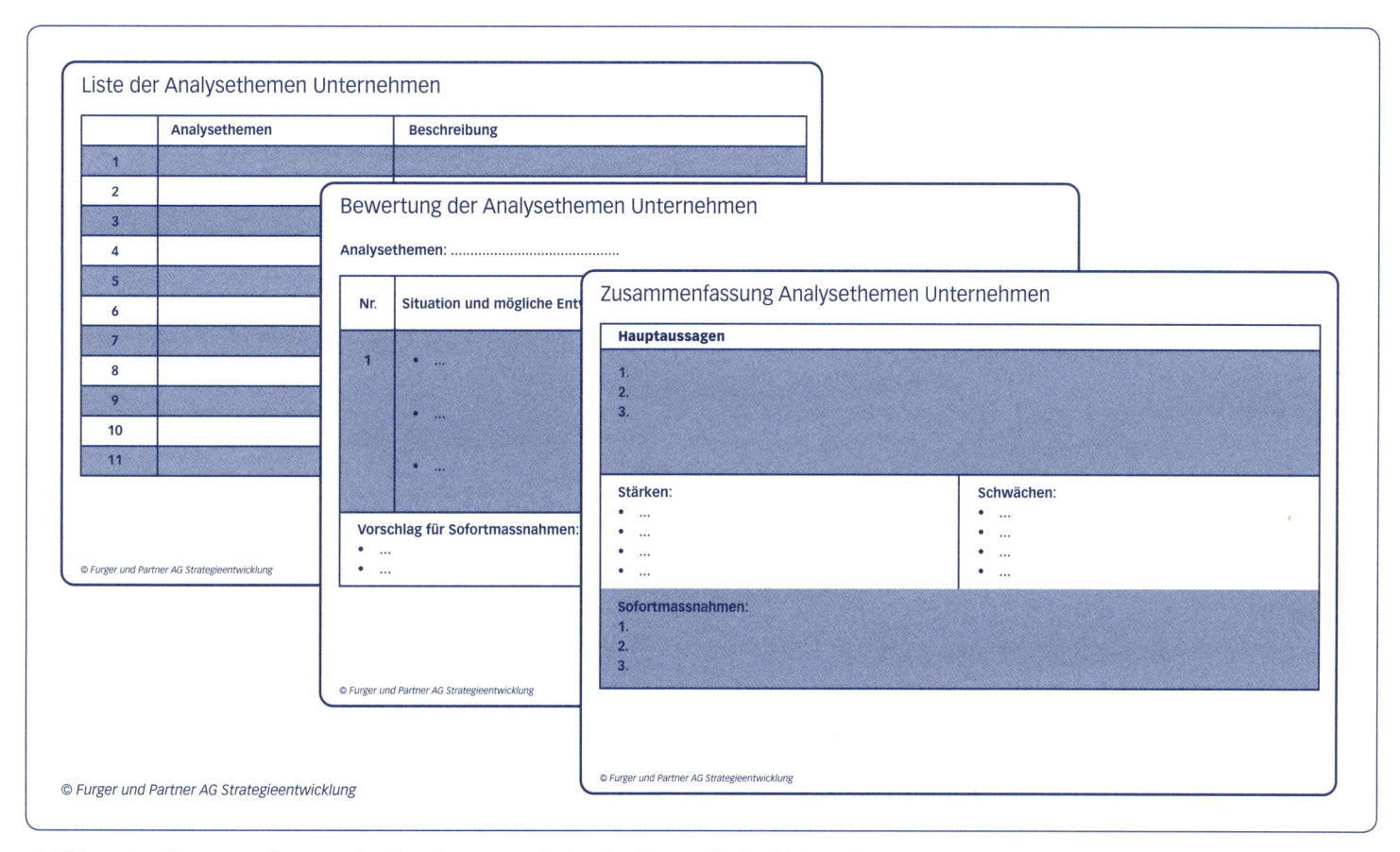

Abbildung 4: Zusammenfassung der Hauptaussagen je Analysethema für das Unternehmen

⬇ Download

Die vollständigen Unterlagen und Anleitung können Sie hier herunterladen:
www.strategieleitfaden.ch

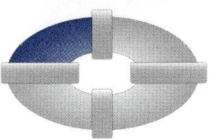

Analysethemen Umfeld

> **Funktion und Anwendung auf einen Blick:**
>
> Mit diesem Instrument werden alle erkennbaren Entwicklungen erfasst und beschrieben, die das Umfeld und vor allem den Zielmarkt über den strategischen Planungszeitraum beeinflussen können. Für jeden festgelegten Analysefaktor / jede Sphäre werden die Entwicklungen beschrieben und qualitativ bewertet. Im Zentrum steht dabei die Ermittlung von Chancen und Gefahren für die Entwicklung des Unternehmens, auch im Vergleich mit den Hauptkonkurrenten.
>
> Im gleichen Zug können Sofortmassnahmen abgeleitet werden.
>
> Die Umfeldanalyse bildet einen Hauptteil der strategischen Analyse und wird von den Teammitgliedern in der strategischen Analyse bis zum WS II als Hausaufgabe erarbeitet.

Vorgehen
(erfolgt analog wie bei der Unternehmensanalyse)

Schritt 1: Die Analysethemen wurden anhand des Analysebedarfs zusammengestellt und in einer Liste unter 8–12 Faktoren aufgeführt. Sie sollen mindestens die folgenden Bereiche abdecken: Wirtschaftliche Entwicklung – Technologische Entwicklung – Ökologisches Umfeld – Gesellschaftliches und soziales Umfeld.

Schritt 2: Die Analysethemen werden einzeln detailliert ausgearbeitet. In der Regel betreffen auch diese Themen das gesamte Unternehmen; sie können nach Bedarf aber auch pro SGF erstellt werden.

Schritt 3: Die aktuelle Situation und Trends der einzelnen Themen werden über den Planungszeitraum in der Detailanalyse erfasst.

Schritt 4: Für jeden Punkt werden die Auswirkungen auf das Unternehmen bzw. auf ein Geschäftsfeld abgeleitet und beschrieben.

Schritt 5: Für die weitere Arbeit werden bereits hier mögliche Massnahmen als Ideen- und Themenspeicher aufgenommen. Diese werden später als Input für die Optionsphase weiter verwertet.

Schritt 6: Wird ein unmittelbarer Handlungsbedarf erkannt, wird dieser auch hier zu den Sofortmassnahmen aufgenommen und dem LA für die umgehende Umsetzung vorgelegt. Diese sollten aber die Strategie nicht vorwegnehmen (präjudizieren).

Schritt 7: Die Zusammenfassung der Analyse in Hauptaussagen pro Analysethema gibt eine erste Übersicht und erlaubt die Ableitung der Chancen und Gefahren. Diese werden für die abschliessende SWOT verwendet. Sämtliche Sofortmassnahmen sind ebenfalls in dieser Zusammenfassung festzuhalten.

Strategische Analyse 149

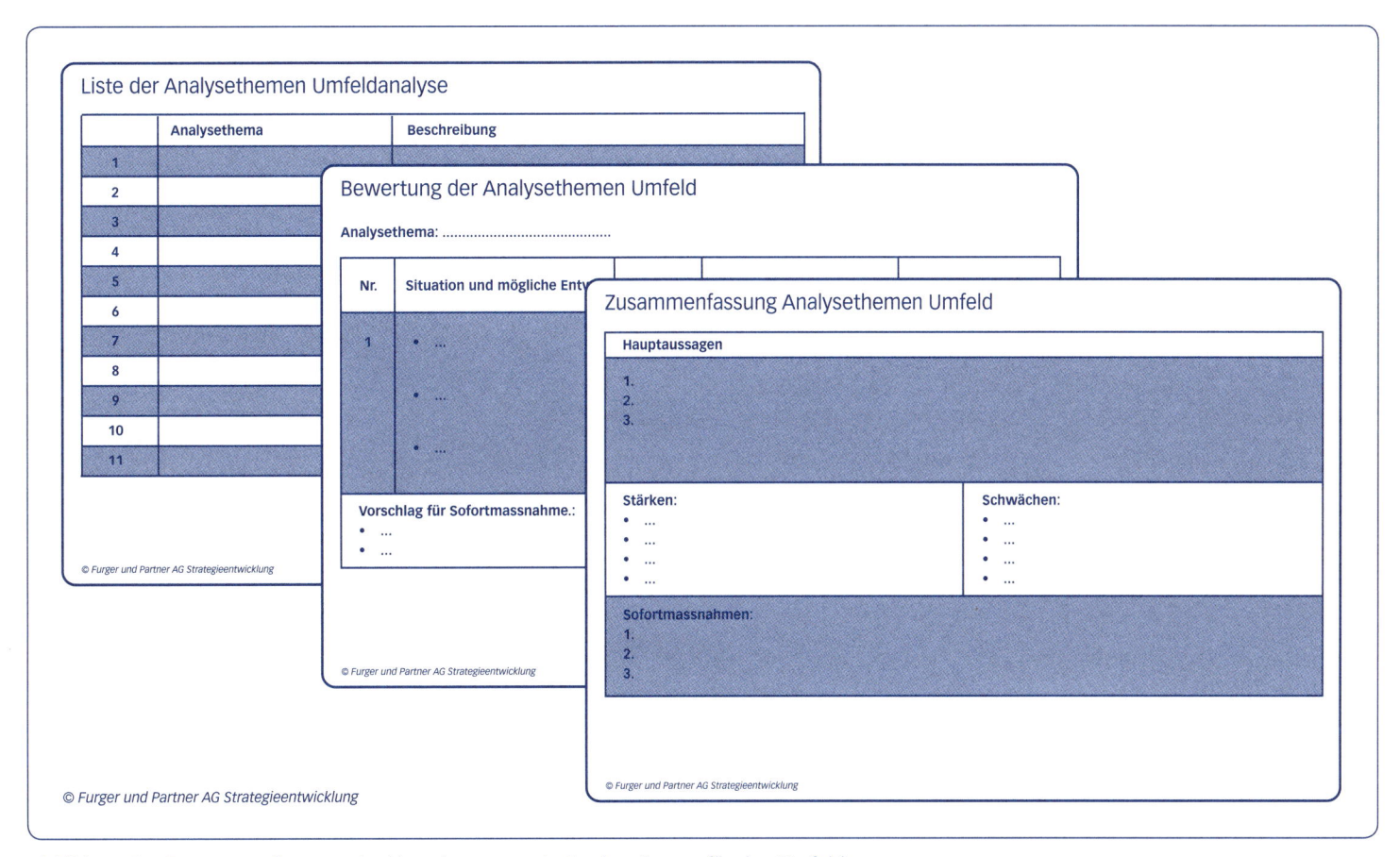

Abbildung 5: Zusammenfassung der Hauptaussagen je Analysethema für das Umfeld

Download

Die vollständigen Unterlagen und Anleitung können Sie hier herunterladen:
www.strategieleitfaden.ch

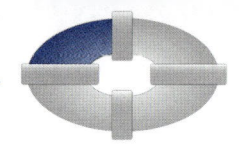

Konkurrenzanalyse

Funktion und Anwendung auf einen Blick:

Die Konkurrenzanalyse ist eines der tragenden Elemente der Strategieerarbeitung. Dabei geht es stets darum, den relativen Vorteil im Vergleich mit den Wettbewerbern herauszuarbeiten. Dazu ist die Kenntnis der Hauptkonkurrenten, von deren Stärken und Schwächen und deren Geschäftsstrategie unerlässlich.

In dem hier beschriebenen Vorgehen werden die wesentlichen Kriterien zu einem Steckbrief zusammengefasst. Dieser wird vor allem im praktischen Geschäft eingesetzt. Die Schlussfolgerungen sollte jeder Verkäufer jederzeit «auswendig» darlegen können.

Zusätzliche Kenntnisse der Konkurrenten liefern weitere Instrumente wie z. B. die Value Proposition.

Die Konkurrenzanalyse wird in der strategischen Analyse sowohl auf Unternehmens- als auch auf Geschäftsfeldebene eingesetzt.

Die Kenntnis der 3 Hauptschwächen und 3 Hauptstärken

Wer sind die Hauptkonkurrenten? Welcher Konkurrent hat die bessere Kostenstruktur? Wer bietet eine höhere Qualität an? Welche Kaufkriterien führen die Kunden zur Konkurrenz? Wo sind die Schwächen der Gegenspieler, die angreifbar sind? Welche Strategien verfolgen die Konkurrenten?

Die präzise Kenntnis der Konkurrenten ist unerlässlich für das Erstellen einer Strategie. Hierzu bedarf es eines systematischen Vergleichs. Dabei geht es nicht darum, endlos Fakten über die Wettbewerber zusammenzutragen. Zu empfehlen ist der Fokus auf die drei wichtigsten Stärken und Schwächen eines Konkurrenten. Diese werden dann den drei Schwächen und Stärken des eigenen Unternehmens gegenübergestellt.

Zur Erstellung der Steckbriefe der Wettbewerber werden zehn Bereiche untersucht, darunter die Struktur des Sortiments und des Produktangebots. Jeder Verkäufer muss die Steckbriefe jederzeit im Kopf haben.

Vorgehen

Schritt 1: Ermittlung der Hauptkonkurrenten:
Die Untersuchung beginnt mit der Identifizierung der für das eigene Unternehmen strategisch wichtigen Hauptkonkurrenten. Erfasst werden gegenwärtige und zukünftige Konkurrenten. Die Analyse ist auf die bedeutendsten Wettbewerber zu fokussieren. Als zentrale Kriterien dienen die Ähnlichkeit der Kundenbedürfnisse sowie der Kundengruppen (Potenzielle Konkurrenten – Markteintrittsbarrieren).

Schritt 2: Erstellen der Kenndaten:
Für jeden Konkurrenten wird ein Profil mit den Kenndaten erstellt. Aufgenommen werden die folgenden Angaben: Unternehmensname, Firmensitz, Gründungsjahr, Umsatz, Anzahl der Mitarbeiter sowie die Bezeichnung der Produktion. Logo und Teaserbild runden als visuelle Zeichen die Kenndaten ab.

Schritt 3: Zusammentragen der Schlüsseldaten:
Für die wichtigsten Analysebereiche werden systematisch die Schlüsseldaten zusammengetragen. Für die Erstellung der Wettbewerberprofile werden die nachfolgend aufgeführten 10 Bereiche untersucht. Dabei ist darauf zu achten, dass die zugänglichen Quellen möglichst umfassend berücksichtigt werden:

- Besitzstruktur
- Finanzen
- Grundstrategie
- Kunden
- Verkaufs- und Marketingkonzept
- Produkt- und Dienstleistungsportfolio
- Kernkompetenzen
- Herstellungs- und Produktionskonzept
- Kosten- und Preisposition
- Technologieposition

> **Download**
> Die vollständigen Unterlagen und Anleitung können Sie hier herunterladen:
> **www.strategieleitfaden.ch**

152 Strategische Analyse

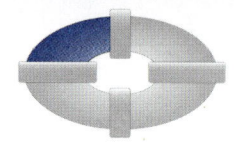

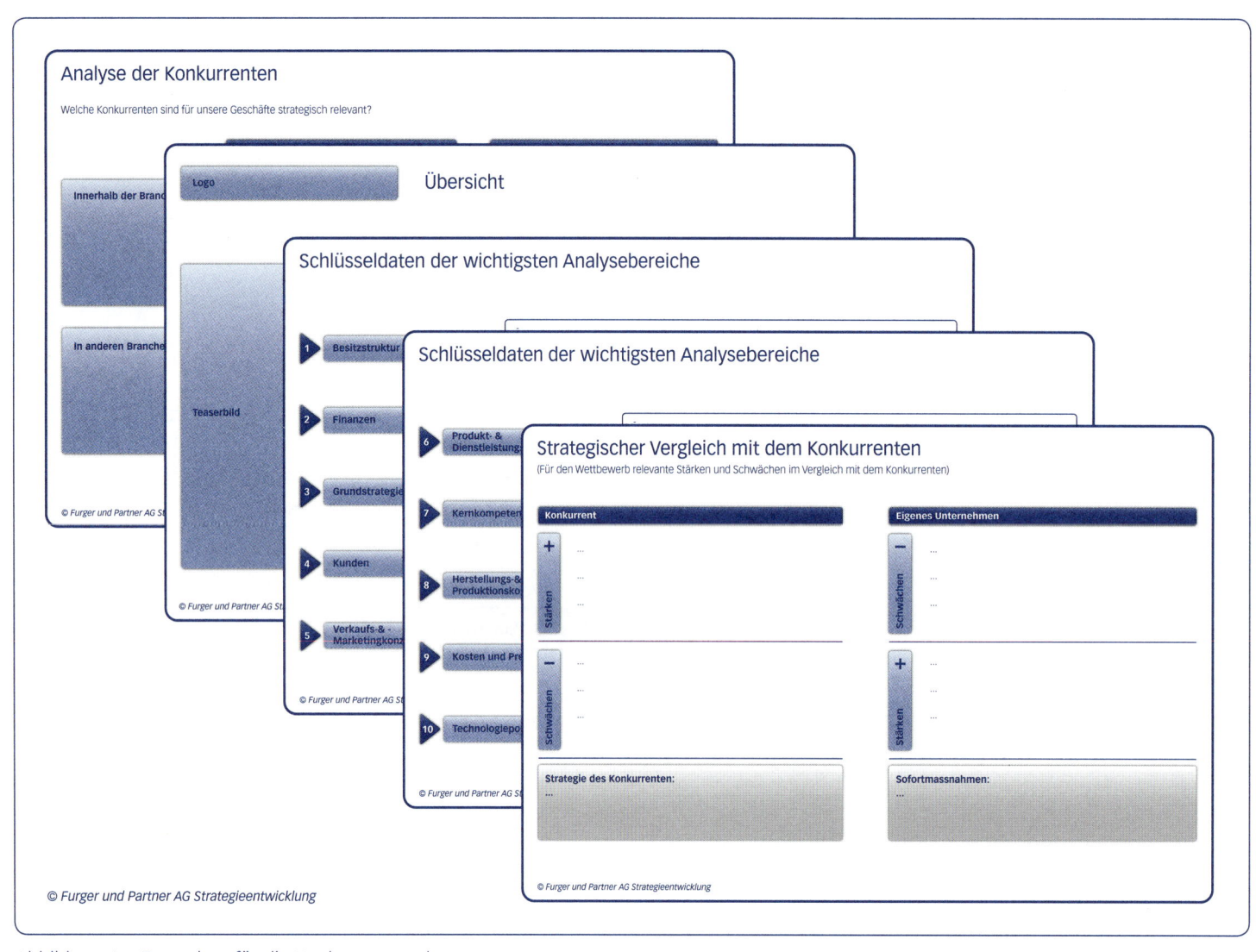

Abbildung 6: Formulare für die Konkurrenzanalyse

Finanzanalyse

Funktion und Anwendung auf einen Blick:

Die Finanzanalyse wird unterteilt in die Analyse der Gewinn- und Verlustrechnung (G&V) und die Bilanzanalyse.

Zumindest die G&V-Analyse wird für die einzelnen Geschäftsfelder dargestellt. Die Bilanz kann auf die Geschäftsfelder aufgeteilt werden, ist aber damit nicht immer aussagekräftig, weil es manchmal nicht möglich ist, die Kennzahlen auf alle Geschäftsfelder aufzuschlüsseln. Deshalb wird die Bilanz meist auf der Gesamtunternehmensebene dargestellt und analysiert.

Für die G&V-Analyse wird die zeitliche Entwicklung bestimmter Kennzahlen über die letzten 5–6 Jahre ausgewiesen. Dies ermöglicht eine Beurteilung der Entwicklung, und der Vergleich mit der Konkurrenz oder Firmen aus anderen Branchen trägt dazu bei, Schwachstellen aufzudecken und Handlungsfelder sowie Zielsetzungen abzuleiten.

Vorgehen

Schritt 1: Festlegen der Geschäftsfelder (siehe Geschäftsfeldgliederung)

Schritt 2: Zuordnung der absoluten Kennzahlen über die letzten 3–5 Jahre (Umsatz, Deckungsbeiträge, EBIT, Produktivität (Umsatz pro Mitarbeiter), Kosten

Schritt 3: Zuordnung der Kennzahlen wie ROS, ROCE, Deckungsbeiträge in %

Schritt 4: Visualisieren der Ergebnisse in Charts

Schritt 5: Vergleich der Ergebnisse untereinander, mit der Konkurrenz und mit den Vorgaben

Für die Präsentation der Umsatzzahlen, der DB-Ergebnisse und der verschiedenen Kennzahlen benutzen wir standardmässig die folgende Darstellung:

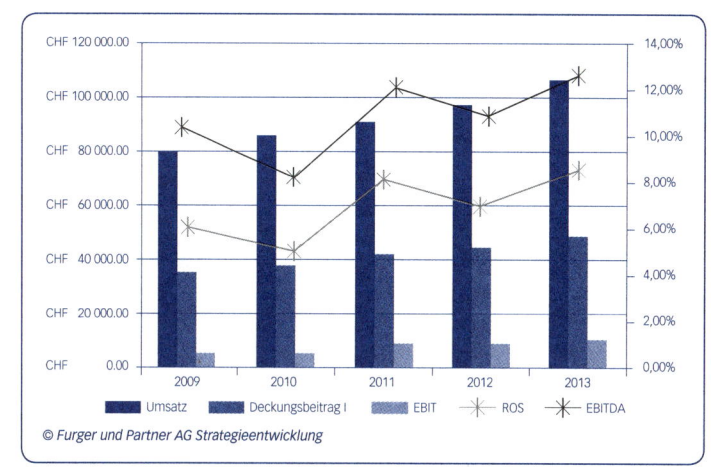

Abbildung 7: Vorlage für die Finanzanalyse

Die absoluten Zahlen werden auf der linken Achse dargestellt, die Kennzahlen in % auf der rechten Achse. Es empfiehlt sich, die Grössen der Achsen für alle Geschäftsfelder einheitlich einzustellen – damit wird ein Grössenvergleich visuell sofort sichtbar.

Download

Die vollständigen Unterlagen und Anleitung können Sie hier herunterladen:
www.strategieleitfaden.ch

Kostenstrukturanalyse

Funktion und Anwendung auf einen Blick:

Dieses Instrument dient dazu, die Kostenstruktur des Unternehmens zu ermitteln. Dazu wird eine Aufgliederung nach Art der Kosten vorgenommen, u.a. nach Aufwand für Personal, Material, Investitionen, Forschung und Entwicklung, öffentliche Abgaben jeweils unterteilt nach fixen und variablen Anteilen. Gegenstand der Untersuchung können das gesamte Unternehmen, Kostenstellen, Geschäftsfelder oder auch nur einzelne Produkte sein.

Das Instrument wird eingesetzt, um Kostenentwicklungen im Zeitverlauf aufzuzeigen sowie für Kostenvergleiche innerhalb des Unternehmens oder mit den Konkurrenten. Die Analyse erlaubt es insbesondere, den Grad der Wirtschaftlichkeit aufzuzeigen und Potenziale für Kostensenkungen zu eruieren. Das Ergebnis dient als Grundlage, um Ziele und Massnahmen abzuleiten.

Vorgehen

Schritt 1: Gegenüberstellung der Gewinn- und Verlustrechnungen der letzten Jahre
Schritt 2: Das laufende Jahr wird anteilsmässige berücksichtigt
Schritt 3: Ermittlung der Abweichungen für sämtliche Kostenarten
Schritt 4: Ursachen für die Abweichungen werden eruiert
Schritt 5: Vergleich mit Konkurrenten der Branche
Schritt 6: Potenziale für Kostensenkungen ausfindig machen
Schritt 7: Erarbeiten von Zielen und Massnahmen

Download

Die vollständigen Unterlagen und Anleitung können Sie hier herunterladen:
www.strategieleitfaden.ch

Voraussetzung für eine aussagekräftige Kostenanalyse ist ein solides und transparentes betriebliches Rechnungswesen. Kostenvergleiche mit anderen Unternehmen sind aufgrund der zu recherchierenden Informationen aufwendig und oft auch nur in beschränktem Mass möglich.

Strategische Analyse 155

Kostenstrukturananlyse

1. G&V der letzten Jahre gegenüberstellen
2. Laufendes Geschäftsjahr anteilsmässig einbeziehen
3. Abweichungen und Differenzen der einzelnen Kostenarten identifizieren
4. Gründe der Abweichungen erörtern
5. Branchen- und Wettbewerbsdaten vergleichen
6. Kostensenkungspotenziale ermitteln
7. Voraussetzungen für Kostensenkungen schaffen
8. Massnahmen entwickeln und umsetzen

© Furger und Partner AG Strategieentwicklung

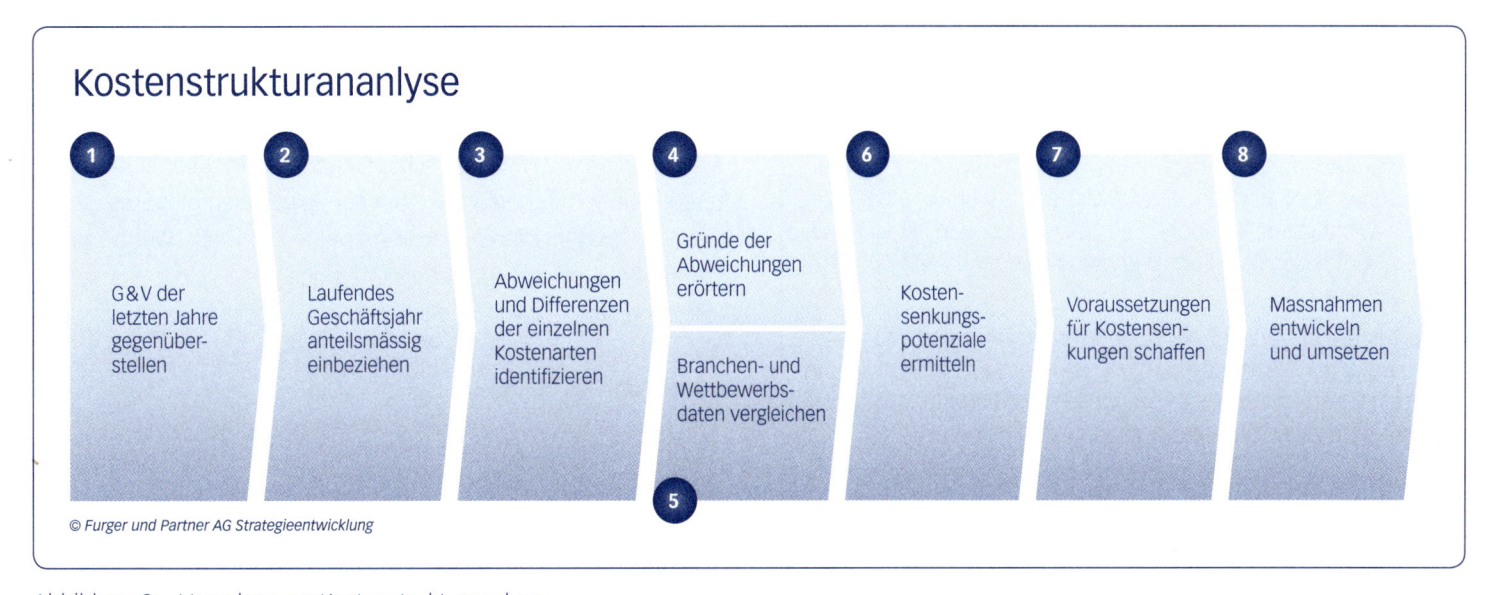

Abbildung 8: Vorgehen zur Kostenstrukturanalyse
Quelle: Kerth et al.: Die besten Strategietools in der Praxis, 2011.

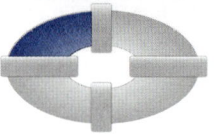

Wertschöpfungsketten-Analyse

Funktion und Anwendung auf einen Blick:

Die Wertkettenanalyse nach Porter (2002) beinhaltet ein systematisches Vorgehen, um die Aktivitäten des Unternehmens in seine wichtigsten Komponenten aufzuteilen und zu untersuchen, wie diese zur Differenzierung und/oder zu Kostenvorteilen beitragen.

Das Instrument erlaubt es, die relevanten Tätigkeiten zu identifizieren und in Beziehung zum angestrebten Kundennutzen und zu den verursachten Kosten zu stellen. Die Ermittlung von Kostentreibern ist ein primäres Ergebnis der Analyse.

Darüber hinaus dient die Analyse als Instrument in der Strategieentwicklung und dies in zweierlei Hinsicht: zum einen als Werkzeug zur Geschäftsmodellierung, zum andern als Hilfsmittel zur eigenen Positionierung in der Gesamt-Wertschöpfungskette und zur Zusammenarbeit in Allianzen und Kooperationen.

Die Wertschöpfungskette ist eine modellhafte Darstellung der Aktivitäten eines Unternehmens. Dabei werden diese in «primäre Aktivitäten» und «unterstützende Aktivitäten» eingeteilt. Zu den primären Aktivitäten zählt man jene, die direkt mit der Wertschöpfung verbunden sind und zur Herstellung der Produkte für den Kunden beitragen. Dazu gehören z.B. der Einkauf, die Produktion selber, die Distribution, der Vertrieb und der Kundendienst oder Service. Die unterstützenden Aktivitäten dienen der Bereitstellung all jener Ressourcen, die für die Ausübung der primären Aktivitäten notwendig sind. Dazu rechnet man u.a. die gesamte Administration, das Controlling, evtl. das Marketing, die Personalentwicklung und die Führung im Allgemeinen.

In der Regel ist die Wertschöpfungskette eines Unternehmens in das gesamte Wertschöpfungssystem einer Branche eingebunden. Die vor- und nachgelagerten Wertschöpfungsketten bilden die Nahtstellen mit der eigenen Wertschöpfungskette. Ein Unternehmen sollte über die Wertschöpfungsketten der Folgestufen möglichst genau Bescheid wissen, da nur solche Aktivitäten wirkliche Wettbewerbsvorteile bringen, die in der Folgestufe einen Vorteil in der Wertschöpfung erbringen.

Vorgehen

Schritt 1: Abbildung des Geschäftsmodells über die Wertschöpfungskette
Schritt 2: Analyse der Kosten der Wertschöpfungsaktivitäten
Schritt 3: Identifikation der Differenzierungsmöglichkeiten je Wertschöpfungsaktivität
Schritt 4: Analyse der Technologieniveaus der Wertschöpfungsaktivitäten
Schritt 5: Ermittlung der erfolgskritischen Wertschöpfungsaktivitäten
Schritt 6: Ableitung konkreter Handlungsempfehlungen

Kerth et al./in Anlehnung an Eschenbach, 1996.

Das Unternehmen als Wertschöpfungskette

Unterstützende Aktivitäten

Wertschöpfungskette der Lieferanten

Beschaffung | Eingangslogistik | Produktion | Ausgangslogistik | Vertrieb | Kundendienst

Kunden

Primäre Aktivitäten — Gewinn

Beschaffte Güter und Leistungen — Wertschöpfung

Umsatz

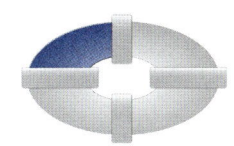

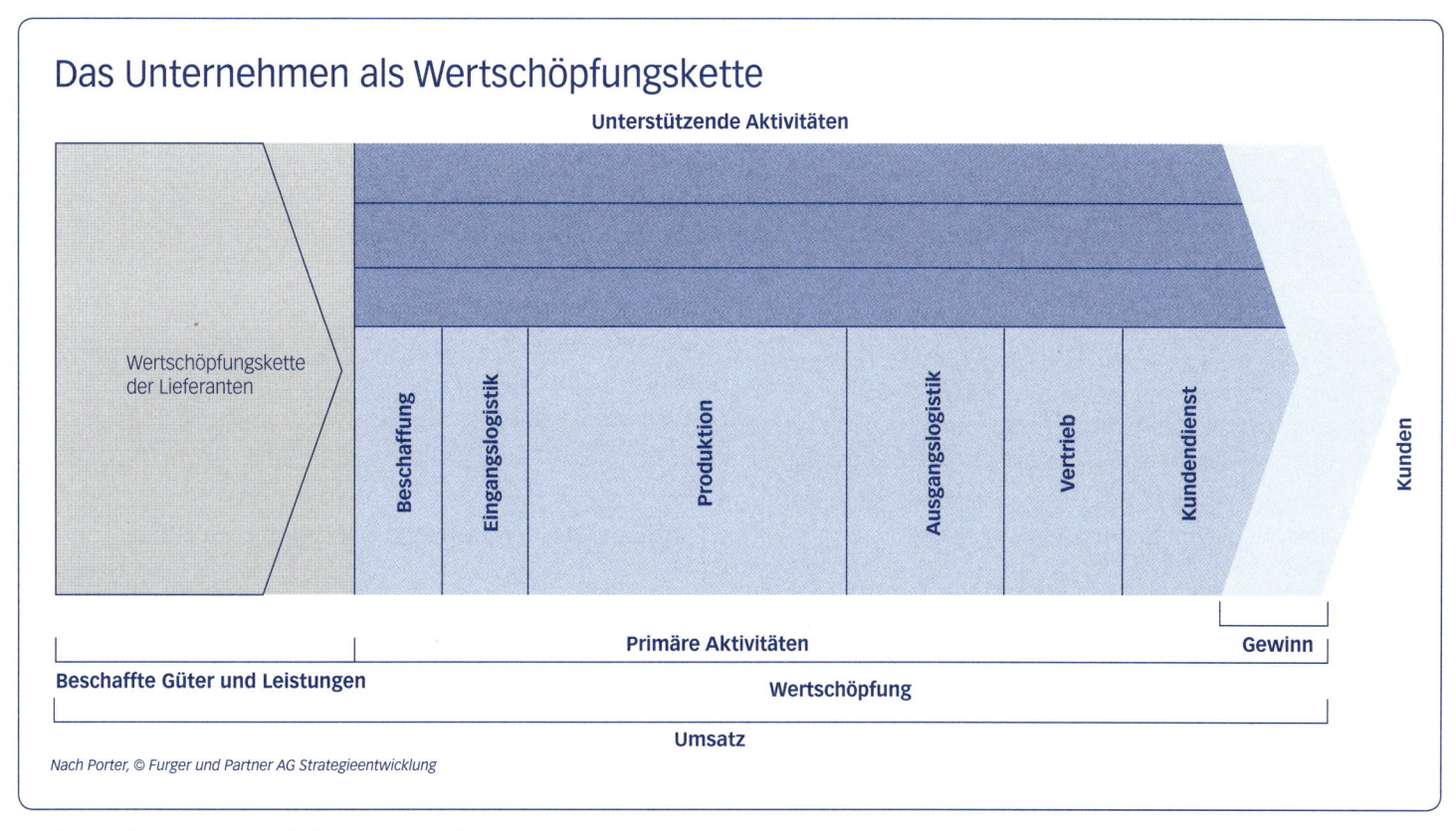

Nach Porter, © Furger und Partner AG Strategieentwicklung

Abbildung 9: Die Wertschöpfungskette nach Porter

Download

Die vollständigen Unterlagen und Anleitung können Sie hier herunterladen:
www.strategieleitfaden.ch

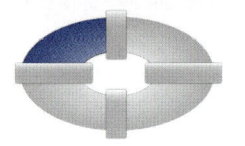

ABC-Analyse

Funktion und Anwendung auf einen Blick:

Mit Hilfe der ABC-Analyse wird für bestimmte Elemente (z.B. Produkte, Kunden, Lieferanten) das Verhältnis von Aufwand (Zeit, Ressourcen) zum Ergebnis (Output, Gewinn) dargestellt. Dabei erfolgt eine Einteilung der Elemente in die drei Klassen A, B, und C. Die Ergebnisse werden nach absteigender Grösse geordnet.

In der Klasse A wird ein hoher Anteil der Ergebnisse mit einem kleinen Anteil der Mittel erzielt. In der Klasse C ist es genau umgekehrt. Damit lässt sich z.B. zeigen, welche Produkte am stärksten am Umsatz oder am Deckungsbeitrag beteiligt sind (Klasse A) und welche am wenigsten dazu beitragen (Klasse C).

Die ABC-Analyse ist das Standardinstrument für Komplexitätsmanagement. Sie gibt Hinweise, wo Komplexität im Unternehmen reduziert werden kann.

Vorgehen

Schritt 1: Beschreiben der Ausgangslage
Schritt 2: Analyseziel festlegen
Schritt 3: Daten beschaffen
Schritt 4: Datenreihen ordnen
Schritt 5: Berechnen der Anteile
Schritt 6: Anteile kumulieren
Schritt 7: Diagramm erstellen
Schritt 8: Einteilung vornehmen
Schritt 9: Resultate interpretieren
Schritt 10: Massnahmen ergreifen

Die ABC-Analyse basiert auf dem nach dem italienischen Ökonomen Vilfredo Pareto benannten Pareto-Prinzip, welches besagt, dass häufig rund 80% der Ergebnisse durch nur etwa 20% des Aufwands erreicht werden. Die Darstellung der ABC-Analyse erfolgt anhand der Lorenz-Kurve. Diese zeigt einen steilen Anstieg der Kurve auf der linken Seite, wo die A-Klasse aufgeführt wird, und eine starke Abflachung im rechten C-Bereich.

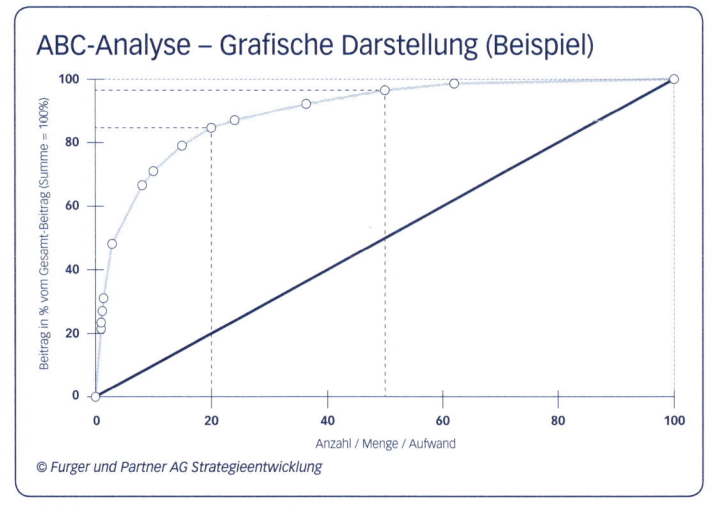

Abbildung 10: Die ABC-Analyse

Download

Die vollständigen Unterlagen und Anleitung können Sie hier herunterladen:
www.strategieleitfaden.ch

Marktsegmentierung

> **Funktion und Anwendung auf einen Blick:**
>
> Als Marktsegmentierung bezeichnet man die Unterteilung der aktuellen und potenziellen Kunden aufgrund ihrer unterschiedlichen Bedürfnisse und Wünsche und ihres Kaufverhaltens in Zielgruppen. Dazu dienen Kriterien wie Alter, Einkommen, Bildung, Haushalt oder Verhaltensweisen. Zielgruppen sollten möglichst ähnliche Merkmale (Homogenität) aufweisen und sich klar von anderen Segmenten unterscheiden.
>
> Die Marktsegmentierung bildet die Grundlage für eine konsequente Orientierung am Kunden und die effiziente Ausrichtung der Marketingaktivitäten. Das Instrument dient zur Bestimmung von Zielgruppen, zur Analyse von deren Ansprüchen sowie zur Beobachtung von Veränderungen innerhalb der erfassten Zielgruppen.

Die Segmentierung der Kunden kann auf der Basis folgender Kriterien erfolgen:

- Sozioökonomische Kriterien: Einkommen, Beruf, Ausbildung
- Besitz- und Verbrauchsmerkmale: Markentreue, Produktwahl, Einkaufstättenwahl
- Medienorientierte Merkmale: Internetnutzer, Zeitungsleser, Radiohörer
- Psychografische Merkmale: Lebensstil, Gewohnheiten, Sicherheitsstreben, Innovationsfreude
- Verhaltensorientierte Merkmale: Erstkäufer, Wiederholungskäufer, Intensivnutzer
- Demografische Merkmale: Alter, Geschlecht, Haushaltsgrösse, Religion

Vorgehen

Schritt 1: Segmentierung des Marktes: Segmentierungskriterien auswählen, Marktforschung durchführen

Schritt 2: Analyse des Ist-Zustandes: Bisher angesprochene Käufergruppen analysieren, tatsächlich erreichte Käufergruppen analysieren

Schritt 3: Soll-Analyse durchführen: Zielgruppen auswählen, zu erreichende Zielgruppe analysieren

Schritt 4: Ableiten von Massnahmen: Kundenkontakt (Ansprache, Bestellung, Abwicklung, After-Sales) anpassen Gegebenenfalls Preisgestaltung anpassen

⬇ Download

Die vollständigen Unterlagen und Anleitung können Sie hier herunterladen:
www.strategieleitfaden.ch

Geschäftsfeldgliederung

> **Funktion und Anwendung auf einen Blick:**
>
> Dieses Instrument wird eingesetzt, um das Unternehmen in Geschäftsbereiche zu gliedern, die die Einheiten für die strategische Steuerung des Unternehmens bilden. Insbesondere die strategischen Kennzahlen kommen auf dieser Ebene zur Anwendung. Die Einheiten werden deshalb strategische Geschäftsfelder (SGF) genannt. Sie wurden früher auch als «Produkt-Marketing-Kombination» bezeichnet. Dieser Begriff greift allerdings etwas zu kurz, da die Gliederung in strategische Geschäftsfelder aufgrund von 6 bis 8 Dimensionen erfolgen kann. Wir setzen Checkfragen als Grundlage für eine praktikable Gliederung ein. Es sei aber gleich klargestellt, dass es nie eine beste Gliederung gibt. Für die hier definierten Geschäftsfelder werden in der Folge die jeweiligen Geschäftsfeldstrategien ausgearbeitet.
>
> Nach Bedarf kann auch eine zwei- oder mehrstufige Gliederung vorgenommen werden. Die Organisation kann, muss aber nicht, nach Abschluss der Geschäftsfeldgliederung mit dieser übereinstimmen.

Die Geschäftsfeldgliederung wird gleich am Anfang vorgenommen, um die Analyse auf dieser Ebene zu starten. In einem zweiten Durchgang wird die definitive Gliederung für die Strategieentwicklung festgelegt. Dies sollte spätestens vor Beginn der Gestaltungsphase geschehen.

Warum Geschäftsfeldgliederung?

Die strategische Führung des Unternehmens erfordert Lenkungs- und Informationseinheiten, die eine langfristige Anpassung und Steuerung ermöglichen. Dazu wird eine Gliederung in Teilbereiche oder strategische Geschäftsfelder (SGF) vorgenommen, die bezüglich Entwicklung und Marktgegebenheiten eine Einheit bilden. Die strategischen Geschäftsfelder lassen sich folglich einzeln lenken und führen. Strategische Führung orientiert sich an der Entwicklung der Märkte, der Technologien und der Kundenbedürfnisse und dies immer in Bezug auf einen langfristigen Zeit- und Wirkungshorizont. Geschäftsfelder sind folglich so zu strukturieren, dass sie auf diese Veränderungen reagieren oder diese vorwegnehmen können. Verändern sich die Marktumgebung, die Kundenbedürfnisse oder die Technologie, kann dies zu Änderungen der Geschäftsfeldstrukturen führen. Des Weiteren ermöglicht die Geschäftsfeldgliederung, die eigene Marktleistung gegenüber der Konkurrenz vergleichbar zu machen – oder aber mit einer ganz anderen Struktur der Konkurrenz aus dem Wege zu gehen.

Möglichkeiten der Geschäftsfeldgliederung

Jedes Unternehmen, jedes Geschäft lässt sich anhand dieses einfachen Modells darstellen:

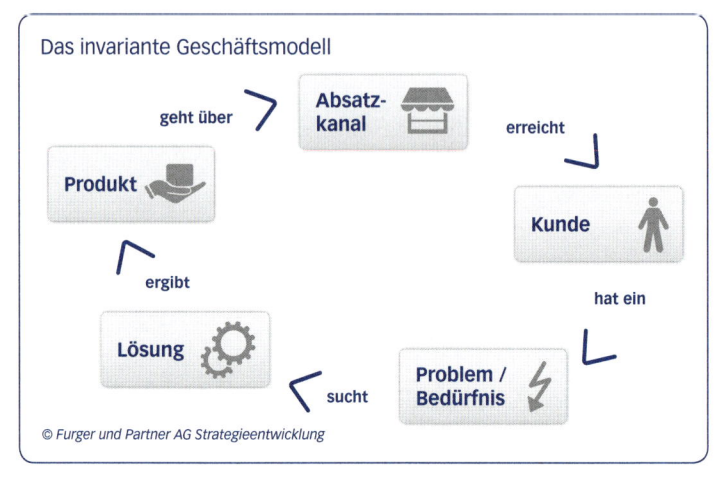

Abbildung 11: Das invariante Geschäftsmodell

Das Modell eignet sich vorzüglich als Grundlage (Ausgangslage) für die Geschäftsfeldgliederung. Die Segmentierung soll in der Art erfolgen, dass möglichst autonome, voneinander unabhängige Einheiten entstehen, damit diese strategisch unabhängig voneinander geführt werden können. Das heisst auch, dass für die jeweiligen Geschäftsfelder klar zugeordnete (dedizierte) Kennwerte für die strategische Führung vorgegeben werden können. Funktionale Aktivitäten dieser Teilsysteme, wie z.B. Personal, Marketing oder IT, erfordern allerdings weiterhin eine unternehmensweite Koordination.

Da es auch hier darum geht, mit vertretbarem Aufwand ein gutes Ergebnis zu erreichen, empfiehlt es sich, diejenigen Gliederungsmöglichkeiten von vornherein auszuschliessen, die offensichtlich irrelevant sind und nicht in Frage kommen (So lässt sich z.B. in einem Handelsunternehmen die Technologie als dominierendes Gliederungskriterium wohl von vornherein ausschliessen).

Anhand von 8 Checkfragen nehmen wir eine Bewertung von 2–3 Gliederungsmöglichkeiten vor:

1. Befriedigt das SGF ein eigenständiges und andauerndes Kundenbedürfnis?
2. Bedient das SGF eine klar abgrenzbare, in sich möglichst homogene Zielgruppe?
3. Kann für das SGF eine eigene, gegenüber anderen SGF differenzierbare Strategie verfolgt werden? (Selbstständiges Auftreten am Markt)
4. Ist eine eigenständige Marktleistung (Produkte/Dienstleistungen) möglich?
5. Sind gute Voraussetzungen für eine wirtschaftliche Bearbeitung des SGF und/oder evtl. Rationalisierungsmöglichkeiten (Erfahrungskurve) gegeben?
6. Können die durch das Geschäftsfeld erzielten Erträge und die verursachten Kosten diesem zugeordnet werden?
7. Kann die Verantwortung für das Geschäftsfeld einer sinnvollen organisatorischen Einheit zugeteilt werden?
8. Kann der SGF-relevante Markt mit bestimmten Betriebstypen oder Absatzkanälen besonders effizient bearbeitet werden?

Ausgewählt wird jene Gliederung, für die am meisten Fragen mit «ja» beantwortet werden können. Mit einer soliden Geschäftsfeldgliederung kann der Strategieprozess reibungslos aufgegleist werden.

Tipp

Wenn das Team gross genug und Zeit vorhanden ist, lassen Sie zwei Gruppen je einen Vorschlag für die Geschäftsfeldgliederung ausarbeiten. Diskutieren Sie die Ergebnisse anschliessend.

Download

Die vollständigen Unterlagen mit Anleitung finden Sie hier:
www.strategieleitfaden.ch

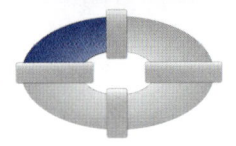

Value Proposition

Funktion und Anwendung auf einen Blick:

Die «Value Proposition» ist das Verhältnis von relativem Preis zum Wertangebot eines Produktes oder einer Dienstleistung und umfasst alle Einflussgrössen, die auf die Kaufentscheidung eines Kunden einwirken. Dabei ist der relative Preis der eigene Preis im Vergleich zu dem der wichtigsten Konkurrenten. Das Wertangebot wird gemessen aus Sicht des Kunden anhand der kaufentscheidenden Produkt- und Servicemerkmale im Vergleich zu den wichtigsten Konkurrenten.

Die «Value Proposition» ist didaktisch wohl das beste Instrument, um die Mitarbeiter und das Unternehmen in seinen Tätigkeiten auf den Kundennutzen auszurichten und zu fokussieren. Mit diesem Werkzeug kann herausgearbeitet werden, wo wir uns differenzieren müssen, damit der Kunde sein Geld bei uns und nicht beim Konkurrenten auf den Tisch legt.

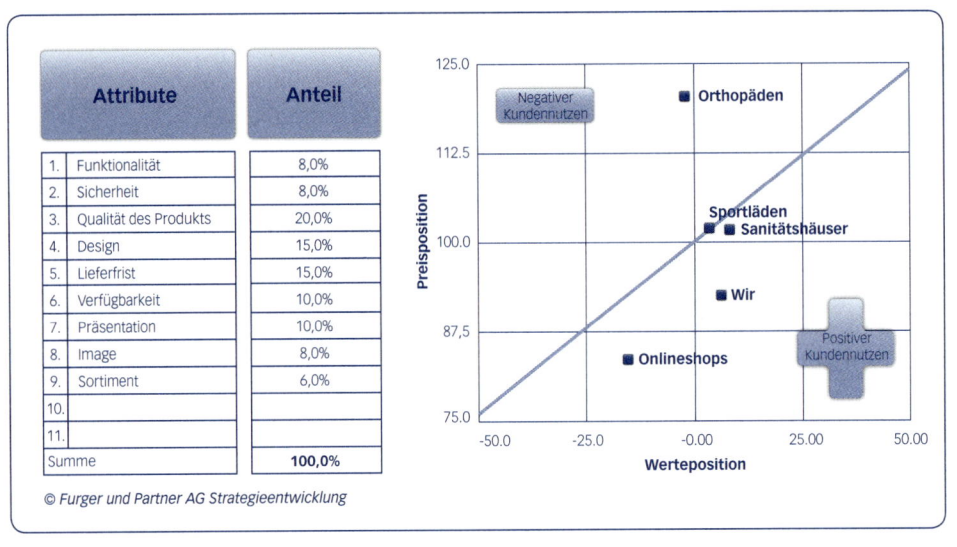

	Attribute	Anteil
1.	Funktionalität	8,0%
2.	Sicherheit	8,0%
3.	Qualität des Produkts	20,0%
4.	Design	15,0%
5.	Lieferfrist	15,0%
6.	Verfügbarkeit	10,0%
7.	Präsentation	10,0%
8.	Image	8,0%
9.	Sortiment	6,0%
10.		
11.		
Summe		100,0%

© Furger und Partner AG Strategieentwicklung

Abbildung 12: Nach Buzzel/Gale: Das PIMS-Programm, 1989

Vorgehen

Schritt 1: Segmentierung festlegen: In welchem Markt sind wir, wer sind unsere Kunden, wer sind unsere Konkurrenten?

Schritt 2: Ansprechpartner definieren: Wer beeinflusst die Kaufentscheidung, wer bewertet unser Angebot?

Schritt 3: Produkt- und servicebezogene Attribute definieren: Welche Anforderungen stellt der Kunde an das Angebot?

Schritt 4: Attribute gewichten: Was sind bedeutende und weniger bedeutende Attribute?

Schritt 5: Attribute aus Kundensicht bewerten: Inwieweit erfüllen wir die Anforderungen der Kunden?

Schritt 6: Bewertung der Konkurrenten: Inwieweit erfüllen unsere Konkurrenten die Anforderungen der Kunden?

Schritt 7: Preisposition festlegen: Welches ist die Preisposition im Verhältnis zur Konkurrenz?

Schritt 8: Preis/Werte des Marktes: Inwieweit beeinflussen Werte und Preis den Kaufentscheid?

Strategische Analyse

Value Proposition Analysis

Kundengruppe	1							
Attribute		**Wir**	**Konkurrenten**	4				**Anteil**
1. – 10.	2	5			6			3

Preisposition	7							
1. 2.								

| **Preis-Werte-Verhältnis** | 8 | | : | |

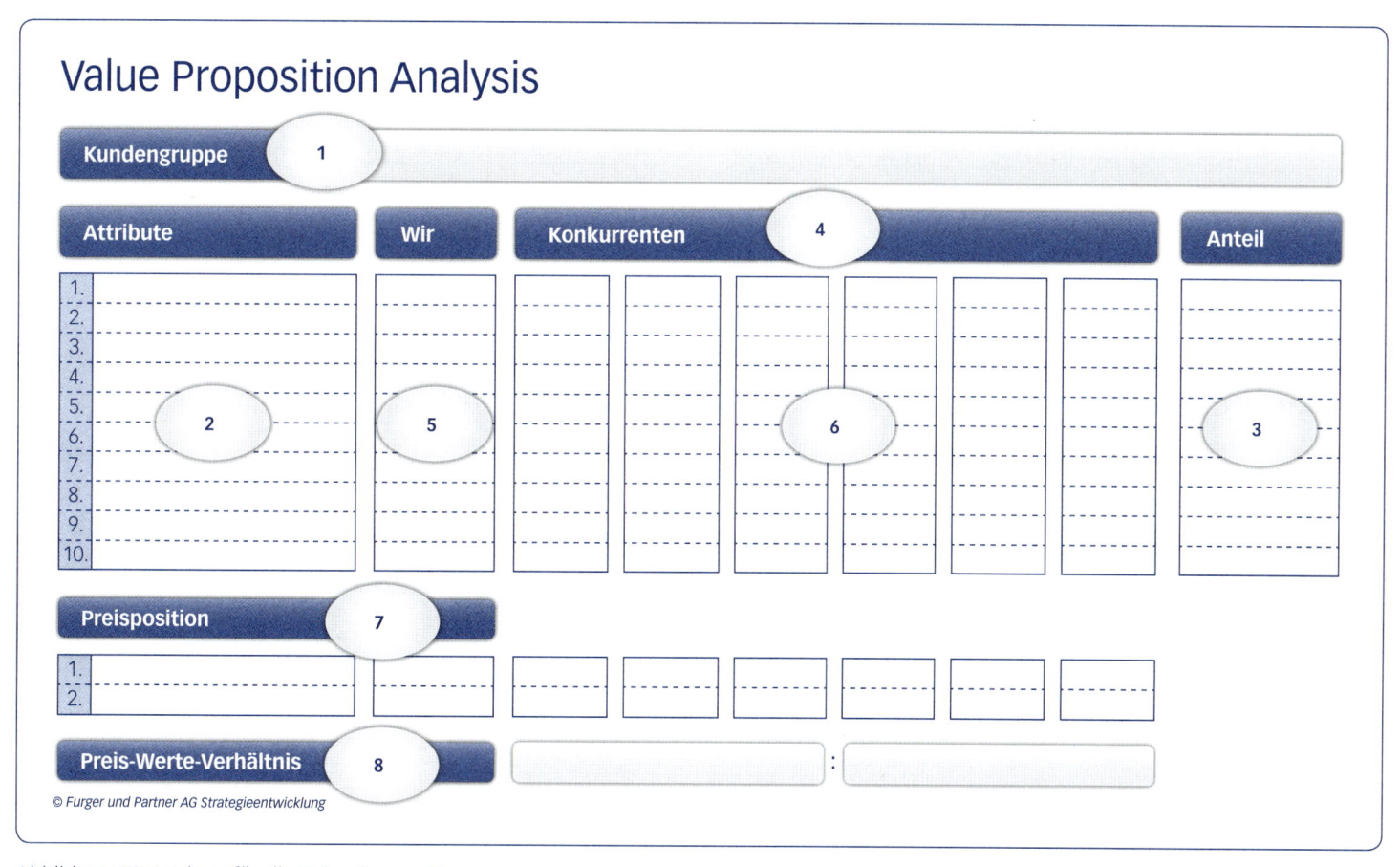

© Furger und Partner AG Strategieentwicklung

Abbildung 13: Vorlage für die Value Proposition

⬇ Download

Die vollständigen Unterlagen mit Anleitung finden Sie hier:
www.strategieleitfaden.ch

Kernkompetenzen

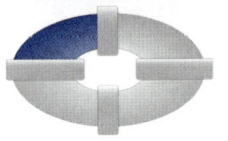

Funktion und Anwendung auf einen Blick:

Die strategischen Erfolgspositionen sind einzigartige Fähigkeiten, die einen hohen Wettbewerbsvorteil bringen, entweder im Bereich Kundennutzen oder bezüglich Kostenvorteil (Pümpin, Lombriser). Die Kernkompetenzen sind eine Kombination von Standardfähigkeiten und einzigartigen Fähigkeiten, sogenannten strategischen Erfolgspositionen (SEP, siehe Grundlagen), die langfristig verteidigt und ausgebaut werden können. Sie sind komplexer als SEP und erst mit ihnen können echte Wettbewerbsvorteile langfristig aufgebaut und verteidigt werden.

Kernkompetenzen sind somit Bündel von Fähigkeiten und Erfahrungen, die einen einzigartigen Beitrag zum Kundennutzen liefern und nicht oder nur schwierig zu imitieren sind.

Mit dem Instrument der Kernkompetenzen können die notwendigen Fähigkeiten für den zukünftigen Erfolg des Unternehmens eruiert und aufgebaut werden. Hierbei geht es (nach Hamel/Prahalad) in erster Linie um die intellektuelle Führerschaft im Wettbewerb um Kunden.

Vorgehen

Um die Kernkompetenzen aufzuzeigen, gehen wir von den Attributen (Kaufkriterien) der Value Proposition aus. Diese schaffen letztlich die Wettbewerbsvorteile. An ihnen sind die Fähigkeiten zu messen, deren Wert in ihrem direkten Beitrag zum Kundennutzen besteht.

Schritt 1: Auflisten der Kaufkriterien pro Geschäftsfeld und Zuordnen der relevanten Prozesse und Fähigkeiten
Schritt 2: Bewerten der Fähigkeiten gegenüber der Konkurrenz
Schritt 3: Ableiten von strategischen Erfolgspositionen (SEP)
Schritt 4: Zusammenfassen von SEP zu Kernkompetenzen
Schritt 5: Ist-Portfolio
Schritt 6: Erarbeiten eines Soll-Portfolios
Schritt 7: Massnahmen – Strategien ableiten

Download

Link zur Software:
www.strategieleitfaden.ch

Strategische Analyse   165

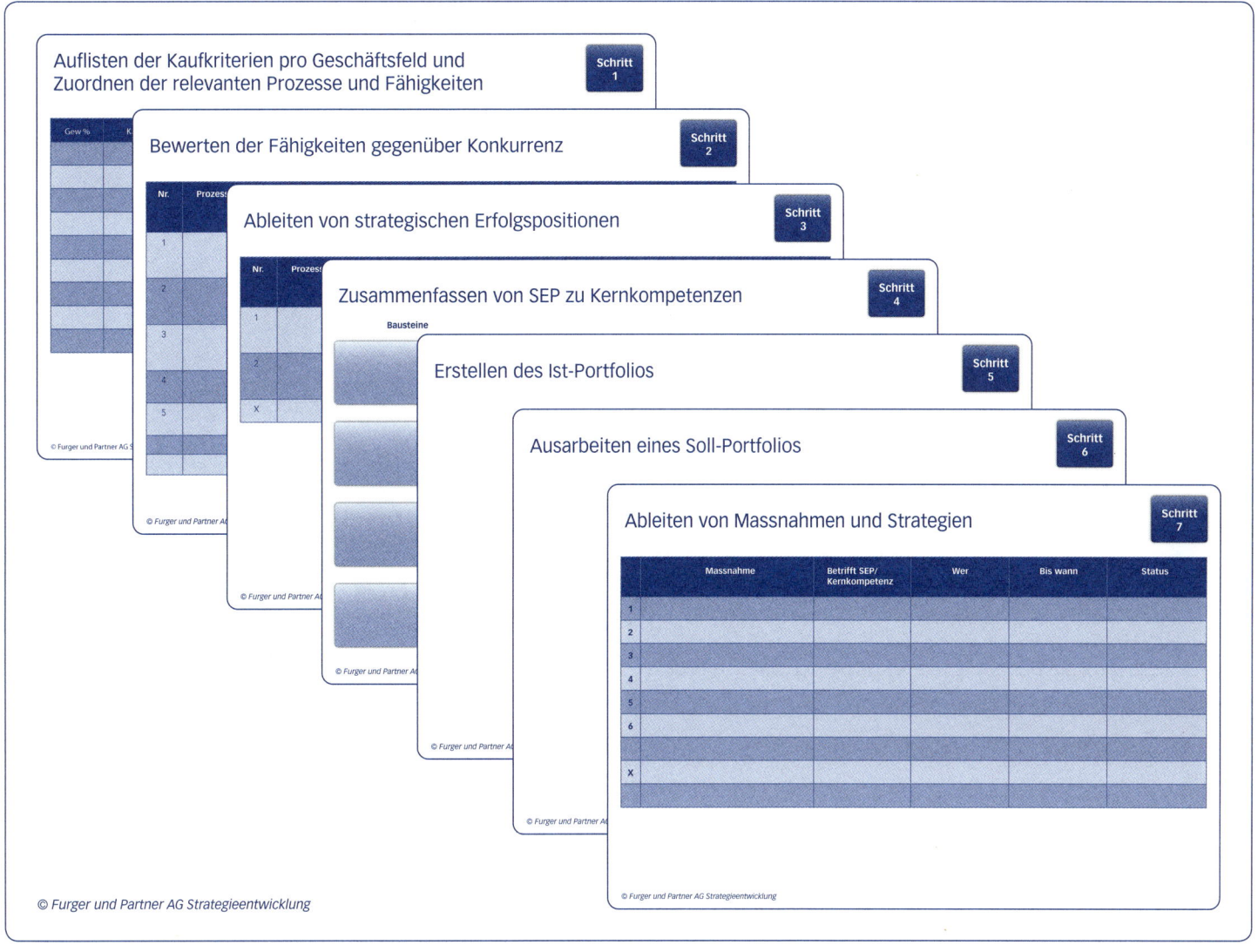

Abbildung 14: Formulare für die Erarbeitung von Kernkompetenzen

Erfahrungskurve

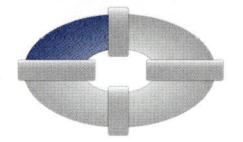

> **Funktion und Anwendung auf einen Blick:**
>
> Die Erfahrungskurve besagt, dass sich bei jeder Verdoppelung der kumulierten Menge (Erfahrung) ein Kostensenkungspotenzial der Stückkosten oder der Serviceleistungen um 20–30% ergibt. Die Beziehung zwischen Produktionsmenge und Kosten ist dabei potenzieller Art. Der vom Mengenwachstum abgeleitete Kostenrückgang stellt sich nicht von allein ein. Es ist Aufgabe der Unternehmensführung, das Potenzial zu erkennen und zu realisieren.
>
> Das Unternehmen mit dem höchsten Marktanteil hat somit die potenziell niedrigsten Stückzahlkosten. Folglich sind Marktanteile stets bestimmend für die Erfolgspotenziale. Die Wirkung der Erfahrungskurve ist besonders hoch in der ersten Hälfte des Lebenszyklus eines Produkts.
>
> Die Gesetzmässigkeiten, die durch die Erfahrungskurve aufgezeigt werden, sind von weitreichender Bedeutung für das strategische Management. Die Erfahrungskurve zeigt die grosse Bedeutung der Rolle der Marktanteile auf. Sie hat gemäss Gälweiler eine ähnlich grundlegende Wichtigkeit für die strategische Unternehmensführung wie die Bilanz für die Erfolgssteuerung.

Vorgehen

Schritt 1: Definition des Produktes oder der Dienstleistung, die untersucht werden

Schritt 2: Definition der Einheit und der Basis, auf der die Kosten für den Vergleich festgelegt werden sollen

Schritt 3: Datensammlung und Festlegen des Zeitpunkts für den Start der Zeitreihe

Schritt 4: Festlegen des Deflators

Schritt 5: Eintragen der Daten in die Zeitreihe und Vergleich mit der theoretischen Erfahrungskurve

Schritt 6: Vergleich mit den Konkurrenten – direkter Vergleich oder Vergleich über den Marktanteil

Schritt 7: Erarbeiten der strategischen Lücke

Schritt 8: Ableiten der Normstrategien

⬇ Download

Link zur Software:
www.strategieleitfaden.ch

Eine detaillierte Beschreibung finden Sie in Kapitel 2: Grundlagen der Strategieentwicklung (Strategische Gesetzmässigkeiten).

Substitutionsanalyse

Funktion und Anwendung auf einen Blick:

Mit der S-Kurven-Analyse lassen sich Entwicklungen von Märkten und die Ausbreitung von Produkten grob in drei Phasen unterteilen: die Startup-Phase, die Wachstumsphase und die Sättigungsphase. Die strategischen Erfolgsfaktoren sind je Phase unterschiedlich: in der Startup-Phase ist es der Kundennutzen, in der Wachstumsphase der Marktanteil und in der Sättigungsphase sind es die Kosten.

Das S-Kurven-Konzept findet seine beste Anwendung bei der Substitution von Produkten oder Technologien. Auf der Ebene der Produkte wird ein bestehendes Produkt von einem neuen Produkt meist auf Basis einer neuen Technologie substituiert.

Die Substitutionskurve kommt als strategisches Instrument auf drei Ebenen zur Anwendung. Sie dient dazu:

1. den optimalen Zeitpunkt für den Einstieg in einen neuen Markt zu finden (oder den Ausstieg)
2. die Wachstumsraten in wachsenden Märkten gegenüber dem Markt und dem Wettbewerber festzulegen
3. den Übergang in einen Preis- d.h. Kostenmarkt zu planen, und damit die Kostenposition auszuschöpfen oder den Ausstieg zu wählen

In der strategischen Analyse werden die Positionen im Lebenszyklus eines Produktes oder einer Technologie bestimmt. Bei Start-up-Projekten werden die Überlebenschancen gegenüber dem zu ersetzenden Produkt analysiert. Für wachsende und reife Märkte kann der Übergang vom Qualitätsmarkt zum Preismarkt vorherbestimmt werden.

Eine ausführliche Beschreibung finden Sie in Kapitel 2: Grundlagen der Strategieentwicklung (Strategische Gesetzmässigkeiten).

Vorgehen

Schritt 1: Festlegung des Untersuchungsobjektes
Schritt 2: Bestimmung des Ausbreitungstyps
Schritt 3: Festlegung der Indikatoren
Schritt 4: Datenerhebung, Sichtung des Datenmaterials
Schritt 5: Kurvenanpassung
Schritt 6: Beurteilung der Ergebnisse
Schritt 7: Ableitung der Konsequenzen

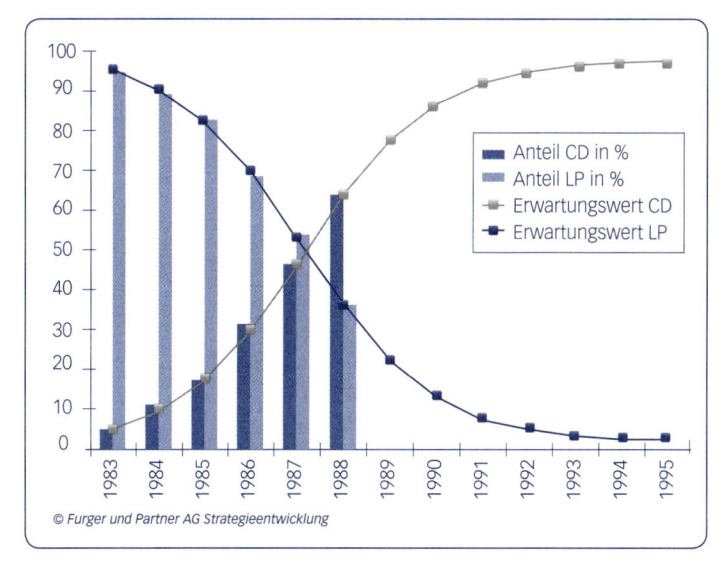

Abbildung 15: Substitution von Langspielplatten durch CD

Download

Link zur Software:
www.strategieleitfaden.ch

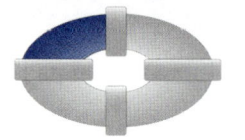

Portfolio-Analyse

Funktion und Anwendung auf einen Blick:

Die Portfolio-Analyse nutzt die Dimensionen Marktattraktivität und relative Marktposition zur Beurteilung von Geschäften und als Basis für strategische Entscheidungen. Das Tool dient der Visualisierung von Stärken und Schwächen sowie von Chancen und Risiken. Dabei können vier Grundtypen von strategischen Geschäftsfeldern unterschieden werden: Question Marks, Stars, Cash Cows und Dogs. Für jedes Feld lassen sich Normstrategien festlegen.

Zur Beurteilung der Dimensionen Marktattraktivität und Marktposition wird eine Vielzahl von Faktoren herangezogen, die nicht fest vorgegeben sind, sondern für das jeweiligen Geschäft und den Markt diskutiert und festgelegt werden müssen.

Vorgehen

Schritt 1: Definition der strategischen Geschäftseinheiten: Die SGF werden festgelegt. Siehe dazu auch das Tool Geschäftsfeldsegmentierung.

Schritt 2: Beschreibung der Geschäftsfelder: Genaue Charakterisierung der strategischen Geschäftseinheiten. Diese enthält insbesondere Angaben zu Umsatz und Marktanteil und zeigt auf, was eine Geschäftseinheit auszeichnet.

Schritt 3: Definition der Kriterien für Marktattraktivität: Die Kriterien für die Bewertung der Marktattraktivität werden diskutiert, definiert und mit einer Werteskala versehen.

Schritt 4: Definition der Kriterien für die Marktposition: Die Kriterien für die Bewertung der Marktposition werden diskutiert, definiert und mit einer Werteskala versehen.

Schritt 5: Bewertung der Marktattraktivität für jedes Geschäftsfeld: Die Marktattraktivität aller Geschäftsfelder wird anhand der Kriterien bewertet. Eine kurze Beschreibung der Diskussion hilft bei späterem Gebrauch oder bei einer Überarbeitung.

Schritt 6: Bewertung der Marktposition für jedes Geschäftsfeld: Desgleichen wird die Marktposition aller Geschäftsfelder anhand der Kriterien bewertet. Eine kurze Beschreibung der Diskussion hilft bei späterem Gebrauch oder bei einer Überarbeitung.

Schritt 7: Berechnen des Portfolios: Zur Berechnung des Portfolios steht Ihnen ein Excel-Werkzeug zur Verfügung. Das Resultat zeigt auf einen Blick die strategischen Positionen der einzelnen Geschäftsfelder auf, von den Question Marks über die Stars und Cash Cows bis zu den Poor Dogs.

Schritt 8: Ableiten der Normstrategien: Anhand der Portfolio-Analyse lassen sich die Normstrategien ableiten.

Download
Link zur Software:
www.strategieleitfaden.ch

Strategische Analyse 169

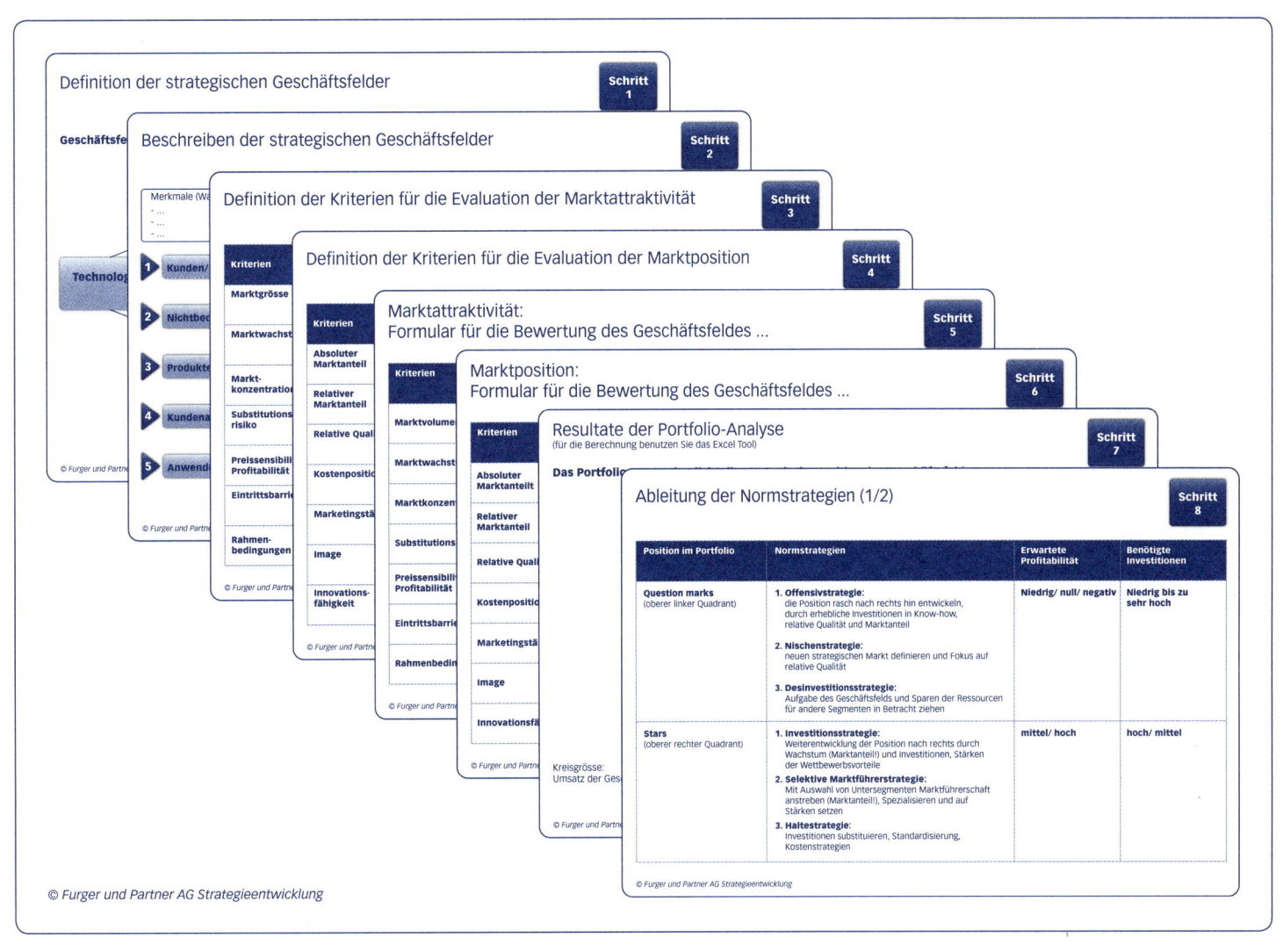

Abbildung 16: Formulare für die Portfolio-Analyse

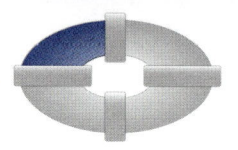

PIMS

> **Funktion und Anwendung auf einen Blick:**
> PIMS ist das Resultat jahrelanger strategischer Studien mit über 3000 Geschäftsfeldern aus unterschiedlichen Branchen und unterstützt die Bewertung der strategischen Position der Geschäftseinheit. Wir arbeiten hier mit 12 Faktoren, die Hinweise auf die strategische Position und damit auf die Erfolgspotenziale und die langfristige Rentabilität eines Geschäftsfeldes geben. Die Faktoren geben Hinweise auf die Marktposition, die Kostenposition und das Marktumfeld.

Die Wirkung der strategischen Erfolgsfaktoren nach PIMS[1]

Marktposition			
	Erfolgsfaktor	**Definition**	**Wirkung und evtl. Zielgrösse**
1	Absoluter Marktanteil	Umsatz im relevanten Markt im Verhältnis zum Marktvolumen in Prozent. Wichtig ist die richtige Definition des relevanten Marktes!	Economies of Scale – Ausschöpfen der Erfahrungskurven. Zielwert: Mindestens 15%
2	Relativer Marktanteil	Eigener Marktanteil dividiert durch die Summe der Marktanteile der drei grössten Konkurrenten	Grössenvorteile und Marktmacht. Besonders wichtig bei hohen Marketing- und F&E-Kosten. Mindestens 50%
3	Relative Qualität	Qualität aus Kundensicht im Verhältnis zur Qualität der Konkurrenz	Durchsetzung höherer Preise – Marktanteilsgewinne
4	Innovationsrate	Umsatzanteil von Produkten, die nicht älter sind als drei Jahre	Differenzierung gegenüber dem Wettbewerb. Je nach Markt zwischen 10% und 15%

---

1 Quelle: Buzzel/Gale: Das PIMS-Programm, 1987.
Erfolgsfaktoren auf den ROI (Return on Investment)

Kostenposition			
	Erfolgsfaktor	**Definition**	**Wirkung und evtl. Zielgrösse**
5	Investitionsintensität	Verhältnis von betriebsnotwendigem Kapital zur Wertschöpfung	Hohe Fixkosten – Zwang zu Auslastung – Preiskämpfe – hohe Austrittsbarrieren Zielgrösse: niedriger als Konkurrenz
6	Produktivität	Verhältnis von Wertschöpfung zu Anzahl Mitarbeitern und betriebsnotwendigem Kapital Zielwert je nach Branche unterschiedlich anzusetzen	Hohe Produktivität wirkt negativen Auswirkungen der Investitionsintensität entgegen
7	Fertigungstiefe – vertikale Integration	Verhältnis von Wertschöpfung zu Umsatz	Situationsabhängig – je nach Branche und Marktreife zu beurteilen
8	Kapazitätsauslastung	Auslastung der Produktionskapazität im Verhältnis zum Wettbewerb	Je nach Branche und Benchmark festzulegen
9	Relative Herstellkosten	Verhältnis der eigenen direkten Herstellungskosten zu denen der wichtigsten Mitbewerber	Direkter Einfluss auf ROI-Zielwert: niedriger als Konkurrenz – Potenzial der Erfahrungskurve ausschöpfen

Marktumfeld			
	Erfolgsfaktor	**Definition**	**Wirkung und evtl. Zielgrösse**
10	Marktwachstum	Wachstum des Gesamtmarktes in Verhältnis zum Vorjahr in %	Wachsende Märkte bieten bessere Möglichkeiten, den Marktanteil und damit die Kostenposition auszubauen
11	Kundenstruktur	Anzahl der unterschiedlichen Kundengruppen und/oder Kundensegmente, die andere Kundenbedürfnisse haben oder anders bedient werden	Einheitliche Kundenstruktur ermöglicht niedrigere Komplexität und damit tiefere Komplexitätskosten
12	Auswahl der richtigen Märkte	Attraktivität des Zielmarktes in Bezug auf Profitabilität und Differenzierungsmöglichkeiten	Bessere Möglichkeit, Preise durchzusetzen und damit direkter Einfluss auf Profitabilität

Tabelle 7: Die strategischen Erfolgsfaktoren und ihre Wirkung nach PIMS

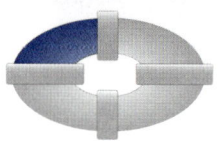

SWOT

> **Funktion und Anwendung auf einen Blick:**
>
> Eine Strategie kann von den gegebenen oder erwarteten Entwicklungen des Umfelds bzw. der Konkurrenz profitieren (Chancen), aber auch beeinträchtigt werden (Gefahren). Sie sollte auf den Stärken aufsetzen und mögliche Schwächen kompensieren. In diesem Arbeitsschritt werden alle wesentlichen Faktoren zusammengefasst, welche in den Analysen (Umfeld, Konkurrenz, Unternehmen und Kunden) eruiert wurden. Als Ergebnis erhalten wir eine aggregierte Zusammenfassung der Beurteilung der Ausgangssituation, mit der sich das Unternehmen konfrontiert sieht. Daraus lassen sich einerseits die strategischen Hauptherausforderungen ableiten, indem wir die SWOT übers Kreuz legen, andererseits gibt die erweiterte SWOT Hinweise für strategische Stossrichtungen.
>
> Die SWOT, die Hauptherausforderungen sowie die erweiterte SWOT werden am Schluss der strategischen Analyse als aggregierte Zusammenfassung der Ausgangslage erstellt.

Einfache SWOT-Analyse

Die Kernpunkte sowohl der Umfeld- und Unternehmensanalyse als auch der Konkurrenzanalyse lassen sich in einer einfachen SWOT-Matrix zusammenfassen. Dabei werden die Stärken und Schwächen aus der Unternehmensanalyse abgeleitet, während Chancen und Gefahren aus der Umfeld- und der Konkurrenzanalyse gewonnen werden.

Stärken und Schwächen sind endogene Faktoren, welche sich auf das Unternehmen beziehen. Sie werden immer in Relation zu den Konkurrenten betrachtet. Für die Zusammenfassung der Faktoren werden alle Analysen durchkämmt. Das Ergebnis sollte auf die 7 +/– 2 wesentlichsten Stärken und Schwächen reduziert werden.

Chancen und Gefahren sind exogene Faktoren, welche vom Unternehmen nicht oder kaum beeinflusst werden können und deshalb für alle Konkurrenten die selben sind. Auch hier werden alle Detailanalyse-Erhebungen berücksichtigt. Wir empfehlen, das Ergebnis auf die je 7 +/– 2 wesentlichsten Chancen und Gefahren aus Umfeld- und Konkurrenzanalyse zusammenzufassen.

Die SWOT-Matrix kann selbstverständlich auch auf Geschäftsfeldebene erstellt werden. Diese sollte allderdings nur als Basis für die Unternehmens-SWOT dienen.

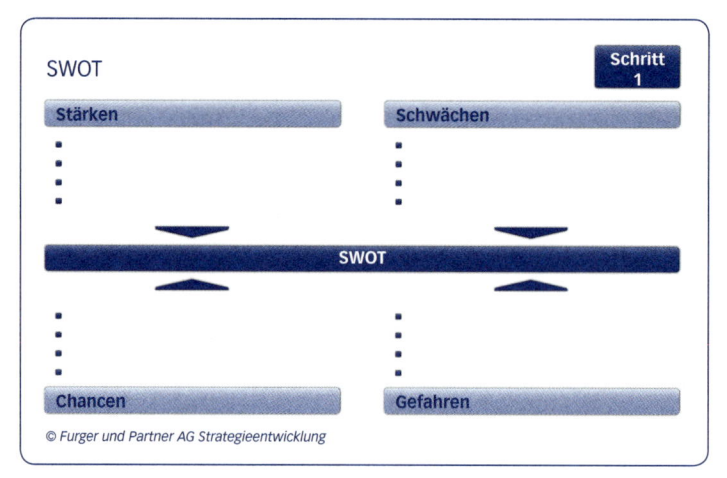

Abbildung 17: Einfache SWOT-Matrix

Erweiterte SWOT-Analyse

Mit der erweiterten SWOT-Analyse wird eine Brücke zur Strategieentwicklung geschaffen. Wir gehen dabei von der Annahme aus, dass die Strategie die Chancen nutzt, die Stärken maximiert, die Schwächen minimiert und die Gefahren meidet. Die Analyse wird dazu verwendet, den strategischen Handlungsbedarf aufzuzeigen und die Erarbeitung von Grundstrategien zu unterstützen. Wir tragen dazu in den entsprechenden Feldern die wichtigsten Stärken, Schwächen, Chancen und Gefahren aus der SWOT ein. Danach suchen wir die Matrix systematisch nach logischen SWOT-Kombinationen ab. Dabei stellen wir die folgenden Fragen:

- SO-Kombinationen: Welche Stärken passen zu welchen Chancen?
- ST-Kombinationen: Welche Stärken passen zu welchen Gefahren?
- WO-Kombinationen: Welche Schwächen passen zu welchen Chancen?
- WT-Kombinationen: Welche Schwächen passen zu welchen Gefahren?

Die Kombinationen werden in die vier Strategiefelder eingetragen. In jedem der vier Felder erhalten wir einen der vier Strategietypen:

- SO-Strategien: Nutzen von internen Stärken zur Realisierung von externen Chancen
- WO-Strategien: Abbau von internen Schwächen oder Aufbau von fehlenden Stärken, um strategische Chancen wahrzunehmen
- ST-Strategien: Vermeiden von Gefahren unter Nutzung von internen Stärken
- WT-Strategien: Abbau von internen Schwächen, um Gefahren zu vermeiden

Die Entwicklung von möglichen Strategieoptionen ist der erste Schritt im Übergang von der Analyse- zur Gestaltungsphase, bildet aber im Moment noch nicht viel mehr als einen Themenspeicher.

Die bereits vorhandenen Ideen sollten mit den bisherigen möglichen Massnahmen aus der strategischen Analyse kombiniert werden, damit sie in der Gestaltungsphase weiter verwertet werden.

Vorlage für erweiterte SWOT-Matrix

Umfeldfaktoren / Unternehmensfaktoren	Chancen (O) 1. 2. 3. 4. ...	Gefahren (T) 1. 2. 3. 4. ...
Stärken (S) 1. 2. 3. 4.		
Schwächen (W) 1. 2. 3. 4.		

© Furger und Partner AG Strategieentwicklung

Abbildung 18: Vorlage für erweiterte SWOT-Matrix

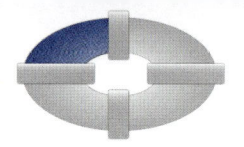

Ableitung der Hauptherausforderungen

Ein entscheidender Schritt am Ende der strategischen Analyse ist die Ableitung der strategischen Hauptherausforderungen aus der SWOT.

Schritt 1: Übers Kreuz legen:
Dazu legen wir die SWOT übers Kreuz – und zwar wie folgt: Sämtliche SWOT-Faktoren werden neu auf ein Chart mit den Achsen Stärken / Schwächen und Gefahren / Chancen übertragen. Die SWOT-Ergebnisse werden in gemeinsamer Diskussion gemäss ihrer Gewichtung ausgerichtet.

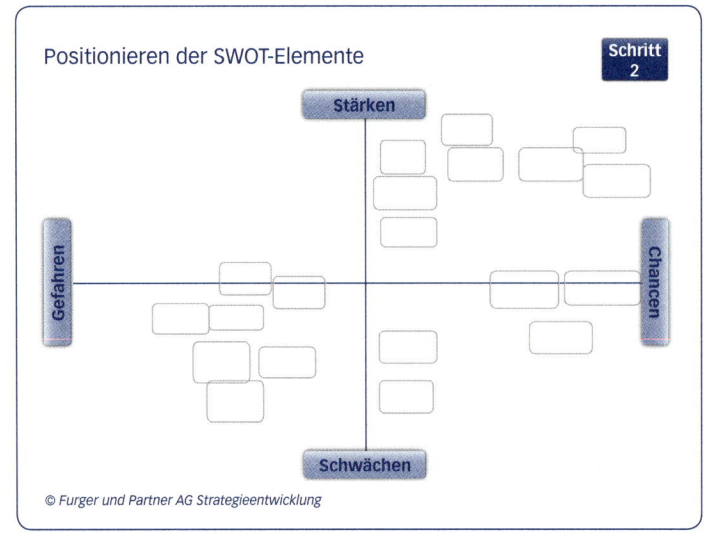

Abbildung 19: Positionieren der SWOT-Ergebnisse

Schritt 2: Gruppieren der SWOT-Elemente zu Clustern:
Die SWOT-Elemente werden aufgrund der Nähe ihrer Werte (ähnliche Themen, ineinandergreifende Entwicklungen) zu Clustern gruppiert und nummeriert. Damit bilden sie die Grundlage für die Ableitung der wichtigsten strategischen Herausforderungen.

Schritt 3: Ableitung der Hauptherausforderungen aus den vier Quadranten:
Von jedem Quadranten des Charts werden die strategischen Schlüsselherausforderungen abgeleitet. Die Anzahl der Herausforderungen sollte zwischen 8 und 12 Positionen umfassen.

Schritt 4: Beschreibung und Diskussion der Hauptherausforderungen:
Die Herausforderungen werden weiter diskutiert, präzisiert und in knapper Form zusätzlich charakterisiert.
Die strategischen Hauptherausforderungen sind die Messlatte, an der die entstehende Strategie am Ende der Gestaltungsphase gemessen wird, bevor diese zur detaillierten Ausarbeitung und zur Umsetzung freigegeben wird.

Download
Link zur Software:
www.strategieleitfaden.ch

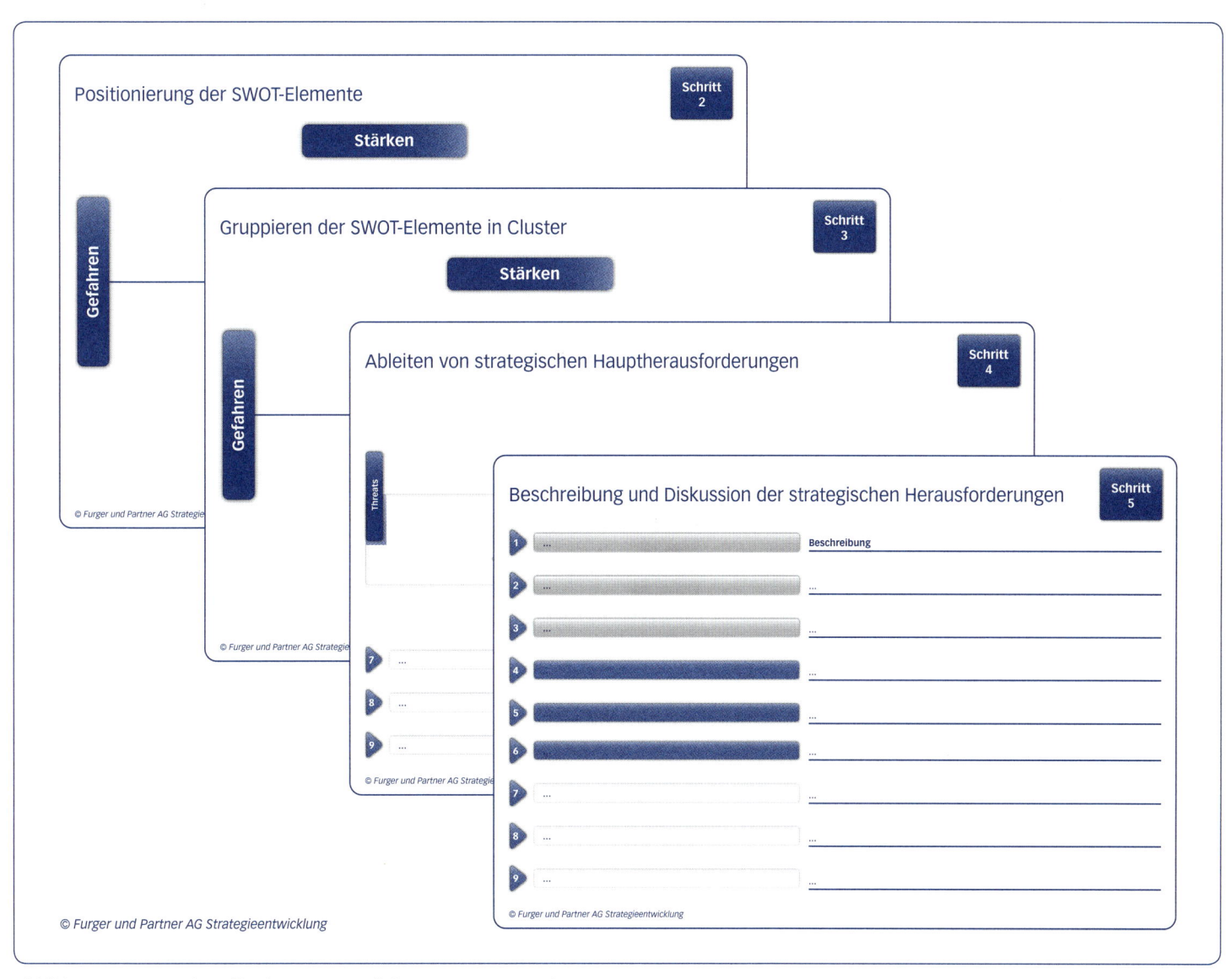

Abbildung 20: Formulare für den ersten Teil der SWOT-GAP-Analyse

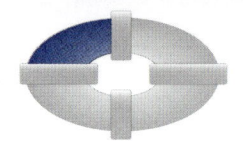

Sofortmassnahmen

In den Formularen für die Analysethemen ist ein Extrafeld für die Sofortmassnahmen vorgesehen. Es ergeben sich immer wieder Situationen und Angelegenheiten, die umgehend gelöst werden können oder manchmal auch müssen. Diese Massnahmen sind vom LA zu verabschieden und in die Umsetzung zu geben. Ein weiterer Aspekt kommt dazu: man nennt diesen auf Neudeutsch «Quick wins». Erste Erfolge motivieren das Team und setzen Zeichen in der Organisation.

Download

Die Vorlage mit einem Beispiel kann heruntergeladen werden auf:
www.strategieleitfaden.ch

Die Sofortmassnahmen werden gesammelt, diskutiert und für die LA-Sitzung zur Entscheidung aufbereitet.

	Sofortmassnahme / Projekt	Datum	Verantwortlich	Status
1	…			
2	…			
3	…			
4	…			
5	…			
6	…			
7	…			

Tabelle 8: Sofortmassnahmen

Themenspeicher

Nicht nur bei den Leitplanken, sondern auch bei anderen Schritten in der strategischen Analyse tauchen immer wieder Vorschläge und Ideen für die Ausgestaltung der Strategien auf. Diese Diskussionsbeiträge sollten in der strategischen Analyse nicht weiter ausgearbeitet werden, andererseits wäre es schade, wenn sie verlorengingen. Deshalb stellen wir von Anfang an ein Flipchart in den Raum, auf dem diese Vorschläge gesammelt werden. Sie werden für die Gestaltungsphase aufbewahrt und werden dort wieder in den Prozess eingefügt.

Download

Die Vorlage mit einem Beispiel kann heruntergeladen werden auf:
www.strategieleitfaden.ch

	Option	Quelle	Geschäftsfeld
1	…		
2	…		
3	…		
4	…		
5	…		
6	…		
7	…		

Tabelle 9: Themenspeicher

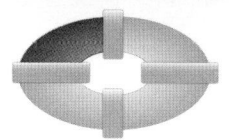

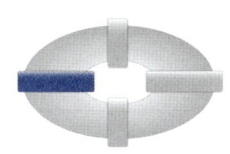

Strategische Positionierung

Vorgehen 183

Workshop II 184

Ergebnis auf Unternehmensebene 192

Ergebnis auf Geschäftsfeldebene 198

Normstrategien 202

Sofortmassnahmen 203

Lenkungsausschuss 204

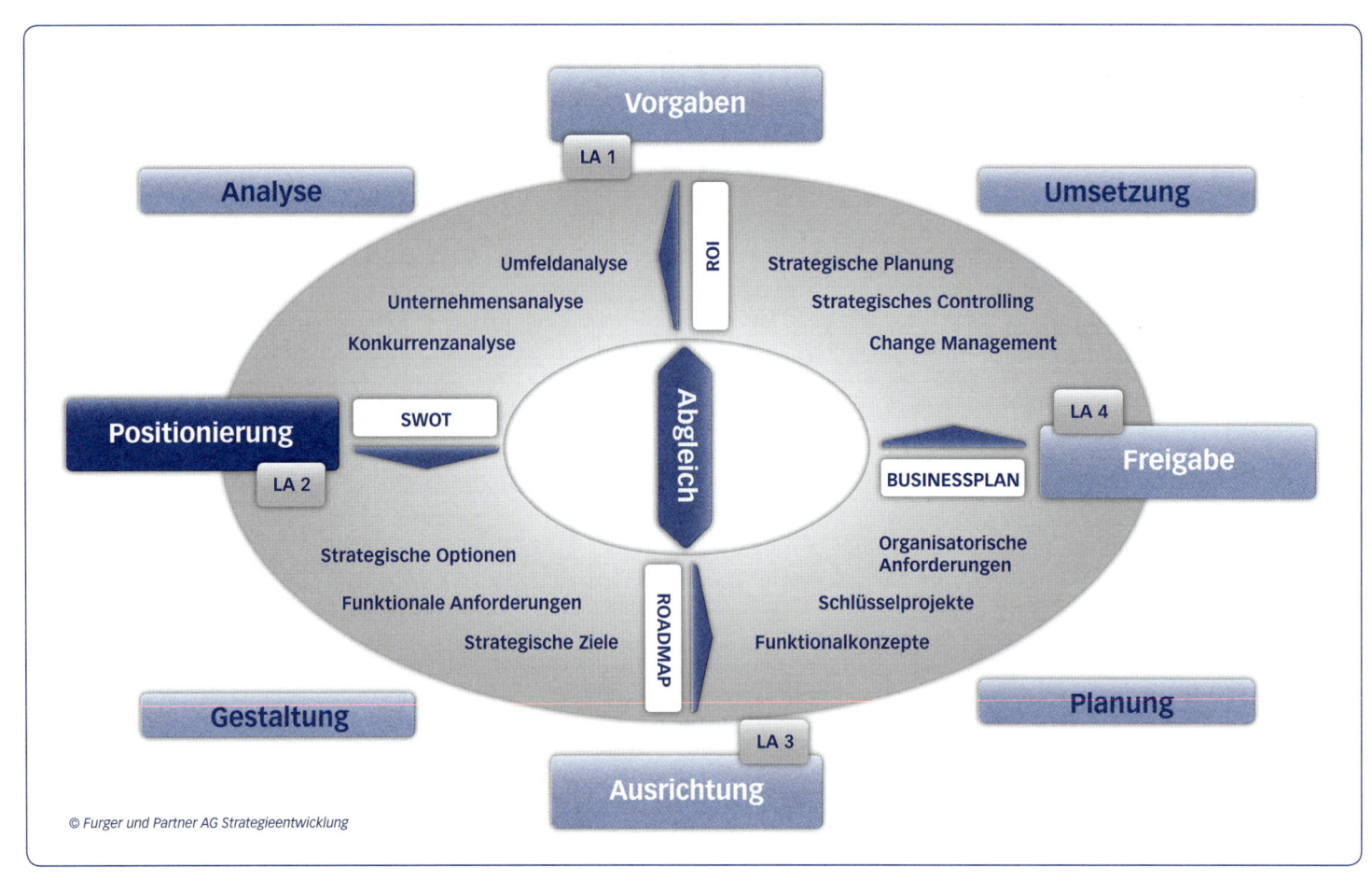

Abbildung 1: Prozessschritt strategische Positionierung

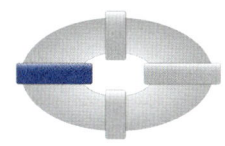

Strategische Positionierung

In diesem Kapitel beschreiben wir den ersten Zwischenschritt. Dieser folgt auf die Analyse der Ausgangslage, umfasst im Kern die strategische Positionierung und schafft die Voraussetzungen für den Start der Strategieentwicklung. In Lehr- und Handbüchern der Unternehmensstrategie wird dieser Schritt meist übergangen oder zumindest nicht inhaltliche in Bezug auf die Praxis erläutert.

Dabei sind hier unerlässliche Grundlagenarbeiten für den weiteren Entwicklungsprozess zu erledigen. So sind insbesondere die Ergebnisse der Analysephase darzustellen, zu diskutieren und daraus die notwendigen Schlussfolgerungen zu ziehen. Diese werden in einer Entscheidungsgrundlage beschrieben und dem Lenkungsausschuss vorgelegt. Dessen Aufgabe besteht darin, sich damit auseinanderzusetzen und Konsens über die Beurteilung der Ausgangslage herzustellen, bevor die entsprechenden Entscheide getroffen werden und der Auftrag für die nächste Phase gegeben wird.

Damit ist dieser Schritt genauso wichtig wie die strategische Analyse und wir räumen ihm den notwendigen Zeitrahmen im Strategieprozess ein.

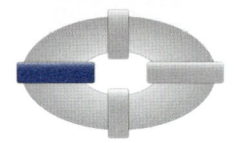

Was bisher erledigt wurde

Als Basis für die strategische Positionierung und die Entscheide des Leitungsausschusses (LA) sind folgende Aufgaben erledigt:

- ✓ Die Analyse ist fertig ausgearbeitet:
  - Unternehmensanalyse
  - Umfeldanalyse
  - Konkurrenzanalyse
- ✓ Die wichtigsten Analyseinstrumente wurden eingesetzt und ausgewertet
  - Value Proposition
  - Finanz- und Kostenanalysen
  - Portfolio-Analyse
  - Erfahrungskurve
- ✓ Alle Grundlagen für die SWOT sind zusammengestellt und geordnet
- ✓ Die SWOT ist erstellt und die Hauptherausforderungen sind beschrieben
- ✓ Eine Liste mit Sofortmassnahmen liegt vor

Ergebnisse der strategischen Positionierung

- Eine Zusammenfassung über die strategische Situation auf Geschäftsfeld- und Unternehmensebene
- Konsens über die Beurteilung der Ausgangslage
- Verabschiedung der strategischen Hauptherausforderungen
- Entscheid über die Vollständigkeit der Analysephase – diese ist somit abgeschlossen
- Entscheid über die Geschäftsfeldgliederung
- Verabschiedung der Wertvorstellungen
- Vorgabe der Normstrategien als Leitplanke für die Ausarbeitung der strategischen Optionen
- Auftrag an das Projektteam zum Start der Gestaltungsphase und damit zur Erarbeitung der Geschäftsfeldstrategien

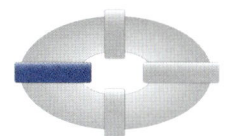

Vorgehen

Die strategische Positionierung lässt sich in folgende Einzelschritte gliedern:

Strategische Positionierung

- Workshop II
  - Tag 1
  - Tag 2
- Entscheidungsvorlage
- LA-Sitzung II
  - Tag 1
- Auftrag Strategieausarbeitung

© Furger und Partner AG Strategieentwicklung

Abbildung 2: Vorgehensschritte strategische Positionierung

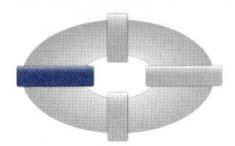

Workshop II

Workshop II baut auf den Ergebnissen der Analysephase auf; das Team erstellt eine Zusammenfassung der Ausgangslage und daraus die Entscheidungsunterlagen für den LA.

Dazu werden die SWOT im Team konsolidiert und daraus die strategischen Hauptherausforderungen abgeleitet. Danach folgt die Ausarbeitung der Normstrategien aus den Ergebnissen der Analyseinstrumente. Zusätzlich wird eine Geschäftsfeldgliederung vorgenommen und ein Vorschlag für die Wertvorstellungen ausgearbeitet.

Weiter werden die in der Analysephase andiskutierten Sofortmassnahmen zusammengestellt und so beschrieben, dass der LA darüber entscheiden kann.

Als Ergebnis erhalten wir die Zusammenfassung der Ausgangslage mit folgenden Inhalten:

Die strategische Positionierung auf der Unternehmensebene
1. SWOT und strategische Herausforderungen
2. Vorschlag für die Geschäftsfeldgliederung
3. Darstellung der Geschäftsfelder in einem Portfolio
4. Status der Kernkompetenzen
5. Vorschlag für die Wertvorstellungen
6. Vorschlag für Normstrategien auf Unternehmensebene

Die strategische Positionierung der Geschäftsfelder
1. Beschreibung des Geschäftsfeldes
2. Finanzielle Situation mit Historie (3–5 Jahre)
3. Strategische Situation anhand von 6 strategischen Schlüsselgrössen: Gewinn, Umsatz, Marktposition, Kostenposition, Innovationsstärke und Mitarbeiter
4. Die Wettbewerbsstellung und die Konkurrenzsituation
5. SWOT je Geschäftsfeld mit Herausforderungen
6. Schlussfolgerungen in Form von Normstrategien auf Geschäftsfeldebene

Eine Liste mit Sofortmassnahmen

Eine formale Entscheidungsvorlage mit den folgenden Inhalten
- Die Beschreibung der Ausgangslage
- Die Wertvorstellungen
- Die Geschäftsfeldgliederung
- Die Normstrategien
- Die Sofortmassnahmen

Agenda

Die folgende Agenda hat sich für diesen Workshop bewährt:

Workshop II Tag 1			
	Thema	**Inhalt**	**Verantwortlich**
08:30	**Einführung**	Inhalt und Ziel des WS	Projektleiter
09:00	**Status-Analyse**	Stand Projekt, Vorgehen, Präsentation und Diskussion	Team
10:00	**SWOT**	Konsolidierung der SWOT	Team
		Ableiten der Hauptherausforderungen in Gruppenarbeit	Gruppen
12:30	**Mittagessen**		
14:00	**Wertvorstellungen**	Erarbeitung der Wertvorstellungen nach Vorlage	Gruppen
16:00	**Geschäftsfeldgliederung**	Überprüfen der Geschäftsfeldgliederung und Erarbeiten eines Vorschlags für den LA	Gruppen
19:00	**Ende**		

Tabelle 1: Vorschlag Agenda Workshop II Tag 1

Workshop II Tag 2

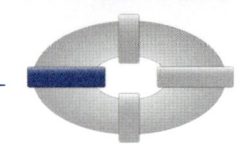

	Thema	Inhalt	Verantwortlich
08:30	**Einführung**	Wrap-up – Fragen Vortag	Projektleiter
09:00	**Normstrategien**	Ableiten der Normstrategien aus der Analyse	Team
11:00	**Zusammenfassung**	Zusammenstellen und Verabschieden der Unterlagen	Team
12:30	**Mittagessen**		
14:00	**Vorlage für den LA**	Erstellen der Entscheidungsanträge ■ Wertvorstellungen ■ Geschäftsfeldgliederung ■ Normstrategien ■ Sofortmassnahmen	Team
17:00	**Ende**		

Tabelle 2: Vorschlag Agenda Workshop II Tag 2

Die Agenda kann nach Bedarf und Situation angepasst werden.

Download

Link zur Software:
www.strategieleitfaden.ch

Drehbuch

Auch hier schlagen wir ein Drehbuch zur detaillierten Vorbereitung des Workshops vor. Studieren Sie die Drehbücher genau und passen Sie diese den jeweiligen Gegebenheiten an.

Vorbereitung	Bemerkung	Erledigt ja/nein
Infrastruktur	Konferenzraum und Gruppenräume bestellt und besichtigt Sind diese gross genug? Sind die Wege vom Plenum zu den Gruppenräumen kurz oder müssen Sie über 3 Stockwerke und 4 Gänge gehen? Sind genügend Flipcharts und Pinnwände bestellt?	Ja/Nein
Hotel	Zimmer bestellt – eventuell besichtigt?	
Kommunikation – WLAN	Ist WLAN vorhanden – gebührenpflichtig oder kostenlos?	
Anreise	Anreise für alle geklärt, Parkplätze vorhanden, muss Anreise speziell organisiert werden?	
Einladungen Teilnehmer	Vollständige Einladung verschickt mit ■ Agenda, Anfangs- und Schlusszeiten ■ Anreisepläne, Information über Hotel ■ Kleiderordnung, spezielle Kleidung für Outdoor-Aktivitäten ■ …	
Tagesordnung verschickt	An alle Teilnehmer? – oder wird die aktuelle TO an Ort verteilt	
WS-Material	Moderatorenkoffer, Laptop, Beamer bestellt oder bereitgemacht	
Dokumentation	Unterlagen, Reader u. a. verteilt – offline, E-Mail, online Handouts für den Workshop erstellt – gedruckt oder auf Server/Stick bereitgestellt?	
Weitere Teilnehmer wie Geschäftsführung oder Referenten für Vorträge	Alle angeschrieben – Zusagen erhalten?	
…	…	

Tabelle 3: Checkliste für die Vorbereitung

Strategische Positionierung

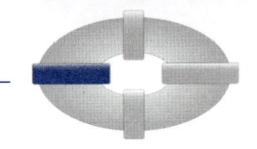

	Tag 1			
Zeit	**Inhalte**	**Wer**	**Material**	**Bemerkungen**
08:30 Uhr (30 Min)	**Einführung** ■ Status Projekt und Vorgehen ■ Administratives / Hotel / Essen / Pausen / Auschecken ■ Einführung durch den Auftraggeber	PL PL AG	Projektordner / Prozess Notizen mit Zeiten / vorher Rücksprache mit Hotel Vorlage für den AG	Wenn der Auftraggeber oder ein Delegierter für die Einführung anwesend ist: manchmal laden wir hier abwechselnd einen Vertreter der GF oder des Vorstandes ein
09:00 Uhr (60 Min)	**Status Analyse** ■ Input ■ Übersicht über die Ergebnisse der Analysephase	PL Team	Zusammenstellung der Analyseergebnisse – Präsentation für den WS	Projektstatus – wo stehen wir? Zusammenfassung der Auswertungen – Übersicht evtl. Präsentationen der Gruppen
10:00 Uhr (30 Min)	**Pause**			
10:30 Uhr (90 Min)	**SWOT-Herausforderungen** ■ Input Vorgehen 15' ■ Erarbeiten der Hauptherausforderungen	PL Team	Handout / Anleitung verteilen Unterlagen SWOT bereitstellen Elemente der SWOT auf Karten vorbereiten	Gruppenraum oder Pinnwände bereitstellen Kreuz legen und beschreiben Gruppeneinteilung für die Clusterung und für die Beschreibung vorbereiten (evtl. die gleiche)
12:00 Uhr (30 Min)	**SWOT-Ergebnisse**	Gruppen		Kurz zusammenkommen vor dem Mittag und die Hauptherausforderungen diskutieren und verabschieden
12:30 Uhr (90 Min)	**Mittagessen**			

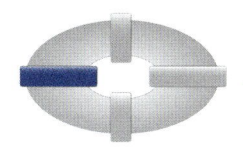

Tag 1				
Zeit	**Inhalte**	**Wer**	**Material**	**Bemerkungen**
14:00 Uhr (90 Min)	**Wertvorstellungen** ■ Input Vorgehen 15' ■ Vorgaben vom LA / vom Auftraggeber ■ Gruppenarbeiten ■ Präsentation ■ Verabschiedung für die Vorlage an den LA	PL PL / AG Team Team Team / PL	Unterlagen verteilen / Handout Vorgaben verteilen	Unterlagen fürs Vorgehen bereitstellen Die Wertvorstellungen werden in zwei Gruppen erarbeitet und dann miteinander abgeglichen Gruppeneinteilung mit dem internen Projektleiter vorbereiten und vorschlagen Handout in Papierform verteilen – eines pro Gruppe Gruppe arbeitet an einer Vorlage oder am PC
15:30 Uhr (30 Min)	Pause			
16:00 Uhr (90 Min)	**Geschäftsfeldgliederung** ■ Input Vorgehen 15' ■ Gruppenarbeiten	PL Team	Handout verteilen: Vorgehen und Fragekatalog mit 12 Fragen zur Beurteilung	Unterlagen fürs Vorgehen bereitstellen Dimensionen werden im Plenum festgelegt Dann arbeiten zwei Gruppen je eine Dimension aus Danach werden die Ergebnisse im Plenum vorgestellt und eine Gliederung ausgewählt
18:00 Uhr (30 Min)	**Wrap-up und Feedback** ■ Zusammenfassung ■ Feedback	PL Team		
18:30 Uhr	**Ende Tag 1**			

Tabelle 4: Drehbuch für Workshop II Tag 1

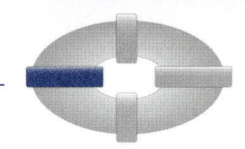

Tag 2				
Zeit	Inhalte	Wer	Material	Bemerkungen
08:30 Uhr (30 Min)	**Einführung** ■ Fragen Tag 1 ■ Weiteres Vorgehen	PL	Projektordner / Prozess	
09:00 Uhr (60 Min)	**Normstrategien** ■ Input ■ Übersicht über die Ergebnisse der Analysephase	PL Team	Zusammenstellung der Analyseergebnisse – Präsentation für den WS	Alle Normstrategien aus der Analyse gelistet In Gruppe die Normstrategien ordnen und bewerten lassen
10:00 (30 Min)	**Pause**			
10:30 Uhr (120 Min)	**Zusammenfassung** ■ Input Vorgehen 15' ■ Normstrategien und alle anderen Unterlagen zusammenstellen	PL Team	Vorlagen für die Unterlagen, Zusammenfassungen aus der Analyse	Alle Analyseergebnisse sind zusammengefasst Evtl. auf Pinnwänden ausstellen
12:30 Uhr (90 Min)	**Mittagessen**			
14:00 Uhr (90 Min)	**Vorlage für den LA** ■ Input Vorgehen 15' ■ Vorgaben vom LA / vom Auftraggeber ■ Gruppenarbeiten ■ Präsentation	PL PL / AG Team Team / PL	Unterlagen / Formulare / Vorlagen verteilen	Unterlagen / Ordnung der Entscheidungsvorlage vorbereitet Vorgehen dargestellt und für alle klar Wer präsentiert was – Verantwortliche festgelegt

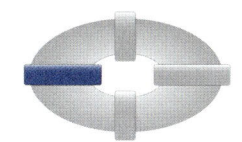

Tag 2				
Zeit	**Inhalte**	**Wer**	**Material**	**Bemerkungen**
15:30 Uhr (30 Min)	**Pause**			
16:00 Uhr (90 Min)	**Präsentationen und Verabschiedung der Vorlage** ■ Die Verantwortlichen präsentieren ihre Entscheidungsvorlage	PL Team	Zusammenstellung nach Vorlage aus den Arbeiten in der Gruppe	Es besteht hier die Gelegenheit, die Präsentation zu üben, Fragen zu stellen und Lücken in der Argumentation zu schliessen
18:00 Uhr	**Wrap-up und Feedback** ■ Zusammenfassung ■ Feedback	PL Team	Mindmap	Mindmap vorbereitet
18:30 Uhr	**Ende Tag 2**			

Tabelle 5: Drehbuch für Workshop II Tag 2

Download

Die Drehbücher können Sie nach Bedarf anpassen. Die Vorlage kann mit dem folgenden Link heruntergeladen werden:
www.strategieleitfaden.ch

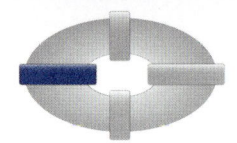

7 Ergebnis auf Unternehmensebene

Für die Darstellung der Ausgangslage auf Unternehmensebene greifen wir auf folgende Instrumente zurück:
- SWOT
- Geschäftsfeldgliederung
- Geschäftsfeldportfolio
- Kernkompetenzen
- Wertvorstellungen

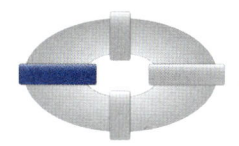

SWOT und Hauptherausforderungen

Die kürzeste und zugleich aussagekräftigste Zusammenfassung der Gesamtsituation lässt sich mit einer SWOT darstellen. Die SWOT kann sowohl auf Unternehmensebene als auch auf Geschäftsfeldebene erstellt werden.

Auf Unternehmensebene werden die wichtigsten Themen und Punkte zusammengefasst, die sich auf das Gesamtunternehmen beziehen. Als Quelle der SWOT dienen sämtliche Untersuchungen, die in der Analysephase durchgeführt wurden. Auch hier empfiehlt sich: Konzentration auf die wichtigsten Themen. Dies lässt sich am einfachsten erreichen, indem man die Anzahl der Elemente pro Quadrant in der SWOT limitiert.

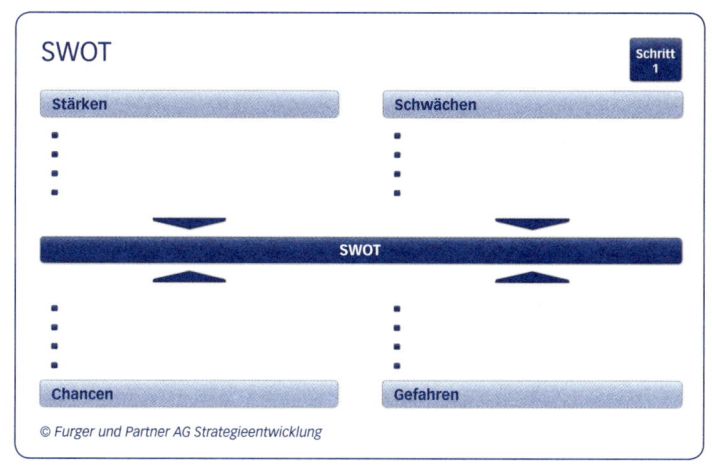

Abbildung 3: SWOT auf Unternehmensebene

Abbildung 4: Hauptherausforderungen auf Unternehmensebene

Die Liste der Hauptherausforderungen, die aus der SWOT abgeleitet wird, ist ein wichtiger Bestandteil der SWOT und sollte Teil der Darstellung der Gesamtsituation sein. Für die Beschreibung des Vorgehens siehe Seite 174, Kapitel 6.

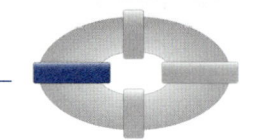

Geschäftsfeldgliederung

Das Team erarbeitet einen Vorschlag für die Geschäftsfeldgliederung. Dieser wird vom LA verabschiedet und dient dann als Grundlage für die Ausarbeitung der Geschäftsfeldstrategien.

Die Geschäftsfeldgliederung kann mehr als eine Ebene umfassen. Im Normalfall wird das Team die Ausarbeitung auf der ersten Ebene vornehmen und die detaillierte Ausarbeitung auf weiteren Ebenen den Geschäftsfeldverantwortlichen überlassen. Es kann auch sein, dass in einer Matrixorganisation z. B. später Länderstrategien auf Basis der Ergebnisse der Geschäftsfeldstrategien erstellt werden. Wir schlagen eine Gliederung vor, die es erlaubt, in mehreren Geschäftsfeldern die Marktstrategien zu erarbeiten.

Unsere Grafik zeigt eine Vorlage für die Darstellung der Geschäftsfeldgliederung mit zwei Ebenen:

Dimension 1: Anwendungen	Dimension 2: Kundengruppen
1. Energie	1.1 Industrie
	1.2 xxx
	1.3 xxx
2. Wasser	2.1 Industrie
	2.2 xxx
	2.3 xxx
3. xxx	3.1 Industrie
	3.2 xxx
	3.3 xxx

Tabelle 6: Ergebnis der Geschäftsfeldgliederung

Die Grundstrategien werden in diesem Fall für alle Geschäftsfelder erarbeitet, die nach Anwendungen unterteilt sind (Energie, Wasser …). Dabei kann es unterschiedliche Ausprägungen für spezifische Kundengruppen geben.

Geschäftsfeldportfolio

Das Geschäftsfeldportfolio gibt eine Übersicht über die Position der einzelnen Geschäftsfelder in ihrem jeweiligen Markt.

Portfolio der Geschäftsfelder

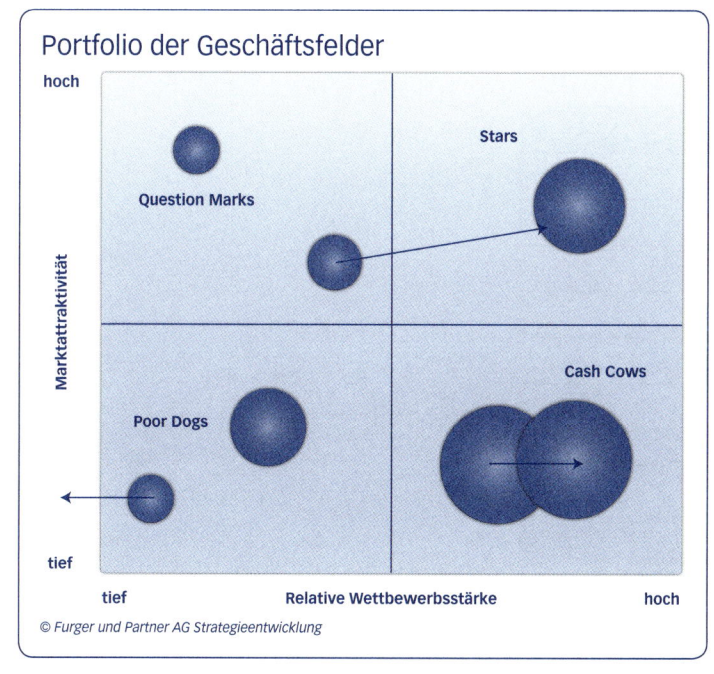

- Marktattraktivität (hoch/tief)
- Relative Wettbewerbsstärke (tief/hoch)
- Question Marks
- Stars
- Poor Dogs
- Cash Cows

© Furger und Partner AG Strategieentwicklung

Abbildung 5: Portfolio der Geschäftsfelder

Aus dem Portfolio lassen sich die ersten Normstrategien ableiten:
- Welche Geschäftsfelder sollen aufgebaut werden?
- Gibt es Question Marks, die zurückgestellt werden sollen?
- Welche Cash Cows sollten weiter ausgeschöpft werden, und wie hoch sind die Erwartungen an den Cashflow?
- Welche Poor Dogs werden noch am Leben erhalten und welche werden aufgegeben?
- Sind Hinweise zu Akquisitionen und Devestitionen aus dem Portfolio ersichtlich?

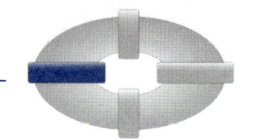

Kernkompetenzen

Kernkompetenzen auf Konzernebene sind die treibende Kraft für den Gesamterfolg des Unternehmens.[1] Somit gilt es hier, die Kernkompetenzen als wesentlichen Teil der unternehmensstrategischen Ausgangslage darzustellen. Bei der Ausarbeitung der Normstrategien wird auch diese Situation berücksichtigt.

Wir schlagen vor, in je einer separaten Liste die bestehenden und die künftigen Kernkompetenzen aufzuführen:

	Bestehende Kernkompetenzen	Für Geschäftsfeld	Normstrategie
1			
2			
3			
4			
5			
6			

Tabelle 7: Die bestehenden Kernkompetenzen mit Hinweisen für die Normstrategien

	Aufzubauende Kernkompetenzen	Für Geschäftsfeld	Normstrategie
1			
2			
3			
4			
5			
6			

Tabelle 8: Die aufzubauenden Kernkompetenzen

Download

Mit diesem Link finden Sie die Vorlage und Beispiele von Kernkompetenzen:
www.strategieleitfaden.ch

---

[1] Tregoe / Zimmermann, 1981.

Wertvorstellungen

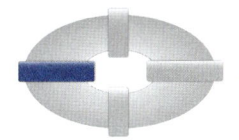

Es lässt sich trefflich streiten, an welcher Stelle die Wertvorstellungen und das Leitbild entwickelt und als Vorgabe eingebracht werden sollen. Wir haben die beste Erfahrung mit folgendem Vorgehen gemacht: die Teammitglieder durchlaufen einen Teil des Prozesses und lernen nicht nur einander, sondern auch die Situation des Unternehmens tiefer zu verstehen. Erst dann machen sie sich daran, die Wertvorstellungen zu diskutieren. Im Normalfall ist allerdings bereits ein Teil der Unternehmenswerte im Leitbild enthalten und/oder wird von der Geschäftsführung für die Strategieentwicklung vorgegeben.

Der Einbezug der Mitarbeiter in diese Diskussion schafft aber ein Gefühl der Beteiligung und trägt dazu bei, dass diese sich für das Unternehmen begeistern.

Es kann auch durchaus sein, dass gewisse Werte vorgegeben und andere zur Diskussion gestellt werden.

Die folgende Grafik zeigt ein Beispiel für die Erarbeitung eines Wertvorstellungsprofils:

> **Download**
>
> Mit diesem Link finden Sie die Vorlage und Beispiele von Wertvorstellungsprofilen:
> **www.strategieleitfaden.ch**

Erstellen von Wertvorstellungsprofilen (I)

(Grafik: Wertvorstellungsprofil mit Faktoren Ausschüttbarer Gewinn, Reinvestierbarer Gewinn, Umsatzwachstum, Ertragswachstum, Marktstellung, Wachstumsstrategie und deren Ausprägungen für Unternehmen heute, Unternehmen zukünftig, Gruppe 1, Gruppe 2)

© Furger und Partner AG Strategieentwicklung

Abbildung 6: Wertvorstellungen in Anlehnung an H. Ulrich, 2001

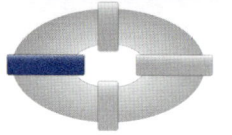

Ergebnis auf Geschäftsfeldebene

Die Beschreibung der Ausgangslage der Geschäftsbereiche beinhaltet die folgenden Elemente:

- Eine allgemeine Beschreibung des Geschäftsfeldes
- Die Entwicklung des Geschäftsfeldes über die letzten Jahre anhand von konkreten Eckwerten
- Die Konkurrenzsituation des Geschäftsfeldes im Markt
- Die strategischen Schlüsselgrössen
- Die geschäftsfeldspezifische SWOT

Die umfassende Zusammenstellung der Ausgangslage der Geschäftsbereiche kann man je nach Vorliebe als Steckbrief oder als Cockpit bezeichnen.

Beschreibung der Geschäftsfelder

Für die Beschreibung der strategischen Geschäftsfelder verwenden wir die nachstehende Vorlage:

1. Charakteristik dieses SGF:	
2. Angesprochene Kundengruppen bzw. Marktsegmente:	
3. Marktdefinition (geogr.) und Marktvolumen:	
4. Kundenprobleme und -bedürfnisse (heute und zukünftig):	
5. Benötigte Produktgruppen bzw. Dienstleistungen:	
6. Einzusetzende und konkurrierende Technologien:	
7. Bevorzugte Absatzkanäle bzw. Vertriebswege sowie Absatzhelfer:	
8. Hauptkonkurrenten und deren Marktanteile:	

Abbildung 7: Beschreibung des Geschäftsfeldes

Download

Beispiel einer Geschäftsfeldbeschreibung unter:
www.strategieleitfaden.ch

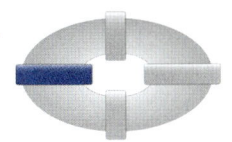

Eckwerte

Die Eckwerte beschreiben die Entwicklung des Geschäftsfeldes während der letzten 4–5 Jahre.

Eckwerte	20xx	20xx	20xx	20xx
Marktvolumen				
Marktanteil				
Umsatz				
Absatz in Einheiten				
Einkauf				
Wertschöpfung				
Investment				
Investmentintensität				
Vollzeit-Arbeitskräfte				
Produktivität				
Cashflow				
Betriebsergebnis				
Umsatzrendite				
Return on Investment				
ROXX				

Konkurrenzsituation

Eine kurze Übersicht über die Konkurrenzsituation lässt sich mit einem Marktanteil-/Wachstumsportfolio darstellen. Wahlweise kann die Unterlage mit dem Steckbrief der wichtigsten Konkurrenten ergänzt werden.

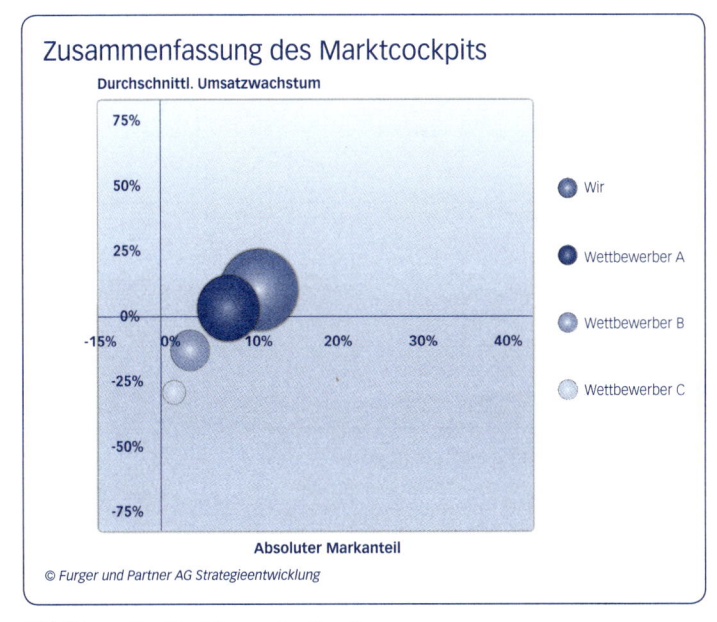

Abbildung 8:   Wettbewerbssituation

Ein hervorragendes Instrument zur Darstellung der Konkurrenzsituation ist die Value Proposition. Diese setzen wir in der Analysephase häufig ein. Es empfiehlt sich, hier pro Geschäftsfeld eine repräsentative Auswertung aufzunehmen.

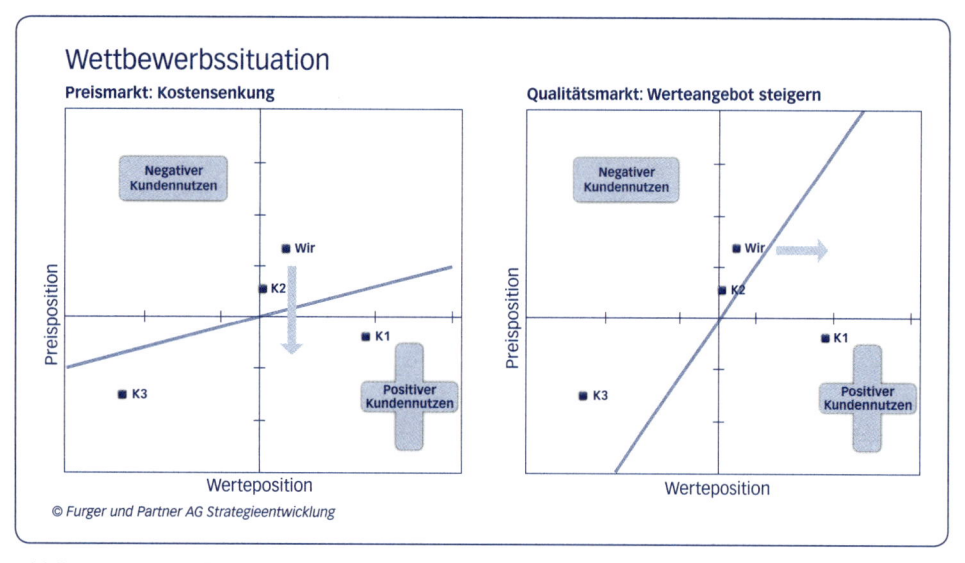

Abbildung 9: Wettbewerbssituation
Quelle: nach Buzzel/Gale: Das PIMS-Programm, 1989.

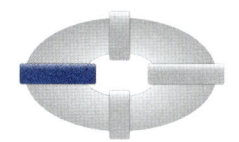

Schlüsselgrössen

Die strategische Position jedes einzelnen Geschäftsfeldes lässt sich gemäss Gälweiler in 6 Erfolgsfaktoren (Schlüsselgrössen) darstellen: (siehe dazu auch Kapitel 2: Grundlagen der Strategieentwicklung).

	Position heute	Trends und Herausforderungen
Liquidität		
Profitabilität		
Marktposition		
Kostenposition		
Mitarbeiter		
Innovationsfähigkeit		

Tabelle 9: Zusammenfassung der 6 Schlüsselgrössen

Die Trends und Herausforderungen je Schlüsselgrösse, die sich aus der Analyse der Markttrends ableiten lassen, geben weitere Hinweise für die Normstrategien.

SWOT

Die SWOT und die davon abgeleiteten Hauptherausforderungen stellen die Ausgangslage in kurzer Form dar:

SWOT — Schritt 1

- Stärken
- Schwächen
- Chancen
- Gefahren

© Furger und Partner AG Strategieentwicklung

Beschreibung und Diskussion der strategischen Herausforderungen — Schritt 5

1.
2.
3.
4.
5.
6.
7.
8.
9.

Beschreibung

© Furger und Partner AG Strategieentwicklung

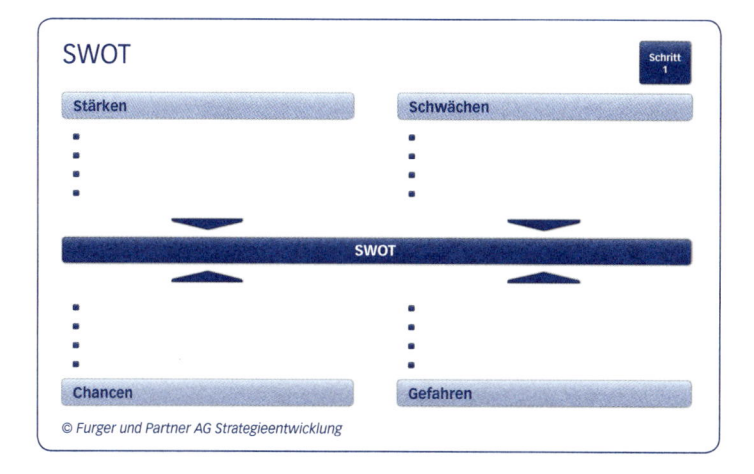

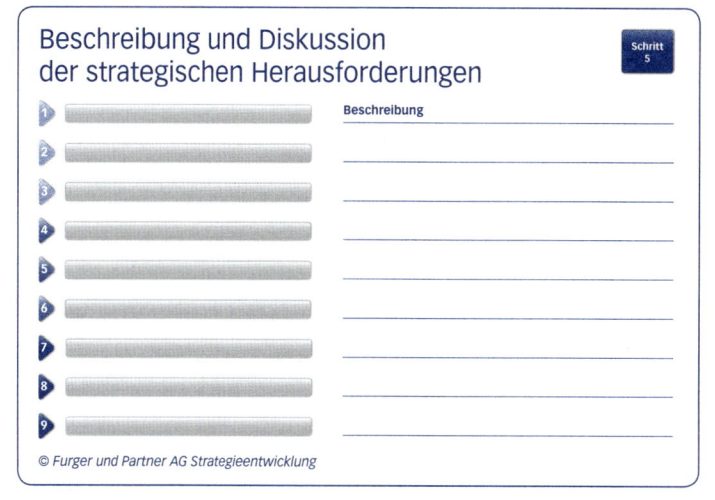

Abbildung 10: Formulare für die Erfassung der Hauptherausforderungen

7 Normstrategien

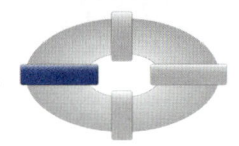

Für die Ausarbeitung der Grundstrategien in der Gestaltungsphase stützen wir uns auf Vorgaben des Auftraggebers. Diese werden von den Normstrategien abgeleitet, die das Team auf Basis der Analyseergebnisse zusammenstellt. Jedes der Analyseinstrumente liefert nicht nur Hinweise für die SWOT, sondern auch direkte Ideen und Handlungsanweisungen, die in der Strategieentwicklung zu bearbeiten sind.

Aus den Ergebnissen der Analyse lassen sich somit Hinweise und Vorgaben für die Entwicklung der Strategie ableiten. So kann z.B. eine schwache Kostenposition, die in der SWOT aufgeführt ist, oder die daraus formulierte strategische Herausforderung bezüglich Produktivität einen Handlungsbedarf aufzeigen, der dann in der Strategieentwicklung zu bearbeiten sein wird. Oder das Geschäftsfeldportfolio macht ersichtlich, dass ein Unternehmen zu wenig neue Geschäftsaktivitäten aufweist. In diesem Fall wäre das Augenmerk auf den Aufbau von neuen Geschäften und damit auf die Innovation zu lenken.

Mit einer speziellen Variante der SWOT, der sogenannten erweiterten SWOT, lassen sich solche Hinweise auf einfache Art aufgezeigen:

SWOT-Normstrategien

	Chancen	Risiken
	1. ... 2. ... 3. ...	1. ... 2. ... 3. ...
Stärken 1. ... 2. ... 3. ...	SO-Strategien • ... • ... • ...	ST-Strategien • ... • ... • ...
Schwächen 1. ... 2. ... 3. ...	WO-Strategien • ... • ... • ...	WT-Strategien • ... • ... • ...

© Furger und Partner AG Strategieentwicklung

Abbildung 11: Normstrategien, die sich direkt aus der SWOT ableiten lassen

Aufgabe des Teams ist es nun, die Normstrategien zusammenzustellen und dem Lenkungsausschuss zum Entscheid vorzulegen. Dieser wird die Vorlagen diskutieren, ergänzen und daraus die Vorgaben für die Gestaltungsphase festlegen.

Methodisch lässt sich die Liste der Normstrategien in einem Themenspeicher zusammenfassen.

Der Themenspeicher enthält somit die Ideen und Hinweise für die Ausarbeitung der Grundstrategien und dient als Diskussionsgrundlage für den LA. Dieser leitet daraus die Vorgaben für die Gestaltungsphase ab. Wir empfehlen, die Vorgaben in die Entscheidungsunterlage einzubauen und den Themenspeicher als Argumentationsgrundlage zu verwenden.

Sofortmassnahmen

Sofortmassnahmen dienen nicht nur dazu, dringende Probleme rasch anzugehen, sondern auch dazu, positive Zeichen zu setzen. Auf Neudeutsch mit dem Begriff «Quick wins» umschrieben, helfen diese, die Motivation des Teams zu verstärken und gleichzeitig positive Signale auch in die Organisation zu senden: Es passiert etwas, angestrebte Innovationen werden ernsthaft angepackt. Eine direkte und offene Kommunikation der Sofortmassnahmen und deren Ergebnisse verstärken die Effekte des Vorgehens und unterstützen damit den Wandel im Unternehmen.

Sofortmassnahme	Wer?	Bis wann?	Status
1.			
2.			
3.			
4.			
5.			

Abbildung 12: Sofortmassnahmen aus der Analysephase

Download

Beispiel einer Liste mit Sofortmassnahmen unter:
www.strategieleitfaden.ch

7 Der Lenkungsausschuss

Am Ende der Analysephase wird eine Sitzung des Lenkungsausschusses einberufen, die dazu dient, diese Phase zu verabschieden und die Gestaltungsphase zu eröffnen. Hier werden die Vorlagen der Analysephase diskutiert und verabschiedet. Auf Basis der vorgelegten Entscheidungsunterlage werden die notwendigen Entscheide getroffen, mit dem Ziel, dem Team den Auftrag für die Gestaltungsphase zu geben.

Eventuell können Nacharbeiten für die Analysephase beauftragt werden. Es kann auch sein, dass man einzelne Themen herausgreift und nebenbei oder in anderen Gremien behandelt.

Wenn immer möglich, sollten einige der vorgeschlagenen Sofortmassnahmen initiiert und in Auftrag gegeben werden. Dies dient der Motivation sowohl des Teams als auch der Organisation.

Die Entscheidungsvorlage

Die Entscheidungsvorlage, die an dieser LA-Sitzung behandelt wird, wurde vom Projektteam erarbeitet und umfasst sämtliche Anträge. Wir führen dazu ein Beispiel an:

	Antrag	Entscheid	Kommentar
1	Die Analysephase ist hiermit abgeschlossen – es werden keine weiteren Analysen mehr benötigt		
2	Die Hauptherausforderungen stellen die aktuelle Situation des Unternehmens dar		
3	Die folgenden Sofortmassnahmen werden zur Umsetzung freigegeben ■ Massnahme 1 ■ Massnahme 2		
5	Eventuell Antrag zur Teamzusammensetzung (neue Teammitglieder)		
6	Antrag zur Geschäftsfeldgliederung		
7	Auftrag für die Gestaltungsphase: ■ …		
8	Anhang ■ Geschäftsfeldgliederung ■ … ■ …		

Tabelle 10: Vorlage für die Entscheidungsunterlage

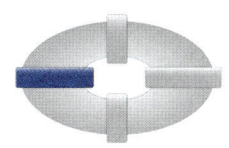

Agenda

Eine Sitzung des Lenkungsausschusses kann je nach Grösse der Firma und der Anzahl Geschäftseinheiten zwischen zwei Stunden und einem ganzen Tag dauern. Wir schlagen hier eine Agenda für eine halbtägige Sitzung vor, die Sie nach Bedarf anpassen und ergänzen können.

Zusätzlich ist zu berücksichtigen, wer die Unterlagen an der Sitzung präsentiert – ist es «nur» die Projektleitung, sind es je Thema die Gruppensprecher oder wird das ganze Team eingeladen. Dementsprechend sind die Verantwortlichen für die Präsentation zu bestimmen.

Die Agenda für diese Sitzung des Lenkungsausschusses:

	Lenkungsausschuss		
	Thema	**Vorgehen**	**Verantwortlich**
08:00	**Einführung**	Stand Projekt	Projektleiter
08:15	**Ergebnisse der Analysephase**	Präsentation	Team
08:30	**Hauptherausforderungen**	Präsentation	Team
09:00	**Wertvorstellungen**	Präsentation	Team
09:30	**Diskussion**		Projektleiter
10:00	**Geschäftsfeldgliederung**	Präsentation	Team
10:30	**Normstrategien**	Präsentation	Projektleiter
11:30	**Anträge**	Beantragung	Team
12:00	**Ende**		

Tabelle 11: Agenda für den Lenkungsausschuss

Protokoll und Auftrag für die Gestaltungsphase

Ich lege sehr grossen Wert auf ein genaues Protokoll, das sprachlich präzise abgefasst ist und keinen Spielraum für unterschiedliche Interpretationen lässt.

> **Download**
>
> Ein Beispiel finden Sie zum Herunterladen auf:
> **www.strategieleitfaden.ch**

Ein Protokoll umfasst mindestens zwei wesentliche Elemente:
- Entscheide, die getroffen werden und umzusetzen sind, sowie
- Aktionen, die festhalten, wer – was – bis wann zu erledigen hat

Aus diesem Grund kann für das Erstellen eines LA-Protokolls im besten Fall einfach die Entscheidungsvorlage kopiert und ergänzt werden.

Als drittes Element kommen die Ergänzungen zu den Ergebnissen der Vorlage dazu. Auch diese sind schriftlich festzuhalten.

Um aus dem Protokoll ein wirksames Instrument und eine «scharfe Waffe» zu machen, mit der dann auch gearbeitet werden kann, lasse ich dieses nie von Dritten, etwa von Assistenten, während der Sitzung schreiben. Ich mache die notwendigen Notizen selber oder sogar eine Audio-Aufnahme (natürlich nur mit der Einwilligung der Teilnehmer), und schreibe das Protokoll mithilfe des internen Projektleiters im Nachgang. Das Erstellen eines guten Protokolls nimmt mindestens einen halben Tag in Anspruch.

Der Vorteil dieses Vorgehens ist, dass das Dokument danach nicht in der Ablage verschwindet, sondern vom Projektleiter als Arbeitsinstrument und Steuerungsinstrument benutzt werden kann.

Strategiegestaltung

Vorgehen	211
Workshop III	212
Instrumente Gestaltung	221
Sofortmassnahmen	236
Themenspeicher	237

Instrumente Gestaltung	221
Marktplatz	222
Adjacencies	224
Die Ansoff-Matrix	226
Die erweiterte Business Model Canvas – eBMC	228
SWOT-GAP-Analyse	230
Bewertung der Stossrichtungen	232
7Q – Beschreibung der strategischen Stossrichtungen	234

208 Strategiegestaltung

Vorgaben — LA 1
Analyse
- Umfeldanalyse
- Unternehmensanalyse
- Konkurrenzanalyse

Positionierung — LA 2
SWOT

Gestaltung
- Strategische Optionen
- Funktionale Anforderungen
- Strategische Ziele

ROADMAP

Ausrichtung — LA 3

Umsetzung
- Strategische Planung
- Strategisches Controlling
- Change Management

ROI

Abgleich

BUSINESSPLAN

Freigabe — LA 4

Planung
- Organisatorische Anforderungen
- Schlüsselprojekte
- Funktionalkonzepte

© Furger und Partner AG Strategieentwicklung

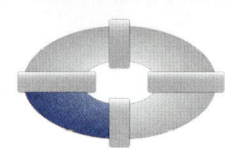

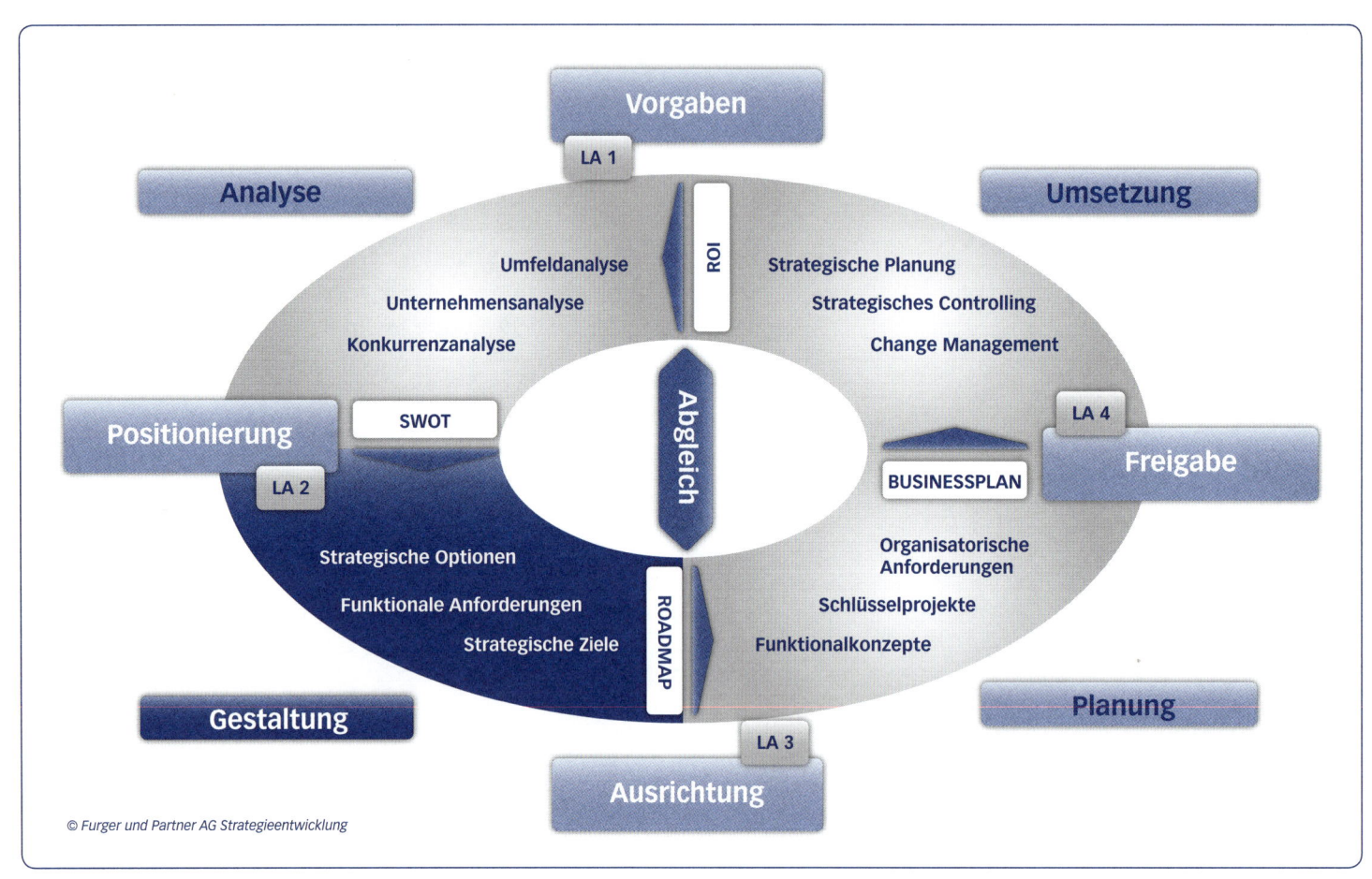

Abbildung 1: Prozessschritt Strategiegestaltung

Strategiegestaltung

Nach Abschluss der Analysearbeiten folgt die eigentliche Entwicklung und Gestaltung der Strategie. Diese Phase beginnt mit dem Ausarbeiten von strategischen Optionen je Geschäftsfeld. Grundsätzlich mögliche Geschäftsaktivitäten werden in einem kreativen Prozess als Strategieoptionen erarbeitet, um diese danach zu bewerten und zu strategischen Stossrichtungen zu bündeln.

Von den Stossrichtungen ausgehend werden die Geschäftsfeldstrategien ausformuliert und konsolidiert. Diese nennen wir «Grundstrategien». Daraus lassen sich die funktionalen Anforderungen ableiten, die ihrerseits die Basis für die strategischen Massnahmen und für die Funktionalkonzepte bilden. Eine erste grobe Ressourcenplanung schliesst diese Phase ab.

Ziel des abschliessenden Workshops ist es, die Geschäftsfeldstrategien in einer strategischen Roadmap zusammenzufassen und dem LA vorzulegen, damit dieser die grundsätzliche Richtung der Strategie freigeben kann.

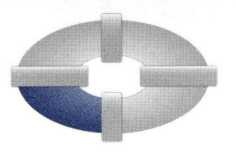

Was bisher erledigt wurde

Bevor die Gestaltungsphase gestartet werden kann, sind folgende Aufgaben erledigt und die Entscheide dazu verabschiedet:

- ✓ Die Analyse ist fertig ausgearbeitet
- ✓ Die SWOT ist erstellt, die Hauptherausforderungen sind abgeleitet und beschrieben
- ✓ Es besteht Konsens über die Beurteilung der Ausgangslage
- ✓ Die Normstrategien aus der Analysephase sind skizziert
- ✓ Die notwendigen Sofortmassnahmen wurden vorgelegt und zur Umsetzung freigegeben
- ✓ Die Geschäftsfeldstruktur ist festgelegt und vom LA verabschiedet
- ✓ Der LA hat den Auftrag gegeben, die Geschäftsfeldstrategien auszuarbeiten

Ergebnisse der Gestaltungsphase

Die Hauptergebnisse der Gestaltung auf einen Blick:

- Die Evaluation der strategischen Stossrichtungen ist durchgeführt
- Die Geschäftsfeldstrategien sind ausgearbeitet
- Die Zielsetzungen und Ressourcen pro Geschäftsfeld sind grob beschrieben
- Die Themen für spätere strategische Initiativen sind aufgelistet
- Die strategische Roadmap steht
- Die Anforderungen an die Funktionalbereiche sind ausgearbeitet

Vorgehen

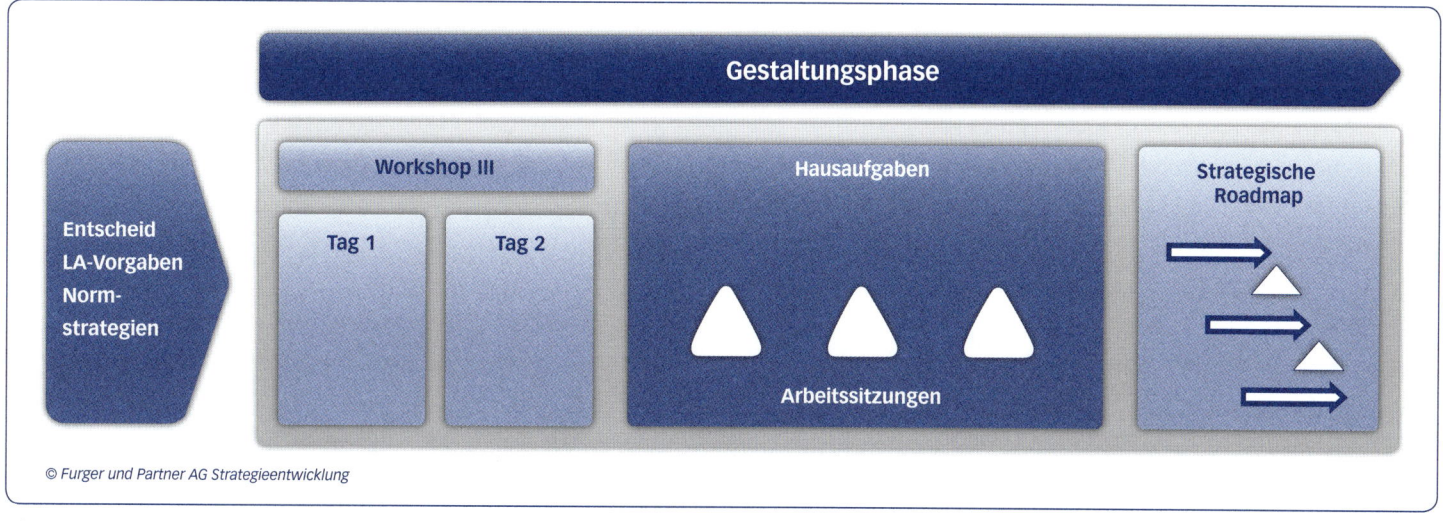

Abbildung 2: Vorgehensschritte der Strategiegestaltung

In der Gestaltungsphase werden die Geschäftsfeldstrategien ausgearbeitet. In einem ersten Schritt geht es um die grundsätzlich möglichen (und sinnvollen) Geschäftsaktivitäten. Diese werden strategische Optionen genannt und dienen als «Wegweiser». Im Gegensatz zur eigentlichen Strategie zeigen diese noch nicht das konkrete Ziel und den Weg dazu auf. Die Gestaltungsphase ist die kreative Phase des Strategieprozesses. Es sollten möglichst zahlreiche Varianten erarbeitet werden.

In einem zweiten Schritt werden die Optionen bewertet und zu strategischen Stossrichtungen gebündelt. Die strategischen Stossrichtungen werden dann zu Geschäftsfeldstrategien zusammengefasst und am Schluss der Gestaltungsphase in Form einer strategischen Roadmap dem Lenkungsausschuss zum Entscheid vorgelegt.

Als Basis für diese Arbeiten gehen wir von den Normstrategien aus der Analysephase aus.

Bemerkung: Es kann sinnvoll sein, nach der Bündelung der Optionen zu Stossrichtungen und vor der Ausformulierung der Grund-/Geschäftsfeldstrategien eine weitere Lenkungsausschuss-Sitzung einzuberufen, um die grundsätzliche Richtung der Strategie noch einmal zu diskutieren und festzulegen.

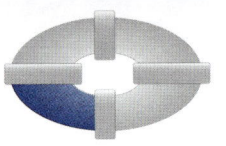

Workshop III

Zielsetzung und Inhalt

Der dritte Workshop übernimmt die Vorgaben aus der LA-Sitzung und behandelt die folgenden Themen und Schwerpunkte:

- Auslegeordnung der vorgegebenen Normstrategien
- Erarbeiten von strategischen Optionen
- Bündeln der Optionen zu strategischen Stossrichtungen – Erarbeiten von Geschäftsmodellen
- Verteilen der Hausaufgaben für die Gestaltungsphase
  - Beschreibung der strategischen Stossrichtungen – Formular 7Q
  - Vorbereiten der Zielsetzungen pro Geschäftsfeld
  - Vorbereiten der funktionalen Anforderungen

Agenda

Workshop III Tag 1			
	Thema	**Inhalt**	**Verantwortlich**
08:30	Einführung	Stand Projekt, Vorgehen, Input Methode: Marktplatz, Ansoff-Matrix, Adjacencies, eBMC	Projektleiter
09:00	Vorgaben vom LA	Präsentation und Diskussion	Team
09:30	Normstrategien	Auslegeordnung aller bisherigen Optionen und Ideen aus der Analysephase – Zuordnung nach Ansoff	Team
11:00	Marktplatz I	Marktplatz – Brainstorming	Team
12:30	Mittagessen		
14:00	Marktplatz II	«Verkaufen» von strategischen Optionen	Team
16:00	Präsentation der strategischen Optionen	Präsentation aller Optionen durch die Verantwortlichen – Aussortieren von «Inhouse Optionen»	Projektleiter
17:00	Input	Bündelung der Optionen oder alternativ «Business Model Generation» mit eBMC	Team
17:30	Zuordnung	Zuordnung der Optionen zu den Geschäftsfeldern	Team
18:30	Ende		

Tabelle 1: Die Agenda für den ersten Tag des dritten Workshops

Tagesordnungspunkte Tag 1

Vorgaben aus der zweiten Lenkungsausschuss-Sitzung

Wie oben beschrieben, erhält das Team vom LA Vorgaben aufgrund der gefällten Entscheide. Wir lassen hier die Sofortmassnahmen weg und nehmen an, dass diese nach dem Entscheid auf separatem Weg weiterverfolgt und umgesetzt werden.

Die Vorgaben werden vom Projektleiter oder noch besser von einem LA-Mitglied präsentiert und wenn notwendig begründet. Das Auftreten eines LA-Mitglieds gibt dem Vorhaben eine besondere Note und wird von den Teammitgliedern meist sehr geschätzt. Es schafft auch die Gelegenheit, Fragen zu stellen und direkt Rede und Antwort zu stehen. Wenn es die Vertrauenssituation zulässt, werden die Entscheidungsergebnisse auch an die Teilnehmer verteilt – oder zumindest in der Dokumentation abgelegt.

Die Vorgaben bilden die Basis für das weitere Vorgehen und können jederzeit zum Abgleich oder zur inhaltlichen Anpassung herangezogen werden. Dies ist natürlich Aufgabe des Projektleiters.

Der Zeitaufwand für diesen Schritt dürfte zwischen 1 und 1,5 Stunden betragen.

> **Strategische Optionen ...**
>
> ... sind grundsätzliche Möglichkeiten, ein Geschäftsfeld weiter zu entwickeln. Sie sollten sinnvoll sein, dürfen aber auch über das heute zu Erwartende hinausgehen. Strategische Optionen dürfen in dieser Phase auch im Widerspruch zueinander stehen.

Normstrategien

Bevor wir mit einem wilden Brainstorming beginnen, verschaffen wir uns einen Überblick über alle bisher gesammelten Ideen aus der Analysephase. Viele Strategien lassen sich direkt aus den Ergebnissen der Analyseinstrumente ableiten. So gibt etwa die Portfolio-Analyse Hinweise darauf, welche Geschäftsfelder in welche Richtung entwickelt werden sollten, um strategisch alle Felder des Portfolios gleichmässig abzudecken. Die Erfahrungskurve zeigt auf, wo die strategische Kostenposition verbessert werden muss. Weitere Hinweise kommen aus dem Lenkungsausschuss.

Man nennt diese Strategien, die offensichtlich aus der Analyse abgeleitet werden können, «Normstrategien».

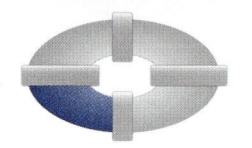

Brainstorming strategische Optionen – der Marktplatz

Als nächster Schritt folgt die Erarbeitung neuer strategischer Optionen. Dazu setzen wir das Konzept des Marktplatzes ein. Das Vorgehen hat seinen Ursprung in der von Stafford Beer beschriebenen Syntegration, die heute auch unter anderen Namen, z.B. unter dem Begriff «kollektive Intelligenz», verwendet wird.

Der Einsatz des Konzepts erfordert einen grossen Raum und genügend Bewegungsfreiheit für die Teilnehmer. Das Vorgehen im Einzelnen ist unter dem Instrument Marktplatz beschrieben.

Als Ergebnis erhält man mehrere Dutzend elementar beschriebene Optionen. Wichtiger als die Beschreibung ist aber, dass sich die Ideen und Optionen durch die intensiven Diskussionen nachhaltig in den Köpfen der Teilnehmer verankern.

Es kommt häufig vor, dass hier nicht nur Marktoptionen beschrieben werden, sondern dass die Teilnehmer auch viele Wünsche und Vorstellungen loswerden wollen, die die internen Bereiche des Unternehmens betreffen. Beispiele dafür sind Aussagen zu Produktion, Administration, Kommunikation und Ähnlichem. Diese «Internen Optionen» werden vorerst ausgesondert und für die spätere Verwendung aufgehoben.

Die übrigen Optionen werden einzeln von ihren Initianten vorgestellt, die jeweils auch Fragen der anderen Teilnehmer beantworten.

Bündelung der Optionen zu strategischen Stossrichtungen

Hier geht es darum, die Optionen zu bündeln, den einzelnen Geschäftsfeldern zuzuordnen und mit diesen abzugleichen. Dabei kann es vorkommen, dass eine Option für zwei verschiedene Geschäftsfelder eingesetzt wird. Es ist durchaus erlaubt, dass sich Optionen widersprechen. Die noch vorhandenen Widersprüchlichkeiten werden im Laufe des Prozesses aufgelöst.

Eine gute Darstellung ergibt sich, wenn wir die Optionen gemäss der Ansoff-Matrix ordnen. Damit wird sichtbar, inwieweit die Strategien auf dem Kerngeschäft aufbauen und ob bereits Strategien vorhanden sind, die sich in Richtung neue Geschäftstätigkeiten orientieren, sei es in neuen Märkten oder mit neuen Produkten.

Agenda

Workshop III Tag 2			
	Thema	**Inhalt**	**Verantwortlich**
08:30	Wrap-up erster Tag	Zusammenfassung erster Tag – Fragen und offene Punkte	Projektleiter
09:00	Strategische Stossrichtungen	Bündeln der strategischen Optionen zu strategischen Stossrichtungen pro Geschäftsfeld	Team
09:00	Alternativ: eBMC	Geschäftsfeldmodellierung	Gruppen
11:00	Präsentation der Ergebnisse	Ergebnisse und Diskussion	Plenum
12:30	Mittagessen		
14:00	SWOT-GAP-Analyse	Abgleich der strategischen Stossrichtungen oder der Geschäftsmodelle mit den Hauptherausforderungen	Team
15:00	Gruppenarbeit	Beginn der Hausaufgaben, Gruppeneinteilung Beschreiben und Bewerten der Geschäftsmodelle bzw. der strategischen Stossrichtungen – 7Q	Plenum
16:00	Hausaufgaben	Verteilen der Hausaufgaben	Team
17:30	Zusammenfassung und Mindmap		
18:00	Ende		

Tabelle 2: Die Agenda für den zweiten Tag des dritten Workshops

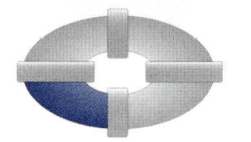

Tagesordnungspunkte Tag 2

Bündelung der strategischen Stossrichtungen

Die strategischen Optionen sind zu diesem Zeitpunkt nicht viel mehr als Ideen in den Köpfen der Mitarbeiter (und ein paar Statements auf den Flipcharts). Bevor sie weiterverarbeitet werden, gilt es, diese zu ordnen.

Wir arbeiten hier mit einem einfachen Vorgehen und nehmen dazu die Matrix von Ansoff zu Hilfe. In einem ersten Schritt werden die strategischen Optionen den strategischen Geschäftsfeldern und einem Quadranten aus der Ansoff-Matrix zugeordnet. Danach werden die Optionen pro Geschäftsfeld zu sogenannten strategischen Stossrichtungen zusammengefasst – oder eben gebündelt.

eBMC – Geschäftsmodellierung

Alternativ zum Vorgehen mit der Ansoff-Matrix bietet sich das Konzept «eBMC» (erweiterte Business Model Canvas) an. Dieses beruht auf Alexander Osterwalders Buch «Business Model Generation».[1] Damit werden aus den vorliegenden Optionen konkrete Geschäftsmodelle ausgearbeitet. Für jedes Geschäftsfeld wird eine Vorlage für ein eBMC vorbereitet. Zudem werden ein bis zwei oder auch mehrere leere Vorlagen bereitgehalten, falls sich aus der Diskussion neue Geschäftsideen ergeben.

Die Aufgabenbereiche dieses Schritts sind nicht nur kreativ, sondern auch sehr farbig und visuell. Die eigentliche Modellierung kann bereits am ersten Abend begonnen und am zweiten Tag fortgesetzt werden. Es ist darauf zu achten, dass genügend Zeit zur Verfügung steht. Dazu können insbesondere auch Diskussionen beitragen, die sich am Abend an der Bar ergeben, wo Gedanken und Einfälle oft freier vorgebracht werden, und so auch wirklich Neues entstehen kann. Stafford Beer spricht hier von der Session «later at the bar», in der die besten Ideen entstehen.

> **eBMC®**
>
> eBMC steht für «erweiterte Business Model Canvas» oder «ergänzte Business Model Canvas» und basiert auf dem Konzept von A. Osterwalder. Aus der St. Galler Schule kommend, haben wir das Modell um die beiden Elemente «unabhängiges Kundenbedürfnis» und «Lösungstechnologie» ergänzt.

SWOT-GAP-Analyse – Zwischenschritt

Mit relativ wenig Aufwand lässt sich hier ein erster Abgleich mit der SWOT durchführen. Die Hauptherausforderungen haben wir am Ende der Analysephase erarbeitet, und die strategischen Stossrichtungen liegen als Liste vor. Es ist je nach Grösse des Projektes und der Anzahl der Geschäftsfelder zu entscheiden, ob der Abgleich auf Geschäftsfeldebene oder auf der Unternehmensebene erfolgen soll. Wir schlagen vor, hier einen Durchlauf auf der Gesamtebene zu machen und den Abgleich auf der Geschäftsfeldebene den Gruppen als Hausaufgabe zu überlassen. Wenn Arbeitssitzungen abgehalten werden, können die Ergebnisse hier vorgestellt und diskutiert werden.

Es ist Aufgabe des Projektleiters, die notwendigen Aufgaben für eventuelle Nacharbeit zusammenzustellen und zu verteilen.

---

[1] A. Osterwalder: Business Model Generation, 2010.

Hausaufgaben

Auch nach dem dritten Workshop stehen Hausaufgaben an. Es geht vor allem darum, die im Workshop ausgearbeiteten strategischen Stossrichtungen anhand des Formulars 7Q zu beschreiben und zu bewerten. Dazu bilden wir Arbeitsgruppen, die die Aufgaben zusammen ausarbeiten. Diese Teams werden in der Zeit bis zum nächsten LA oder zum nächsten Workshop von sich aus Arbeitssitzungen organisieren. Idealerweise beginnen sie mit der Bearbeitung der ersten Stossrichtungen bereits im Workshop. Die Ergebnisse können als Vorlage für die weitere Arbeit verwendet werden.

Am Schluss der Gestaltungsphase werden die endgültigen Versionen zusammengestellt und für den nächsten Workshop aufbereitet. Auch das ist die Aufgabe des Projektleiters und/oder seiner Assistenten.

Als Hausaufgaben ergeben sich aus diesem Workshop die folgenden Problemstellungen:
- Ausarbeiten und Beschreiben der strategischen Stossrichtungen
- Zusammenfassung der Geschäftsfeldstrategien und Abschätzen der Zielsetzungen
- Abgleich SWOT-GAP-Analyse auf Geschäftsfeldebene

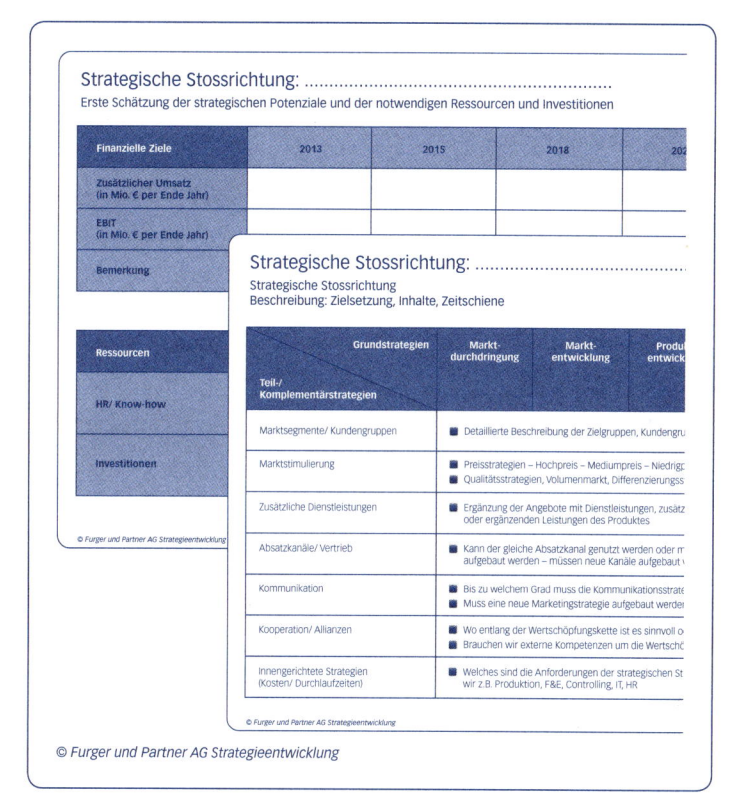

Abbildung 3: Formulare zur Beschreibung der strategischen Stossrichtungen

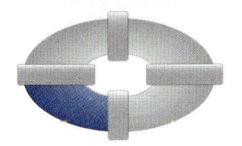

Drehbuch für Workshop III Tag 1

Als Checkliste verwenden wir die gleiche Vorlage, die wir in Kapitel 6 für die Analysephase vorgestellt haben. Das folgende Drehbuch ist ein Vorschlag, den Sie anpassen können.

Download

Die Vorlage finden Sie auf:
www.strategieleitfaden.ch

	Tag 1		
Zeit	**Inhalte**	**Wer**	**Bemerkungen/Material**
08:30 Uhr (30 Min)	Einführung ■ Status Projekt und Vorgehen ■ Administratives/Hotel/Essen/Pausen/Auschecken ■ Einführung Auftraggeber	PL Auftraggeber PL	Projektordner/Prozess Notizen/Rücksprache mit Hotel
09:00 Uhr	Vorgaben vom Lenkungsausschuss		
10:00 Uhr (60 Min)	Normstrategien ■ Input Ansoff/Adjacencies ■ Diskussion und Auslegen der Normstrategien aus der Analysephase ■ Zuordnen der Normstrategien/Optionen nach Ansoff	PL Team	■ Vorlage für Ansoff/Adjacencies/evtl. Handout ■ Liste/Vorlage aller Normstrategien – Evtl. Verteilen von Handouts ■ Pinnwände und Karten mit Normstrategien vorbereitet und im Raum verteilt
11:00 Uhr (90 Min)	Marktplatz I – Brainstorming ■ Input Vorgehen ■ Brainstorming auf Karten	PL Team	■ Vorlage für die Erklärung des Vorgehens ■ Karten vorbereitet und verteilt ■ Genügend Platz auf Pinnwänden oder an den Wänden für die Karten vorbereitet
12:30 Uhr (90 Min)	Mittagessen		
14:00 Uhr (120 Min)	Marktplatz II – Verkauf von Optionen	PL Team	■ Genügend Flipcharts vorbereitet und im Raum verteilt ■ Genügend Blätter der Flipcharts mit Einteilung vorbereitet ■ Raum vorbereitet/Tische auf die Seite schieben
16:00 Uhr (60 Min)	Präsentation der strategischen Optionen ■ Jeder «Verkäufer» präsentiert seine Option(en) ■ Inhouse-Optionen, d.h. Optionen, die nicht marktbezogen sind, werden aussortiert und kommen in den Themenspeicher für später	PL Teams	■ Raum schaffen, um die Optionen wegzuhängen oder Kennzeichnen der Optionen, die zurückgestellt werden
17:00 Uhr (30 Min)	Geschäftsfeldmodellierung eBMC ■ Input Vorgehen	PL Gruppen	Vorlage bereitgestellt für die Erklärung des Vorgehens Eventuell Handouts verteilt Geschäftsfeldgliederung bereitgestellt und nochmals vorgestellt
17:30 Uhr (30 Min)	Zuordnung ■ Zuordnung der Optionen zu den Geschäftsfeldern ■ Aufteilen der Gruppen für die Geschäftsfeldmodellierung	PL	■ Evtl. Gruppeneinteilung vorbereitet
18:00 Uhr (30 Min)	Zusammenfassung – Mindmap und Feedback ■ Feedbackrunde	Alle	■ Mindmap vorbereitet
18:30 Uhr	Ende Tag 1		

Tabelle 3: Drehbuch für Workshop III Tag 1

Drehbuch für Workshop III Tag 2

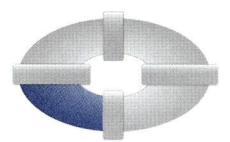

Auch das folgende Drehbuch ist ein Vorschlag, der sich je nach Bedarf anpassen lässt.

Download
Die Vorlage finden Sie auf:
www.strategieleitfaden.ch

	Tag 2		
Zeit	**Inhalte**	**Wer**	**Bemerkungen / Material**
08:30 Uhr (30 Min)	**Wrap-up** • Zusammenfassung erster Tag	PL	Projektordner / Prozess
09:00 Uhr (120 Min)	**Stossrichtungen** • Bündelung der Optionen und Zuordnung zu den Geschäftsfeldern • Je Geschäftsfeld die Stossrichtungen auflisten • Eventuell neue Geschäftsfelder schaffen	Gruppen	Geschäftsfelder auf Pinnwänden vorbereitet Liste der Geschäftsideen / Stossrichtungen bereitgestellt
Alternativ 09:00 Uhr (120 min)	**Geschäftsfeldmodellierung mit eBMC** • Bündelung der strategischen Optionen zu Stossrichtungen • Erstellen von Geschäftsideen • Arbeiten in Gruppen und Visualisieren der Ideen	Gruppen	Liste aller Optionen – am besten sichtbar an den Wänden Optionen dürfen nicht weggenommen werden, müssen auch von anderen Gruppen verwendet werden können Vorlage eBMC und Handout Working Set eBMC mit Karten, Vorlagen, Stiften Gruppenräume
11:00 Uhr (90 Min)	**Präsentation der Ergebnisse** • Freie Präsentation der Ergebnisse • Jede Gruppe bestimmt Art und Vortragende	Gruppen Team	• Plenum • Präsentationsmaterial • Beamer, Fotos
12:30 Uhr (90 Min)	**Mittagessen**		
14:00 Uhr (60 Min)	**SWOT-GAP-Analyse** • Abgleich der strategischen Stossrichtungen mit den Hauptherausforderungen aus der SWOT	PL Teams	Input: SWOT-GAP-Analyse Matrix auf Pinnwand oder Beamer vorbereitet Abgleich im Plenum erstellen oder an der Pinnwand erarbeiten lassen
16:00 Uhr (90 Min)	**7Q – Beginn der Hausaufgaben** • Stossrichtungen / Geschäftsideen werden anhand des Formulars 7Q im Detail beschrieben und erste Zielsetzungen und Ressourcen werden angegeben	PL Gruppen	Input: Formular 7Q Verteilen der Stossrichtungen auf Verantwortliche (die diese als Hausaufgaben übernehmen) Gruppeneinteilung, mit den Hausaufgaben starten
17:30 Uhr (30 Min)	**Hausaufgaben** • Zuordnung der Stossrichtungen • Gegenleser bestimmen	PL	Jede Stossrichtung hat einen Verantwortlichen und jemanden, der die Ergebnisse gegenliest Termine festlegen für die erste Rückgabe und Weitergabe zum Gegenlesen Ablage erklärt und vorbereitet
18:00 Uhr	**Feedback** • Feedbackrunde • Mindmap	Alle	Mindmap vorbereitet Evtl. Tonband eingeschaltet, um Feedback aufzunehmen Flipchart vorbereitet, um Feedback mitzuschreiben
18:30 Uhr	**Ende Tag 2**		

Tabelle 4: Drehbuch für Workshop III Tag 2

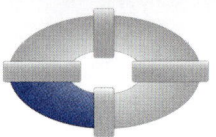

Instrumente Gestaltungsphase

Auch für die Gestaltungsphase stellen wir eine Reihe von Instrumenten vor, die Sie von unserer Website herunterladen können. Wir beschränken uns auf eine Auswahl der bedeutendsten Werkzeuge.

	Instrument	Einsatz für
1	Marktplatz	Erarbeiten von Optionen
2	Adjacencies	Erarbeiten und bewerten von Optionen
3	Ansoff-Matrix	Bündelung der Optionen
4	eBMC	Erstellen von Geschäftsmodellen
5	SWOT-GAP-Analyse	Plausibilität der Strategie
6	Bewertung	Bewertung der Stossrichtungen
7	Formular 7Q	Beschreibung der Stossrichtungen

Tabelle 5: Übersicht über die Werkzeuge der Gestaltungsphase

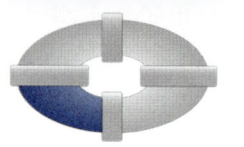

Marktplatz

Funktion und Anwendung auf einen Blick:

Der Marktplatz ist ein Instrument aus dem sogenannten Syntegrationsprozess, den Stafford Beer beschrieben hat und der heute von diversen Beratungsunternehmen eingesetzt wird. Wir setzen den Marktplatz ganz am Anfang der Gestaltungsphase für die Entwicklung der strategischen Optionen ein – in einem meist ganztägigen Workshop unter Beteiligung des gesamten Teams.

Zum Auftakt werden Ideen auf Karten gesammelt, meist nur anhand einzelner Stichworte (das klassische Kartenkleben, das Sie alle kennen). Am Schluss verfügen wir über konkret ausformulierte Optionen, die nicht nur auf einem Flipchart festgehalten sind, sondern dazu die Zustimmung mehrerer Teilnehmer erhalten haben. Diskussionen tragen dazu bei, dass sich die Ideen in den Köpfen der Mitarbeiter einprägen und so zu einem gemeinsamen Gut werden.

Das Vorgehen macht Spass, lässt den Teilnehmern viel Freiraum und bringt die besten Ideen der Organisation aufs Papier und in die Köpfe der Teilnehmer.

Vorgehen

Schritt 1: Brainstorming: Ideen und Optionen werden von den Teilnehmern auf Karten geschrieben und diese an Pinnwänden oder direkt an einer grossen Wand angeheftet. Die Karten werden gemischt, d.h. ungeordnet präsentiert.

Schritt 2: Die Teilnehmer stellen kurz ihre Ideen vor und erläutern den Hintergrund jeder Karte.

Schritt 3: Im Raum wird für genügend Platz gesorgt – alle Tische werden an die Wand geschoben, und der Marktplatz wird eingerichtet. Pro 3–4 Teammitglieder wird ein Flipchart aufgestellt. Für ein Team von 15 Mitgliedern werden somit 3–4 Flipcharts im Raum platziert. Auf jedem Flipchart sind ca. 15–20 Blätter vorbereitet, damit diese direkt ausgefüllt werden können.

Schritt 4: Nun hat jedes Teammitglied die Aufgabe, seine Ideen auf einem Flipchart zu konkretisieren, mit den Kollegen zu diskutieren und sie ihnen zu erläutern. Die Karten aus dem Brainstorming werden nicht weggenommen, sondern bleiben an ihrem Ort.

Schritt 5: Sobald eine Idee oder Option die Unterschriften von mindestens 3 Personen erhalten hat, wird diese vom Flipchart entfernt und an der Wand des Raumes der Reihe nach angeheftet.

Schritt 6: Die auf den Flipcharts aufgeführten Optionen werden von den «Eigentümern» präsentiert und nochmal erläutert.

Schritt 7: Die nach innen gerichteten Optionen werden aussortiert und kommen in den Themenspeicher.

Abbildung 4:   Aus 200–400 Karten / Ideen aus dem Brainstorming entstehen ca. 30–50 strategische Optionen

Das Ergebnis sind strategische Optionen, die einerseits beschrieben und visualisiert sind, sich aber andererseits auch in den Köpfen der Teilnehmer zu konkretisieren beginnen – und dies ist der weitaus wichtigste Effekt des ganzen Vorgehens.

Die vollständigen Unterlagen und Anleitung können Sie hier herunterladen:

Download

Link zur Software:
www.strategieleitfaden.ch

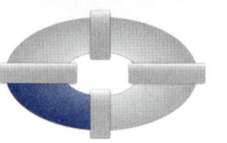

Adjacencies

Funktion und Anwendung auf einen Blick:

Die Adjacencies-Methode beruht auf der gleichen Philosophie wie die Ansoff-Matrix, benutzt aber mehrere Dimensionen. Während die Ansoff-Matrix mit den Dimensionen Produkt und Markt arbeitet, kommen bei der Adjacencies-Methode die Dimensionen Technologie, Absatzkanal, Regionen, Wertschöpfungskette (Vorwärts- und Rückwärtsintegration), Anwendungen und andere dazu.

Während wir die Ansoff-Matrix eher dazu verwenden, einen Überblick über die Optionen zu erhalten, setzen wir die Adjacency-Methode zuerst einmal ein, um weitere Optionen zu erarbeiten. Diese Vorlage wird dazu beim Marktplatz verwendet und kann da wertvollen Input für das Brainstorming neuer Ideen geben.

Zudem eignet sich dieser Ansatz hervorragend dafür, die Optionen zu bewerten und zwar nach den Dimensionen Abstand zum Erfolg und Distanz zum Kerngeschäft.

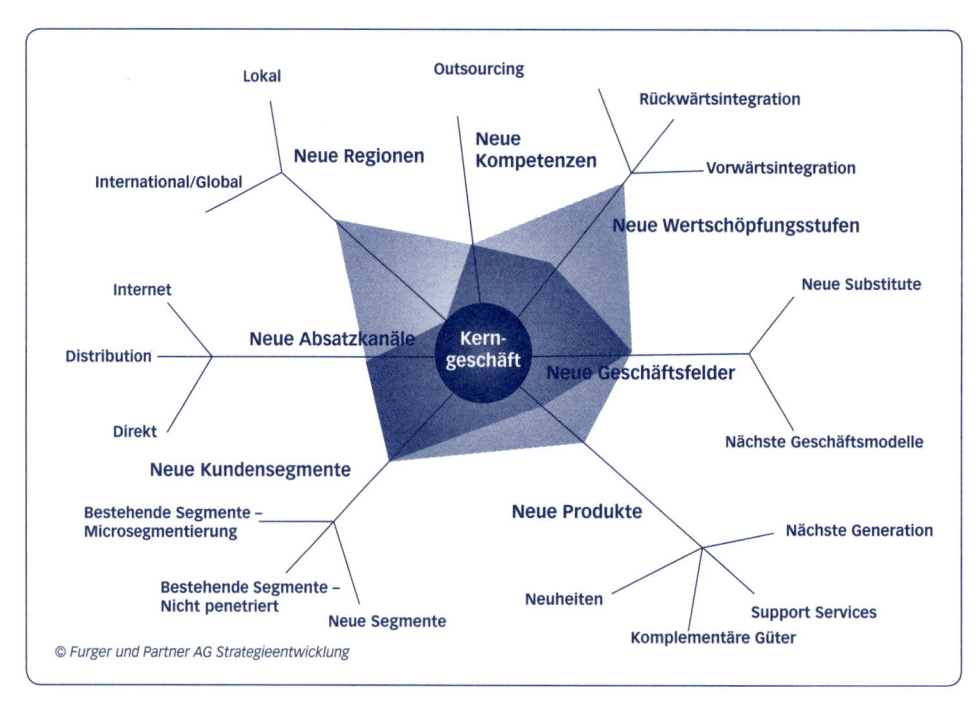

Abbildung 5: Adjacencies als mehrdimensionaler Ansoff

Beschreibung:

Da das Risiko und damit die Wahrscheinlichkeit für einen Misserfolg mit der Distanz zum bestehenden Geschäft grösser werden, gelten folgende Regeln:

- Entwickle neue Geschäfte in benachbarten (anliegend = adjacent) Bereichen
- Entwickle neue Geschäfte nicht gleichzeitig in mehr als einer Dimension (bei Ansoff wäre das die Diversifikation)

Zur Beurteilung der beiden Dimensionen Abstand zum Erfolg und Adjacencies werden mehrere Faktoren herangezogen, die für das jeweilige Geschäft und den Markt gemeinsam diskutiert und festgelegt werden.

Die vollständigen Unterlagen und Anleitung können Sie hier herunterladen:

⬇ Download

Link zur Software:
www.strategieleitfaden.ch

Vorgehen

Schritt 1: Definition des Kerngeschäftes
Schritt 2: Festlegen der Dimensionen für die Wachstumsstrategien
Schritt 3: Entwicklung von strategischen Optionen
Schritt 4: Definition der Kriterien für den Abstand zum Erfolg
Schritt 5: Definition der Kriterien für die Adjacencies
Schritt 6: Bewertung des Abstands zum Erfolg für jede strategische Option
Schritt 7: Bewertung der Adjacency für jede strategische Option
Schritt 8: Berechnen des Risiko-Portfolios (siehe Excel-Werkzeug)

Abstand zum Erfolg

Wie weit ist der Weg zu Umsatz und Ergebnis?
- Heutiges Marktvolumen
- Heutiger Umsatz
- Bestehende Konkurrenten im Markt
- Substitution von bestehenden Produkten
- Zeitspanne bis zum ersten Umsatz

Kernkompetenzen – «Adjacency»

Wie nahe sind die Optionen zu den bestehenden Geschäften?
- Kundengruppe – Marktsegment
- Kundenproblem – Bedürfnis
- Technologie
- Produkt – Dienstleistung
- Absatzkanal

Kerngeschäft

Diversifikation

© Furger und Partner AG Strategieentwicklung

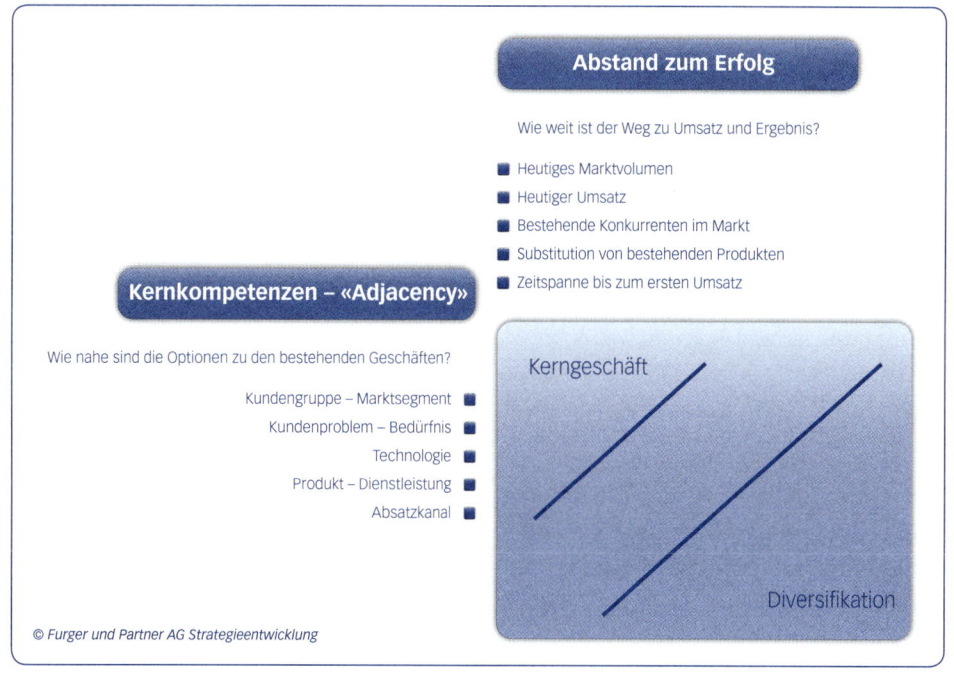

Abbildung 6: Bewertung von Strategischen Optionen mit Adjacencies

Die Ansoff-Matrix

Funktion und Anwendung auf einen Blick:

Die Ansoff-Matrix (auch Produkt-Markt-Matrix) ist der Klassiker schlechthin für die Bewertung von strategischen Optionen. Ansoff, dessen Ansatz wir in Kapitel 1 kurz gewürdigt haben, hat damit das Werkzeug geschaffen, um Strategien grundsätzlich zu klassifizieren. Auf der Basis von vier möglichen Produkt-Markt-Kombinationen definiert er vier Wachstumsstrategien, zwischen denen sich ein Unternehmen entscheiden kann: Marktdurchdringungsstrategien, Marktentwicklungsstrategien, Produktentwicklungsstrategien, Diversifikation. Anzufügen sind hier zudem Exitstrategien, die zu Ansoffs Zeit noch wenig aktuell waren.

Ansoff hat sich auch klar bezüglich Erfolgswahrscheinlichkeiten und Kosten dieser Strategien geäussert. Auf den ersten Blick mögen seine Angaben zu den Kosten hoch erscheinen. Man denke dabei aber an die gescheiterten Versuche von Unternehmen, ins Ausland zu expandieren, und die Verluste, die in diesen Fällen entstanden sind.

	Bestehende Produkte	Neue Produkte
Heutige Märkte	**A) Marktdurchdringung** Kosten 100% Erfolgswahrscheinlichkeit 50% Wachstum durch Verdrängungswettbewerb, intensive Marktbearbeitung	**B) Produktentwicklung** Kosten 800% Erfolgswahrscheinlichkeit 33% Ausweitung der Produktpalette, Substitution durch neue Produkte und Technologien
Neue Märkte	**C) Marktentwicklung** Kosten 400% Erfolgswahrscheinlichkeit 20% Neuer Markt, neue Regionen, neue Distributionskanäle	**D) Diversifikation** Kosten 1600% Erfolgswahrscheinlichkeit 5% Aufbau einer komplett neuen Geschäftslinie, horizontale und/oder vertikale Diversifikation

Exit

Nach Ansoff, © Furger und Partner AG Strategieentwicklung

Abbildung 7:   Die Ansoff-Matrix

Vorgehen

Schritt 1:   Vorbereiten aller strategischen Optionen auf Karten
Schritt 2:   Zuordnung der Karten auf die 4 Quadranten
Schritt 3:   Gruppierung der Karten zu einheitlichen Themen
Schritt 4:   Auswertung der Anzahl Optionen pro Quadrant
Schritt 5:   Bündelung der Optionen zu strategischen Stossrichtungen pro Geschäftsfeld

Wir benutzen dieses Instrument, um eine erste Klassifizierung der strategischen Optionen vorzunehmen. Jede Option wird einer Ansoff-Strategie zugeordnet und damit erhalten wir einen Eindruck davon, in welche Richtung die neuen Strategien gehen und welches Risiko damit verbunden ist.

Danach werden die Optionen den Geschäftsfeldern zugeordnet und zu strategischen Stossrichtungen gebündelt.

Einteilung der strategische Optionen nach Ansoff:

Die vollständigen Unterlagen und Anleitung können Sie hier herunterladen:

⬇ Download

Link zur Software:
www.strategieleitfaden.ch

Ordnung der strategischen Optionen nach Ansoff				
Geschäftsfelder	Marktdurchdringung	Marktentwicklung	Produktentwicklung	Diversifikation
Option 1				
Option 2				
Option 3				
Option 4				
Option ...				

Tabelle 6: Strategische Optionen nach Ansoff

Die erweiterte Business Model Canvas – eBMC

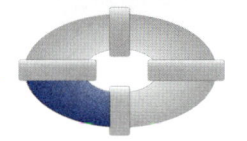

> **Funktion und Anwendung auf einen Blick:**
>
> Nach der Ausarbeitung der strategischen Optionen werden diese weiter konkretisiert und daraus die Geschäftsfeldstrategien entwickelt. Die erweiterte Business Model Canvas – eBMC wird eingesetzt, um die Optionen zu bündeln und daraus Geschäftsmodelle zu entwickeln.
>
> Die eBMC basiert auf dem Business Model Canvas von Alexander Osterwalder. Aufgrund von ersten Erfahrungen mit dem Konzept haben wir dieses mit den beiden Bausteinen «Unabhängiges Kundenbedürfnis» und «Technologische Lösungen» ergänzt. Die beiden Bausteine haben ihren Ursprung im Navigationssystem von Aloys Gälweiler.
>
> Wir versuchen, die entstehenden Geschäftsmodelle den vorhandenen Geschäftsfeldern zuzuordnen; oder wenn das nicht sinnvoll ist, neue Geschäftsfelder zu definieren.

Das Kundenbedürfnis:

Dieser Baustein steht für das Kundenproblem, das ein Unternehmen lösen will – und zwar geht es um das «lösungsunabhängige Kundenproblem». Wir benutzen die Begriffe «Kundenproblem» – «Kundenbedürfnis» und «Kundenwunsch» als Synonyme. Das Kundenproblem ist häufig latent vorhanden und wird durch neue Produkte oder Dienstleistungen nur anders und meist besser gelöst. Die Lösung eines Kundenproblems bringt dem Kunden einen Wert, und genau für diesen Wert ist der Kunde bereit, Geld zu bezahlen. So ist das Produkt «Auto» nicht in erster Linie eine schön gestaltete Maschine auf vier Rädern, sondern schafft die Möglichkeit, sich jederzeit von A nach B bewegen zu können. Es ist oft nützlich, eine Geschäftsidee auf dieses «Problem» zu abstrahieren, um auf neue Lösungstechniken zu kommen. Innovation, die sich am Markt orientiert, beschäftigt sich vor allem damit und kann nur funktionieren, wenn man das Kundenproblem genau kennt.

Dabei kann es sich um originäre Probleme handeln wie z.B. Essen und Trinken oder um sekundäre, abgeleitete Probleme wie Luxusgüter, Ferien oder weitere Annehmlichkeiten, die über ein elementares Grundbedürfnis hinausgehen.

Dieser Baustein lässt sich hervorragend mit der früher beschriebenen «Value Proposition» verbinden. Es empfiehlt sich, hier die Ergebnisse aus der Analysephase beizuziehen.

Lösungstechnologien:

Dieser Baustein steht für die technischen Lösungen, die hinter einem Produkt oder einer Dienstleistung stehen. Technologien haben meist einen bestimmten Lebenszyklus und werden nach einer gewissen Zeit von neuen Technologien abgelöst, die ein Kundenproblem oder Kundenbedürfnis besser und günstiger lösen. Damit setzt ein Substitutionsprozess ein, der zur Ablösung bestehender Produkte im Markt führt. Dieser Vorgang folgt im Normalfall dem Muster einer S-Kurve. Ein Beispiel dafür ist die Substitution von Pferdekutschen durch Automobile. Innovation findet stets im Zusammenspiel zwischen der Kenntnis des originären Kundenproblems und neuen Lösungstechnologien statt. Der Zeitrahmen der Substitution ist unterschiedlich, kann aber Jahre oder gar Jahrzehnte umspannen. Die erste Darstellung eines neuen Lösungskonzeptes nennt man Invention – Erfindung –, während Innovation erst dann vorliegt, wenn sich das Produkt im Markt durchsetzt.

Diesen Baustein verbinden wir mit der früher beschriebenen «Substitutionsanalyse». Es empfiehlt sich auch hier, die Ergebnisse aus der Analysephase beizuziehen.

Abbildung 8: Die erweiterte Business Model Canvas

(Nach Osterwalder, © Furger und Partner AG Strategieentwicklung)

Für die Anwendung sei hier auch auf das Buch von A. Osterwalder verwiesen: Business Model Generation.

Auf unserer Website finden Sie mehr zu unserem ergänzten Ansatz:

Download
Link zur Software:
www.strategieleitfaden.ch

Dort finden Sie zusätzlich eine Software, die wir zusammen mit der der Fachhochschule Rapperswil entwickelt haben. Damit können Sie Ihre Geschäftsmodelle elektronisch erfassen, bearbeiten und abspeichern.

Die grundlegenden Fragen zum Kundenbedürfnis sind:
- Für was bezahlt der Kunde wirklich?
- Was ist sein wirkliches Problem?
- Welches sind die entscheidenden Kaufkriterien?
- Welche Kaufkriterien werden von unseren Produkten besser erfüllt?
- Mit welchem Nutzen können wir uns von der Konkurrenz differenzieren?

Die Fragen zu den Lösungstechnologien:
- Welche bestehenden Lösungstechnologien stehen hinter den Produkten?
- Wo hat unser Unternehmen Kompetenzen – Kernkompetenzen?
- In welcher Lebensphase befinden sich diese Technologien?
- Wo stehen neue Erfindungen an und welche Kundenprobleme können damit (viel) besser gelöst werden?
- Bei welchem Kaufkriterium können wir markante Verbesserungen anbieten?

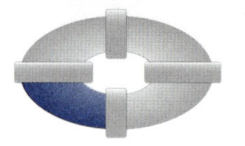

SWOT-GAP-Analyse

Funktion und Anwendung auf einen Blick:

Die SWOT-GAP-Analyse ist ein effizientes Instrument zur Überprüfung der Robustheit einer Strategie. Es dient dazu, allfällige Lücken in der strategischen Planung aufzudecken oder Optionen ohne entsprechende Herausforderungen auszumachen.

Den Input bilden die strategischen Stossrichtungen sowie die strategischen Hauptherausforderungen.

Das Tool unterscheidet sich von der konventionellen Gap-Analyse dadurch, dass es die strategische Lücke nicht allein von den finanziellen Zielen des Kapitalgebers her angeht, sondern über die strategische Position des Unternehmens.

Die SWOT-GAP-Analyse ermöglicht eine erweiterte Nutzung der SWOT-Analyse, deren Potenzial in der Regel nicht voll ausgeschöpft wird.

Vorgehen

(wir führen hier nur noch die letzten Schritte der SWOT-GAP-Analyse auf)

Schritt 5: Heranziehen der Hauptherausforderungen (aus der Analysephase): Die Herausforderungen werden nochmal diskutiert, präzisiert und in knapper Form zusätzlich charakterisiert.

Schritt 6: Abgleich der strategischen Herausforderungen mit den strategischen Optionen.

Schritt 7: Ableiten der strategischen Lücken: Der Abgleich ermöglicht es, eventuelle Lücken in der Strategie festzustellen.

Schritt 8: Festlegen, ob Nacharbeiten notwendig sind, und Verteilen der Aufgaben.

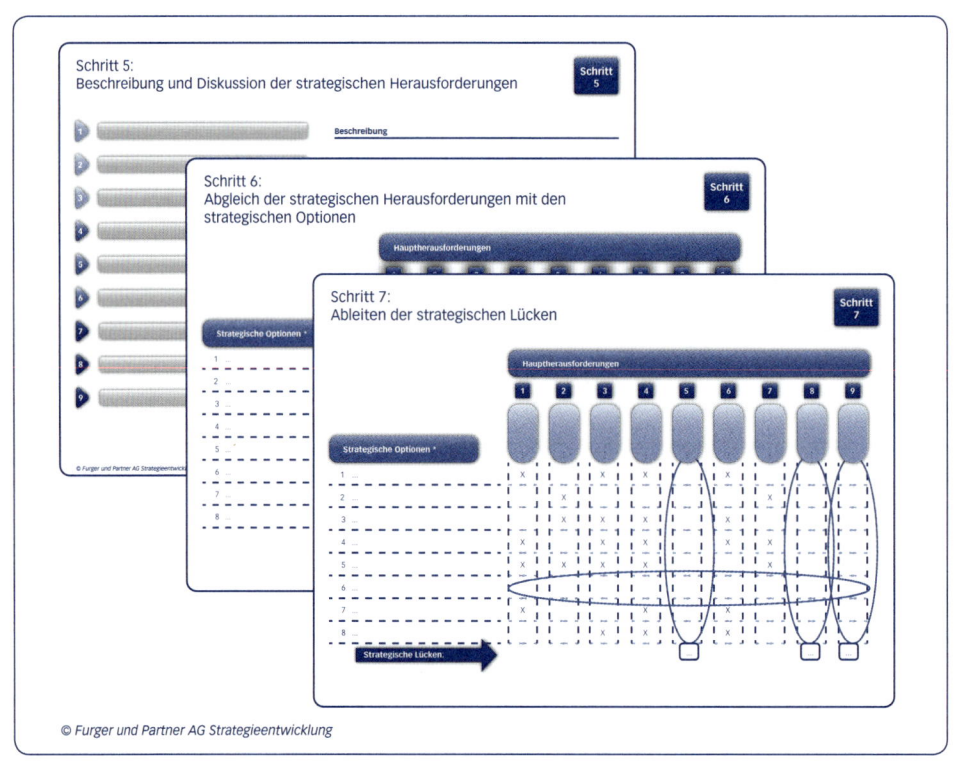

Abbildung 9: Formulare zur SWOT-GAP-Analyse Teil 2

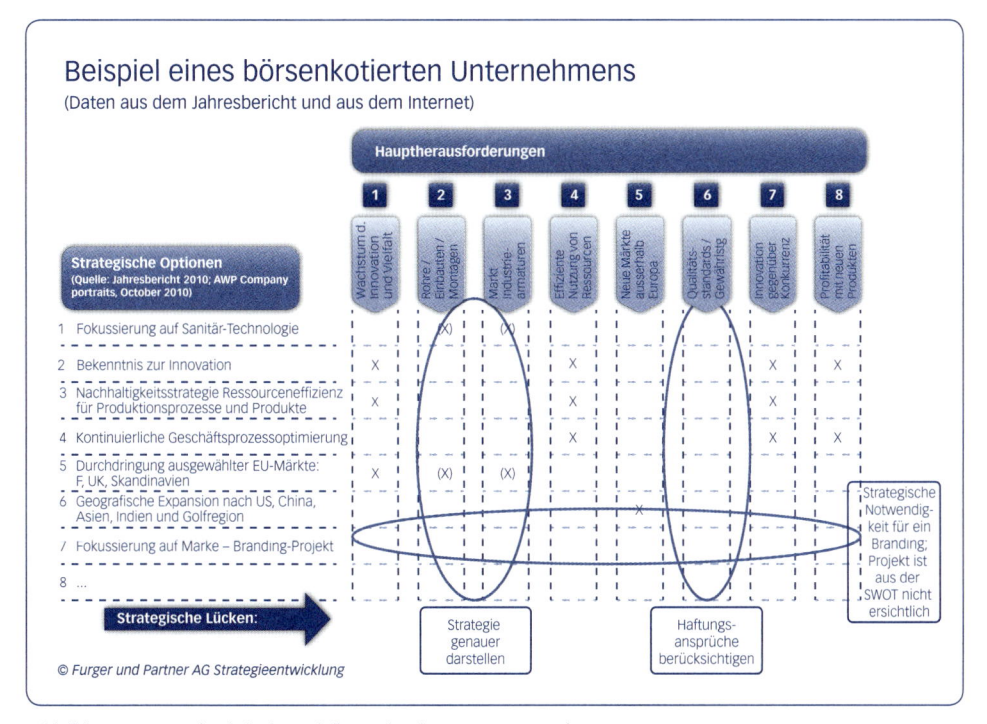

Abbildung 10: Beispiel eines börsenkotierten Unternehmens

Unser Beispiel zeigt auf, dass die Hauptherausforderungen Nr. 2, 3 und 6 in der Strategie nicht genügend klar oder gar nicht berücksichtigt sind. Und für die strategische Option Nr. 7 fehlt eine Grundlage in der SWOT.

Bewertung der Stossrichtungen

Funktion und Anwendung auf einen Blick:

Es gibt mehrere Methoden, um die Auswahl der strategischen Stossrichtungen vorzubereiten. Eine erste Möglichkeit, diese zu bewerten, haben wir anhand des Instruments Adjacencies erläutert. Einen tieferen Einblick in die Plausibilität der Strategie erhalten wir, indem wir die vorliegenden strategischen Stossrichtungen mit einem zweistufigen Verfahren bewerten und eine Auswahl vorschlagen. Das vorliegende Instrument analysiert die Stossrichtungen nach zwei mal zwei Dimensionen anhand von zwei Portfolios.

Das erste Portfolio hat die Achsen «Strategisches Potenzial» und «Strategische Relevanz». Die Kriterien für die beiden Achsen können nach Bedarf angepasst und gewichtet werden. Ein vereinfachtes Vorgehen arbeitet nur mit einer einfache Werteskala und ordnet den einzelnen Stossrichtungen z.B. Werte zwischen 1 und 3 zu (oder eins bis drei Punkte).

Das zweite Portfolio besteht aus den Achsen «Ressourcenbedarf» und «Erfolgswahrscheinlichkeit» (oder «interne Barrieren»). Auch hier kann eine einfache Werteskala mit den Werten von 1 bis 3 angewendet werden.

Auf dieser Grundlage lässt sich ein Portfolio erstellen, das sich aus den Dimensionen «Attraktivität» (aus dem ersten Portfolio) und Risiko (aus dem zweiten Portfolio) zusammensetzt. Damit erhalten wir eine erste Vorlage zur Auswahl der strategischen Stossrichtungen.

Vorgehen

Schritt 1: Erstellen der Kriterien für das Marktpotenzial
Schritt 2: Erstellen der Kriterien für die strategische Relevanz
Schritt 3: Erstellen des ersten Portfolios
Schritt 4: Erstellen der Kriterien für den Ressourcenbedarf
Schritt 5: Erstellen der Kriterien für die Erfolgswahrscheinlichkeit
Schritt 6: Erstellen des zweiten Portfolios
Schritt 7: Kombination der beiden Basis-Portfolios zum Bewertungsportfolio mit den Achsen Attraktivität und Risiko

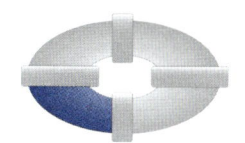

	Strategische Stossrichtungen	Marktpotenzial	Erfolgswahr-scheinlichkeit	Strategische Relevanz	Ressourcen-bedarf
1		3	3	2	3
2		2	2	2	3
3		3	2	2	3
4		1	1	1	2
5		3	2	1	2
6		2	1	1	2
7		1	1	1	2
8		3	3	3	2
9		2	1	2	3

© Furger und Partner AG Strategieentwicklung

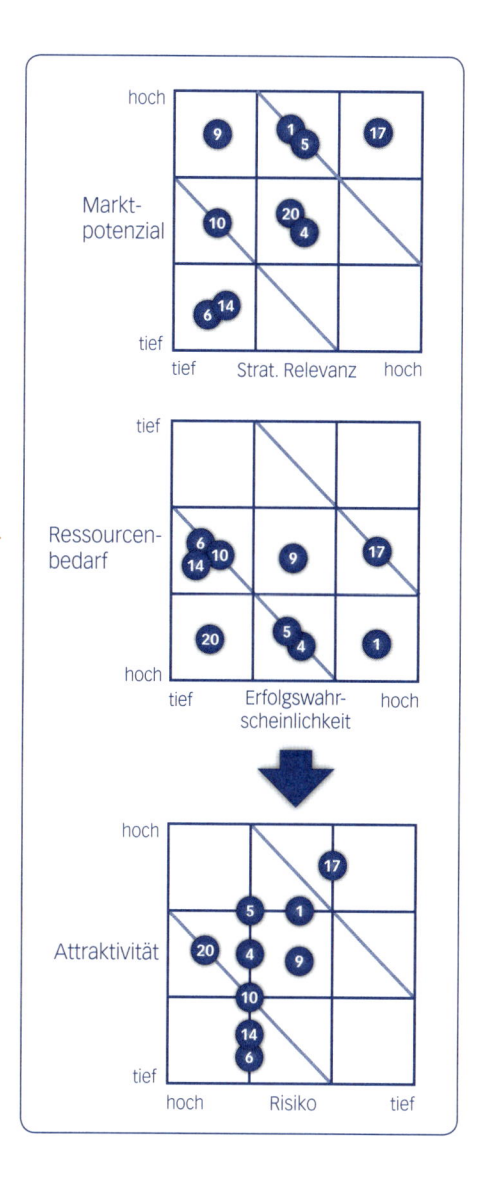

Abbildung 11: Beispiel für die Bewertung von Stossrichtungen

Auf unserer Website finden Sie mehr zum Vorgehen und Beispiele dazu:

⬇ **Download**

Link zur Software:
www.strategieleitfaden.ch

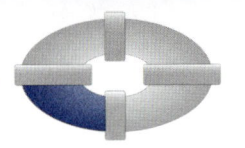

7Q – Beschreibung der strategischen Stossrichtungen

> **Funktion und Anwendung auf einen Blick:**
>
> 7Q ist eine Vorlage (Formular), die zur weiteren Konkretisierung der Stossrichtungen eingesetzt wird. Es hat sich herausgestellt, dass man mit der Beantwortung von 7 Fragen (die 7Q) die Voraussetzung schafft, um aus den Stossrichtungen die Geschäftsfeldstrategien zusammenzustellen. Pro Stossrichtung werden die folgenden Aspekte beschrieben:
>
> Marktsegmentierung – Marktstimulierung (Preis/Werte) – Vermarktung von Know-how und zusätzlichen Dienstleistungen – Marketing und Distribution – Kommunikation – Kooperation und Allianzen – nach innen gerichtete Strategien
>
> Zusätzlich stellt das Team die ersten Abschätzungen für die strategischen Ziele sowie die benötigten Ressourcen pro Stossrichtung zusammen.
>
> Das gleiche Prinzip kann angewendet werden, wenn Sie bei der Bündelung mit dem eBMC arbeiten. Anstelle der 7Q werden dann einfach die 9 Felder des eBMC weiter beschrieben.
>
> Das Bearbeiten der Formulare ist eine Fleissaufgabe, die wir meist im Rahmen von Hausaufgaben erledigen. Die Themen werden verteilt, und jeder Teilnehmer beschreibt ein paar Stossrichtungen. Um den Prozess in Gang zu bringen, beginnen wir bereits am zweiten Tag im Workshop damit, die ersten Aufgaben gemeinsam zu erledigen. So lassen sich erste Fragen zum Vorgehen bereits hier klären.

Vorgehen

Um eine strategische Stossrichtung zu beschreiben, gehen wir in folgenden Schritten vor:

Schritt 1: Darstellung der einzelnen Segmente oder Teilsegmente (Märkte und Kunden)

Schritt 2: Beschreibung des Angebots von Produkten und Dienstleistungen je Markt und Kundengruppe

Schritt 3: Ausarbeiten von Werte- und/oder Preisstrategien je Markt und Kundengruppe

Schritt 3: Vorgaben für Marketing und Verkauf

Schritt 4: Vorgaben für die Vertriebskanäle

Schritt 5: Auflisten und Beschreiben von Kooperationen, Akquisitionen, M&A und weiteren strategischen Partnerschaften

Schritt 6: Anforderungen einer Stossrichtung an die internen Funktionen

Schritt 7: Erste Abschätzung der Potenziale und Ziele

Schritt 8: Erste Abschätzung der Ressourcen und Investitionen

Strategiegestaltung 235

Strategische Stossrichtung: ....
Erste Schätzung der strategischen Potenziale und der notwendigen Ressourcen und Investitionen

Finanzielle Ziele	2013	2015	2018	2020
Zusätzlicher Umsatz (in Mio. € per Ende Jahr)				
EBIT (in Mio. € per Ende Jahr)				
Bemerkung				

Ressourcen				
HR/ Know-how				
Investitionen				

© Furger und Partner AG Strategieentwicklung

Strategische Stossrichtung: ....
Strategische Stossrichtung
Beschreibung: Zielsetzung, Inhalte, Zeitschiene

Teil-/ Komplementärstrategien \ Grundstrategien	Marktdurchdringung	Marktentwicklung	Produktentwicklung	Diversifikation	Ausgang
Marktsegmente/ Kundengruppen	■ Detaillierte Beschreibung der Zielgruppen, Kundengruppen und Marktsegmente, Regionen, Länder				
Marktstimulierung	■ Preisstrategien – Hochpreis – Mediumpreis – Niedrigpreis ■ Qualitätsstrategien, Volumenmarkt, Differenzierungsstrategien				
Zusätzliche Dienstleistungen	■ Ergänzung der Angebote mit Dienstleistungen, zusätzlichen Angeboten oder ergänzenden Leistungen des Produktes				
Absatzkanäle/ Vertrieb	■ Kann der gleiche Absatzkanal genutzt werden oder muss eine neue Vertriebs- und Absatzstrategie aufgebaut werden – müssen neue Kanäle aufgebaut werden				
Kommunikation	■ Bis zu welchem Grad muss die Kommunikationsstrategie angepasst werden ■ Muss eine neue Marketingstrategie aufgebaut werden				
Kooperation/ Allianzen	■ Wo entlang der Wertschöpfungskette ist es sinnvoll oder gar notwendig, Partnerschaften einzugehen ■ Brauchen wir externe Kompetenzen, um die Wertschöpfungskette zu ergänzen				
Innengerichtete Strategien (Kosten/ Durchlaufzeiten)	■ Welches sind die Anforderungen der strategischen Stossrichtungen an die Abteilungen des Unternehmens wie z.B. Produktion, F&E, Controlling, IT, HR				

© Furger und Partner AG Strategieentwicklung

© Furger und Partner AG Strategieentwicklung

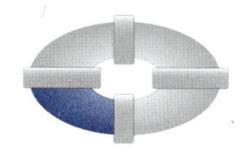

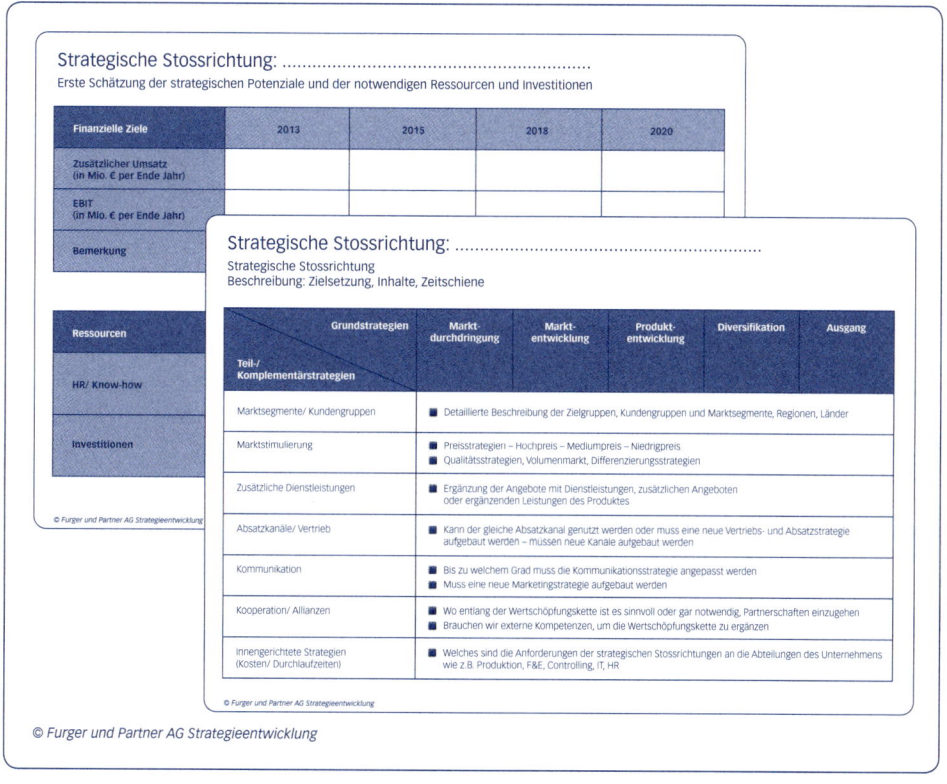

Abbildung 12: Formular zur Beschreibung der strategischen Stossrichtungen

Auf unserer Website finden Sie mehr:

⬇ **Download**

Link zur Software:
www.strategieleitfaden.ch

8 Sofortmassnahmen

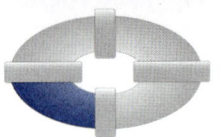

Wie in der Analysephase können auch hier wieder Themen auftauchen, die sich für Sofortmassnahmen eignen. Es ist Sache des Projektleiters, an geeigneter Stelle die Diskussion auf diesen Punkt zu lenken und die Anregungen aus dem Team zu sammeln.

Themenspeicher

In den Themenspeicher kommen strategische Optionen und Ideen, die bei der Bewertung und der Bündelung zu Stossrichtungen und Grundstrategien zwar auf der Strecke bleiben, die aber später erneut in Betracht gezogen werden können. In einer Strategiereview können diese Ideen wieder aufgenommen und neu ausgearbeitet werden. Es kommt auch vor, dass strategische Initiativen bewusst verschoben werden, sei es aus Kostengründen oder um den Arbeitsaufwand nicht von vornherein zu überladen.

So haben wir in einem Projekt mit einem europäischen Konzern die Strategie für einen ganzen Geschäftsbereich, der von der USA aus geführt wurde, zurückgestellt und erst nach Verabschiedung der Konzernstrategie wieder aufgenommen. Dies hatte einerseits Kapazitätsgründe, andererseits wollte man weitere Marktentwicklungen abwarten. Die Strategie für diesen Geschäftsbereich wurde dann mit der gleichen Methodik als strategische Initiative erarbeitet und im folgenden Jahr an der Strategiereview in die Konzernstrategie aufgenommen.

Ein Themenspeicher ist somit eine Tabelle mit Ideen und deren kurzen Beschreibung – und natürlich mit dem Hinweis, wo sich die bisher erarbeiteten Grundlagen befinden (meist fängt man dann doch wieder ganz von Neuem an).

8 238 Strategiegestaltung

Strategische Ausrichtung

Vorgehen 243	
Workshop IV 244	
Instrumente Strategische Ausrichtung 255	

Instrumente
Strategische Ausrichtung 255
Grundstrategien 256
Funktionale Anforderungen
und Massnahmen 258

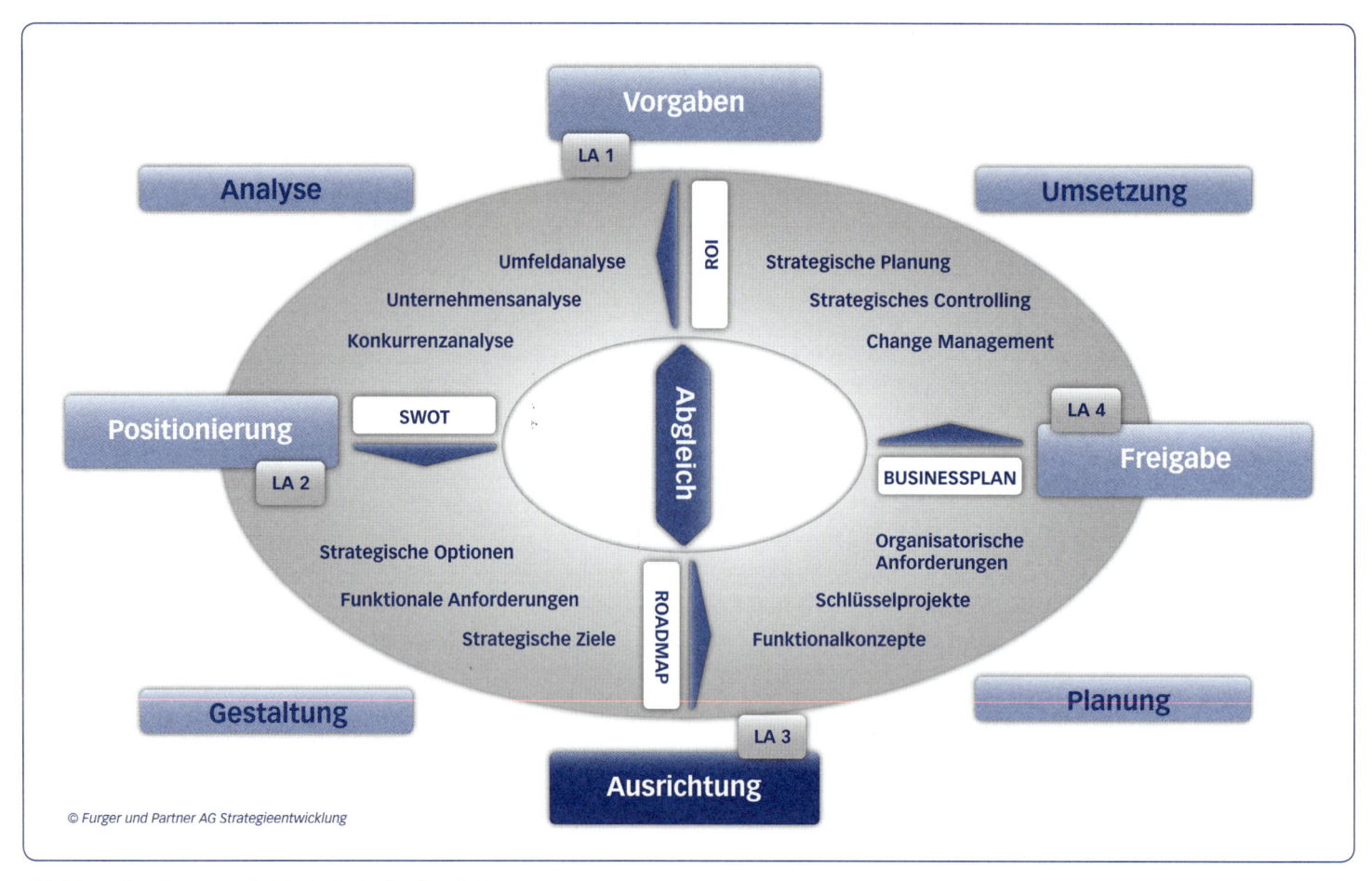

Abbildung 1: Prozessschritt strategische Ausrichtung

Strategische Ausrichtung

In dieser Phase wird die Strategie festgelegt und verabschiedet. Aus den strategischen Stossrichtungen werden die einzelnen Geschäftsfeldstrategien formuliert und zusammengefasst in einer Roadmap dem LA zum Entscheid vorgelegt. Die Summe der strategischen Ziele ergibt die Zielsetzung des Unternehmens.

Aus den Grundstrategien werden die funktionalen Anforderungen erstellt. Diese bilden die Basis für die strategischen Massnahmen, die in der nächsten Phase für die Umsetzung ausgearbeitet werden. Auf dieser Grundlage lassen sich erstmals der Aufwand und die notwendigen Mittel für die Umsetzung grob abschätzen.

Jetzt stellt sich auch die Frage nach dem Leitbild und den Vorgaben noch einmal. Stimmt das Leitbild noch oder gibt es Vorschläge zu einer Anpassung oder Überarbeitung? Das Projektteam stellt dazu einen Vorschlag zusammen. Damit kann auch die Unternehmensstrategie als Ganzes abgeschlossen werden. Dazu werden die strategischen Vorgaben mit den Ergebnissen der Geschäftsfeldstrategien abgestimmt.

Was bisher erledigt wurde

Bevor die Zwischenphase Strategische Ausrichtung gestartet werden kann, sind folgende Aufgaben erledigt und verabschiedet:

- ✓ Die strategischen Stossrichtungen pro Geschäftsfeld sind ausgearbeitet
- ✓ Die ausgearbeiteten Stossrichtungen wurden mit der SWOT-GAP-Analyse auf Konsistenz und Plausibilität überprüft
- ✓ Die strategische Roadmap mit strategischen Richtzielen steht
- ✓ Eventuelle Sofortmassnahmen sind formuliert und für eine weitere Vorlage vorbereitet

Ergebnisse der strategischen Ausrichtung

Die Hauptergebnisse der strategischen Ausrichtung auf einen Blick:

- Die Grundstrategien der Geschäftsfelder sind verabschiedet
- Die strategischen Zielsetzungen pro Geschäftsfeld sind beschrieben
- Die Themen für spätere strategische Initiativen sind aufgelistet
- Der grobe strategische Businessplan ist entworfen
- Die Anforderungen an die Funktionalbereiche sind ausgearbeitet
- Eine Übersicht über die notwendigen Ressourcen und Investitionen steht
- Die strategische Ausrichtung ist mit dem Leitbild abgeglichen

Vorgehen

Strategische Ausrichtung

Workshop IV		Entscheidungs-vorlage	LA III	Auftrag Massnahmen und Businessplan
Tag 1	Tag 2		Tag 1	

© Furger und Partner AG Strategieentwicklung

Abbildung 2: Vorgehensschritte der strategischen Ausrichtung

Die vom Team ausgearbeiteten strategischen Stossrichtungen und Geschäftsfeldstrategien werden nun konsolidiert und zusammengefasst. Als strategische Roadmap werden sie dem LA zur Entscheidung vorgelegt. Diese Roadmap beinhaltet neben der Beschreibung der Strategien auch eine erste Übersicht über die notwendigen Investitionen und andere Ressourcen, die das Team von den funktionalen Anforderungen abgeleitet hat. Wie schon im ersten Schritt, in dem wir die Wertvorstellungen diskutiert haben, widmen wir uns hier auch einem sogenannten weichen Faktor – dem Leitbild. Das Team vergleicht das bestehende Leitbild mit den Grundstrategien und macht Vorschläge, dieses in einzelnen Punkten anzupassen oder zu ergänzen.

Im Rahmen dieses Schritts führen wir den nächsten Workshop durch, in dem alle Unterlagen für den LA zusammengestellt werden. Ziel ist es, vom LA die Freigabe für die Umsetzungsplanung der Strategie zu erhalten. Somit verlassen wir hier die konzeptionelle Phase und beginnen damit, die vorliegenden Ergebnisse Schritt für Schritt zu konkretisieren.

Workshop IV – Vorbereitung der Unterlagen für die LA-Sitzung III

In Workshop IV werden die Ergebnisse der Gestaltungsphase zusammengefasst; das Team erarbeitet aus den strategischen Stossrichtungen die Geschäftsfeldstrategien und die funktionalen Anforderungen, um daraus die Entscheidungsunterlagen für den LA aufzubereiten.

Dazu werden die strategischen Stossrichtungen konsolidiert und daraus die Grundstrategien pro Geschäftsfeld nach Vorlage zusammengestellt. Danach folgt die Ausarbeitung der funktionalen Anforderungen, um die Massnahmen und Funktionalkonzepte für die nächste Phase vorzubereiten.

Des Weiteren werden die Grundstrategien mit dem Leitbild und den Vorgaben aus dem Anfang des Projektes abgeglichen und eventuell angepasst.

Als Ergebnis erhalten wir die Beschreibung der Strategie mit folgenden Inhalten:

Strategische Roadmap
- Geschäftsfelder
- Übersicht Ziele
- Gesamtziele
- Werte und Leitbild

Die funktionalen Anforderungen
- Anforderungen an die Funktionen wie Produktion, Logistik u.a.
- Erste Übersicht der Massnahmen
- Erste Übersicht der Ressourcen

Die Geschäftsfeldstrategien
- Ausgangslage / SWOT / USPs
- Beschreibung der Strategie
- Ziele
- Massnahmen
- Ressourcen

Eine Liste mit Sofortmassnahmen

Aus diesen Unterlagen wird die formale Entscheidungsvorlage für den LA zusammengestellt.

Agenda

Workshop IV Tag 1			
	Thema	**Inhalt**	**Verantwortlich**
08:30	**Einführung**	Status Projekt	PL
09:00	**Marktplatz Hausaufgaben**	Präsentation der Aufgaben und Diskussion	Team
10:30	**Grundstrategien**	Ausfüllen der Geschäftsfeldstrategien durch die Gruppen Zusammenstellen der Vorlagen und Ergänzungen bis Mittag	Gruppen
12:00	**Status**		
12:30	**Mittagessen**		
14:00	**Präsentation Geschäftsfeldstrategien**	Präsentation und Diskussion	PL/Team
15:00	**Zusammenfassung der strategischen Ziele**	Abschätzen der strategischen Ziele: Marktposition – Kostenposition – Innovation – Kernkompetenzen	Plenum
16:00	**Werte – Leitbild Abgleich**	Diskussion, Werte, Leitbild – Anpassungsvorschläge	PL/Gruppen
17:00	**Zusammenfassung**		Plenum
18:30	**Ende**		

Tabelle 1: Vorschlag Agenda für Workshop IV Tag 1

Die Tagesordnungspunkte Tag 1

Marktplatz Hausaufgaben

Die Ergebnisse der Hausaufgaben werden präsentiert und im Team gemeinsam diskutiert. Da der Umfang der Ergebnisse je nach Projektgrösse beträchtlich sein kann, schlagen wir vor, diese nicht einzeln vorzutragen, sondern zuerst in einer Art Marktplatz auszulegen. Wir drucken die Unterlagen in der Grösse A3 aus und heften diese an Pinnwände, die so im Raum aufgestellt werden, dass die Unterlagen bequem von allen gelesen, studiert und in Kleingruppen diskutiert werden können. Jeder Teilnehmer erhält ein paar Klebepunkte, die er dort anheftet, wo für ihn noch Fragen aufkommen.

Nach ca. 45 Minuten bis einer Stunde kommen die Teilnehmer wieder im Plenum zusammen. Die durch die farbigen Punkte gekennzeichneten Stellen werden einzeln aufgegriffen und von den verantwortlichen Teilnehmern erläutert und dokumentiert.

Mit diesem Vorgehen erreicht man, dass alle Punkte und offenen Themen angesprochen werden, ohne durch eine langatmige Präsentation sämtlicher Unterlagen zu gehen.

Grundstrategien

Im nächsten Schritt werden die Stossrichtungen pro Geschäftsfeld zusammengefasst und die Grundstrategien beschrieben. Die Vorlage und die Formulare für diesen Schritt werden in diesem Kapitel als Instrument präsentiert. Ein erster Teil dokumentiert die Ausgangslage und ist vom Projektleiter für diesen Workshop vorzubereiten. Die Gruppen bauen darauf auf und erstellen aus den bisher beschriebenen Stossrichtungen die Strategien pro Geschäftsfeld.

Die Aufgabe umfasst die Beschreibung der Marktstrategien, die zu erstellenden Marktleistungen sowie eine grobe Einschätzung der strategischen Ziele je Geschäftsfeld. Diese Ziele sind dann mit den Vorgaben aus der strategischen Positionierung zu vergleichen und abzustimmen (Normstrategien).

Strategische Ziele

Bevor wir zur Auflistung der Massnahmen übergehen, werden die Ziele zusammengefasst, im Plenum diskutiert und gemeinsam verabschiedet. Jede Gruppe unterbreitet die Ziele der Geschäftsfelder; so erhalten wir einen ersten Überblick darüber, wohin sich das Unternehmen in den nächsten Jahren entwickeln soll.

Dabei werden folgende Ziele diskutiert und festgehalten:
- Marktanteilziele
- Kostenziele
- Innovationsziele
- Kompetenzziele
- Ergebnisziele

Die Ableitung aus den Marktanteilzielen ergibt den Umsatz und damit auch die Wachstumsraten für die Zukunft.

Abgleich Leitbild

Es stellt sich die Frage, inwieweit das ursprüngliche Leitbild noch den ausgearbeiteten Strategien entspricht. Das kann in diesem Workshop diskutiert werden. Es besteht aber auch die Möglichkeit, dieses Thema aussen vor zu lassen und in einem separaten Workshop noch einmal aufzunehmen. Es kann auch ganz dem Lenkungsausschuss oder dem Eigentümer überlassen werden.

Als Ergebnis dieser Diskussion kann dem LA eine Liste mit Vorschlägen unterbreitet werden. Es wäre aber zu viel verlangt, in dieser kurzen Zeit das Leitbild vollkommen neu zu überarbeiten. Wir empfehlen aber in jedem Fall, die Diskussion anzustossen und das Thema in diesem Workshop explizit anzusprechen.

Agenda

Workshop IV Tag 2			
	Thema	**Inhalt**	**Verantwortlich**
08:30	Einführung	Rückblick Tag 1 – Fragen – Antworten	PL
09:00	Funktionale Anforderungen	Gruppenarbeiten: Erarbeiten der funktionalen Anforderungen pro Geschäftsfeld	Gruppen
11:30	Präsentation Anforderungen	Präsentation der Anforderungen und Diskussion	
12:30	Mittagessen		
14:00	Roadmap zusammenstellen	Übersicht Gesamtstrategie	PL / Gruppen
15:00	LA-Vorlage verabschieden	Zusammenstellen und Verabschieden der LA-Vorlage	Plenum
17:00	Hausaufgaben	Aufgaben – Ergänzen der Unterlagen	PL / Plenum
17:30	Zusammenfassung / Mindmap		PL / Team
18:00	Ende		

Tabelle 2: Vorschlag Agenda für Workshop IV Tag 2

Tagesordnungspunkte Tag 2

Funktionale Anforderungen

Bisher war unser Blick vom Unternehmen nach aussen Richtung Markt gerichtet. Wir haben die Chancen und Risiken abgeschätzt und aus den Stärken des Unternehmens heraus Strategien für die Zukunft geschmiedet. Nun drehen wir uns um, schauen nach innen und fragen uns: Was benötigen wir, um diese Strategien umzusetzen? Systematisch stellen wir die für jede einzelne Strategie benötigten Anforderungen je Funktion zusammen. Es betrifft dies die Produktion genauso wie die Logistik, die Beschaffung, das Marketing, die Ressourcen für den Vertrieb, aber auch die Systeme der IT, des Controllings, des Reporting u. a.

Die Aufgabe besteht nun darin, in einem ersten Schritt diese Anforderungen zu definieren. Das Schöne dabei ist, dass sich daraus direkt die «strategischen Massnahmen» ableiten lassen. Wenn wir für die Markteroberung einer neuen Region ein lokales Logistikzentrum benötigen, so ist die Massnahme, die daraus abgeleitet wird, eben der Aufbau dieses Logistikzentrums.

Gleichzeitig erhalten wir eine erste grobe Abschätzung der benötigten Ressourcen, sowohl finanziell als auch das Know-how betreffend.

Strategische Roadmap

Aus den Grundstrategien, den Zielen und den funktionalen Anforderungen lässt sich eine Übersicht erstellen, die wir für den Lenkungsausschuss vorbereiten. Wir nennen dies die strategische Roadmap. Sie besteht aus den folgenden Elementen:
- Zusammenfassung der Strategie pro Geschäftsfeld
- Abgleich der Strategie mit den Hauptherausforderungen (Plausibilität)
- Strategische Ziele pro Geschäftsfeld und insgesamt
- Benötigte Ressourcen pro Geschäftsfeld und insgesamt

LA-Vorlage

Als Abschluss wird die Entscheidungsvorlage für den LA vorbereitet und verabschiedet. Die endgültige Fassung dieser Vorlage ist vom Team oder vom Projektleiter nach dem Workshop zu erstellen.

Drehbuch für Workshop IV

Tag 1				
Zeit	**Inhalte**	**Wer**	**Material**	**Bemerkungen**
08:30 Uhr (30 Min)	**Einführung** ■ Status Projekt und Vorgehen ■ Administratives / Hotel / Essen / Pausen / Auschecken ■ Einführung	PL PL AG	Projektordner / Prozess Notizen mit Zeiten / vorher Rücksprache mit Hotel Vorlage für den Vertreter LA	Projektstatus – wo stehen wir? Eventuell Einführung – Information durch einen Vertreter des LA
09:00 Uhr (60 Min)	**Marktplatz Hausaufgaben** ■ Input ■ Alle Ergebnisse werden in A3-Ausdrucken an Pinnwänden präsentiert	PL Team	Ausdrucke in A3 Pinnwände Punkte für Anmerkungen und Fragen	Marktplatz findet im Plenum statt – vorsorgen, dass der Raum gross genug ist – genügend Pinnwände bereitstellen
10:00 Uhr (30 Min)	**Pause**			
10:30 Uhr (90 Min)	**Grundstrategien** ■ Input Vorgehen 15' ■ Erarbeiten der Geschäftsfeldstrategien	PL Team	Handout / Anleitung verteilen Unterlagen für die Strategien bereitstellen Evtl. Beamer für jede Gruppe Flipcharts in allen Gruppenräumen	Kurzer Input – Vorlage oder Beispiel zeigen Je Geschäftsfeld einen Verantwortlichen bestimmen Gruppeneinteilung für die Beschreibung vorbereiten Ausfüllen der Unterlagen auf Papier, Flipchart oder direkt auf PC – dann je Gruppe einen Beamer bereithalten
12:00 Uhr (30 Min)	**Status**	Gruppen		Kurz vor dem Mittag zusammenkommen und den Status diskutieren
12:30 Uhr (90 Min)	**Mittagessen**			
14:00 Uhr (30 Min)	**Präsentation** ■ Kurzes Vorstellen der Ergebnisse	Gruppen		Jede Gruppe stellt Ergebnisse als Zusammenfassung kurz vor
14:30 Uhr (60 Min)	**Zusammenfassung der strategischen Ziele**	PL	Beamer	PL hat die Ergebnisse während den Gruppenarbeiten oder während der Präsentation zusammengefasst
15:30 Uhr (30 Min)	**Pause**			
16:00 Uhr (120 Min)	**Abgleich des Leitbildes** ■ Input Vorgehen 15'	PL Team	Handout verteilen Vorgehen und Fragekatalog mit 12 Fragen zur Beurteilung	Fakultativ: Leitbild wird noch einmal diskutiert Gibt es Punkte, die der neuen strategischen Stossrichtung nicht mehr entsprechen? Anregungen aufnehmen und dem LA vorbringen
18:00 Uhr (30 Min)	**Wrap-up und Feedback** ■ Zusammenfassung und Mindmap ■ Feedback	PL Team	Mindmap vorbereiten	
18:30 Uhr	**Ende Tag 1**			

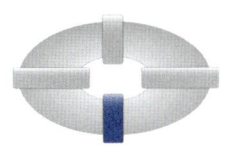

Tag 2				
Zeit	Inhalte	Wer	Material	Bemerkungen
08:30 Uhr (30 Min)	- Rückblick Tag 1 - Fragen	PL		
09:00 Uhr (60 Min)	**Funktionale Anforderungen**	PL Gruppen	Handout für Vorgehen Unterlagen / Formulare für die Gruppenarbeiten	Kurzer Input – Vorlage oder Beispiel zeigen. Je Geschäftsfeld einen Verantwortlichen bestimmen. Gruppeneinteilung für die Beschreibung vorbereiten. Ausfüllen der Unterlagen auf Papier, Flipchart oder direkt auf PC – dann je Gruppe einen Beamer bereithalten
10:00 Uhr (30 Min)	**Pause**			
10:30 Uhr (120 Min)	**Präsentation der Anforderungen**	Gruppen	Beamer / Flipchart	PL erstellt Zusammenfassung der Ressourcen
12:30 Uhr (90 Min)	**Mittagessen**			
14:00 Uhr (60 Min)	**Roadmap**	PL Team	Input Vorgehen Gruppen	Input für Vorgehen bereithalten. Struktur und Kapitel für die Roadmap vorbereitet, evtl. als Handout verteilen. Gruppeneinteilung je Kapitel vorbereitet Gleichzeitig können Hausaufgaben vorgemerkt werden
15:00 Uhr (30 Min)	**Pause**			
15:30 Uhr (120 Min)	**LA-Vorlage**	PL Team	Input Vorlage / Vorgehen	Struktur bereitgestellt. Evtl. Aufteilen in Gruppen je Kapitel Gleichzeitig können Hausaufgaben vorgemerkt werden
17:30 Uhr (30 Min)	**Hausaufgaben**	PL Gruppen	Vorlagen	Aufgaben – wo sind die Unterlagen noch zu ergänzen?
18:00 Uhr (30 Min)	**Wrap-up und Feedback** - Zusammenfassung und Mindmap - Feedback	PL Team	Mindmap vorbereiten	
18:30 Uhr	**Ende Tag 2**			

Tabelle 3: Drehbuch Vorlage für den Ablauf des Workshops IV Tag 1 und 2

Der Lenkungsausschuss

Mit einer Lenkungsausschusssitzung wird die Gestaltungsphase abgeschlossen und die Planung für die Umsetzung eingeleitet.

Die Vorschläge für die neuen Strategien werden diskutiert und verabschiedet – oder zurückgewiesen. Es kann sein, dass gewisse Vorhaben noch einmal überarbeitet werden müssen oder auf später zurückgestellt werden. Diese können dann in Form einer strategischen Initiative neu ausgearbeitet und vorgelegt werden.

Der LA verabschiedet die Strategie in ihren Grundzügen und erteilt den Auftrag für die Ausarbeitung der Massnahmen, der Funktionalkonzepte und der Businesspläne.

Wenn Sofortmassnahmen vorgeschlagen werden, können diese zur Umsetzung freigegeben werden.

Für die Planungsphase wird auch vermehrt das Controlling der Firma eingebunden. Deshalb ist es eventuell notwendig, das Team zu ergänzen oder einzelne Teammitglieder zu ersetzen.

Die Entscheidungsvorlage

	Antrag	Entscheid	Kommentar
1	Die strategische Roadmap wird verabschiedet: ■ Grundstrategien pro Geschäftsfeld ■ Funktionale Anforderungen und entsprechende Ressourcen und Investitionen		
2	Anpassungsvorschläge zum Leitbild		
3	Die folgenden Sofortmassnahmen werden zur Umsetzung freigegeben ■ Massnahme 1 ■ Massnahme 2		
4	Antrag zur Teamzusammensetzung		
5	Die Gestaltungsphase ist hiermit abgeschlossen		
6	Auftrag für die Planungsphase		

Tabelle 4: Entscheidungsvorlage Strategische Ausrichtung

Agenda

Diese Lenkungsausschusssitzung kann je nach Grösse der Firma und Anzahl der Geschäftsfelder ohne Weiteres einen ganzen Tag in Anspruch nehmen. Es geht hier darum, die grundsätzliche Richtung der Unternehmensstrategie festzulegen und die Grössenordnung der Ressourcen zu diskutieren.

Die Agenda für die LA-Sitzung III:

	Lenkungsausschuss		
	Thema	**Vorgehen**	**Verantwortlich**
09:00	**Einführung**	Stand Projekt	Projektleiter
09:30	**Ergebnisse der Gestaltungsphase – strategische Roadmap**	Präsentation	Team
10:00	**Geschäftsfeld 1**	Präsentation	Team
10:30	**Geschäftsfeld 2**	Präsentation	Team
11:00	**Geschäftsfeld 3**	Präsentation	Projektleiter
11:30	**Geschäftsfeld 4**	Präsentation	
12:00	**Zusammenfassung**	Diskussion	
12:30	**Mittagspause**		
13:30	**Ziele, Massnahmen und Ressourcen**	Präsentation	Team
14:30	**Leitbild**	Präsentation und Diskussion	Projektleiter
15:00	**Anträge**	Beantragung und Verabschiedung	Team
16:00	**Ende**		

Tabelle 5: Agenda für die Lenkungsausschusssitzung III

Das Protokoll

In dieser Sitzung geht es darum, die verabschiedete Strategie festzuhalten. Damit ist dieses Protokoll das wichtigste im ganzen Prozess. Die Ausführungen, die wir im Kapitel 7, Seite 206 zur Rolle und Gestaltung des Protokolls gemacht haben, gelten deshalb hier umso mehr.

> **Download**
>
> Ein Beispiel finden Sie zum Herunterladen auf:
> **www.strategieleitfaden.ch**

Instrumente Strategische Ausrichtung

Auch hier setzen wir Instrumente ein, allerdings weit weniger als für die Analyse. Wir stellen in der Folge zwei Vorlagen vor, die Sie dabei unterstützen, diesen Zwischenschritt zur Erstellung der Grundstrategien und der funktionalen Anforderungen strukturiert und systematisch durchzuarbeiten:

	Instrument	
1	Grundstrategien	
2	Funktonale Anforderungen und Massnahmen	

Tabelle 6: Instrumente für die strategische Ausrichtung

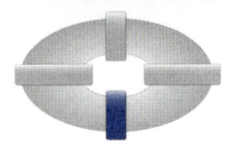

Grundstrategien

> **Funktion und Anwendung auf einen Blick:**
>
> Die Strategien der Geschäftseinheiten werden in einem einheitlichen Format beschrieben und dargestellt. Dabei werden die Ausgangslagen noch einmal kurz wiederholt. Eine klare und gemeinsam ausformulierte Beschreibung der Strategie stellt das Herzstück dieses Dokumentes dar. Dieses kann auch als Management-Summary dienen. Die Zielsetzung mit den finanziellen und den strategischen Zielen, die Liste der strategischen Massnahmen sowie eine erste Abschätzung der notwendigen Ressourcen werden in den folgenden Kapiteln dargestellt. Eine Risikobetrachtung in Form einer Störungsanalyse sowie eine Liste von zurückgestellten Optionen runden das Dokument ab.
>
> Wir stellen Ihnen dazu ein Formular bereit, das wir in dieser Form immer wieder anwenden. Es ist Ihnen freigelassen, diese Vorlage nach Ihrem Bedarf anzupassen, zu kürzen oder zu ergänzen. Die Inhalte für die Ausgangslage (Kapitel 1 bis 3) entnehmen wir den Unterlagen aus der Analysephase. Es ist Aufgabe der Projektleitung, diese Unterlagen vorzubereiten und für den WS aufzubereiten und zur Verfügung zu stellen.

Die Strategie wird von den Gruppen aus den Ergebnissen der Gestaltungsphase zusammengestellt.

Teil 1: Ausgangslage:	
1	Beschreibung Geschäftsbereich
1.1	Charakteristik
1.2	Kundengruppen – Marktsegmente – Marktvolumen
1.3	Kundenprobleme – Kundenbedürfnisse
1.4	Produkte – Dienstleistungen
1.5	Absatzkanäle – Vertriebswege – Absatzhelfer
1.6	Hauptkonkurrenten und deren Marktanteile
2	Ausgangslage
2.1	Rahmenbedingungen
2.2	Fähigkeiten
2.3	SWOT
2.4	Hauptherausforderungen
2.5	Kernkompetenzen / SEP / USP
2.6	Zu überprüfende Prämissen
3	Vorgaben aus der Unternehmensstrategie
4	Strategische Ausrichtung des Geschäftsbereichs
4.1	Bereich
4.2	Segmente

Teil 2:	
5	Strategische Ziele
5.1	Finanzielle Ziele
5.2	Marktziele
5.3	Kostenziele
5.4	Innovationsziele
5.5	«Kompetenzziele»
6	Funktionale Anforderungen
7	Massnahmen – Strategische Projekte
8	Ressourcen
9	Störungsanalyse
9.1.	Abstand zum Erfolg
9.2	Mögliche Ereignisse, die ein Erreichen der Ziele verhindern
9.3	Auswirkungen möglicher Störungen
9.4	Konsequenzen – Alternativstrategien
10	Zurückgestellte Optionen

Tabelle 7: Vorlage zur Beschreibung der Grundstrategien

Dem Lenkungsausschuss werden allerdings nicht die gesamten Unterlagen vorgelegt. Es genügt, wenn Sie sich auf die Kapitel 4, 5 und 7 in einer gekürzten Version beziehen. Eine Zusammenfassung der Geschäftsfeldstrategien wird dann mit den folgenden Formularen dargestellt:

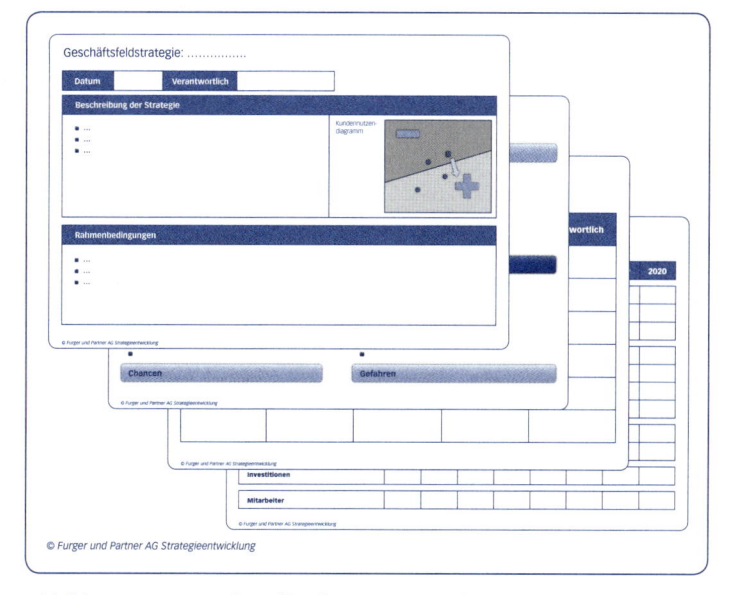

Abbildung 3: Formulare für die Zusammenfassung der Grundstrategien pro Geschäftsfeld

⬇ Download

Sie finden die Vorlagen für die Formulierung der Grundstrategie pro Geschäftsfeld in Word oder Excel auf:
www.strategieleitfaden.ch

Funktionale Anforderungen und Massnahmen

> **Funktion und Anwendung auf einen Blick:**
>
> Die funktionalen Anforderungen bilden die Brücke von den strategischen Stossrichtungen zur Umsetzung. Da strategische Massnahmen fast ausschliesslich die Anpassung oder den Ausbau von funktionalen Gegebenheiten und Ressourcen betreffen, schaffen wir mit der Formulierung eben dieser funktionalen Anforderungen eine Basis, von der wir dann die Massnahmen direkt ableiten können.
>
> So erfordert beispielsweise die strategische Ausweitung eines Produktes in einem neuen Markt den Aufbau einer neuen Vertriebsstruktur. Wir beschreiben in diesem Falle die quantitative und qualitative Anforderung an den Vertrieb bezüglich Anzahl Vertriebsleute, Infrastruktur und technischer Unterstützung. Daraus lassen sich die Massnahmen direkt ableiten, terminieren und quantifizieren.
>
> Dieses Vorgehen ist einfach zu vermitteln und stellt die Konsistenz zwischen den Strategien und den dazu notwendigen Massnahmen her.

Funktionale Anforderungen – die Basis für die Erarbeitung der strategischen Massnahmen

Während die strategische SWOT-GAP-Analyse die Brücke zur Analysephase schlägt, schafft die Methode der Funktionalen Anforderungen den Brückenschlag von der erst einmal formulierten Strategie zur Umsetzung. Strategische Massnahmen unterscheiden sich von operativen Massnahmen und Projekten dadurch, dass sie die Voraussetzung erst schaffen, dass operative und produktive Projekte in Angriff genommen und durchgeführt werden können. Diese «strategischen Massnahmen» betreffen häufig den Aufbau und die Erweiterung der funktionalen Voraussetzungen, sei es im Vertrieb, in der Produktion, in der F&E oder in den technischen Belangen.

Die beste Erfahrung haben wir mit einem Vorgehen gemacht, das zuerst die Anforderungen an genau diese Funktionen beschreibt. Diese Anforderungen können aus den einzelnen strategischen Stossrichtungen oder auch aus der Beschreibung einer Geschäftsfeldstrategie direkt abgeleitet werden. Es empfiehlt sich, diese Anforderungen systematisch für jede Stossrichtung und für jede Funktion im Unternehmen nacheinander zu erfassen. Daraus lassen sich die Massnahmen direkt zuordnen. Diese werden dann pro Funktion und pro Geschäftsfeldstrategie zusammengefasst. Zusätzlich können wir auf dieser Grundlage auch eine erste Schätzung der Ressourcen pro Geschäftsfeld und insgesamt erstellen, die für die Umsetzung benötigt werden.

Das hier beschriebene Vorgehen zur Erarbeitung der strategischen Massnahmen haben wir in Dutzenden von Strategieprojekten eingesetzt. Das Resultat war jedes Mal eine konsistente und abgeschlossene Liste von Massnahmen. Die Liste bildet dann die Basis für die Erarbeitung der Businesspläne in der nächsten Phase, der Planungsphase.

Vorgehen

Schritt 1: Übersicht über die Funktionen und die zu erstellenden Anforderungen

Schritt 2: Ableiten der funktionalen Anforderungen je strategische Stossrichtung (oder je Geschäftsfeld)

Schritt 3: Zusammenfassung der Anforderungen je Funktion

Schritt 4: Ableitung der Massnahmen je Funktion

Schritt 5: Ableitung der Ressourcen je Funktion

Schritt 6: Zusammenfassen der Massnahmen und Ressourcen pro Geschäftsfeld

Strategische Ausrichtung 259

Vorlage für die Erstellung der funktionalen Anforderungen und der strategischen Massnahmen

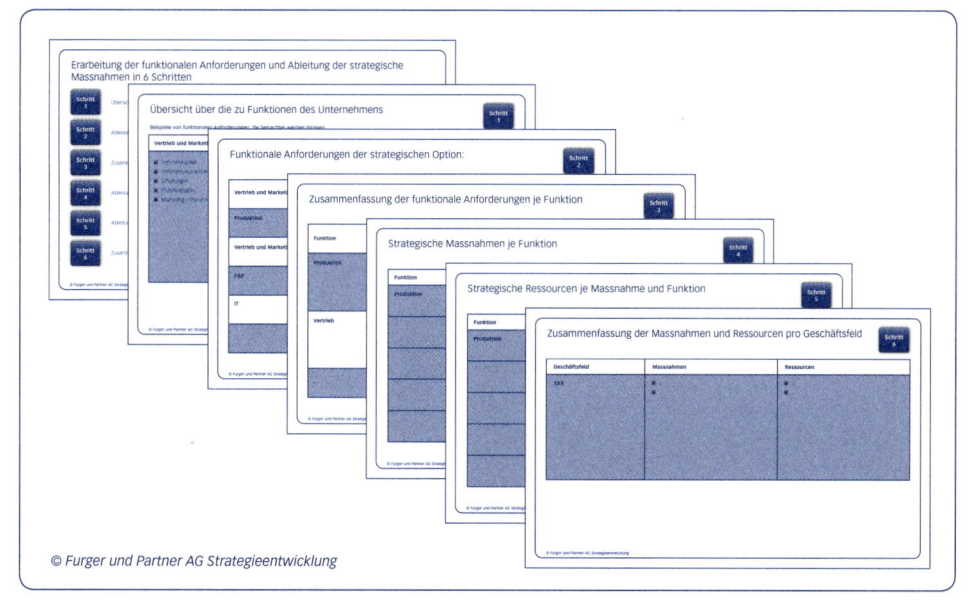

> **⬇ Download**
>
> Link zur Software:
> **www.strategieleitfaden.ch**

Abbildung 4: Formulare zur Beschreibung der Grundstrategien

Bemerkung zu den funktionalen Anforderungen

Die Erfassung der funktionalen Anforderungen kann auch in die Beschreibung der Stossrichtungen eingebaut werden (7Q). Der letzte Punkt «Innengerichtete Strategien» wird dann ergänzt um das Feld Massnahmen. Damit erreicht man, dass die Massnahmen im letzten Workshop von da übernommen und pro Geschäftsfeld zusammengestellt werden können, was eine gewisse Zeitersparnis bringt. Es ist Aufgabe des Projektleiters, dieses Vorgehen im Einzelnen genau zu planen und vorzubereiten.

9 260 Strategische Ausrichtung

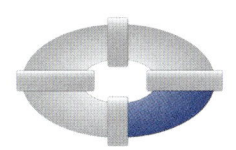

Planung der Strategie

Vorgehen 265

Jetzt fängt die Arbeit an! 266

Workshop V 268

Instrumente Planung 275

Instrumente Planung 275
Funktionalkonzepte 276
Massnahmen 278
Businesspläne..280
Organisatorische Anforderungen 287
Störungsanalyse 288

262 Planung der Strategie

10

- Vorgaben
  - LA 1
- Analyse
  - Umfeldanalyse
  - Unternehmensanalyse
  - Konkurrenzanalyse
- ROI
- Umsetzung
  - Strategische Planung
  - Strategisches Controlling
  - Change Management
- SWOT
- Abgleich
- Positionierung
  - LA 2
- BUSINESSPLAN
- LA 4
- Freigabe
- Gestaltung
  - Strategische Optionen
  - Funktionale Anforderungen
  - Strategische Ziele
- ROADMAP
- Planung
  - Organisatorische Anforderungen
  - Schlüsselprojekte
  - Funktionalkonzepte
- Ausrichtung
  - LA 3

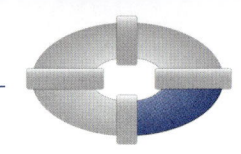

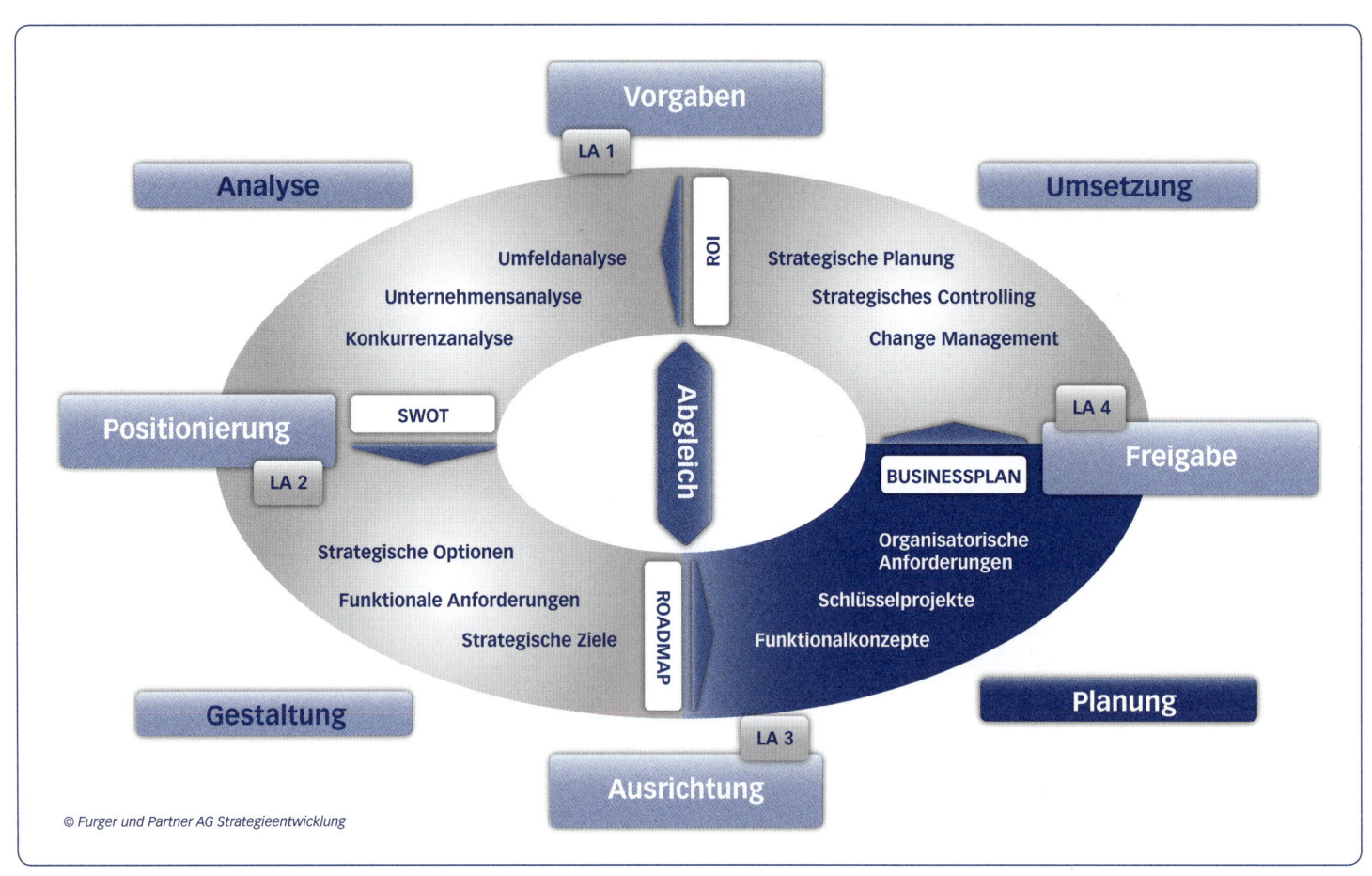

© Furger und Partner AG Strategieentwicklung

Abbildung 1: Prozessschritt Planung der Strategie

Planung der Strategie

Die Strategien sind erarbeitet und verabschiedet. An diesem Punkt kommen die meisten Strategieprojekte jäh zum Stillstand – und dabei fängt die Arbeit jetzt erst richtig an. Während in der Analysephase attraktive Diagramme mit Auswertungen erstellt wurden und in der Gestaltungsphase die Kreativität freien Lauf hatte, steht nun die Planung der Umsetzung an – und das ist Knochenarbeit! Das Problem, weshalb die Umsetzung oft scheitert, liegt in vielen Fällen auch darin, dass diese mangelhaft oder überhaupt nicht geplant wird. Dabei geht es darum, die Strategie auf den Boden zu bringen und ihr die notwendige Bodenhaftung zu geben – sonst fliegt sie bald einmal davon wie ein Luftballon.

Aus diesem Grund ergänzen wir den generischen Strategieprozess mit einer Planungsphase – aus der Erfahrung heraus, dass zwischen einer guten Strategie und deren Umsetzung noch ein ganzes Stück Arbeit liegt. Der Zeitrahmen für diese Phase lässt sich ohne Weiteres mit demjenigen der Analyse- und Gestaltungsphase vergleichen. Vor allem wenn als Folge der Strategie die Aufgaben der Funktionen hinterfragt werden, oder wenn sich die Frage der Organisation neu stellt, lohnt sich dieser Aufwand.

Zentraler Teil der Umsetzungsplanung sind die Funktionalkonzepte (oder Funktionalstrategien). Diese fassen sämtliche Anforderungen zusammen, die wir im vorhergehenden Schritt aufgelistet haben; sie schaffen die Voraussetzung dafür, dass man die Strategie überhaupt umsetzen kann. Die Funktionalkonzepte beinhalten auch den Grossteil der strategischen Massnahmen und/oder Projekte, deren Umsetzung dann in ihrer Gesamtheit gesteuert wird.

Aus den Massnahmen lassen sich die konkreten Ressourcen und Mittel ableiten. Auf dieser Grundlage wird ein «Strategischer Businessplan» erstellt. Man beachte hier den Begriff «Strategischer Businessplan». Die Beschreibung der Anforderungen an die Organisation sowie die Diskussion um mögliche organisatorische Anpassungen bilden den letzten Teil der Planungsphase.

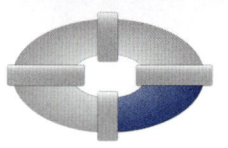

Was bisher erledigt wurde

Zu Beginn der Planungsphase sind folgende Aufgaben erledigt und die Entscheide dazu getroffen:

- ✓ Die Grundstrategien pro Geschäftsfeld sind ausgearbeitet und verabschiedet
- ✓ Die funktionalen Anforderungen sind erstellt und daraus die Mittel und Massnahmen zusammengefasst
- ✓ Die strategische Roadmap mit strategischen Richtzielen/Richtgrössen mit einer Übersicht über die Mittel und Massnahmen steht
- ✓ Die Strategie ist mit dem Leitbild abgestimmt – möglicherweise wurde dieses angepasst
- ✓ Eventuelle Sofortmassnahmen sind verabschiedet und für die Umsetzung freigegeben

Ergebnisse der Planungsphase

Die Hauptergebnisse der Planungsphase auf einen Blick:

- Die Funktionalkonzepte für die Abteilungen und Bereiche der Organisation sind ausgearbeitet
- Aus den Funktionalkonzepten sind die strategischen Massnahmen einzeln detailliert und für die Umsetzung zusammengestellt
- Die Massnahmen sind in strategische Massnahmen und operative Massnahmen unterteilt
- Aus den Massnahmen und notwendigen Mitteln ist der strategische Businessplan erstellt
- Die organisatorischen Anforderungen sind vom Team zusammengestellt

Planung der Strategie 265

Vorgehen

Abbildung 2: Vorgehen für die Planung der Strategie

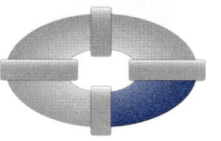

Jetzt fängt die Arbeit an!

Rund 70% der Strategien werden nicht umgesetzt; sie enden in Ablagen und Archiven oder fristen ihr Dasein in den Tiefen eines Datenfriedhofs. Woran liegt das?

Eine nicht unerhebliche Rolle spielt dabei, dass die Mitarbeiter zu wenig in die Entwicklung der Strategie mit einbezogen werden. Unser Ansatz beruht deshalb auf der konsequenten Einbindung der Mitarbeiter mit dem Ansatz der integrierten Strategieentwicklung, den wir in Kapitel 3 beschrieben haben. Dass dabei einiges an Beraterkosten eingespart wird, ist ein schöner Nebeneffekt.

Als zweiter Grund für die unbefriedigende Umsetzung von Strategien kommt der Umstand dazu, dass das Herunterbrechen der Strategie auf die operative Ebene eine enorm anspruchsvolle Aufgabe ist. Die Rezepte und Konzepte, die dazu angeboten werden, sind vielfältig – von der Balanced Scorecard über Listen mit strategischen Massnahmen, die man einem Controller in die Hand drückt, bis hin zu elaborierten Projekt-Management-Offices (PMO), die mit ihrem penetranten Nachfragen den Linienmanagern bei ihrer täglichen Arbeit auf die Nerven gehen.

Strategische und operative Massnahmen

In unserem Vorgehen unterscheiden wir zwischen strategischen Massnahmen und operativen Massnahmen. Diese können dann in eines der Umsetzungskonzepte eingebunden werden. Wie in der vorangehenden Zwischenphase dargestellt, erhalten wir anhand der funktionalen Anforderungen einen ersten Überblick über die strategischen Massnahmen, die die Umsetzung der Strategie unterstützen. Dazu kommen Massnahmen, die aus den strategischen Zielen abgeleitet und von den Linienmanagern in ihr operatives Geschäft aufgenommen werden. Mit diesen Massnahmen kann man die Linie beauftragen, damit sie ihren Umsatz und ihre Ergebnisziele erreichen.

Somit lassen sich die Massnahmen in zwei Arten unterteilen:
- Die unterstützenden oder strategischen Massnahmen, die aus den Anforderungen an die Funktionen erarbeitet werden
- Die operativen Massnahmen, die von der Linie aufgenommen werden

Die Massnahmen der ersten Kategorie können meist nicht von der Linie übernommen werden, da sie Zusatzaufgaben beinhalten. Sie verändern die Struktur oder die Systeme und schaffen die Voraussetzungen für die Umsetzung der Strategie. Als Beispiel lässt sich ein Logistikkonzept mit einem neuen Logistikcenter anführen. Planung und Steuerung müssen hier zentral erfolgen. Erst wenn das Center steht, kann die Linie damit die Umsätze erzielen, die von der Strategie vorgegeben werden. Als weiteres Beispiel soll ein IT-System dienen, das die Kundenkontakte automatisiert. Die Einführung eines CRM-Systems ist ein strategisches Projekt, das aus der IT-Abteilung heraus gesteuert wird. Im Gegensatz dazu können diejenigen Massnahmen, die den Ausbau des bestehenden Geschäftes betreffen oder den operativen Aufbau eines neuen Geschäftes (markt- oder produktbezogen), von der Linie selber durchgeführt werden.

Funktionalkonzepte

Für die strategischen Massnahmen sind zwei Vorgehensvarianten möglich. Im einen Fall belassen wir es bei den Anforderungen, die an die Funktionen gestellt werden, und arbeiten die Massnahmen für die Umsetzung aus. Im andern Fall überarbeiten wir die Funktionalstrategien – oder wie ich diese lieber nenne – die Funktionalkonzepte.

Liste möglicher Funktionalkonzepte

Bereich	Konzept
Innovationswirtschaft	Forschungskonzept
	Entwicklungskonzept
Produktionswirtschaft	Fertigungskonzept
	Standortkonzept
	Servicekonzept
Materialwirtschaft	Beschaffungskonzept
	Logistikkonzept
Absatzwirtschaft	Marketingkonzept
	Vertriebskonzept
Informationswirtschaft	IT-Konzepte – ERP
	IT für die Finanzwirtschaft
	Kommunikation
Finanzwirtschaft	Wirtschaftlichkeitskonzept
	Finanzierungskonzept
Sozialwirtschaft	Personalkonzept (HR)
	Stakeholderkonzept

Tabelle 1: Die Funktionalkonzepte nach Ulrich

Die Ausarbeitung der Funktionalkonzepte kann je nach Grösse und Anforderung einige Zeit und Ressourcen in Anspruch nehmen und einen eigenen Vorgehensprozess mit Arbeitssitzungen erfordern. Im Abschnitt Instrumente beschreiben wir die Vorgehensweise für die Erarbeitung von Funktionalkonzepten.

Die weiteren Hauptaufgaben dieser Phase betreffen das Einbinden der Massnahmen in die Planung, die Businesspläne, die Mittelfristplanung und die Budgetierung sowie die Ausarbeitung von organisatorischen Anforderungen.

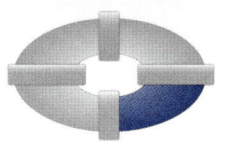

Workshop V

Zielsetzung und Inhalt

Auch in diesem Workshop werden die Entscheide aus der letzten LA-Sitzung übernommen. Die Teilnehmer starten die Planung der Umsetzung mit folgenden Themen und Schwerpunkten:

- Auslegeordnung der zu erstellenden Funktionalkonzepte
- Erarbeiten der Funktionalkonzepte
- Detaillieren der strategischen Massnahmen aus den Funktionalkonzepten
- Detaillieren der operativen Massnahmen aus den strategischen Zielen
- Entwurf und Struktur des strategischen Businessplans
- Erste Diskussion der organisatorischen Anforderungen
- Verteilen der Hausaufgaben für die Planungsphase
  - Erarbeiten der Funktionalstrategien
  - Detaillieren der Massnahmen – strategischer und operativer Natur
  - Vorbereiten der Vorgaben für den strategischen Businessplan
  - Vorbereiten der organisatorischen Anforderungen

Teilnehmer

Sowohl die Konzeption der Funktionalkonzepte als auch die Detaillierung der Massnahmen und der Businesspläne greifen tief in die administrativen Bereiche des Unternehmens ein. Deshalb ist hier zu überlegen, welche Kompetenzen aus der Organisation, aus dem HR-Bereich, aus dem Controlling und den Finanzen in diesen Prozess mit eingebunden werden. Das Team kann dazu gezielt durch weitere Mitglieder ergänzt werden. Gleichzeitig können sich aber auch bisher aktive Teilnehmer aus dem Prozess zurückziehen und wieder der Tagesarbeit widmen. Dies ist je nach Unternehmen und Situation der Lage vom LA zu entscheiden.

Agenda

Workshop V Tag 1			
	Thema	**Inhalt**	**Verantwortlich**
08:30	**Einführung – Entscheid aus dem LA**	Status des Projektes – Entscheid des Lenkungsausschusses – Vorgaben und Auftrag für die folgende Phase	PL / evtl. Vertreter LA
09:00	**Input Funktionalkonzepte**	Input des PL für die Struktur und das Vorgehen, um die Funktionalkonzepte zu erstellen	PL
10:00	**Funktionalkonzepte I**	Gruppeneinteilung und Aufgabenverteilung Beginn der Arbeiten	PL / Gruppen
12:30	**Mittagessen**		
14:00	**Funktionalkonzepte II**	Ausarbeiten der Funktionalkonzepte in Gruppen	Gruppen
16:00	**Präsentation**	Status der Ausarbeitung – Präsentation und Diskussion	PL / Gruppen
18:00	**Ende**		

Tabelle 2: Vorschlag Agenda für Workshop V Tag 1

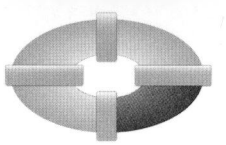

Tagesordnungspunkte Tag 1

Vorgaben aus der Lenkungsausschuss-Sitzung

In der letzten LA-Sitzung wurde der Grundsatzentscheid über die strategische Ausrichtung des Unternehmens gefällt. Damit sind die Grundstrategien, die Ziele und auch eine erste Grössenordnung über die notwendigen Mittel festgelegt. Der Grundsatzentscheid soll nicht nur mündlich mitgeteilt, sondern auch in schriftlicher Form an die Teammitglieder abgegeben werden.

Die Art der Kommunikation dieses Entscheids – sowohl nach innen als auch nach aussen – ist von grosser Bedeutung. Alle Beteiligten haben darauf gewartet und sind gespannt auf das Ergebnis – das Projektteam, die Mitarbeiter, aber auch die externen Stakeholder, die Kunden, die Investoren und vielleicht auch die Konkurrenten.

Da es sich um einen einschneidenden Entscheid für das Unternehmen handelt, ist es angebracht, dass dieser von einem Vertreter des Lenkungsausschusses vorgetragen und erläutert wird. Auf dieser Basis wird in der Folge die Planung der Umsetzung in Angriff genommen.

Input Funktionalkonzepte

Der Projektleiter präsentiert das Vorgehen für die Erarbeitung der Funktionalkonzepte. Dieses Vorgehen stellen wir am Schluss dieses Kapitels im Rahmen der Beschreibung der Instrumente vor. Gleichzeitig wird er auch festlegen oder mit dem Team abstimmen, welche Funktionalkonzepte zu erstellen oder zu überarbeiten sind.

Im Normalfall werden mindestens die Funktionen «Produktion», «Vertrieb», «F&E» sowie «Beschaffung» genauer untersucht und überarbeitet.

Funktionalkonzepte I/II

Die Ausarbeitung der Funktionalkonzepte wird je einem Verantwortlichen zugeteilt. Dieser übernimmt die Aufgabe entweder allein oder zusammen mit einem Team. Aufgrund unserer Erfahrung empfehlen wir, dass ein Team mit den Arbeiten bereits im Workshop beginnt und diese weitmöglichst ausarbeitet. Dies erlaubt es, erste Fragen mit dem Projektleiter zu besprechen und Probleme zu lösen.

Wenn für die Aufgabenstellungen weitere Kompetenzen benötigt werden, kann dies besprochen und geplant werden. Es empfiehlt sich, zu diesem Zeitpunkt auch Arbeitssitzungen zu planen, um die Konzepte rechtzeitig und zusammen mit den Betroffenen fertigzustellen.

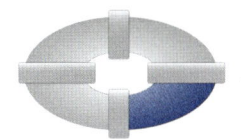

Agenda

Workshop V Tag 2			
	Thema	**Inhalt**	**Verantwortlich**
08:30	**Einführung**	Status Fragen und Antworten	PL
09:00	**Input Businessplan / Massnahmen**	Konzept und Vorgehen für die Erstellung des strategischen Businessplans und die Darstellung der Massnahmen	Controller
10:00	**Beginn Massnahmen**	Gruppenarbeiten Massnahmen	PL / Gruppen
10:00	**Alternativ: Organisatorische Anforderungen**	Input Fragestellung: Organisatorische Anforderungen – evtl. in Gruppen – Präsentation und Diskussion	PL / Team
12:30	**Mittagessen**		
14:00	**Evtl. PMO**	Projekt-Management-Office	PL
15:00	**Beginn der Hausaufgaben**	Planen der Hausaufgaben und evtl. von Arbeitssitzungen sowie mit den Aufgaben beginnen	PL / Gruppen
		Festlegen der Inhalte für die Kommunikation	
		Fragen und Antworten – Planung	
16:00	**Kommunikation**		PL / Team
17:00	**Status und Vorgehen**	Feedback und Mindmap	PL
19:00	**Ende**		

Tabelle 3: Vorschlag Agenda für Workshop V Tag 2

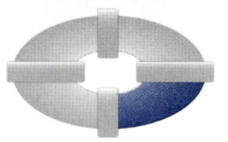

Tagesordnungspunkte Tag 2

Input Businessplan und Massnahmen

Hier geht es darum, die Ergebnisse der bisherigen Arbeiten an die Linie zu übergeben. Die Struktur dieser Arbeiten wird vom Controlling vorgegeben. Deshalb ist es angebracht, dass der Vertreter aus dem Controlling mit eingebunden wird und dieser seine Vorstellungen präsentiert. Gemeinsam wird abgestimmt, wie und in welcher Form die Massnahmen und die dazu benötigten Ressourcen dargestellt werden, damit diese dann mit der Planung und dem Budget abgestimmt werden und hier einfliessen können.

Gruppenarbeit Massnahmen

Das Team nimmt die Aufteilung der Aufgaben für die Erstellung der Massnahmen vor. Wie am Anfang des Kapitels dargestellt, geht es um zwei Arten von Massnahmen:

- Die strategischen Massnahmen, die aus den funktionalen Anforderungen bzw. aus den Funktionalkonzepten abgeleitet werden
- Die operativen Massnahmen, die aus den Zielen der Strategien abgeleitet werden, und deren Umsetzung der Linie zugeordnet wird

Die Zuständigkeiten werden zugewiesen und die Aufgaben verteilt. Möglicherweise beginnen die Gruppen auch hier bereits mit den Arbeiten, um erste Ergebnisse noch im Workshop zu präsentieren und zu diskutieren. Die verbleibenden Aufgaben werden aufgeteilt und als Hausaufgaben bearbeitet.

Organisatorische Anforderungen

Das Thema der Organisation wird in dieser Phase parallel zum Strategieprozess aufgenommen. Um die Verbindung nicht nur zwischen der Strategie und der Organisation, sondern auch vom Strategieteam zu den Verantwortlichen für die organisatorische Ausrichtung herzustellen, schlagen wir vor, das Projektteam einzuladen, seine Vorstellungen und Vorschläge in Form von sogenannten «organisatorischen Anforderungen» auszuarbeiten und einzubringen. Diese Aufgabe wird anhand einer Frageliste angegangen (siehe Instrumente). Wenn Zeit und Stimmung da sind, kann diese Aufgabe in zwei Gruppen ausgearbeitet und danach im Plenum präsentiert und diskutiert werden. Die Ergebnisse werden dem LA als Vorschlag unterbreitet.

Projekt-Management-Office

In grösseren Unternehmen kann für die Steuerung und das Controlling der strategischen Massnahmen ein Projekt-Management-Office (PMO) eingerichtet werden. Die organisatorische Einbindung erläutern wir im nächsten Kapitel. Das PMO unterstützt die Ausarbeitung der Massnahmen sowie in der Folge das Aufsetzen des strategischen Controllings; es übernimmt danach die Steuerung der Umsetzung.

Beginn der Hausaufgaben

Die Hausaufgaben werden nicht weniger – im Gegenteil, diesmal haben sie es in sich. Wie wir am Anfang des Kapitels schon erwähnt haben – jetzt fängt die Arbeit erst an. Der Finanzchef eines Unternehmens hat diese Aufgabe treffend umschrieben: es ist Knochenarbeit. Deswegen werden nicht nur die Aufgaben verteilt, sondern die Arbeitssitzungen für die nächsten Wochen geplant und die Ansprechpartner aus der Organisation mit eingeladen.

Wenn ein PMO eingerichtet wird, übernimmt dieses weitgehend die Steuerung und die Konsolidierung der Arbeiten – in Zusammenarbeit mit dem Projektleiter.

Kommunikation

Wer kommuniziert was? Der Projektleiter stellt die Inhalte für die Kommunikation vor, stimmt diese mit dem Team ab und übernimmt die Aufgabe, kurzfristig die Kommunikationsvorlage für die Teammitglieder zu erstellen und zu verteilen.

Status und Vorgehen

Fragen und Antworten zum weiteren Vorgehen bilden den Abschluss des Workshops.

Drehbuch

Wir verzichten hier auf die Aufführung eines weiteren Drehbuches, da sich dieses inhaltlich weitgehend wiederholt.

> **Download**
>
> Ein Beispiel können Sie aber auch zu diesem Workshop herunterladen:
> **www.strategieleitfaden.ch**

Instrumente Planung

In der Planungsphase setzen wir folgende Instrumente ein:

	Instrument
1	Funktionalkonzepte
2	Massnahmen
3	Businesspläne
4	Organisatorische Anforderungen
5	Störungsanalyse

Tabelle 4: Liste der Instrumente

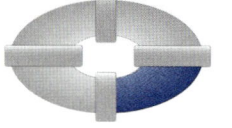

Funktionalkonzepte

Funktion und Anwendung auf einen Blick:

Die Funktionalkonzepte (oder Funktionalstrategien) werden auch interne Strategien genannt. Während die Marktstrategien nach aussen gerichtet sind und die Marktposition aufbauen und bestimmen, beschreiben die Funktionalkonzepte die Aufgaben und Ziele der internen Funktionen und Prozesse. Diese sorgen für die Erstellung der Marktleistung und unterstützen damit die Markteinheiten. Damit bestimmen sie auch weitgehend die strategische Kostenposition des Unternehmens.

Ein Konzept beschreibt nun den Beitrag der Funktion oder des Prozesses zur Strategie. Dieses lässt sich darstellen mittels Zielen – Aufgaben – Mitteln und Massnahmen. Gleichzeitig wird auch die Rolle innerhalb der anderen Funktionen beschrieben.

Somit erhält ein Funktionalkonzept Input/Vorgaben von drei Quellen:

- Produkt – Markt/Geschäftsfeldstrategien (das sind die funktionalen Anforderungen aus den Grundstrategien)
- Anforderungen aus anderen Funktionen
- Interne Vorgaben und Ziele für Verbesserungen und Anpassungen (Change)

Ein Funktionalkonzept beinhaltet auch eine zusammenfassende Übersicht über die strategischen Schlüsselmassnahmen.

Vorgehen

Schritt 1: Festhalten der Ausgangslage der funktionalen Einheit – eventuell kann diese mit einer SWOT dargestellt werden. Das Ergebnis sind ein klares Bild der Situation und die Beurteilung, inwieweit die «Strategie» für die jeweilige Funktion überarbeitet oder neu erarbeitet werden soll

Schritt 2: «Leitbild – Mission»: gemeinsame Zielsetzung für die Funktion darstellen, überarbeiten oder neu erarbeiten

Schritt 3: Darstellen der Rahmenbedingungen – Einschränkungen und/oder Vorgaben für die Funktion

Schritt 4: Ziele der Funktion – abgeleitet aus den Anforderungen der Strategie – dieser Teil bildet das Bindeglied zwischen der Strategie und dem Funktionalkonzept

Schritt 5: Was muss die Funktion liefern? Ergebnisse dargestellt als Zielsetzungen – KPIs dieser Funktion

Schritt 6: Zuordnung der Aufgaben – mithilfe eines Funktionendiagramms (Instrument auf der Website erhältlich)

Schritt 7: Schnittstellen und Anforderungen an die anderen Einheiten – Was benötigen wir? – Was liefern wir? – Prozessbetrachtungen

Schritt 8: Schlüsselmassnahmen, die von dieser Funktion umgesetzt werden und ins strategische Umsetzungscontrolling einfliessen

Download

Link zur Software:
www.strategieleitfaden.ch

Aufgabe	Beschreibung
1. Konkretisierungsaufgabe	■ Sicherstellung von Schnittstellen zwischen den Geschäftsstrategien und dem operativen Management ■ Erstellen der funktionsspezifischen Rahmenvorgaben mit operativen Zielen und Massnahmen aus den strategischen Gesamtvorgaben ■ Funktionalkonzepte definieren somit den operativen Planungsbedarf
2. Integrationsaufgabe	■ Abstimmung der Funktional-Inhalte mit den Strategien der anderen Gestaltungsobjekte im Sinne einer Wechselwirkung ■ Möglichkeit der funktional bedingten Veränderung der strategischen Geschäftslogik
3. Koordinationsaufgabe	■ Abstimmung der Funktionalkonzepte untereinander ■ Vertikale Koordination (z. B. Markenpolitik zwischen Geschäft und Unternehmung) ■ Horizontale Koordination der verschiedenen Inhalte, um einen reibungslosen Ablauf sicherzustellen ■ Klärung dominanter Funktionen (z. B. F&E in einem Pharmaunternehmen)
4. Kooperationsaufgabe	■ Setzt direkt an der Koordinationsaufgabe an ■ Suche nach Möglichkeiten der Realisierung von Synergien durch Kooperation ■ Suche nach Verbundsvorteilen vs. Suboptimierungslogiken und Ressortegoismus ■ Möglichkeiten gemeinsamer Ressourcennutzung ■ Ressourcentransfer ■ Externe Verflechtung im Sinne externer Kooperation
5. Selektionsaufgabe	■ Die Funktionsbereiche als Orte der operativen Führungsverantwortung und der Detail- und Fachkenntnisse müssen bezüglich der Investition in Fähigkeiten und Kompetenzen mitentscheiden ■ Hilfe bei der Definition der erforderlichen Ressourcen und Fähigkeiten für das operative Geschäft gegenüber der Unternehmung ■ Selektieren ist meist auch mit Segmentieren verbunden (je nach strategischer Bedeutung) ■ Beispielsweise Benennung von Kernkompetenzen auf der Basis zu erfüllender Kriterien ■ Anwendung unterschiedlicher Normstrategien, je nach Objekt im Portfolio

Tabelle 5: Die Aufgaben von Funktionalkonzepten

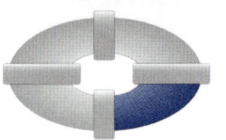

Massnahmen

> **Funktion und Anwendung auf einen Blick:**
>
> Die Massnahmenliste ist das Herzstück der Strategieumsetzung. Deshalb liest man auch immer wieder den Satz oder die Aufforderung: «Nun ist es ganz wichtig, dass diese Massnahmen auch umgesetzt werden». Aber so einfach ist das meist nicht zu bewerkstelligen.
>
> Das Instrument ist erst wirksam, wenn alle hier aufgeführten Massnahmen in der operativen Linie und in der Berichterstattung verankert sind.
>
> Wenn die Massnahmen, sowohl die strategischen als auch die operativen, einmal in der Organisation verteilt und eingebettet sind, ist die Massnahmenliste ein probates Instrument, um die Umsetzung zu begleiten und im gegebenen Fall auch zu steuern.
>
> Wir arbeiten mit einer einfachen Excel-Tabelle. Das gleiche Prinzip kann aber auch auf einer anderen Basis dargestellt und eingesetzt werden.

Planung der Strategie 279

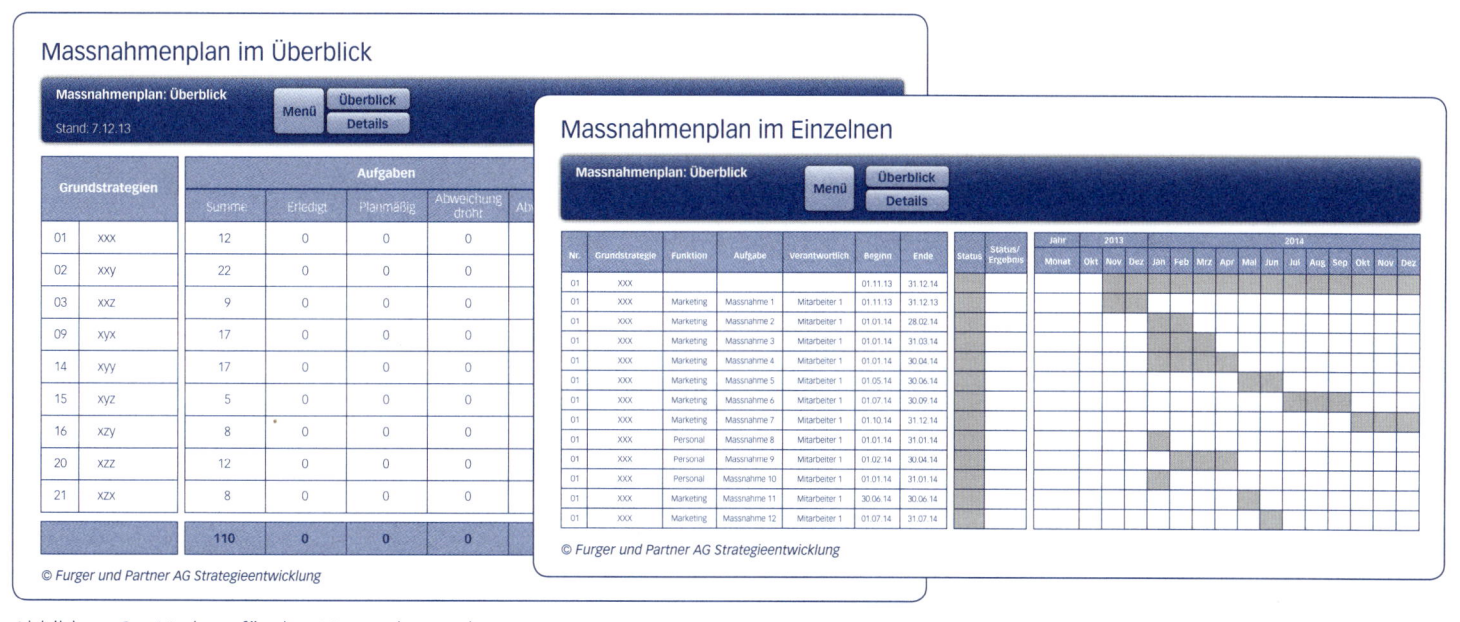

Abbildung 3: Vorlage für den Massnahmenplan

Vorgehen

Schritt 1: Aufteilen der Massnahmen nach strategischen und operativen Massnahmen
Schritt 2: Erfassen aller strategischen Massnahmen in einer Liste
Schritt 3: Zuordnung der Massnahmen zu den operativen Einheiten
Schritt 4: Einfüllen der Ziele, der Zeiträume und der Verantwortlichkeiten
Schritt 5: Abstimmen der Ziele und der Ergebnisse mit der Mittelfrist- bzw. Budgetplanung im Unternehmen
Schritt 6: Herunterbrechen der Massnahmen in Aktivitäten und Zuordnung der verantwortlichen Personen
Schritt 7: Festlegen der Berichtstermine und Einbinden in das strategische Controlling
Schritt 8: Erstellen und Verteilen der Berichtsunterlagen

Ob die operativen Massnahmen, die von der Linie direkt umgesetzt werden, auch in einer Massnahmenliste geführt werden sollen oder ob diese in das operative Berichtswesen eingebunden werden, ist je nach Unternehmen und Situation zu entscheiden.

Download

Link zur Software:
www.strategieleitfaden.ch

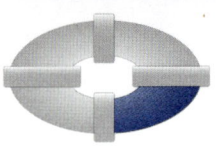

Businesspläne

Funktion und Anwendung auf einen Blick:

Die Businesspläne sind das Zahlenwerk, in dem die Strategien dargestellt werden. Wir greifen für deren Erstellung u. a. auf die Darstellungen von G&V und Bilanz zurück, die in der operativen Planung benutzt werden. Es sind dies die operativen Businesspläne. Das Problem besteht dabei darin, dass diese Zahlen kaum über einen Zeitraum von 3–5 Jahren plausibel vorgelegt werden können. Man kann zwar die Zahlen extrapolieren, doch spätestens nach drei Jahren verlieren diese ihre Aussagekraft.

Wir schlagen deshalb vor, neben dem operativen Businessplan einen strategischen Businessplan zu erstellen, der sich im Zeitrahmen, aber auch in Bezug auf den Inhalt klar abgrenzt. Der strategische Businessplan baut auf den strategischen Kennzahlen und Erfolgsfaktoren wie z.B. Marktposition, Kostenposition oder Qualitätsposition auf und benutzt dann die Kennzahlen Umsatz und EBIT, um mit dem operativen Businessplan verbunden zu werden.

Zusätzlich können weitere Instrumente und Tabellen eingesetzt werden. Wir benutzen in der Regel einen Investitionsplan sowie eine grobe Übersicht über den Beitrag der einzelnen strategischen Projekte.

Der strategische Businessplan

Dieses Zahlenwerk stellt die strategischen Kennzahlen je Geschäftseinheit und je Geschäftsstrategie dar. Es sind dies die Kennzahlen zu den Themenbereichen:
- Marktposition
- Kostenposition
- Innovation
- Kernkompetenzen

Der strategische Businessplan ist sachlogisch dem operativen Businessplan vorgelagert. Das bedeutet, dass zuerst die strategischen Kenngrössen definiert und gesetzt werden. Aus der Marktposition, im speziellen dem Marktanteil und den geschätzten Marktvolumina lassen sich die Ziele für Umsatz und Deckungsbeitrag und/oder Gewinn ableiten. Wir führen deshalb die Umsatzzahlen im strategischen Businessplan mit auf. Daraus werden dann die operativen Kennzahlen und damit der operative Businessplan abgeleitet.

Der operative Businessplan

Der operative Businessplan stellt die Finanzkennzahlen pro Geschäftsbereich in all seinen Facetten dar. Wir benutzen vorzugsweise einen vierteiligen Ansatz, mit dem die Strategien finanziell «verprobt» werden:
- Eine Planerfolgsrechnung
- Eine Planbilanz
- Eine Planmittelflussrechnung
- Und eine Darstellung der wichtigsten finanziellen Kennzahlen

Die Zusammenfassung dieser Darstellung ergibt dann den Gesamtüberblick über die finanziellen Aussichten der Firma. Bei börsenkotierten Firmen oder bei Firmen, bei denen die Strategie in erster Linie durch die Ziele des Kapitalmarktes bestimmt ist, müssen diese Ergebnisse mit den vom Kapitalgeber vorgegebenen «strategischen» Finanzzielen abgeglichen werden.

Der Zeitrahmen dieses Planes kann, muss aber nicht, den ganzen strategischen Zeitraum abdecken. Damit haben wir die Grundlage, um die Mittelfristplanung aus der strategischen Planung abzuleiten und abzustimmen. Die Budgetierung für das Folgejahr kann nun daran angeschlossen werden.

Bemerkung

Noch eine Bemerkung hierzu: vor allem bei börsenkotierten Unternehmen kommt es vor, dass am Anfang nicht von den strategischen Kennzahlen ausgegangen wird, sondern dass finanzielle Ziele vom Investor oder vom Kapitalmarkt vorgegeben werden. Es heisst dann: 10% Wachstum pro Jahr bei 10% EBIT, zusammen umschrieben als profitables Wachstum oder euphemistisch mit Wachstumsstrategie benannt. Auch in diesem Fall empfehlen wir, diese Ziele strategisch zu hinterlegen und nicht einfach wild nach Potenzialen zu suchen, nur um vordergründig diese «strategischen Lücken» zu schliessen.

282 Planung der Strategie

Geschäftsfeld	xxx									
Kennzahlen	IST-Jahr –1	Vorschau Jahr	Jahr +1	Jahr +2	Jahr +3	Jahr +4	Jahr +5	Jahr +6	Jahr +7	Jahr +8	CAGR

Marktposition

Marktvolumen

Marktanteile
Absoluter Marktanteil
Relativer Marktanteil
Wettbewerber 1
Wettbewerber 2
Wettbewerber 3

Umsatz
Laufendes Geschäft
Zusätzliches Geschäft
Gesamt

Deckungsbeitrag
Absolut
in % des Umsatzes

Kostenposition

Preisindex
Preisposition
Kostenindex
Kostenposition

Innovationsfähigkeit

Kundennutzen
Patente
Neue Produkte
Ausgaben F&E

Kernkompetenzen

Kompetenzfelder
Kompetenzposition
Ausgaben Ausbildung

Marktanteil 2013 — 22%

Marktanteil 2020 — 28%

© Furger und Partner AG Strategieentwicklung

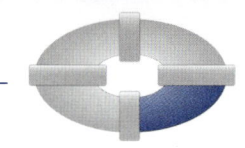

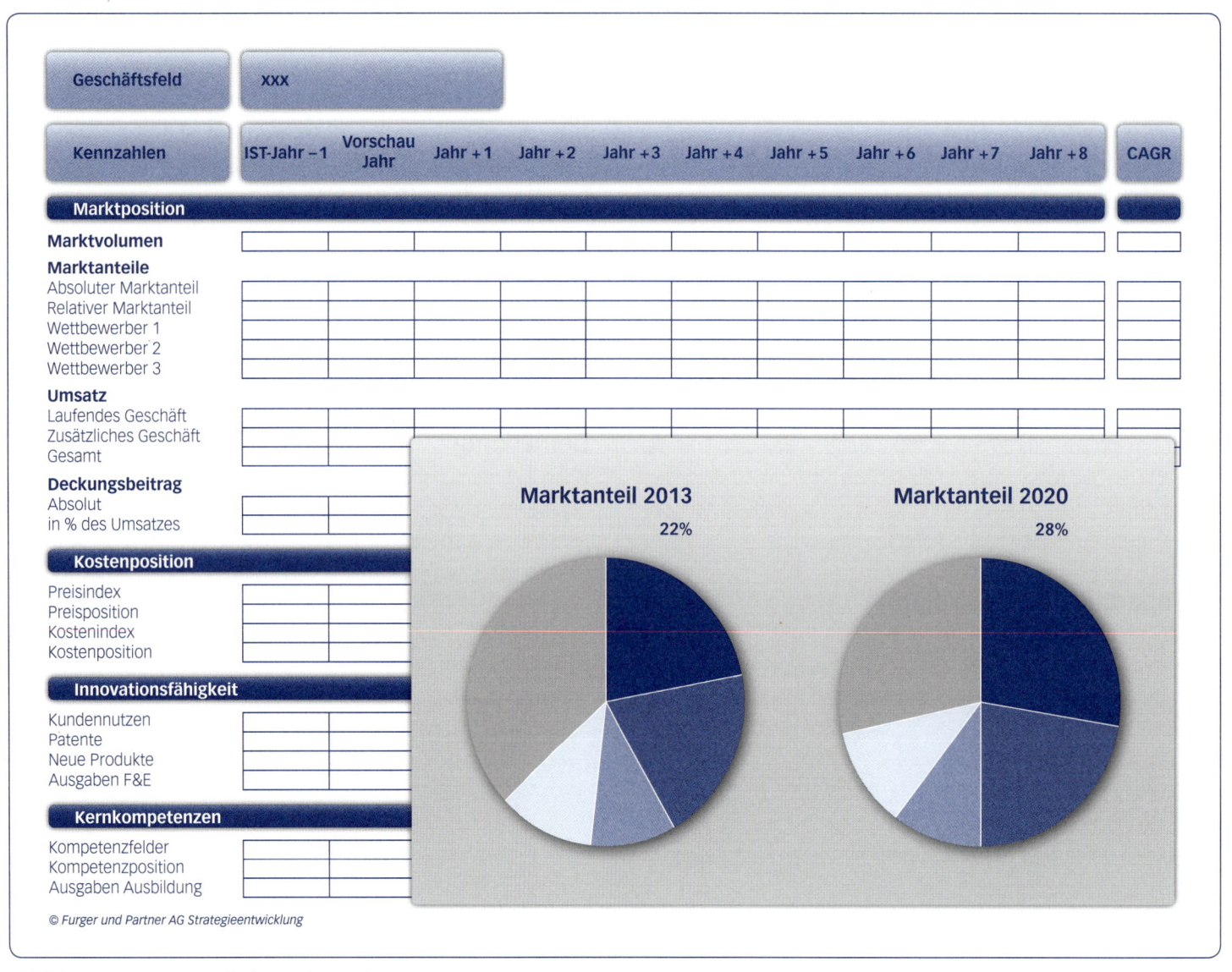

Abbildung 4:   Der strategische Businessplan

Planung der Strategie 283

Geschäftsfeld	xxx									
Kennzahlen	IST-Jahr −1	Vorschau Jahr	Jahr +1	Jahr +2	Jahr +3	Jahr +4	Jahr +5	Jahr +6	Jahr +7	Jahr +8	CAGR
Umsatz										
OEM	6'188	2'331	3'300	4'910	7'305	10'854	16'170	19'800	23'925	28'050	36.47%
Eigene Marke	12'788	9'880	10'725	11'367	12'047	12'766	13'530	11'880	15'180	16'170	6.35%
Service	2'145	1'155	4'950	7'001	9'900	14'000	18'150	23'100	26'400	31'350	51.08%
Bruttoumsatz	21'120										
Erträge / Abzüge	−46										
Nettoumsatz	21'074										
Jährliches Wachstum											
Materialkosten	9'029										
Gewährleistungen											
Bruttomarge	12'045										
BM in % vom Umsatz	57.03%										
Betriebskosten	9.962										
Löhne und Gehälter	6.668										
% vom Umsatz	32%										
Fabrik / Gebäude	430										
Fahrzeuge	264										
Versicherungen	234										
Büro / IT und Admin	1'005										
Werbung	397										
weitere Betriebskosten	964										
EBITDA	2'083										
EBITDA in % vom Umsatz	9.88%										
Abschreibung	800										
EBIT	1'283										
EBIT in % vom Umsatz	6.09%										
Finanzielle Kosten (Leasing)	224.4										
Kommissionen und Garantien	0										
Steuern	394.35										
PAT	664										
PAT in % vom Umsatz	3.15%										

© Furger und Partner AG Strategieentwicklung

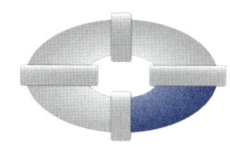

Abbildung 5: Die Planerfolgsrechnung: Umsätze, Margen, Kostenstrukturen, Profitabilität

284 Planung der Strategie

Geschäftsfeld	xxx									
Bilanz	IST-Jahr −1	Vorschau Jahr	Jahr +1	Jahr +2	Jahr +3	Jahr +4	Jahr +5	Jahr +6	Jahr +7	Jahr +8	CAGR
Umsatz										
Liquide Mittel	62.7	267	−241	−1'079	−1'269	792	5'404	3'300	3'300	4'125	40.78%
Debitoren	2'498	1'650	2'366	2'902	3'647	4'693	6'173	6'600	7'425	7'425	20.68%
Warenlager	4'191	2'625	3'765	4'618	5'803	7'466	9'821	11'385	13'200	13'530	22.75%
Rechnungsabgrenzung	33	21	30	36	46	59	79	99	99	99	21.07%
Umlaufvermögen	6'785	4'564	5'920	6'478	8'227	13'010	21'476	21'384	24'024	25'179	23.80%
in % der Aktiven	21'074	34.83%	41.32%	30.46%	36.51%	48.04%	61.09%	61.19%	64.48%	66.41%	
Sachwerte	2'366										
Immobilien	6'679										
Finanzvermögen	31										
Freie Aktiva	3'500										
Anlagevermögen	12'576										
in % der Aktiven	64.96%										
Total Aktiven	19'361										
Jährliches Wachstum											
Kurzfristige Kreditlimiten	1'539										
Kreditoren	695										
Vorauszahlungen	0										
Kurzfristige Kommissionen	1'317										
Andere Verbindlichkeiten	244										
Kurzfristige Verbindlichkeiten	3'795										
in % der Passiven	19.60%										
Darlehen	893										
Leasingverpflichtungen	1'064										
Hypotheken	5'387										
Langfristige Verbindlichkeiten	7'344										
in % der Passiven	37.93%										
Total Verbindlichkeiten	11'139										
in % der Passiven	57.53%										
Aktienkapital	413										
Rückstellungen	5'877										
Zurückgehaltene Gewinne	1'932										
Total Passiven	8'222										
in % der Passiven	42.47%										
Aktienkapital	19'361										
Jährliches Wachstum											

© Furger und Partner AG Strategieentwicklung

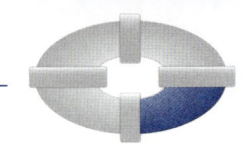

Abbildung 6: Die Planbilanz: Anlagevermögen, Kapitalstruktur

Planung der Strategie   285

10

Geschäftsfeld	xxx									
Mittelflussrechnung	**Vorschau Jahr**	**Jahr +1**	**Jahr +2**	**Jahr +3**	**Jahr +4**	**Jahr +5**	**Jahr +6**	**Jahr +7**	**Jahr +8**	**CAGR**
Cashflow										
PAT aus dem Betrieb	−275	654	964	1'885	3'435	4'288	5'202	7'840	10'024	
Abschreibungen	−1'091	−214	2	786	2'414	3'277	4'047	6'68	8'841	
	815	868	962	1'099	1'021	1'011	1'155	1'1555	1'183	4.77%

Veränderung im Umlaufvermögen
Veränderungen Debitoren
Veränderungen Lager
Veränderungen Kreditoren
Veränderungen MWSt
Veränderungen kurzfr. Verbindlichkeiten

Betriebs-Cashflow
Jährliche Veränderung

Investitionen / Devestitionen
Maschinen, Anlagen, Fahrzeuge, Leasing
Land und Gebäude
Verkäufe

Free Cashflow
Jährliche Veränderung

Finanzierungen
Darlehen von den Aktionären
Veränderung der Kreditlinie
Hypotheken
Leasing

Vorauszahlungen und Garantien
Zahlungen an Aktionäre
Dividenden

Veränderung der Liquidität
Jährliche Veränderung

Legend:
- Cashflow
- Betriebs-Cashflow
- Free Cashflow
- Veränderung der Liquidität

© Furger und Partner AG Strategieentwicklung

Abbildung 7:   Planmittelflussrechnung: Mittelverwendung, Mittelherkunft, Liquidität

286 Planung der Strategie

Geschäftsfeld	xxx									
Kennzahlen	**IST-Jahr −1**	**Vorschau Jahr**	**Jahr +1**	**Jahr +2**	**Jahr +3**	**Jahr +4**	**Jahr +5**	**Jahr +6**	**Jahr +7**	**Jahr +8**	**CAGR**
Bruttoumsatz	21'120	13'367	18'975	23'278	29'251	37'620	47'850	54'780	65'505	75'570	24.18%
Anlagen	18'975	12'212	14'025	16'277	19'351	23'620	29'700	31'680	39'105	44'220	17.45%
Service	2'145	1'155	4'950	7'001	9'900	14'000	18'150	23'100	26'400	31'350	51.08%
Wertschöpfung	12'091										
WS in % vom Umsatz	57.25%										
Anlagen	9'946										
Service	2'145										
EBIT	1'283										
EBIT in % vom Umsatz	6.07%										
Anlagen	1'046										
Service	237										
PAT	664										
PAT in % vom Umsatz	3.14%										
Cashflow	1'464										
CASH in % vom Umsatz	6.93%										
Umlaufvermögen	4'468										
UV in % der Bilanzsumme	22.03%										
Anlagen											
Service											
Anlagevermögen	9'077										
CAPEX	1'516										
Nettoverschuldung	6'115										
Aktienkapital	9'113										

© Furger und Partner AG Strategieentwicklung

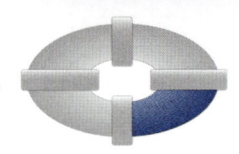

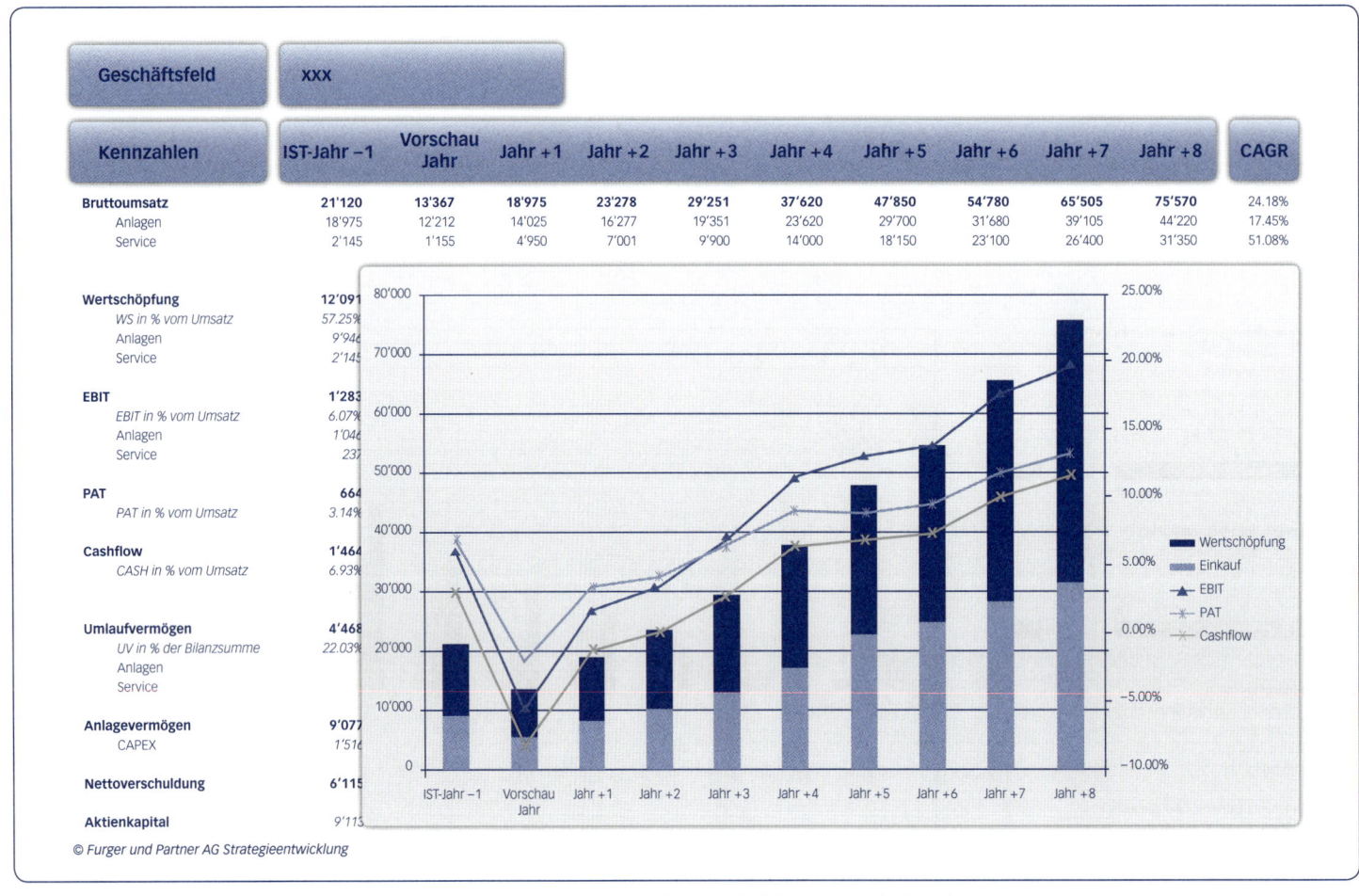

Abbildung 8: Schlüsselkennzahlen: Wachstum, Wertschöpfung, Gewinn, Kapitaleinsatz, Kapitalverzinsung

Auf unserer Website finden Sie detaillierte Vorlagen in Excel, um Ihren Businessplan zu erstellen und anzupassen.

Download
Link zur Software:
www.strategieleitfaden.ch

Organisatorische Anforderungen

Funktion und Anwendung auf einen Blick:

«Structure follows Strategy» – dies ist ein Leitspruch von Peter Drucker, und in diesem Sinne soll nach der Festlegung der strategischen Ausrichtung auch die Frage nach der Organisation gestellt werden. Dies ist aber nicht mehr Teil des Strategieentwicklungsprozesses, und auch die Zuständigkeit einer allfälligen organisatorischen Neuausrichtung fällt nicht in die Kompetenz und Aufgabe eines Strategieentwicklungsteams.

Dennoch ist genau ein an der Strategieerarbeitung beteiligtes Team prädestiniert, zur Frage der Organisation zumindest aufschlussreiche Hinweise in Form von Anforderungen zu geben, die sich aus der Erfahrung der Strategiearbeit ergeben.

Das Instrument ist als einfacher Fragebogen angelegt, mit dem die Gestaltungsprinzipien der Organisation hinterfragt und die Ergebnisse in Form eines Vorschlags an den Lenkungsausschuss weitergegeben werden. Die Aufgabe kann im Workshop zu Beginn der Planungsphase und alternativ während der Vorbereitung der LA-Unterlagen mit dem gesamten Team bearbeitet werden. Auch in diesem Fall arbeiten wir häufig in zwei Gruppen, um dann die unterschiedlichen Ansichten zu diskutieren, zusammenzubringen oder als Alternativen weiterzureichen.

Das Vorgehen ist relativ einfach: auf der Grundlage eines Fragebogens werden die Antworten in kleinen Gruppen zusammengestellt und dann diskutiert. Das mindert allerdings nicht die Bedeutung der kurzen Lageanalyse und Überlegungen zur Organisation.

Mit den Fragen werden Aussagen gesucht:*

- zur generellen Ausrichtung der Organisation (Funktionen, Prozesse, Kunden, Produkte)
- zur Autonomie der Gesamteinheit im grösseren Kontext
- zur Führungsphilosophie und zur Zusammenarbeit im Team
- zur (gemeinsamen) Ressourcennutzung bzw. zu Synergien
- zur Spezialisierungs-, Standardisierungs- und Formalisierungsintensität
- zu Entscheidungs- und Weisungsmechanismen
- zu Koordinationsmechanismen (personell, strukturell, systembezogen)
- zu Grössenverhältnissen der einzelnen Organisationseinheiten
- zu Berichtswegen und Kontrollmechanismen
- zu Zuständigkeiten, Verantwortlichkeiten und Anreizsystemen

Daraus lassen sich sogenannte Gestaltungsprinzipien zusammenstellen, die von der Strategie ausgehend die Anforderungen an die Organisation in Form einiger klarer Grundsätze bündeln. Diese Gestaltungsprinzipien helfen darzustellen, was die neue Organisation leisten muss, welchen Anforderungen sie genügen soll und welche Probleme sie lösen muss.

* Quelle: Dr. A. Wenger, www.organisationsdesign.ch, 2013

Download
Link zur Software:
www.strategieleitfaden.ch

Störungsanalyse

> **Funktion und Anwendung auf einen Blick:**
>
> Was wäre wenn ... Es kann immer etwas dazwischen kommen. Und weil es immer anders kommt, als man denkt, bereiten wir uns darauf vor.
>
> Ein interessanter Ansatz dazu ist das sogenannte Crash-Szenario. Dabei wird der vorliegende Strategieplan mit dem Szenario konfrontiert, dass der Umsatz innert kurzer Zeit sehr stark einbricht, z.B. um 30%. Nun stellen sich folgende Fragen: Kann das Unternehmen einen solchen Einbruch überstehen? Was müsste getan werden, um eine Gefährdung des ganzen Systems zu verhindern?
>
> Wir empfehlen, diese Störungsanalyse auf jeden Fall einmal durchzuführen. Sie kann aber auch Gegenstand des jährlichen Strategie-Review Meetings sein.

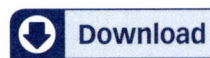

Download

Link zur Software:
www.strategieleitfaden.ch

Eine einfachere Störungsanalyse kann wie folgt ablaufen:

Vorgehen

Schritt 1: Abstand zum Erfolg: Wie viel muss für die einzelnen Strategien oder strategischen Stossrichtungen investiert werden; wie lange dauert die Umsetzung, wann ist mit Ergebnissen zu rechnen?

Schritt 2: Hindernisse und Ereignisse, die ein Erreichen der Ziele möglicherweise verhindern: Welche Gegebenheiten und Entwicklungen können eintreten? Eventuell kann hier eine Szenario-Betrachtung eingefügt werden.

Schritt 3: Welche Auswirkungen haben die möglichen Störungen: Wie gross ist der Einfluss, wie stark ist die Auswirkung von solchen Störungen?

Schritt 4: Welche Konsequenzen hat das für das Unternehmen als Ganzes: Kann mit einer Störung umgegangen werden, oder gerät das ganze System in Gefahr?

Schritt 5: Alternativstrategien: Was wären alternative Strategien, alternative Stossrichtungen? Welche Massnahmen müssen eingeleitet werden?

Schritt 6: Absicherung: Können gewisse Vorbereitungen schon jetzt getroffen werden? Womit können Auswirkungen von vornherein abgesichert oder zumindest abgefedert werden?

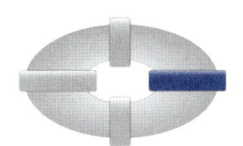

Freigabe der Strategie

Vorgehen 293

Workshop VI 294

Der Lenkungsausschuss 300

Abschluss 302

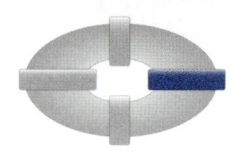

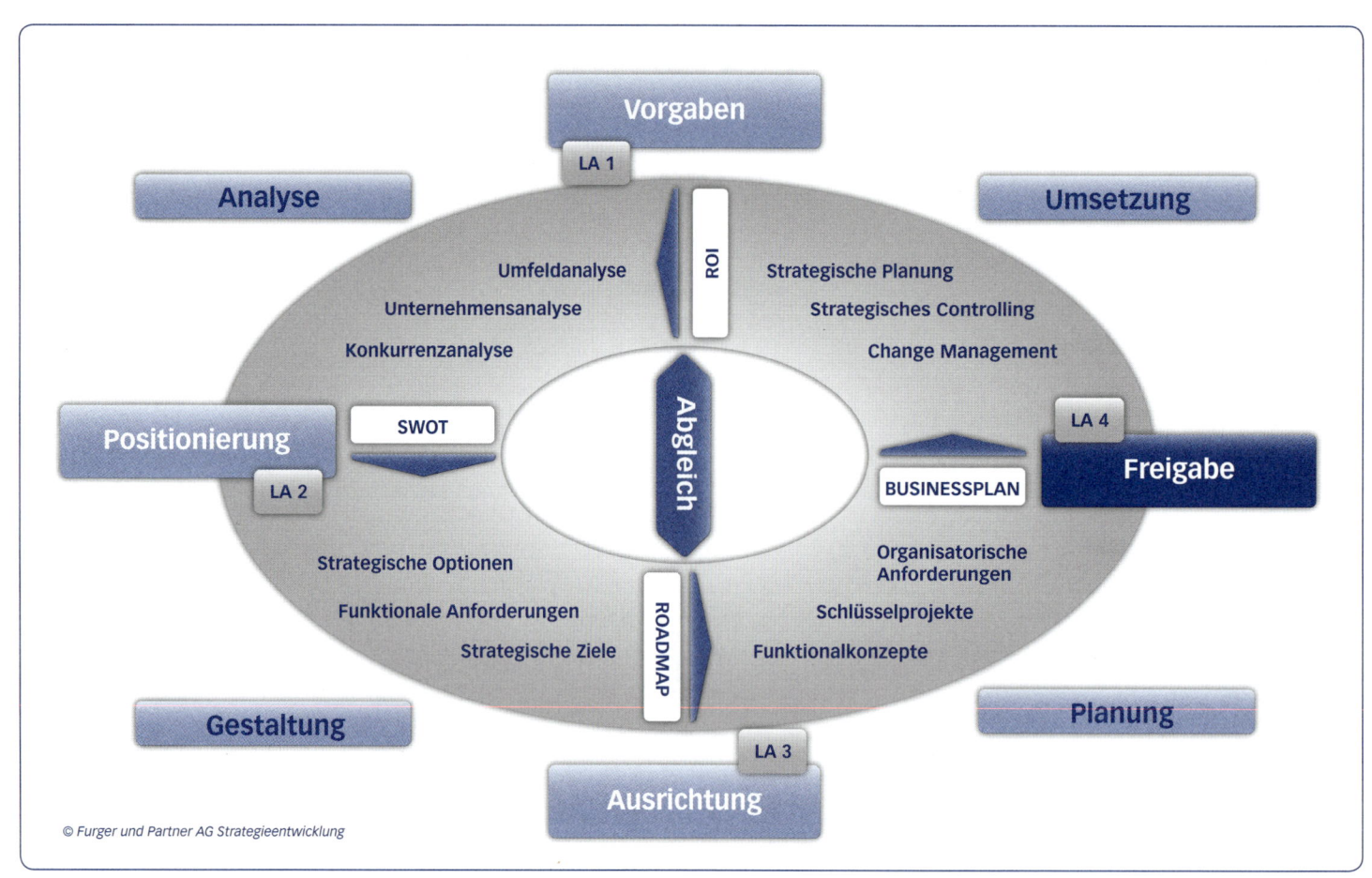

Abbildung 1: Prozessschritt Freigabe der Strategie

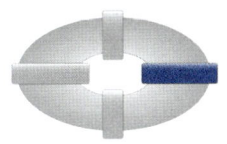

Freigabe der Strategie

Die Strategien sind ausgearbeitet, die Massnahmenlisten erstellt und zugeordnet; die Unterlagen für die Businesspläne stehen und sind bereit, um mit der Mittelfristplanung und der Budgetierung abgestimmt zu werden. In der Freigabephase, die der Vorbereitung der Umsetzung dient, werden die Anforderungen aus der Strategie in einer Vorlage zusammengefasst und dem LA unterbreitet, damit dieser in einer letzten Sitzung grünes Licht für die Umsetzung geben kann.

Das Team stellt die strategischen und die operativen Businesspläne zusammen, beschreibt die Strategien pro Geschäftsfeld in einer übersichtlichen Zusammenfassung und stellt die Funktionalkonzepte bereit für die Umsetzung.

Als Aspekt von erheblicher Tragweite rückt in dieser Phase die Frage der Organisation in den Brennpunkt. Je nach Situation und Unternehmen entscheidet sich der LA, eine Neuordnung der Organisationsstruktur vorzuschlagen. Diesen Aufgabenbereich deckt der vorliegende Leitfaden allerdings nicht ab.

Ein Bereich, der hier besondere Aufmerksamkeit verlangt, ist die Kommunikation. Bis anhin galt diese mehr dem Prozess als den Ergebnissen. Nun gilt es, Resultate und für die Zukunft des Unternehmens entscheidende Vorhaben bekannt zu geben. Sämtliche Stakeholder müssen entsprechend angesprochen werden: die Mitarbeiter, die Teilhaber, die Aktionäre, die Kunden und die Öffentlichkeit. Eine an der Börse kotierte Firma informiert auch die Presse.

Am Schluss wird das strategische Controlling für die Umsetzung aufgesetzt. Das detaillierte Vorgehen dazu beschreiben wir in der letzten Phase, der Umsetzungsphase.

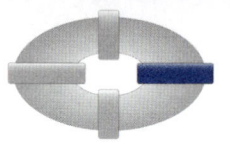

Was bisher erledigt wurde

Zu Beginn der Freigabephase sind folgende Aufgaben erledigt und die Entscheide dazu getroffen:

- ✓ Die strategischen Businesspläne sind erstellt
- ✓ Die operativen Businesspläne als Ableitung aus den strategischen Businessplänen sind erstellt
- ✓ Die strategischen Massnahmen sind ausgearbeitet und liegen in Form von Projektplänen vor
- ✓ Die Liste der strategischen Massnahmen ist erstellt und für das PMO erfasst
- ✓ Die operativen Massnahmen sind ausgearbeitet (als Projektpläne) und den Linienverantwortlichen zugeordnet
- ✓ Die Funktionalkonzepte sind ausgearbeitet und liegen zum Entscheid vor

Ergebnisse der Zwischenphase Freigabe

Die Hauptergebnisse der Freigabephase auf einen Blick:

- Die Strategien sind zusammengefasst, vom LA verabschiedet und zur Umsetzung freigegeben
- Die strategischen Businesspläne sind verabschiedet
- Die operativen Businesspläne sind als Ableitung aus den strategischen Businessplänen übergeben
- Investitionspläne sind ausgearbeitet und verabschiedet
- Vorbereiten und Aufsetzen der Umsetzungsorganisation für die Umsetzung sind erfolgt: PMO, Verantwortliche, strategische Planung
- Das strategische Controlling ist aufgesetzt
- Die organisatorischen Konsequenzen sind aufgezeigt und verabschiedet – evtl. Ausarbeitung einer neuen Struktur / Organisation beschlossen
- Kommunikation an alle Stakeholder ist erfolgt

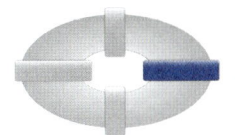

Vorgehen

Freigabe der Strategie

Workshop VI — Tag 1, Tag 2 — Entscheidungsvorlage — LA IV — Tag 1 — Auftrag Strategieumsetzung

© Furger und Partner AG Strategieentwicklung

Abbildung 2: Vorgehen Freigabe der Strategie

Das Team stellt in einem letzten Workshop alle Vorlagen für den endgültigen Entscheid zur Unternehmensstrategie zusammen. Als Ergebnis erteilt der LA den Auftrag an die Organisation zur Umsetzung der Strategie. Danach wird das Team aufgelöst und in die Linie entlassen. Ein würdiger Abschluss mit einem Anlass als Anerkennung für die engagierte Arbeit trägt dazu bei, dass die Mitarbeiter die Begeisterung und die Motivation aus dem Projekt mitnehmen und mit vollem Elan die Umsetzung in Angriff nehmen.

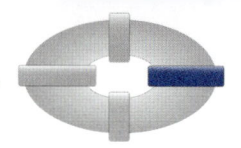

11 Workshop VI – Vorbereitung der Businesspläne für die LA-Sitzung IV

Als Ergebnis erhalten wir die grundsätzliche Beschreibung der Strategie mit folgenden Inhalten:

Grundstrategien
- Geschäftsfeldstrategien
- Strategische Ziele der Geschäftsfelder
- Gesamtziele des Unternehmens
- Werte und Leitbild

Funktionalkonzepte
- Ziele
- Aufgabenbereiche
- Massnahmen
- Ressourcen

Die strategischen Businesspläne mit den strategischen Zielen
- Marktposition
- Kostenposition
- Innovation
- Kernkompetenzen

Die operativen Businesspläne mit den Zielen
- G&V
- Bilanzen
- Mittelflussplanung
- Investitionsplanung

Der Umsetzungsplan
- Strategische Massnahmen der Funktionen
- Operative Massnahmen der Linie
- Zusammenfassung der Ressourcen

Die Anforderungen an die neue Organisation

Formale Entscheidungsvorlage für den LA

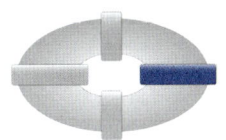

Agenda

Workshop VI Tag 1			
	Thema	**Inhalt**	**Verantwortlich**
08:30	**Einführung**	Status Projekt – Aufgaben und Vorgehen	PL
09:00	**Marktplatz Hausaufgaben**	Präsentation der Ergebnisse	Team
10:00	**Funktionalkonzepte**	Diskussion und Verabschiedung der Funktionalkonzepte	Plenum
11:30	**Massnahmen I**	Liste der strategischen Massnahmen	Gruppenarbeit
12:30	**Mittagessen**		
14:00	**Massnahmen II**	Liste der operativen Massnahmen	PL/Team
15:00	**PMO**	Vorschlag für das PMO / Umsetzungsorganisation	Plenum
16:00	**Strategische Businesspläne**	Überarbeiten der strategischen Businesspläne in Gruppen	Gruppen
		Präsentation und Verabschiedung	
18:00	**Zusammenfassung**	Ergebnisse Tag 1	
18:30	**Ende**		

Tabelle 1: Vorschlag Agenda für Workshop VI Tag 1

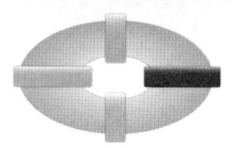

Tagesordnungspunkte Agenda Tag 1

Funktionalkonzepte

Die Ergebnisse der Hausaufgaben werden nun präsentiert und im Team diskutiert. Auch hier wenden wir das bewährte Vorgehen mit einem Marktplatz an. Die Unterlagen werden in der Grösse A3 an Pinnwänden befestigt und so im Raum aufgestellt, dass sie bequem von allen gelesen, studiert und in Kleingruppen diskutiert werden können. Jeder Teilnehmer erhält Klebepunkte, die er dort anheftet, wo für ihn noch Fragen offen sind.

Nach der vereinbarten Zeit kommen die Teilnehmer wieder im Plenum zusammen. Die durch die farbigen Punkte gekennzeichneten Stellen werden einzeln aufgegriffen. Die verantwortlichen Teilnehmer beantworten Fragen und halten die Ergebnisse fest. Auf diese Weise werden alle offenen Themen angesprochen, ohne durch eine langatmige Präsentation aller Unterlagen zu gehen.

Die Funktionalkonzepte werden nun verabschiedet, und die Zusammenfassung geht an den LA.

Massnahmen I und II

Die Zusammenfassung der Massnahmen wird von den Teammitgliedern oder vom Leiter des PMO präsentiert. Es wird genügend Zeit eingeräumt, um diese zu diskutieren und die Konsequenzen zu erläutern.

Auch hier gilt es, eine Zusammenfassung zu erstellen, die dem LA präsentiert werden kann.

Organisation für die Umsetzung

Das strategische Controlling wird nach diesem Workshop bzw. nach der Verabschiedung der Strategie durch den LA an die interne strategische Planung übergeben. Für das strategische Controlling der Massnahmen wird eine eigene Einheit besorgt sein. Wir nennen diese das Projekt-Management-Office (PMO). Organisatorisch kann das Projektcontrolling eingebunden werden wie in der Abbildung 3 dargestellt.

Das Vorgehen und die Berichterstattung im Rahmen der strategischen Planung beschreiben wir im nächsten Abschnitt.

Strategische Businesspläne

Die strategischen Businesspläne werden pro Geschäftsfeld überarbeitet und zusammengestellt. Diese beinhalten die strategischen Ziele, wie wir diese in Kapitel 2 dargestellt haben:
- Marktposition
- Kostenposition
- Innovationsfähigkeit
- Kernkompetenzen

Die Vorlage für die strategische Planung finden Sie im Kapitel 10 auf Seite 282.

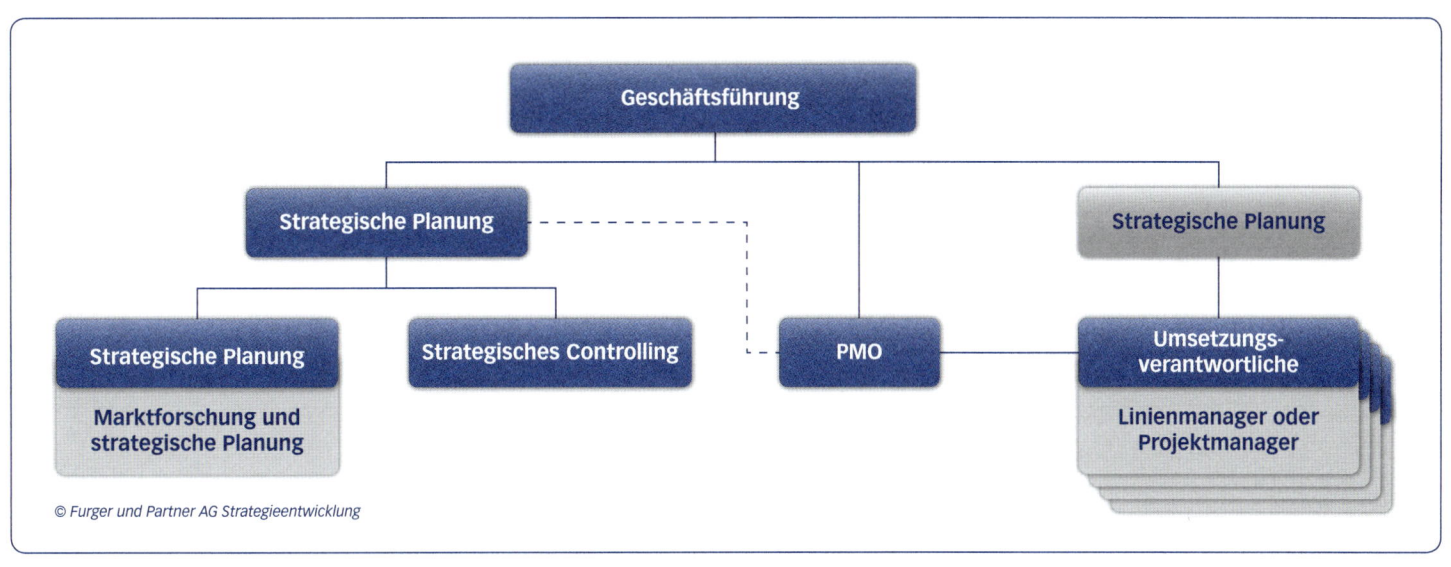

Abbildung 3: Die organisatorische Einbindung des strategischen Controllings und der Umsetzungssteuerung (PMO)

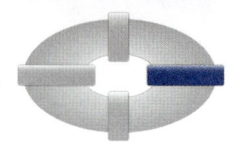

Agenda

Workshop VI Tag 2			
	Thema	**Inhalt**	**Verantwortlich**
08:30	**Einführung**	Rückblick Tag 1	PL
09:00	**Operative Businesspläne**	Präsentation durch das Controlling – Diskussion und Verabschiedung der Vorlage für den LA	Controlling / Plenum
11:00	**Investitionsplan**	Zusammenfassen der Investitionen	Controlling / Plenum
11:30	**Kommunikation**	Vorschlag für die Kommunikation	PL / Plenum
12:30	**Mittagessen**		
14:00	**Unterlagen für LA**	Zusammenstellen und Verabschieden der LA-Vorlage – Funktionalkonzepte – Massnahmen – Businesspläne – Vorschlag Umsetzungsorganisation	PL / Gruppen
17:00	**Zusammenfassung / Mindmap**	Aufgaben – Ergänzen der Unterlagen	PL / Plenum
17:30	**Verabschiedung**	Termine und Verabschiedung	PL / Team
18:00	**Ende**		

Tabelle 2: Vorschlag Agenda für Workshop VI Tag 2

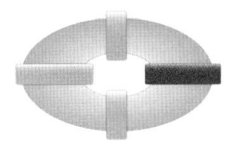

Tagesordnungspunkte Tag 2
Operative Businesspläne und Investitionspläne

Die operativen Businesspläne werden nun vom Controlling präsentiert. Es war auch Aufgabe des Controllings, diese zu übernehmen und abzustimmen. Die Ergebnisse werden vorgestellt und die Auswirkungen auf den Umsatz und die Wachstumsraten des gesamten Unternehmens dargestellt und diskutiert. Es ist ratsam, dass zu diesem Thema die Verantwortlichen und zuständigen Vertreter für die kaufmännischen Belange präsent sind. Die Vorlagen für diesen Teil werden direkt vom Controlling geliefert, damit die Ergebnisse in die Planung mit eingebunden werden können. Danach werden die Zahlen in die Mittelfristplanung und in die Budgetierung übernommen.

Kommunikation

Alle warten jetzt auf die Ergebnisse – die Mitarbeiter, die Shareholder, die Kunden und sogar die Konkurrenz. Die Kommunikation beinhaltet hier denn auch nicht mehr einfach den Fortschritt des Projektes, sondern die neue strategische Ausrichtung des Unternehmens. Es ist deshalb angebracht, die Kommunikationsabteilung vorgängig hier einzubinden und die Kommunikation von dieser aus zu steuern. Der Pressesprecher wird hier die Inhalte und das Vorgehen, wie kommuniziert wird, noch einmal erläutern. Dabei werden sämtliche Ansprechpartner erwähnt und das Team wird informiert, wie es intern mit dem Wissen, das weit über die Zusammenfassung der Ergebnisse hinausgeht, umgehen soll.

Als Kommunikationsmittel sind eine schöne Broschüre, ein Handout und ein Stick mit den Unterlagen professionell vorzubereiten und zu verteilen.

Im Normalfall wird nach der LA-Sitzung noch eine Veranstaltung stattfinden, an der die Ergebnisse der ganzen Firma kommuniziert werden. Bei einer internationalen Firma kann das im Rahmen eines sogenannten IMM (Internationales Management Meeting) oder eines Annual Management Meetings stattfinden. Das ist dann auch der Start der Umsetzung.

LA-Vorlage

Die LA-Vorlage umfasst die Zusammenfassung der Strategie mit den Inhalten:
- Businesspläne
- Funktionalkonzepte
- Massnahmen
- Organisationsvorschlag für die Umsetzung
- Kommunikation – Vorgehen und Unterlagen

Drehbuch

Wie schon im vorangehenden Kapitel verzichten wir auf ein Drehbuch, und zwar aus einem einfachen Grund: nach der Durchführung mehrerer Workshops hat der PL die Situation soweit im Griff, dass er nicht jedes Mal eine neue Checkliste benötigt. Auf unserer Webseite finden Sie dennoch eine Vorlage dazu.

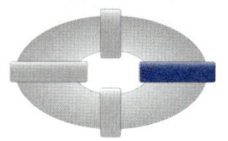

Der Lenkungsausschuss

Der LA trifft sich für dieses Projekt zum letzten Mal. Deshalb überlegen Sie sich hier, ob nicht das ganze Team zu dieser Sitzung eingeladen werden soll. Falls dies für den Ablauf eine zu grosse Anforderung ist, kann wenigstens danach eine gemeinsame Veranstaltung in Form eines Abendessens stattfinden.

Der LA entscheidet in dieser Sitzung nicht nur über die neue Strategie, sondern auch über die Mittel und die Ressourcen, die dazu notwendig sind. Zumindest für die ersten Umsetzungsprojekte werden pro forma die Mittel freigegeben.

Die Entscheidungsvorlage

	Antrag	Entscheid	Kommentar
1	Die Unternehmensstrategie wird verabschiedet: ■ Funktionalkonzepte ■ Strategische Businesspläne ■ Operative Businesspläne ■ Ressourcen und Investitionen		
2	Die Umsetzungsorganisation ■ Projekt-Management-Office ■ Berichtsperiode		
3	Die folgenden Projekte werden zur Umsetzung freigegeben ■ Massnahme 1 ■ Massnahme 2 Die Planungsphase ist hiermit abgeschlossen		
4	Auftrag für die Umsetzung		
5	Abschlussveranstaltung: Einladung an die Mitarbeiter		

Tabelle 3: Entscheidungsvorlage für die Freigabe der Strategie

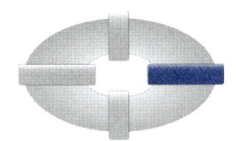

Die Agenda

Diese LA-Sitzung kann mit dem ganzen Team durchgeführt werden. Deshalb sind die Räumlichkeit und der Zeitrahmen entsprechend anzupassen.

Zusätzlich ist zu berücksichtigen, wer die Unterlagen an der Sitzung präsentiert – ist es «nur» die Projektleitung, sind es je Thema die Gruppensprecher, oder wird das ganze Team eingeladen. Dementsprechend sind die Verantwortlichen für die Präsentation zu bestimmen.

Lenkungsausschuss			
	Thema	**Vorgehen**	**Verantwortlich**
13:30	Einführung		Projektleiter
14:00	Funktionalkonzepte	Stand Projekt	Team
15:00	Businesspläne	Präsentation und Antrag	Team
16:00	Massnahmen	Präsentation und Antrag	Team
17:00	Umsetzungsorganisation	Präsentation und Antrag	Projektleiter
18:00	Apéro		
19:30	Gemeinsames Abendessen		

Tabelle 4: Agenda für die Lenkungsausschusssitzung

Das Protokoll

Dieses Protokoll hält den Entscheid über die Strategie und damit über die Zukunft des Unternehmens fest. Es bildet auch die Basis für die Kommunikationsunterlagen und für die Schlussveranstaltung.

> **⬇ Download**
> Ein schönes Beispiel für ein Abschlussprotokoll finden Sie zum Herunterladen auf **www.strategieleitfaden.ch**

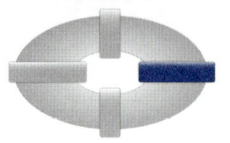

Abschluss

Das Projekt ist beendet, die gemeinsame Arbeit hat Spass gemacht, man hat neue Mitarbeiter getroffen oder Bekannte von einer ganz neuen Seite kennengelernt. Es gab schöne Momente, Erfolgserlebnisse, aber auch Krisen, Auseinandersetzungen und manchmal hat sich wohl manch einer gefragt, ob sich der ganze Einsatz lohnt. Viele Überstunden sind geleistet worden und was man mit Begeisterung erarbeitet hat, ist längst nicht immer gebührend oder zum Teil auch gar nicht anerkannt worden.

Und was kommt jetzt? Die Rückkehr zum Tagesgeschäft, die Leere nach einer aufregenden Zeit. Mancher Mitarbeiter bekommt vielleicht eine neue Chance, eine neue Stelle oder eine Position in der Umsetzung des Projektes.

Die zusätzlichen Stunden und Wochenenden, die für das Projekt eingesetzt wurden, können nicht einfach mit Geld abgegolten werden. Dies lässt sich kaum berechnen und wird vom Mitarbeiter auch nicht erwartet.

Was er aber erwartet und worauf er auch ein Anrecht hat, ist Anerkennung; und Anerkennung kann man mit klaren Zeichen zum Ausdruck bringen. Wir schlagen dazu folgende Möglichkeiten vor:

- Stellen Sie jedem Projektmitarbeiter ein Projektzeugnis aus. Der Mitarbeiter kann dieses in den Lebenslauf einfügen und erhält damit eine Anerkennung, die für ihn langfristig von Nutzen sein wird. Zudem gibt es diesem das Gefühl, etwas Bedeutsames erfolgreich realisiert zu haben.
- Schenken Sie einen Eintritt für ein Sommerspielfest, z.B. zu den Opernspielen in Verona oder Salzburg
- oder einen Reisegutschein für eine Städtereise – das kommt immer gut an.

Nichts aber ersetzt eine offizielle, gemeinsame Schlussveranstaltung. Am jährlichen Management Meeting erhält das Team die Gelegenheit, die Strategie zu präsentieren, zu erläutern und Fragen zu beantworten. Dann wird es offiziell und in Ehren mit einem Blumenstrauss oder einem anderen Präsent verabschiedet.

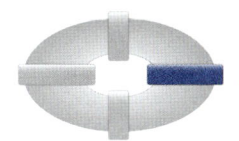

Bescheinigung
über die Mitarbeit am Projekt «Unternehmensstrategie der Muster AG»

Hiermit bestätigen wir, dass

Herr Meinrad Muster

über einen Zeitraum von 6 Monaten als Mitglied des Kernteams bei der Erarbeitung der Unternehmensstrategie der Firmengruppe Muster AG mitgewirkt hat. Das Projekt wurde im Oktober 2013 erfolgreich abgeschlossen und zur Umsetzung freigegeben.

Als Mitglied des Kernteams wurde Meinrad Muster von der Furger und Partner AG

- umfassend in der Methode des systemorientierten strategischen Managements geschult und
- mit der praktischen Anwendung von Methoden und Instrumenten der integrierten Strategieentwicklung vertraut gemacht

Furger und Partner AG
Strategieentwicklung

Zürich, den 18. Oktober 2013

Ignaz Furger
Projektleitung

....

Xxx Xxx
Muster AG

....

Abbildung 4: Beispiel Projektzeugnis

11 Freigabe der Strategie

Strategieumsetzung

Das strategische Controlling 309

Der strategische Planungsprozess 316

Die organisatorische Einbindung des strategischen Controllings 322

12 Strategieumsetzung

Vorgaben — LA 1

Analyse
- Umfeldanalyse
- Unternehmensanalyse
- Konkurrenzanalyse

Umsetzung
- Strategische Planung
- Strategisches Controlling
- Change Management

ROI

Positionierung — LA 2

SWOT

Abgleich

Freigabe — LA 4

BUSINESSPLAN

Gestaltung
- Strategische Optionen
- Funktionale Anforderungen
- Strategische Ziele

Planung
- Organisatorische Anforderungen
- Schlüsselprojekte
- Funktionalkonzepte

ROADMAP

Ausrichtung — LA 3

© Furger und Partner AG Strategieentwicklung

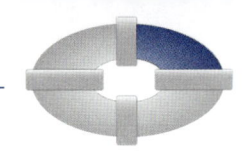

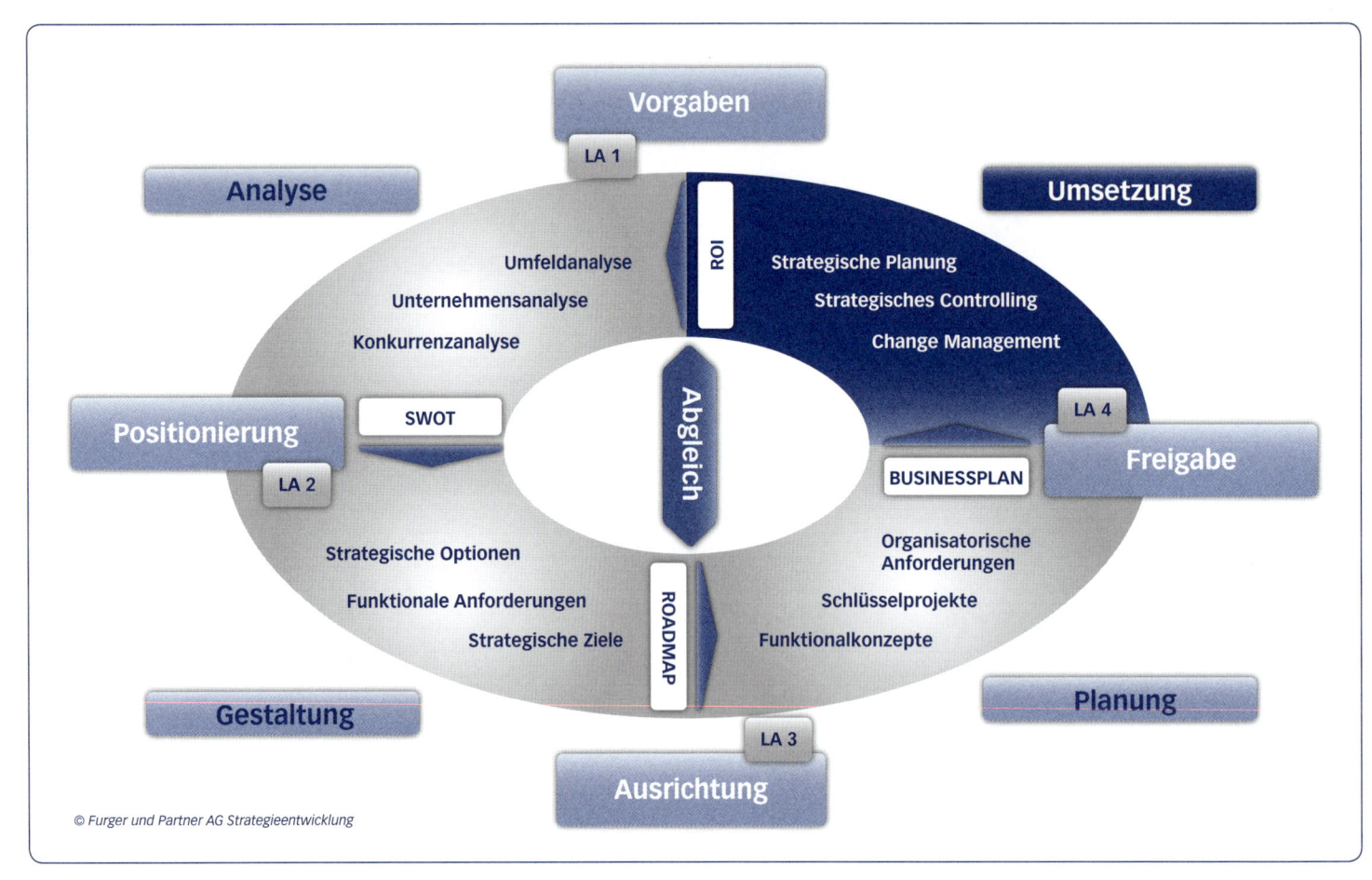

Abbildung 1: Prozessschritt Strategieumsetzung

Strategieumsetzung

Nur eine Strategie, die umgesetzt wird, ist auch eine gute Strategie. Deshalb ist die Umsetzung die wichtigste Phase in der Strategieentwicklung. Alle Massnahmen sind jetzt definiert und zugeordnet, die Ziele sind nicht nur festgelegt, sondern auch in die Mittelfristplanung und in die jährliche Budgetierung übernommen worden. Die strategischen Projekte wurden gestartet – und bald müssen die ersten Resultate sichtbar werden.

Damit sich die Ergebnisse nachverfolgen lassen, wird die Umsetzungsphase von einem strategischen Controllingprozess begleitet. In einem regelmässigen Strategie-Review-Meeting, das am Anfang alle 3 oder 6 Monate, später noch einmal im Jahr, stattfindet, wird über den Fortschritt der Projekte und die Ergebnisse berichtet, werden die Rahmenbedingungen überprüft und eventuelle Anpassungen vorgenommen.

Parallel zu diesem Controllingprozess können strategische Initiativen aufgesetzt werden. Diese werden in die strategische Planung und in den Berichtsrhythmus eingebunden; an einem strategischen Review-Meeting werden einerseits neue strategische Initiativen in Auftrag gegeben, andere, die inzwischen ausgearbeitet wurden, werden verabschiedet und in die Umsetzung gegeben.

Damit erhält das Unternehmen einen strategischen Planungsprozess, der als eigenständiger Geschäftsprozess aufgesetzt wird; dies erlaubt es, strategische Fragestellungen getrennt vom operativen Tagesgeschäft zu behandeln.

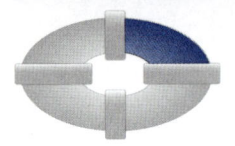

Was bisher erledigt wurde

Zu Beginn der Umsetzungsphase sind folgende Aufgaben erledigt und die Entscheide dazu getroffen:

- ✓ Die Strategien sind erstellt und verabschiedet
- ✓ Die strategischen Massnahmen und Projekte sind ausgearbeitet und freigegeben
- ✓ Der strategische Businessplan ist mit der Mittelfristplanung und der Budgetierung abgestimmt
- ✓ Das strategische Controlling ist vorbereitet und die Organisation für das Massnahmencontrolling (PMO) ist eingesetzt
- ✓ Die Organisation ist an die Strategie angepasst und eventuelle organisatorische Massnahmen sind eingeleitet

Ergebnisse der Umsetzungsphase

Die Hauptergebnisse der Umsetzungsphase auf einen Blick:

- Die Umsetzung der strategischen Projekte ist in Gang
- Das strategische Controlling ist operativ und die periodische Berichterstattung läuft
- Strategische Initiativen werden gestartet und im Rhythmus der strategischen Planung aufgesetzt und verabschiedet
- Die Ergebnisse aus der neuen Strategie zeigen sich im nächsten Jahresbericht
- Der ROI bestätigt den Erfolg der Strategie

Das strategische Controlling

Das strategische Controlling steuert und überprüft die Umsetzung der Strategie und hat folgende Aufgaben:
- Das strategische Controlling liefert die Zielorientierung für die Umsetzung von vereinbarten Massnahmen in den Phasen der Strategiebestimmung
- Erstellen eines Frühwarnsystems zur Identifizierung von Abweichungen in den Prämissen. Änderungen innerhalb der Prämissen können den Bereich der Strategieumsetzung, den Zeitrahmen und/oder die Volumen beeinflussen
- Durch das Messen des Erreichungsgrades der strategischen Ziele wird die Effektivität der Strategie sichtbar. Dies ist ein Hauptbeitrag, um Korrekturmassnahmen zu definieren und die Planungsprozesse zu stärken
- Fokussieren der Aufmerksamkeit des Managements auf das Einbeziehen strategischer Fragen, um die Akzeptanz und das Fortschreiten der Strategieumsetzung zu sichern
- Erarbeitung einer Kommunikationsstrategie, um Management und Mitarbeiter über den Fortschritt und die Erfolge der Umsetzung informiert zu halten. Sicherstellen der Akzeptanz des Strategieprogramms, um die notwendige Unterstützung für anstehende Probleme und weitere Verbesserungen zu erhalten
- Als Sparringspartner für das Geschäftslinienmanagement (verantwortlich für die Strategieumsetzung) dienen
- Durchführen von regelmässigen Strategie-Review-Workshops/-Meetings
- Prüfen von Änderungen in den Prämissen, des Erreichens der strategischen Ziele und der Entwicklung der strategischen Massnahmen

Das strategische Controlling umfasst drei Elemente:
- Das Prämissencontrolling mit dem Frühwarnsystem
- Das Eckwertecontrolling
- Das Massnahmencontrolling

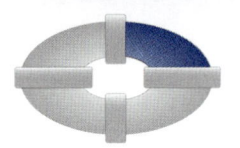

Prämissencontrolling

Das Prämissencontrolling überprüft die Prämissen der Strategieentwicklungsphasen vor dem Hintergrund neuer Bedingungen. Daher dient es als Frühwarnsystem im Hinblick auf Abweichungen innerhalb des Strategieumsetzungsprozesses.

Identifizierung der Prämissen	Präzisierung, Methode und Instrument für das Controlling	Controlling der Prämissen
■ Prämissen aus den Phasen der Strategiefestlegung ■ Schlüsselgrössen ■ Werte für die nächsten 10 Jahre	■ Identifizierung der Prämissen für das Unternehmen (gesamt) und für die Geschäftsfelder allein ■ Beschrieb «was passiert, wenn die erwarteten Werte nicht eintreffen» ■ Erstellen einer Methode für das Sammeln von Daten / Festlegen von Verantwortlichkeiten ■ Festlegen der Datenquellen ■ Festlegen der Häufigkeit der Datenerhebung ■ Festlegen des Datenformats für die Verarbeitung ■ Bestimmung eines Verantwortlichen für Datenerhebung ■ Bestimmen der Tools für das Controlling von Vorschau- versus Ist-Werten	■ Periodisches Überprüfen der Werte der definierten Kriterien und Meilensteine ■ Bericht zu Abweichungen ■ Vorschläge für Korrekturmassnahmen ■ Verknüpfen der Resultate mit strategischen Massnahmen und strategischen Zielen

Tabelle 1: Elemente des Prämissencontrollings

Schlüsselfragen

- Sind die Prämissen der Strategiedefinition noch gültig?
- Sind wegen Abweichungen oder neuen Einflussfaktoren Massnahmen erforderlich?

Aufgaben

- Frühe Identifizierung von wesentlichen Abweichungen
- Beurteilung der Folgen für die Strategieumsetzung und die Ziele (Umsatz, ROS, Marktanteile)
- Empfehlen von Korrekturmassnahmen

Ein Frühwarnsystem, das auf den Prämissen basiert, muss regelmässig und in besonderen Situationen aktualisiert werden.

Neben dem Prämissencontrolling müssen auch unvorhersehbare Ereignisse im Markt, im politischen und ökologischen Umfeld sowie auf Seiten der Wettbewerber in einem Frühwarnsystem bewertet werden:

Controlling der Prämissen

Regelmässig
- Gemeinsamer Workshop des Strategieumsetzungsteams zu unternehmerischen Prämissen
- 1-zu-1-Diskussion zwischen Strategiecontroller und Geschäftslinienverantwortlichem über Prämissen zur Geschäftslinie

Ad hoc/Reaktionen

Markt
- Neue Standards
- Neue Anwendung/neues Produkt erforderlich
- Import-/Exportregeln
- Besteuerung
- Politische Krise, Krieg

Politik

Ökologie/Gesellschaft
- Nuklearunglück → Grüne Energie
- Globale Erwärmung
- Neues Anwendungsfeld
- Akquisitionen
- Massive Verluste

Konkurrent

Handlungsbedarf?

Frühwarnsystem

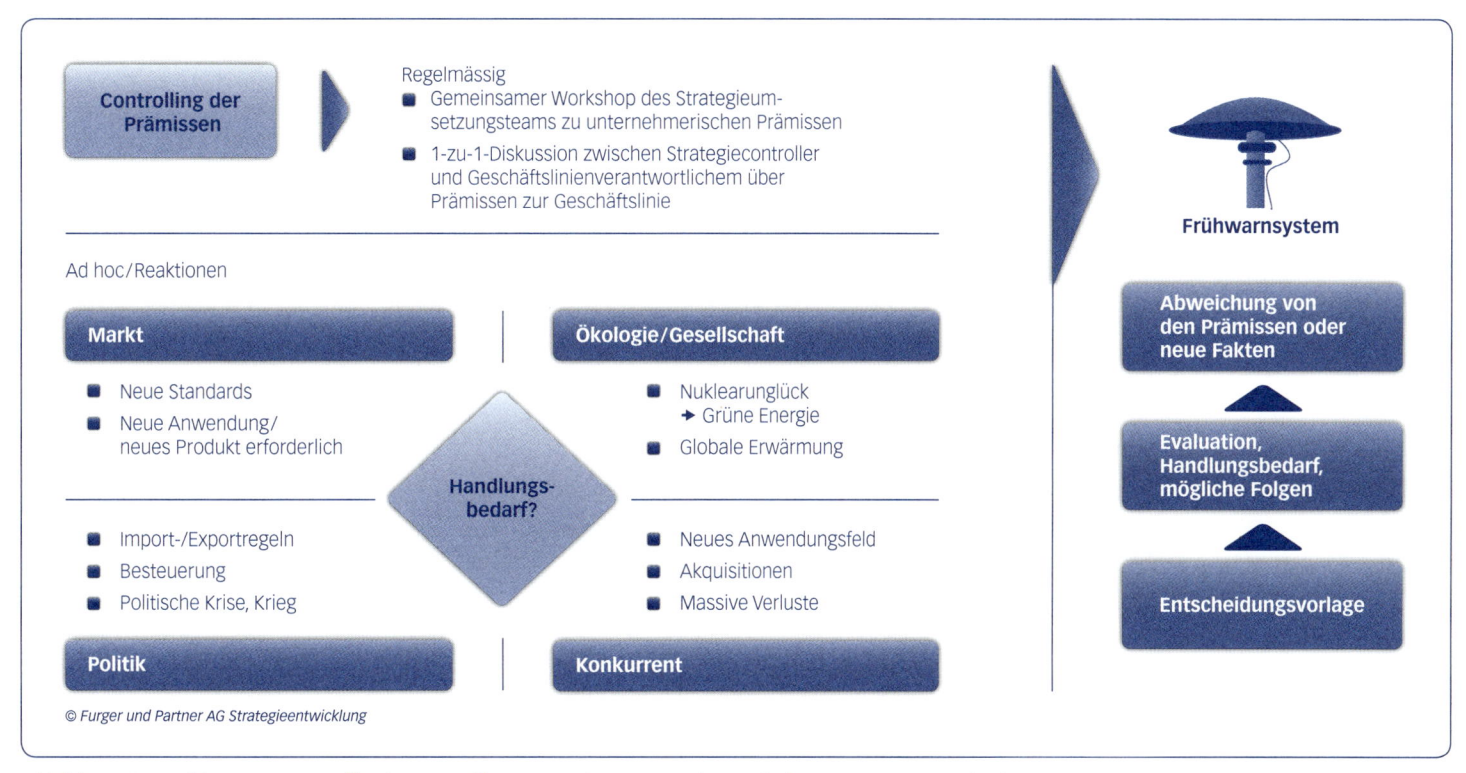

Abweichung von den Prämissen oder neue Fakten
↑
Evaluation, Handlungsbedarf, mögliche Folgen
↑
Entscheidungsvorlage

© Furger und Partner AG Strategieentwicklung

Abbildung 2: Frühwarnsystem für das Ergreifen von Sofortmassnahmen bei unerwarteten Ereignissen

Eckwertecontrolling

Das Eckwertecontrolling überprüft die Vorgaben und das Erreichen der strategischen Ziele, die ausgearbeitet und der Strategie zugrunde gelegt wurden.

Identifizierung der Strategieziele	Methode und Instrument für das Controlling	Controlling der Zielrealisierung

■ Strategische Ziele aus der Strategie
  – Marktvolumen und Marktanteil
  – Umsatz, Profitabilität
  – Relative Qualität
  – Kostenposition
  – Preisindex
	■ Datenerhebung und Verantwortlichkeiten
	  – Bestimmen der Datenquellen
	  – Bestimmen der Häufigkeit der Datenerhebung für jede Kennzahl
	  – Bestimmen eines Verantwortlichen für die Datenerhebung
	■ Bestimmung des Tools für das Controlling der Plan- versus Ist-Werte bezüglich der strategischen Ziele
		■ Periodisches Überprüfen der Zielerreichung
		■ Verknüpfen der Ergebnisse mit den strategischen Massnahmen und den Prämissen
		■ Vorschläge für Korrekturmassnahmen
		■ Berichten über den Fortschritt der Zielrealisierung

Tabelle 2: Elemente des Eckwertecontrollings

Bei Abweichungen vom Zielpfad müssen Korrekturen eingeleitet werden. Dies können weitere Massnahmen sein, um die Zielerreichung zu unterstützen. Es kann aber auch sein, dass die Ziele angepasst werden müssen, da sich Rahmenbedingungen so geändert haben, dass eine Zielerreichung unmöglich geworden ist. Ich weise hier immer wieder darauf hin, dass Strategie nicht Planwirtschaft ist. Eine Strategie kann jederzeit an die Umstände angepasst werden, ja muss sogar die Flexibilität in sich haben, um andere Wege einzuschlagen, damit die langfristigen Ziele erreicht werden.

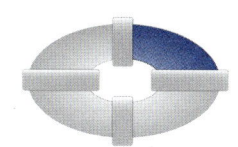

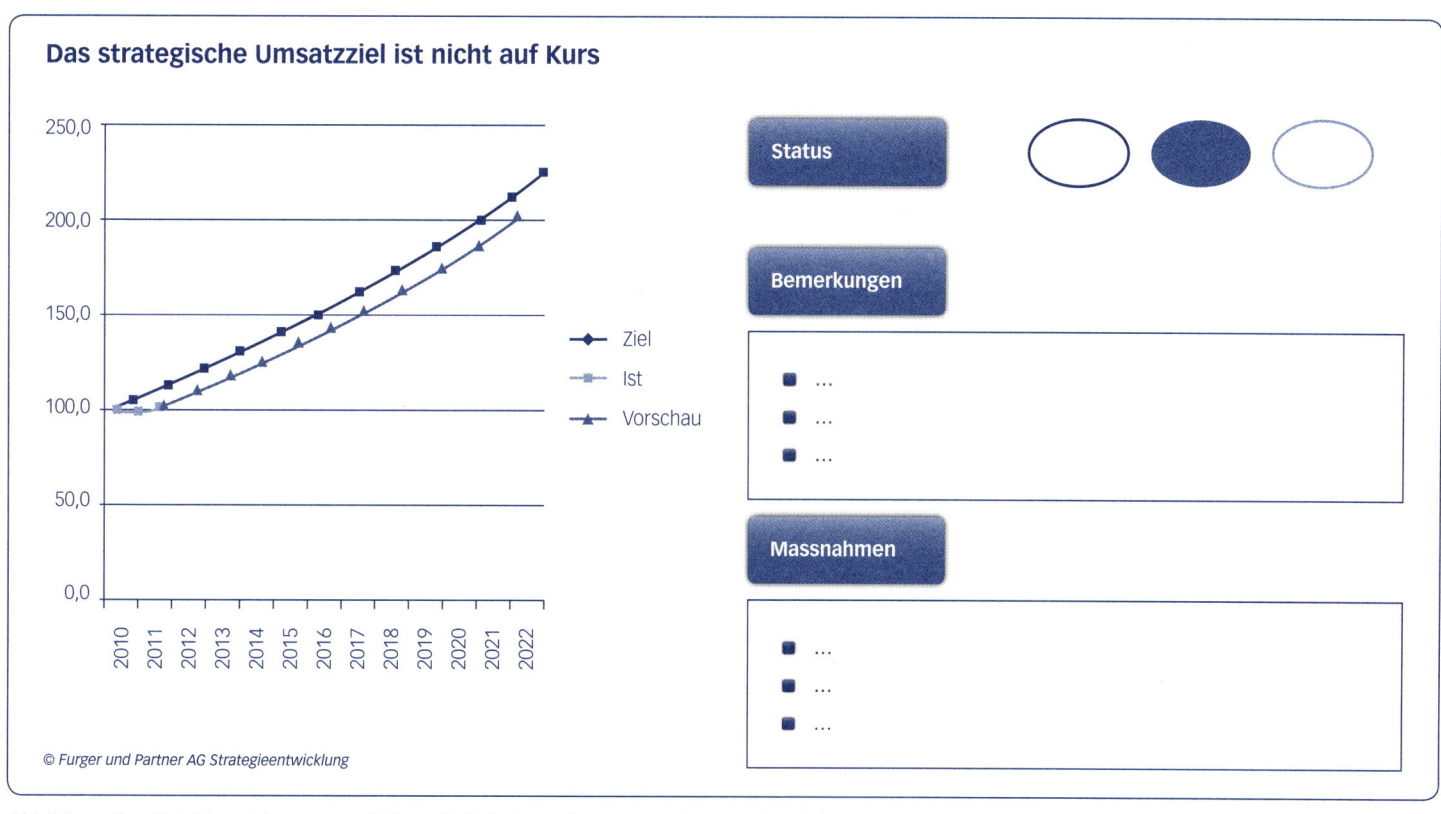

Das strategische Umsatzziel ist nicht auf Kurs

© Furger und Partner AG Strategieentwicklung

Abbildung 3: Bei Abweichungen auf dem Zielpfad werden Massnahmen eingeleitet

12 Massnahmencontrolling

Das Massnahmencontrolling umfasst die Kontrolle und Steuerung der Umsetzung der eingeleiteten Massnahmen.

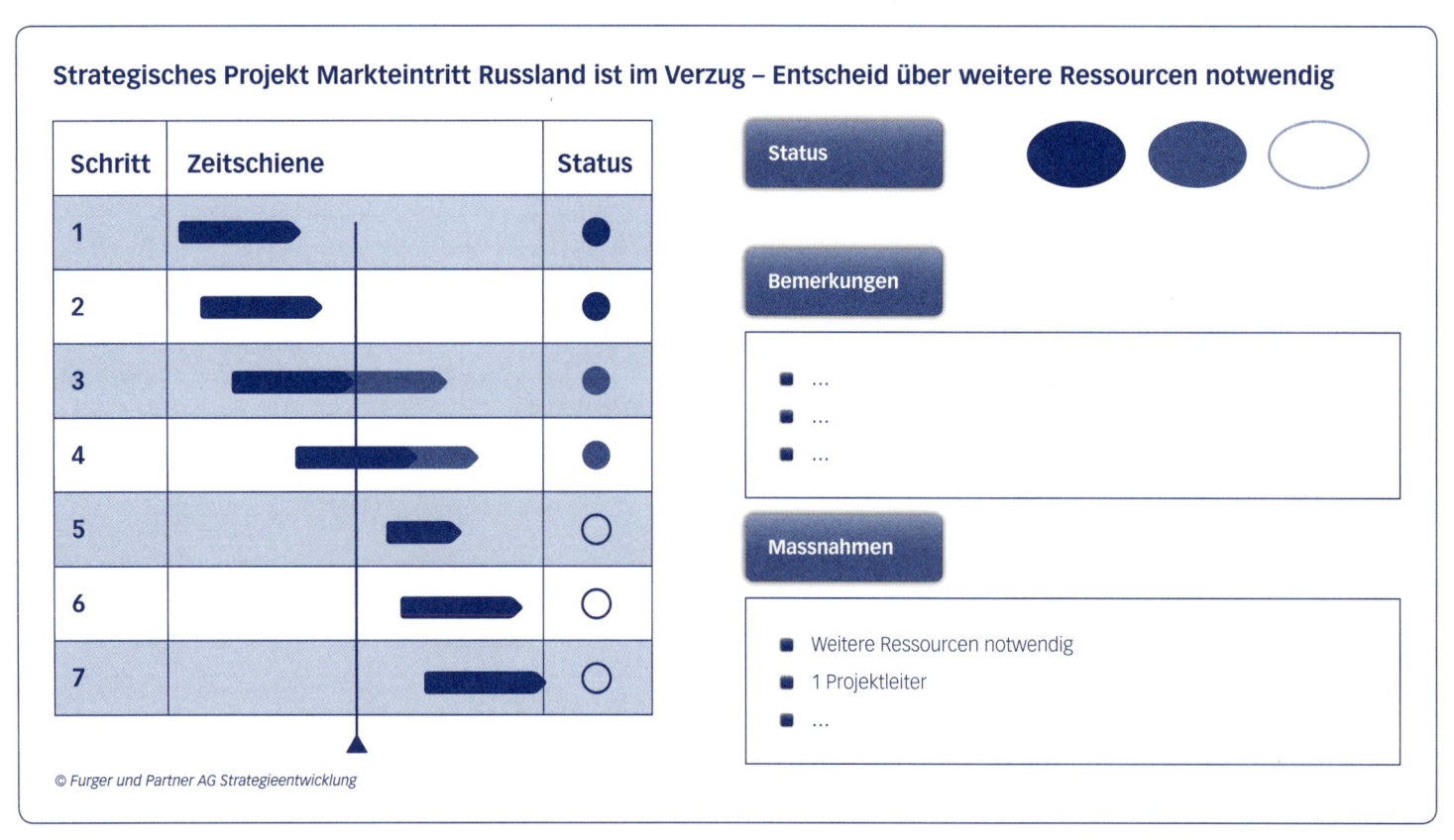

Strategisches Projekt Markteintritt Russland ist im Verzug – Entscheid über weitere Ressourcen notwendig

Schritt	Zeitschiene	Status
1		●
2		●
3		●
4		●
5		○
6		○
7		○

Status

Bemerkungen
- ...
- ...
- ...

Massnahmen
- Weitere Ressourcen notwendig
- 1 Projektleiter
- ...

© Furger und Partner AG Strategieentwicklung

Abbildung 4: Die strategische Roadmap zeigt den Implementierungsplan der strategischen Key-Projekte

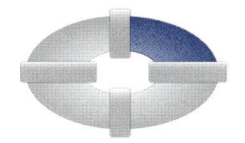

Mit einem einfachen Instrument, das wir hier auf Excel darstellen, wird die Umsetzung der Massnahmen nachverfolgt. In grösseren Unternehmen kann diese Aufgabe auch mit einem professionellen Projektmanagement-System begleitet werden. Ist ein PMO eingerichtet, übernimmt dieses die Aufgabe, die Projekte zu erfassen, zu beschreiben und den Verlauf zu erfassen, um daraus den periodischen Bericht an das Controlling zu erstellen. Die Berichtsperiode dieses Prozesses beträgt am Anfang einen Monat, danach wird dreimonatlich an die strategische Planung oder an den noch bestehenden Lenkungsausschuss aus dem Strategieprojekt berichtet.

Einfaches Excel-Blatt für das Massnahmencontrolling:

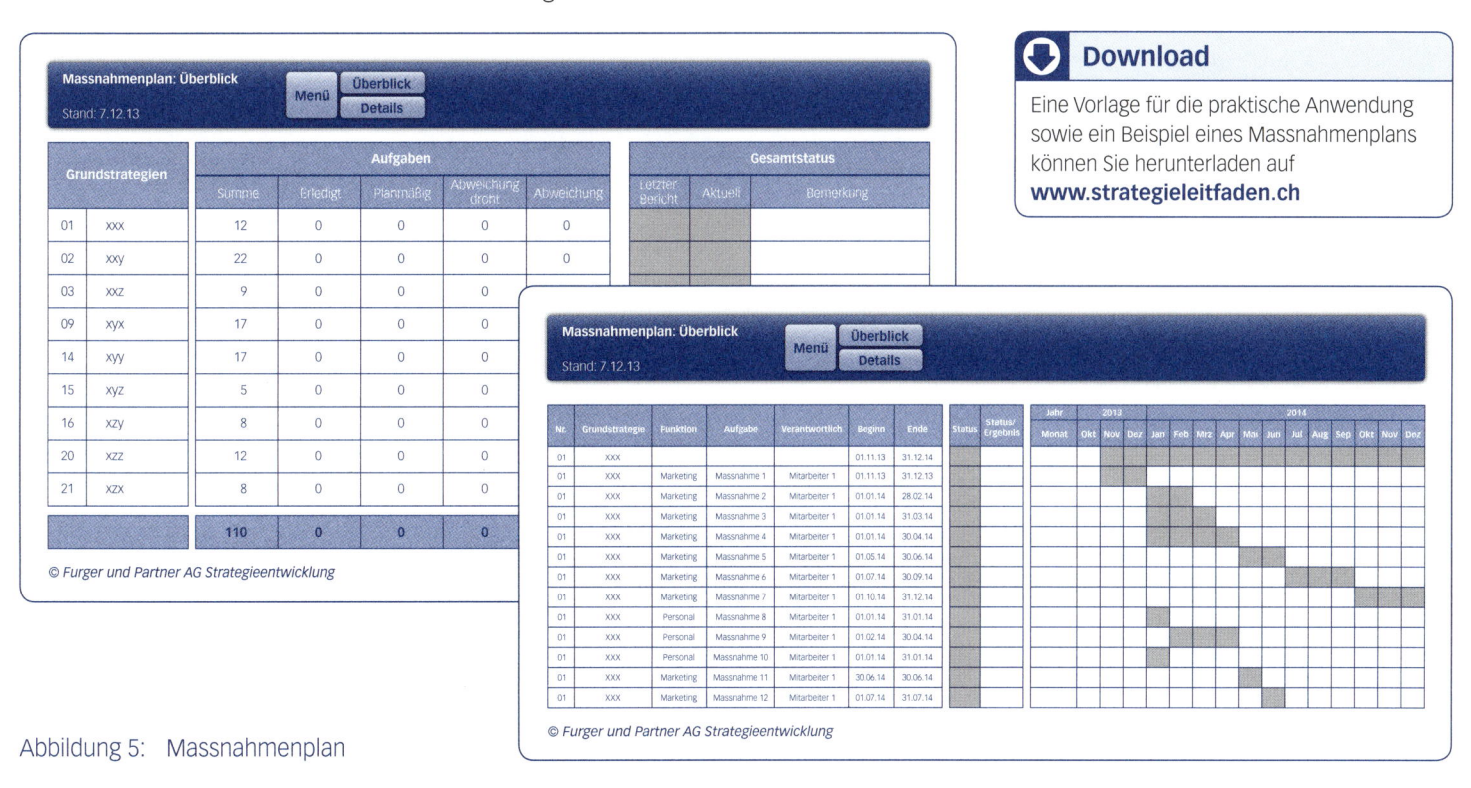

Download

Eine Vorlage für die praktische Anwendung sowie ein Beispiel eines Massnahmenplans können Sie herunterladen auf **www.strategieleitfaden.ch**

Abbildung 5: Massnahmenplan

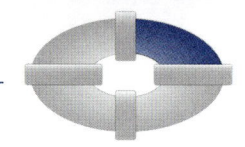

12 Der strategische Planungsprozess

Planungsprozesse beschränken sich häufig auf einen Zeithorizont von maximal 1,5 Jahren. Dies ist dann der Fall, wenn die Planung und das Budget für das folgende Jahr erstellt werden. Bei vielen Unternehmen erfolgt dies in der zweiten Jahreshälfte, so dass das Budget Ende Oktober oder Anfang November steht. Dem wird im gleichen Zug auch eine Mittelfristplanung angefügt, die die Zahlen meist linear extrapoliert. Geschieht dies für mehr als 3 Jahre, wird diese «Strategische Planung» genannt.

Nach Ulrich und Gälweiler unterscheidet sich strategische Planung von der operativen Planung in zweierlei Hinsicht: im Inhalt und in der Zeitbetrachtung. Inhaltlich geht sie von anderen Grössen aus, von strategischen Grössen und Kennzahlen wie Marktposition und Kostenposition. Zeitlich geht sie von der Zukunft aus, von der Frage, welche Grössen in 5 oder 10 Jahren erreicht werden müssen, um im Markt erfolgreich zu sein. Die Umsatzzahlen und die Ergebnisse leiten sich dann von diesen strategischen Zielsetzungen ab.

Somit kann die Beschäftigung mit der strategischen Planung nicht einfach darin bestehen, kurzfristige operative Zahlenreihen fortzuschreiben. Daher ist es angebracht, die strategische Planung von der operativen Planung zeitlich und inhaltlich erst einmal zu trennen. Wir empfehlen deshalb, den strategischen Planungsprozess als eigenständigen Geschäftsprozess einzuführen und im Betrieb zu verankern. Das bedeutet, eigene Abläufe, eigene Unterlagen und vor allem eigens dazu bestimmte Sitzungen und Gremien zu erstellen, die mit der operativen Planung abgestimmt werden, aber nicht damit vermischt werden dürfen.

Der strategische Planungsprozess kann wie folgt aussehen:

Marktforschung: Märkte, Wettbewerber, Trends, …

Strategische Planung
- Erarbeiten strategischer Initiativen und Leitlinien für die Entscheidungsfindung
- Identifikation neuer strategischer Themen Auswahl von strategischen Initiativen

Jährliches Strategie-Review-Meeting

Strategiereport

Strategisches Controlling
1. Umfeld
2. Massnahmen
3. Strategische Ziele

Umsetzung der Strategien/strategischen Massnahmen

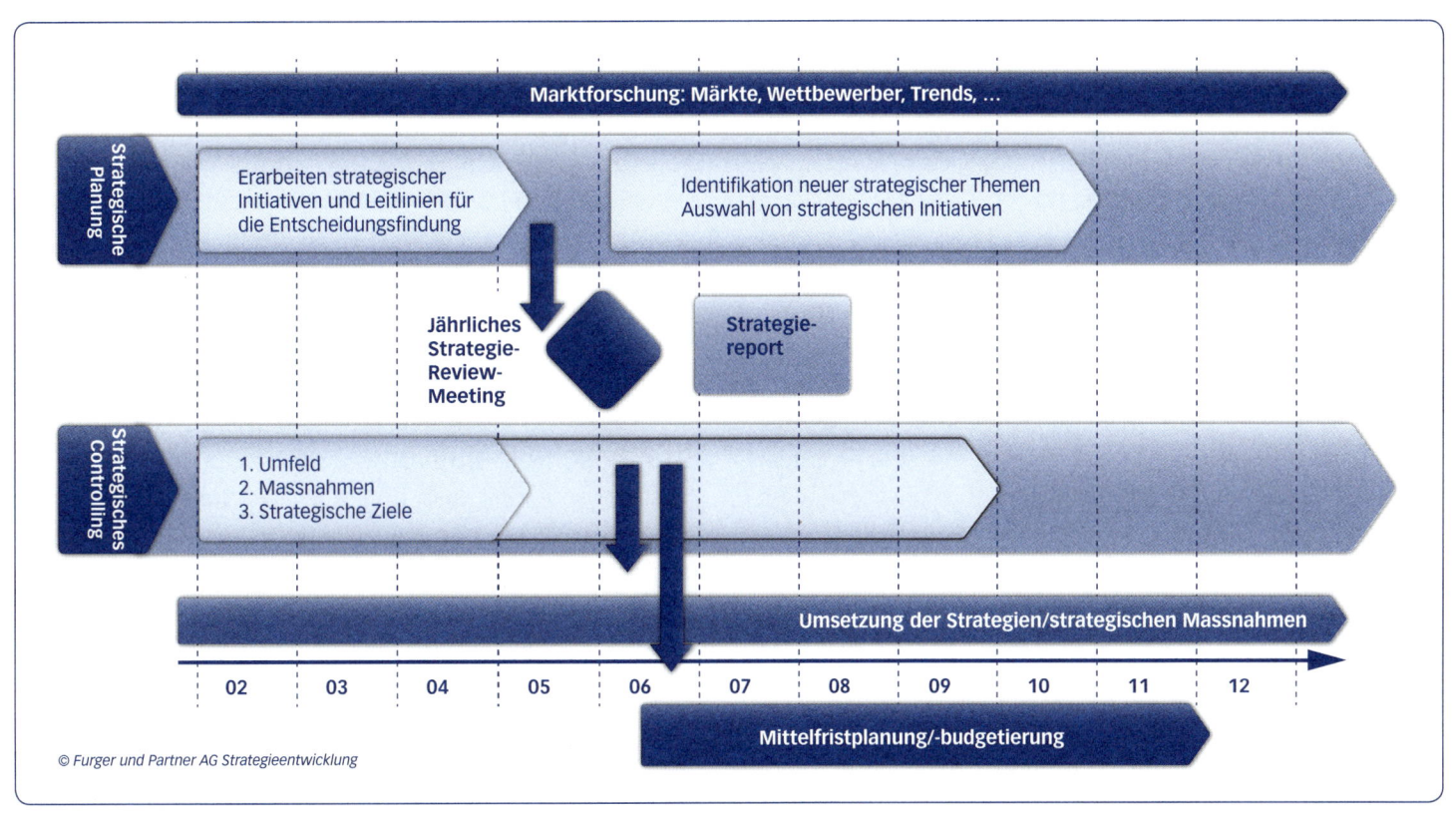

02 | 03 | 04 | 05 | 06 | 07 | 08 | 09 | 10 | 11 | 12

Mittelfristplanung/-budgetierung

© Furger und Partner AG Strategieentwicklung

Abbildung 6: Der strategische Planungsprozess als eigenständiger Geschäftsprozess

360°-Radar und Umsetzung

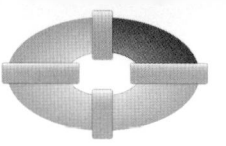

Die beiden Prozesse 360°-Radar und Umsetzung bilden ein kontinuierlich laufendes Verfahren. Der 360°-Radar dient dazu, die Entwicklungen rund um das Unternehmen, aber auch innerhalb desselben umfassend im Auge zu behalten. Die Prozessverantwortung für diese Aufgabe trägt die Unternehmensentwicklung oder die Abteilung, die wir als strategische Planung bezeichnen. Damit alle relevanten Fakten erfasst und berücksichtigt werden, muss allerdings das ganze Unternehmen eingebunden werden. Dies kann z. B. dadurch erfolgen, dass vom Vertrieb systematisch Meldungen, die den Markt betreffen, abgefragt oder geliefert werden. Eine monatliche Feedbackrunde dient als Instrument, um den Informationsfluss aus dem Markt am Laufen zu halten. So schaltet etwa ein Unternehmen jeden Montag eine offene Telefonkonferenz. Eine Stunde lang können Vertriebsmitarbeiter ihre News mitteilen. Das Vorgehen ist so organisiert, dass jeder dazukommt, wenn und sobald er kann. Es gibt keine Tagesordnung und keine Gesprächsführung. Informationen werden wie in einer informellen Kaffeepause weitergegeben. Nach einiger Zeit hat das dazu geführt, dass die Mitarbeiter geradezu darauf brennen, diese «Sitzung» nicht zu verpassen, da hier die wichtigsten Neuigkeiten ausgetauscht werden.

Eine systematische Markt-, Konkurrenz- und Kundenforschung ist Teil dieses Prozesses. Zudem können auch technologische Themen und Neuigkeiten aus dem Umfeld des Innovationsmanagements einbezogen werden.

Die Erfassung, Filterung und Verwertung der Informationen ist dann Sache der Strategieplanungsabteilung. Bei Ereignissen, die unmittelbar eine Reaktion erfordern, wird das Frühwarnsystem eingeschaltet (siehe unten); weitere Fakten werden aufgenommen und fliessen in das strategische Review-Meeting ein.

Die Umsetzung der strategischen Projekte und Massnahmen folgt dem Umsetzungsplan, der in der Planungsphase aufgesetzt wurde. Die Prozessverantwortung dazu liegt beim strategischen Controlling, im speziellen beim Projekt-Management-Office (soweit dieses installiert wurde). Die Verantwortung für die Umsetzung selber liegt natürlich bei den Projektleitern – entweder beim dezidierten Projektverantwortlichen für die strategischen Projekte oder direkt beim Linienmanagement. Die periodische Berichterstattung an die Geschäftsführung sichern die Führung und die Kontrolle der Umsetzung.

Strategische Initiativen

Die strategische Initiative ist ein Element der strategischen Planung und bearbeitet jeweils eine strategische Fragestellung. Der Inhalt kann eine Länderstrategie sein, ein neues Geschäftsfeld, die Überarbeitung einer Teilstrategie oder die Einführung einer neuen Produktlinie. Während im Top-Management-Workshop die Geschäftsführung sich mit der Strategie befasst, kann eine strategische Initiative vom Bereichsleiter mit seinen Mitarbeitern erarbeitet werden. Das Vorgehen ähnelt einer kleinen Strategie und folgt der gleichen Logik wie die Erarbeitung einer Gesamtstrategie.

Im Rahmen von strategischen Initiativen werden insbesondere Themen bearbeitet, die bei der Gesamtstrategie zurückgestellt wurden oder aber erst später aufgetaucht sind. Mit diesem Instrument lassen sich strategische Fragestellungen geordnet innerhalb der strategischen Planung bearbeiten und in die Planung integrieren.

Man kann das Innovationsmanagement in diesen Prozess mit einbinden. Damit erhält der Prozess einen sehr bedeutenden Stellenwert nicht nur im Strategieplanungsprozess, sondern im ganzen Unternehmen. Weitere Mitarbeiter und Arbeitsgruppen können hier eingebunden werden. Im jährlichen Meeting wird dann dem Thema Innovation auch die gebührende Aufmerksamkeit gewidmet.

> **⬇ Download**
>
> Vorbereitung, Ablauf, Tagesordnungen und Protokolle auf
> **www.strategieleitfaden.ch**

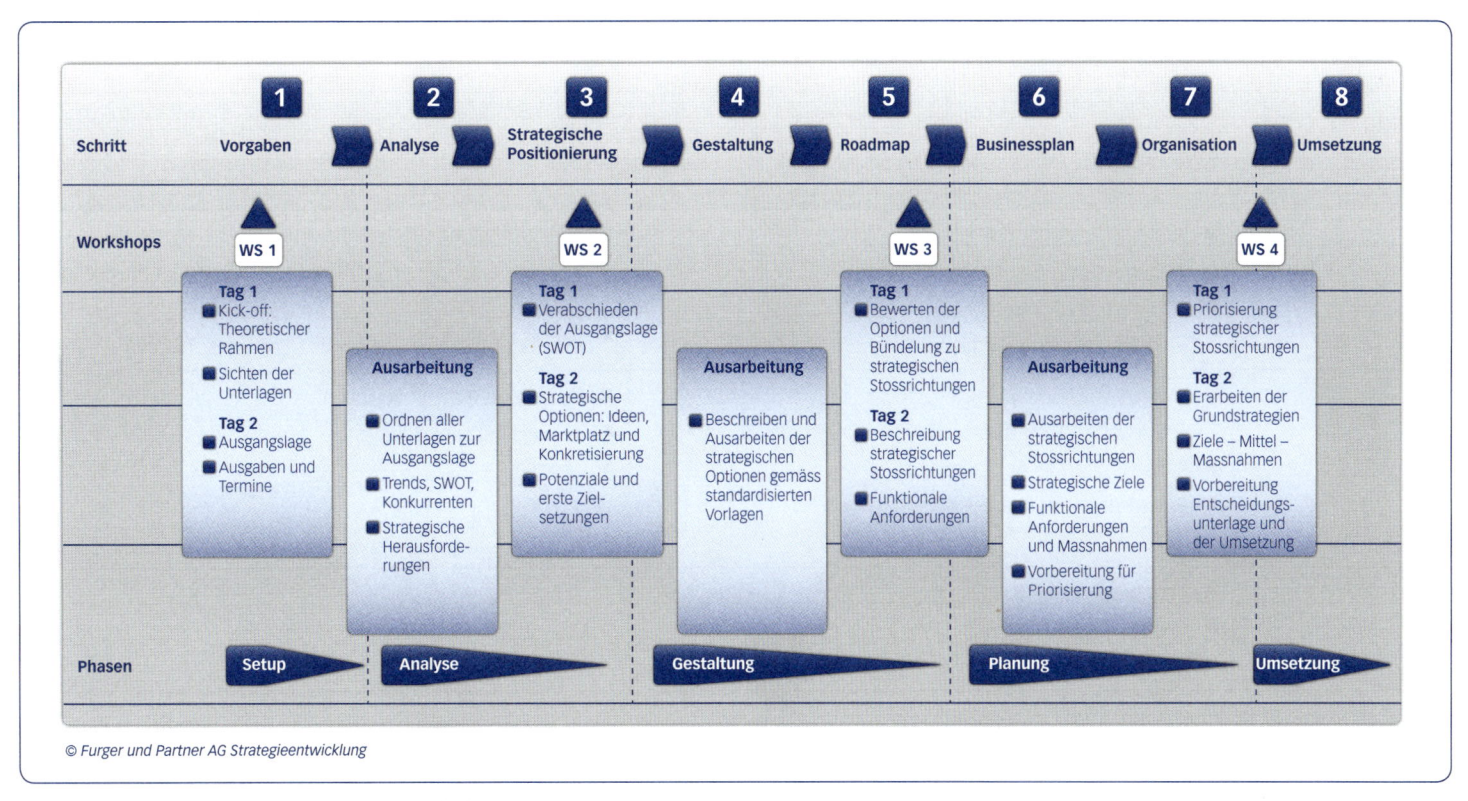

Schritt	1 Vorgaben	2 Analyse	3 Strategische Positionierung	4 Gestaltung	5 Roadmap	6 Businessplan	7 Organisation	8 Umsetzung
Workshops	WS 1		WS 2		WS 3		WS 4	
	Tag 1 Kick-off: Theoretischer Rahmen; Sichten der Unterlagen. **Tag 2** Ausgangslage; Ausgaben und Termine	**Ausarbeitung** Ordnen aller Unterlagen zur Ausgangslage; Trends, SWOT, Konkurrenten; Strategische Herausforderungen	**Tag 1** Verabschieden der Ausgangslage (SWOT). **Tag 2** Strategische Optionen: Ideen, Marktplatz und Konkretisierung; Potenziale und erste Zielsetzungen	**Ausarbeitung** Beschreiben und Ausarbeiten der strategischen Optionen gemäss standardisierten Vorlagen	**Tag 1** Bewerten der Optionen und Bündelung zu strategischen Stossrichtungen. **Tag 2** Beschreibung strategischer Stossrichtungen; Funktionale Anforderungen	**Ausarbeitung** Ausarbeiten der strategischen Stossrichtungen; Strategische Ziele; Funktionale Anforderungen und Massnahmen; Vorbereitung für Priorisierung	**Tag 1** Priorisierung strategischer Stossrichtungen. **Tag 2** Erarbeiten der Grundstrategien; Ziele – Mittel – Massnahmen; Vorbereitung Entscheidungsunterlage und der Umsetzung	
Phasen	Setup	Analyse		Gestaltung		Planung		Umsetzung

© Furger und Partner AG Strategieentwicklung

Abbildung 7: Prozessschritte für die Erarbeitung einer strategischen Initiative

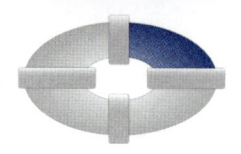

Der jährliche Strategie-Review

Das jährliche Strategie-Review-Meeting ist ein Fixpunkt im strategischen Management. Innerhalb des strategischen Planungsprozesses dient es dazu, Entscheide über strategische Initiativen zu treffen und die entsprechende Planung für Projekte und Investitionen an die Mittelfristplanung und die Jahresplanung zu übergeben. Zusätzlich soll überprüft werden, ob früher getroffene Annahmen und Prämissen noch gelten, und inwieweit die strategischen Ziele und Projekte angepasst werden müssen.

Strategien sollen nicht fortgeschrieben werden, ohne dass man sich ausreichend mit Zukunftspotenzialen oder dem notwendigen Richtungswechsel beschäftigt. Die Berichterstattung des strategischen Controllings, die Präsentation von strategischen Initiativen sowie die Beauftragung, neue Initiativen auszuarbeiten, sind somit die wesentlichen Elemente des jährlichen Strategie-Review-Meetings.

Mit gründlicher Vorbereitung und wirksamer Verankerung der Umsetzungsmassnahmen wird der Erfolg der Strategieumsetzung unterstützt.

Agenda

Vorabend	Tag 1	Tag 2

	■ Strategisches Controlling 1
	  – Prämissen und Ausgangslage
	■ Strategisches Controlling 2
	  – Stand strategische Projekte
		■ Verabschiedung strategischer Initiativen
		■ Aufgleisen von neuen strategischen Themen / strategischen Initiativen
		■ Verteilung der Aufgaben / Zuordnung Verantwortung

Anreise	■ Strategisches Controlling 3 – Eckwerte – Diskussion und Anpassung ■ Konsens über die Ausgangslage ■ Präsentation der strategischen Initiativen	■ Vorbereitung Kommunikation ■ Planung der Umsetzung ■ Abreise
Gemeinsames Abendessen	■ Abendessen ■ Gedankenaustausch ■ Kamingespräche	

Tabelle 3: Agenda für einen jährlichen Strategie-Review

⬇ Download

Sie finden eine Standardvorlage für die Tagesordnung dieser LA-Sitzung auf
www.strategieleitfaden.ch

Übergabe in die Mittelfristplanung und Budgetierung

Es bleibt noch die Aufgabe, die Ergebnisse der jährlichen Strategiesitzung zusammenzufassen und in die Mittelfrist- und Jahresplanung überzuführen. Deshalb ist es auch naheliegend, den Zeitpunkt des Strategie-Review-Meetings so zu legen, dass die Ergebnisse danach in die Planung übergeben werden können. Für ein Unternehmen, das die Budgetierung im Herbst durchführt, kann das Strategiemeeting zwischen Juni und September stattfinden – oder wenn es zweimal im Jahr durchgeführt wird, im März und im September. Damit wird auch erreicht, dass das Unternehmen einen stabilen Planungsrhythmus erhält, und die strategischen Fragestellungen geordnet in dieser Planung ihren Raum finden und behandelt werden können.

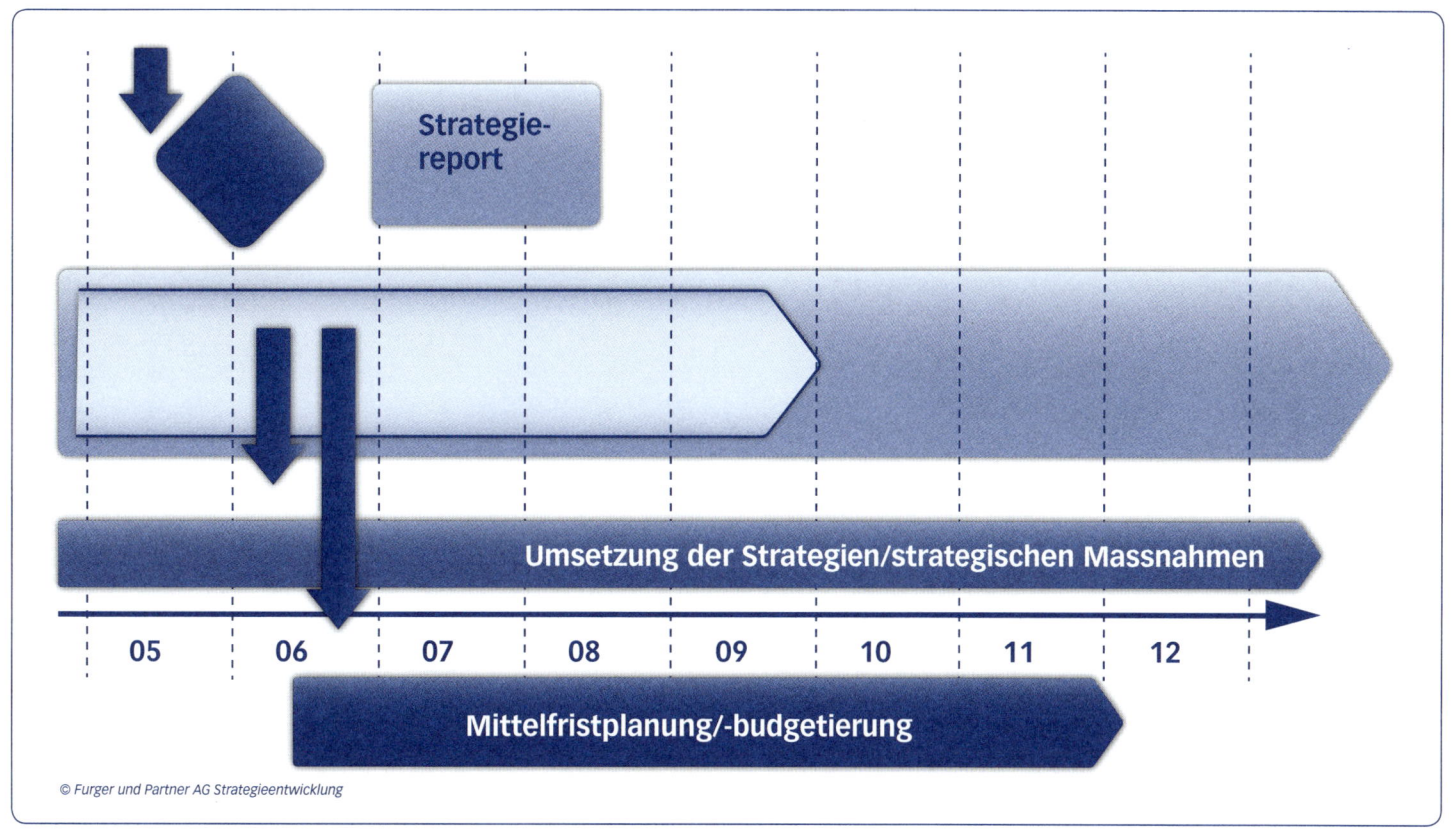

Abbildung 8: Die Überleitung der Ziele aus dem Strategiereport in die Mittelfristplanung

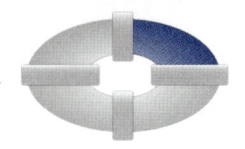

Die organisatorische Einbindung des strategischen Controllings

Für die organisatorische Einbindung des strategischen Controllings und der strategischen Planung beschreiben wir als Vorschlag ein Modell, das wir verschiedentlich in ähnlicher Form mit Unternehmen umgesetzt haben:

```
                          Geschäftsführung
                    ┌────────────┬──────────────┐
              Strategische                Strategische
              Planung                     Planung
         ┌─────────┴─────────┐   ┌────┐   ┌──────────────┐
    Strategische      Strategisches    PMO   Umsetzungs-
    Planung           Controlling            verantwortliche
    
    Marktforschung und                       Linienmanager oder
    strategische Planung                     Projektmanager
```

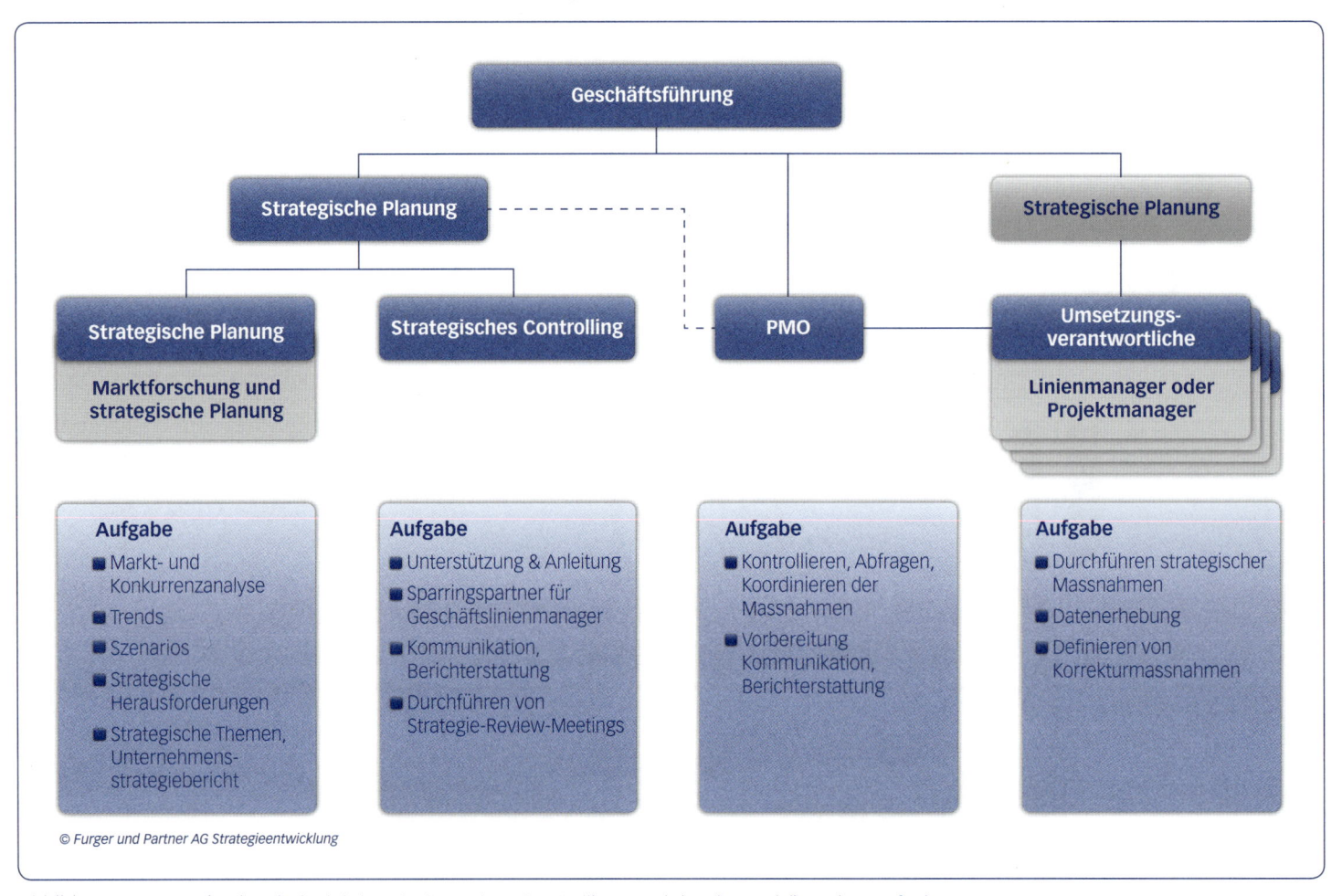

Aufgabe
- Markt- und Konkurrenzanalyse
- Trends
- Szenarios
- Strategische Herausforderungen
- Strategische Themen, Unternehmensstrategiebericht

Aufgabe
- Unterstützung & Anleitung
- Sparringspartner für Geschäftslinienmanager
- Kommunikation, Berichterstattung
- Durchführen von Strategie-Review-Meetings

Aufgabe
- Kontrollieren, Abfragen, Koordinieren der Massnahmen
- Vorbereitung Kommunikation, Berichterstattung

Aufgabe
- Durchführen strategischer Massnahmen
- Datenerhebung
- Definieren von Korrekturmassnahmen

© Furger und Partner AG Strategieentwicklung

Abbildung 9: Organisationsbeispiel des strategischen Controllings und der dazugehörenden Aufgaben

Ein klarer Terminplan der Meetings unterstützt den strategischen Planungs- und Controllingprozess

	Operative Überprüfung	**Strategische Überprüfung**	**Strategie-Meeting (Überprüfen und Anpassen der Strategie)**
Erforderliche Daten und Informationen	Informationssystem für wichtige Indikatoren, wöchentliche oder monatliche Finanzberichte	Daten für strategische Ziele, strategische Massnahmen, Status	Strategie-Roadmap, Balanced Scorecard, Prozesskostenrechnungs-Report, analytische Strategieberichte, Analyse externer Faktoren und des Wettbewerbsumfelds
Sitzungsfrequenz	Zweimal wöchentlich, wöchentlich oder monatlich – abhängig vom Geschäft	Monatlich	Jährlich (abhängig von der Branchendynamik bis zu vierteljährlich)
Teilnehmer	Fachpersonal oder Abteilungsvertreter, Top-Management für Finanz-Reviews	Top-Management, Strategieteam, Leiter Strategie	Top-Management, Strategieteam, Fachexperten, Abteilungsleiter, Strategische Planung
Fokus	Identifizieren und Lösen von Problemen des operativen Geschäfts (Umsatzrückgang, Lieferungsverspätungen, Maschinenstillstand)	Strategieumsetzung	Prüfen und Anpassen der Strategie auf der Basis von: Ursache-Wirkungs-Analyse, Profitabilität von Produkten und Vertriebskanälen, Änderungen im Geschäftsumfeld, strategischen Anregungen, technologischem Fortschritt
Ziel	Lösen kurzfristiger Probleme und Förderung ständiger Verbesserungen	Feinabstimmung der Strategie, kleinere strategische Anpassungen	Prüfen der Prämissen, Verbessern oder graduelle Anpassung der Strategie, Erstellen von strategischen und operativen Plänen, Bestimmen strategischer Ziele, Budgetmittel für strategische Massnahmen und weitere wichtige Aufgaben

Tabelle 4: Meetings für die Umsetzungssteuerung

Kommunikation

Was? ... 328

Wer? ... 329

Wann? ... 330

An wen? ... 331

Wie? ... 332

Und die Gerüchte? ... 333

13 Kommunikation

Kommunikation

«Für den Erfolg eines Strategieprojektes ist es ganz wichtig, dass man transparent und umfänglich kommuniziert ...»

So etwa steht es in einem gängigen Management-Buch oder Artikel über Kommunikation. Das wissen wir aber alle schon. Deshalb möchte ich hier auf Plattitüden und Binsenwahrheiten verzichten und mich auf ein paar praxisorientierte Hinweise und Vorschläge beschränken, die ich aufgrund meiner Erfahrung aus vielen Strategieprojekten zusammengestellt habe.

Zusammengefasst geht es dabei um Folgendes:

- Was kommuniziert
- wer
- wann
- an wen und
- wie?

Was?

Es gilt zwei Ebenen der Kommunikation zu unterscheiden: die Sachebene, auf der über die Sachlage berichtet wird, und die politische Ebene, die sich um die Rahmenthemen kümmert.

Auf der Sachebene wird über die Ergebnisse, die im Projekt erarbeitet werden, sowie über die Entscheidungen und Aktionen, die der Leitungsausschuss (LA) trifft bzw. vorgibt, berichtet. Dazu gehören am Anfang der Projektauftrag, die Projektorganisation, der Zeitplan und in der Folge die Entscheidungsvorlagen und die Inhalte der LA-Protokolle. Dazu ist anzumerken, dass es hier immer wieder Fakten und Inhalte gibt, die nicht einfach offen verbreitet und kommuniziert werden können oder sollen.

Auf der politischen Ebene wird Offenheit und Transparenz geschaffen. Hier geht es nicht um das «Was», sondern um das «Wie», und es ist mehr als nur die Mitteilung der blossen Fakten gefragt. Hilfreich ist hier insbesondere, auch über den Prozess selber zu berichten: Was alles gemacht wird, wieso es wichtig für das Unternehmen ist und was als nächster Schritt folgt. Wir nennen diese Ebene deshalb auch die Kommunikation über den Prozess. Wirkliches Vertrauen kann letztlich erst über die überzeugende Verknüpfung beider Ebenen gewonnen werden, und es ist nicht zu unterschätzen, wie viel Goodwill sich auf diese Weise aufbauen lässt.

Eine wichtige Regel möchte ich hier noch anfügen: Über die folgenden Inhalte darf ausserhalb des Strategieteams nicht geredet oder informiert werden: Meinungen, Ideen, Optionen und Diskussionsinhalte, die noch nicht ausgearbeitet sind. Wird diese Regel nicht eingehalten, führt dies unweigerliche zu Missverständnissen und Unklarheiten und letztlich zu Unsicherheiten in der Organisation. Diese Regel muss deshalb auch von Anfang an klargestellt und «kommuniziert» werden.

Wer?

Kommunikation ist Chefsache, und damit ist auch schon gesagt, wer kommuniziert. Ich führe dazu zwei Beispiele an und überlasse es Ihnen, sich über die unterschiedlichen Kommunikationsmethoden ein eigenes Urteil zu bilden.

Das eine Unternehmen erstellt eine neue Strategie und die Organisation wird entsprechend angepasst und umgestellt. Die Folgen sind weitreichend: Einige Bereichsleiter müssen einen grossen Teil ihres bisherigen Geschäfts abgeben. Neue Mitglieder der Geschäftsleitung stehen plötzlich auf der gleichen Ebene wie ihre bisherigen Chefs, und viele Mitarbeiter sehen ihre Arbeitsumgebung, die Vorgesetztensituation und anderes mehr ziemlich umgekrempelt. Am Tag nach der Kommunikation der Neuorganisation auf der ersten Ebene erscheint an jedem Arbeitsplatz beim Start des Computers ein Video, in dem der CEO die neue Strategie und die neue Organisation präzise erklärt. Dabei spricht er jeden persönlich an. In den Tagen danach findet eine Rundreise statt, auf der der CEO jede Geschäftsstelle besucht, die neue Situation präsentiert und ausgiebig Red und Antwort steht. Zusätzlich werden als Teil einer weitreichenden Kommunikationskampagne Unterlagen und diverse Broschüren verteilt. Jeder Mitarbeiter hat jederzeit die Möglichkeit, bei allfälligen Unklarheiten nachzufragen und wird mit Problemen nicht allein gelassen. Dies schafft in einer Zeit des Wandels und Umbruchs Sicherheit und Vertrauen.

Die andere Firma hat auf europäischer Ebene eine Neuorganisation eingeführt. Nicht wenige der Landesgeschäftsführer werden in die zweite Reihe beordert, da die ganze Region neu in Subregionen eingeteilt wird. Deren Geschäftsführer sind eine Ebene höher eingestuft. Die Neuorganisation wird an einem Ländermeeting von externen Beratern vorgestellt. Lange Gesichter sind hier vorprogrammiert.

Hinter jeder Kommunikation muss in direkter Linie die Geschäftsführung bzw. der Auftraggeber stehen. Die direkt Untergebenen geben dann in deren Auftrag Informationen an die ihnen Unterstellten weiter; somit können sie sich immer unmittelbar auf die Chefebene beziehen.

Wann?

Nicht von ungefähr verlangt der Kapitalmarkt von den Unternehmen eine Kommunikation, die auf zwei Arten die Entwicklungen und Vorgänge wiedergibt:

- eine regelmässige Information über den Geschäftsgang, z.B. in Monats- oder Jahresberichten
- Informationen bei unerwarteten oder besonderen Ereignissen, z.B. Gewinnwarnungen

Dieselben Ansprüche müssen auch innerhalb des Unternehmens gelten, und für die Kommunikation während eines Strategieprozesses heisst das konkret:

- Eine regelmässige Kommunikation der für das Projekt relevanten Fakten; diese orientiert sich in der Regel am Rhythmus der LA-Sitzungen.
- Benachrichtigung im Fall aussergewöhnlicher Vorkommnisse, z.B. wenn die Teamzusammensetzung wesentlich geändert wird oder wenn aufgrund von neuen Erkenntnissen Sofortmassnahmen eingeleitet werden.

Die periodischen Informationen erfolgen jeweils nach den LA-Sitzungen und enthalten die wichtigsten Entscheide und Erkenntnisse. Es muss jedoch berücksichtigt werden, dass nicht alles eins zu eins nach aussen getragen werden kann, d.h. Politik, genauer Kommunikationspolitik, spielt hier natürlich eine Rolle. Um diesem Anspruch zu genügen, ergänzen wir jeweils die Entscheidungsvorlage an den LA schon mit einem Vorschlag für die nachfolgende Kommunikation.

Es können immer wieder unvorhergesehene Ereignisse auftreten. Im Fall eines Strategieprojektes kann es sich um unvorhergesehene Erkenntnisse über einen bestimmten Markt, einen Konkurrenten oder sogar einen Kunden handeln. Diese Art von Information verlangt unter Umständen Sofortmassnahmen und kann nicht bis zur nächsten LA-Sitzung warten. Als Regel schlagen wir vor, in derartigen Fällen sehr zurückhaltend zu kommunizieren, denn jede unvorbereitete Kommunikation verwirrt manchmal mehr als dass sie zur Klärung beitragen würde. Wann immer möglich, warten wir mit Informationen bis zur nächsten LA-Sitzung.

Eine ganz andere Geschichte sind die Informationen, die immer wieder informell nach aussen getragen werden. Ganz vermeiden lässt sich das nie. Wir gehen am Schluss dieses Kapitels genauer darauf ein.

An wen?

Informiert werden alle, die betroffen sind – und das sind in erster Linie alle Mitarbeiter des Unternehmens – ja, ich meine ALLE MITARBEITER!

Im Fall eines Strategieentwicklungsprojekts sind natürlich nicht alle Mitarbeiter in gleichem Mass betroffen. Dies gilt sowohl bezüglich ihrer Beteiligung, der unmittelbaren Auswirkungen wie ganz grundsätzlich für das Interesse an der strategischen Ausrichtung des Unternehmens. Deshalb nehmen wir hier eine grobe Unterteilung in vier Gruppen vor:

1. Die Geschäftsführung und der Verwaltungsrat bzw. der Aufsichtsrat
2. Die Mitarbeiter im Projekt
3. Die Führungsebenen, die durch das Projekt und mögliche organisatorische Folgen betroffen sein könnten
4. Alle anderen Mitarbeiter

Ad 1: Die Informationen an den Verwaltungsrat/Aufsichtsrat liegen in der Zuständigkeit des LA und des Auftraggebers. Im Normalfall wird der Inhalt in Form eines Protokolls oder Memorandums in die Sitzung der nächsten Ebene eingebracht. Eine spezielle Rolle spielt die Information an die Investoren oder an den Kapitalmarkt bei kotierten Unternehmen. Darauf werden wir hier aber nicht näher eingehen.

Ad 2: Die Projektmitarbeiter werden nach jeder LA-Sitzung direkt von der Projektleitung (PL) oder für wichtige Themen von einem Mitglied des LA informiert. Konkret wird der PL die Ergebnisse auf dem Projektweg kommunizieren, das Protokoll zur Verfügung stellen und für Fragen bereit sein. Für die wichtigsten Themen empfehlen wir, dass jeweils ein Vertreter des LA am Anfang des folgenden Workshops die Mitarbeiter persönlich anspricht und den Auftrag für die folgende Phase bekräftigt.

Ad 3: Diese Zielgruppe bekommt eine Menge von Informationen über den informellen Weg mit. Um dem zu begegnen, hilft eine schriftliche, formale Unterlage, die offiziell vom LA kommt und an alle zur gleichen Zeit verteilt wird. Damit befinden sich alle (zumindest offiziell) auf dem gleichen Informationsstand, auf den man sich bei Diskussionen beziehen kann. Zusätzlich muss für Einzelfälle der LA als Ansprechpartner zur Verfügung stehen.

Ad 4: Die Mitarbeiter werden auf zwei Arten informiert: zum einen durch eine in der Regel gekürzte Zusammenfassung des Projektstandes. Zum andern werden zusätzlich zu den Ergebnissen Einblicke in die Hintergründe, die Prozesse und Vorgehensweisen vermittelt.

Wie?

Beziehen Sie sich immer auf die formale Information, auf ein Protokoll, auf eine schriftliche Mitteilung oder auf die offizielle Kommunikationsvorlage und vermeiden Sie es, diese Informationen mit Ihrer eigenen Meinung zu vermengen. Denn Mitarbeiter verstehen es, zwischen den Zeilen zu lesen, und oft wird in solchen Situationen viel in die Aussagen hineininterpretiert. Deshalb empfehlen wir auch hier, eine kurze, einfache Zusammenfassung zu erstellen, die derjenige, der informiert, z.B. ein Bereichsleiter, immer auf sich trägt und sich jederzeit darauf beziehen kann.

Ad 1: Die formale Zusammenfassung der Ergebnisse wird an den entsprechenden Sitzungen vorgestellt.

Ad 2: Die Projektmitarbeiter werden über den Projektleiter offiziell und schriftlich informiert. An der folgenden Sitzung wird der PL das Protokoll der LA-Sitzung vorstellen.

Ad 3: Die Führungskräfte werden anhand einer Zusammenfassung des Protokolls schriftlich informiert. Dazu kommen die laufenden Führungssitzungen, an denen die Projektinformation auf die Tagesordnung kommt. Der PL wird eingeladen und berichtet über das Projekt – auch hier anhand des LA-Protokolls.

Ad 4: Die Mitarbeiter werden über die interne Linienorganisation und die offiziellen Kommunikationsmittel wie z.B. die Hauszeitung informiert (wobei hier zu beachten ist, dass diese auch nach aussen gelangen). Auch dies kann an Veranstaltungen erfolgen. Wieder dient die schriftliche Vorlage als Grundlage.

Und die Gerüchte?

An Workshops, die wir bei Unternehmen durchgeführt haben, kam es vor, dass Projektmitarbeiter noch während den Sitzungen mit dem direkten Vorgesetzten über den Fortgang und den Inhalt der Diskussionen telefoniert haben. Heute werden wahrscheinlich SMS geschickt oder die Facebook-Seiten aktualisiert.

Man kann diese informellen Informationswege nie völlig unterbinden. Es gibt zwei Möglichkeiten, die negativen Konsequenzen einer unkontrollierten Kommunikation einzugrenzen:

1. Ein klarer «Code of Conduct» am Anfang des Projektes, der von allen abgesegnet oder, wenn angebracht, sogar unterschrieben wird. Dieser beinhaltet das Versprechen, nur offizielle Informationen weiterzugeben.
2. Eine konsistente und stringente formale Informationspolitik mit regelmässigen Communiqués und gleichbleibenden Formaten.

Dadurch lässt sich das Ausmass der Gerüchteküche mit ihren meist negativen Folgen zumindest abschwächen.

> **⬇ Download**
> Beispiele zu Protokollen, Informationen an die Führungskräfte, an die Mitarbeiter sowie für die Hauszeitung finden Sie auf
> **www.strategieleitfaden.ch**

13 Kommunikation

Mitarbeiter sind die besten Strategen

Engagement mit Herz.. 337

These 1.. 338

These 2.. 339

These 3.. 340

These 4.. 341

These 5.. 342

These 6.. 343

These 7.. 344

These 8.. 345

These 9.. 346

These 10.. 347

14

Engagement mit Herz

Die meisten Unternehmensstrategien entstehen im kleinen Kreis im Topmanagement, vielfach mit der Unterstützung externer Berater.

Die Praxis zeigt: Ein Grossteil dieser Strategien funktioniert nicht oder nur mangelhaft. Sie mögen inhaltlich gut durchdacht oder sogar brillant sein, schaffen jedoch massive Probleme in der Umsetzung.

Der Grund: Sie erreichen weder das Herz noch den Kopf der Mitarbeiter. Sie werden daher zu wenig oder gar nicht verstanden und damit nicht mitgetragen. Die Folge sind Missverständnisse und Widerstände, die mit grossem Aufwand ausgeräumt werden müssen, um die Ziele umzusetzen. Dieser Aufwand wird dann unter dem Konto Change Management abgebucht.

Das lässt sich nach unserer Erfahrung vermeiden! Durch die Einbindung der Mitarbeiter in einen integrierten Entwicklungsansatz wird die Strategie zur Strategie der Mitarbeiter, die dann mit höherer Motivation an die Umsetzung gehen – mit dem positiven Nebeneffekt, dass im Unternehmen gleichzeitig auf breiter Basis strategische Kompetenz aufgebaut wird.

Die folgenden 10 Thesen bilden die Basis für die Entwicklung einer im Unternehmen integrierten und von den Mitarbeitern getragenen Strategie.

These 1:
Strategisches Denken und Handeln der Mitarbeiter sind für ein Unternehmen überlebenswichtig

Strategisches Denken und Handeln vor Ort

Je grösser und internationaler das Unternehmen, je breiter die Kundenkontakte, je globaler die Märkte, desto erfolgskritischer werden unternehmerische Entscheidungen und Handlungen der Führungskräfte vor Ort für den Erfolg des Unternehmens.

Weil eine zentrale Unternehmensstrategie nie alle Einflüsse und Risiken vor Ort berücksichtigen kann, denen ein globales Unternehmen ausgesetzt ist, erfordern lokale und regionale Gegebenheiten Anpassungen, die vom Management vor Ort erkannt und vorgenommen werden müssen. Dies bedeutet, dass unternehmerische Entscheide auch vor Ort getroffen werden müssen.

Innovation und kontinuierliche Verbesserung

Innovation sichert die Zukunft des Unternehmens. Ohne die dauernde Unterstützung der eigenen Mitarbeiter kann aber ein Unternehmen nicht innovativ sein – Innovation kann man nicht kaufen. Die Mitarbeiter müssen eingebunden werden und es ist deren Aufgabe, Produkte und Dienstleistungen, Prozesse und Abläufe immer wieder zu verbessern und die Geschäftsmodelle zu optimieren.

Unternehmerisches Denken und Handeln ist somit Bestandteil der Aufgabenbeschreibung für alle Mitarbeiter; und zwar über alle Hierarchiestufen hinweg.

Ausbildung

Folglich müssen Nachwuchskräfte stetig und sorgfältig auf strategische Aufgaben vorbereitet werden. Strategisches Management wird somit zum integralen Bestandteil der Ausbildung und Karriereplanung.

These 2:
Mitarbeiter lernen strategisches Denken nicht in Seminaren, sondern bei praktischen strategischen Aufgaben

Lernen in der Praxis

Tennis lernt man nicht im Seminar. Strategie auch nicht. Ein strategisches Thema entwickeln, analysieren, aufbereiten, vorlegen und umsetzen lernt man nur, indem man von der Vision bis zur Umsetzung aktiv mitarbeitet.

Die Unternehmensleitung erteilt den Auftrag und gibt den Rahmen vor. Das Team sammelt Informationen und Daten, analysiert und bewertet diese und erarbeitet daraus strategische Optionen. Diese werden bei Review-Meetings mit dem Auftraggeber abgestimmt, im Detail ausgearbeitet und der Geschäftsleitung zur Entscheidung vorgelegt.

Es ist also die Aufgabe der Geschäftsleitung, für eine Strategie zu sorgen, nicht jedoch, alles im Alleingang zu erarbeiten!

Aufbau von Wissen

Die Mitarbeiter im Unternehmen entwickeln auf diese Art breitflächig strategisches Wissen und Können, Sinn für das Machbare und damit auch Führungsstärke.

Die Erarbeitung von strategischen Aufgaben kann in einem Ausbildungsprogramm für High-Potential mit strategischen Initiativen beginnen und je nach Stufe an die Erfordernisse und Aufgaben des Managements angepasst werden – bis hin zur Erarbeitung von ganzen Geschäftsfeld- und Unternehmensstrategien mit den Schlüsselpersonen.

Je nach Stufe und Aufgabenstellung verbringen Schlüsselpersonen so rund 10–20% der Zeit mit strategischen Aufgaben.

These 3:
Die besten Strategen für ein Unternehmen sind seine Mitarbeiter

Externes Wissen ist auch der Konkurrenz zugänglich

Die übliche Grundauffassung im Management ist, dass Mitarbeiter keine Strategen sind, weil sie nicht die nötige Qualifikation besitzen, und dass Strategie deshalb auch nicht ihre Aufgabe ist. Unternehmen bezahlen daher externen Beratern Unsummen für ihr Wissen, ohne das Potenzial der eigenen Mitarbeiter zu nutzen und diese einzubinden. Dieses Vorgehen ist in zweierlei Hinsicht fatal:

- Für die Motivation und die Bereitschaft zur Umsetzung der Strategie aufseiten der Mitarbeiter;
- Im Hinblick auf das Herausarbeiten unternehmensspezifischer, einzigartiger Wettbewerbsvorteile. Denn das externe Expertenwissen ist auch der Konkurrenz zugänglich.

Die Folge ist, dass sich die Strategien verschiedener Unternehmen immer ähnlicher werden.

Das Wissen der Mitarbeiter nutzen

Jede gute Strategie baut aber auf dem Wissen über die Märkte, Produkte und Technologien, vor allem aber über die Kunden auf. Ohne dieses Wissen bleiben strategische Überlegungen eine Trockenübung.

Dieses Wissen umfasst den aktuellen Stand des Unternehmens und vor allem Veränderungen bei Kunden und Wettbewerbern, die den Kunden in seinen Entscheiden beeinflussen. Und wo findet sich dieses Wissen? Bei den Mitarbeitern!

- Die Verkäufer kennen die Kunden – aber auch die Wettbewerber – am besten;
- Die Techniker und Produktmanager kennen die Produkte am besten;
- Die Servicemitarbeiter kennen die Probleme und Einsatzgebiete am besten;
- … und richtig eingebundene Mitarbeiter sind auch die besten Innovatoren.

These 4:
Die wirkliche Expertise holen Sie sich von Ihren Kunden (und Ihren Nichtkunden) – und nicht von externen Beratern

80% des Wissens sind in der Firma vorhanden – den Rest kann man zukaufen

Oft wird Expertenwissen zugekauft, ohne dass dieses wirklich von den Experten oder von den eigenen Mitarbeitern analysiert und interpretiert wird.

Ein grosser Teil des benötigten Wissens ist in der Regel bereits im eigenen Unternehmen vorhanden – und in irgendwelchen Schubladen (oder heute auf Festplatten) verstaubt und nicht mehr auffindbar.

Die Erfahrung zeigt, dass bis zu 80% des notwendigen Expertenwissens von Praktikanten und Studenten aus den bestehenden Unterlagen und aus dem Internet zusammengestellt werden können.

Zusätzliches Wissen kann gezielt eingekauft und verwertet werden. Dazu gibt es Datenbanken, Analysten, Branchenspezialisten und Verbände, die ihr Wissen zu vernünftigen Preisen anbieten.

Kundenwissen ist authentisch – Beraterwissen nicht

Das wirkliche, das entscheidende Expertenwissen aber findet sich bei den Kunden, nicht bei den teuer bezahlten Experten, die meist mit Wissen aus zweiter Hand arbeiten und dieses in aggregierter, anonymisierter und damit nicht mehr authentischer Form zur Verfügung stellen. Daher lauten die drei zentralen Fragen:
- Wie systematisch und in welcher Form binden Sie Ihre Kunden ein?
- Wie systematisch und in welcher Form nutzen Sie das Wissen Ihrer eigenen Mitarbeiter?
- Wo und von wem kaufen Sie – gezielt und fokussiert – externes Wissen ein und integrieren es?

These 5:
Strategische Methoden und Instrumente sind hinlänglich bekannt oder können leicht erworben werden

Seit Jahrzehnten nichts Neues

Die Techniken und Methoden der Strategieansätze sind bekannt und für jedermann frei zugänglich. Sie bilden aber nur das Tischgedeck, und noch lange nicht das Kochrezept für ein Galadinner.

Viele Theorien, die als neu verkauft werden, sind alter Wein in neuen Schläuchen. Abgesehen von einigen Methoden und Instrumenten, die mit neudeutschen Begrifflichkeiten und Terminologien umschrieben werden, gibt es auf diesem Gebiet seit Jahren kaum nennenswerte Neuerungen.

Die Tools sind leicht zu erlernen

Entscheidend für die Wirksamkeit einer Strategie sind nicht die Konzepte oder Instrumente an sich, sondern wer sie wie anwendet. Das müssen die Mitarbeiter früher oder später erlernen, denn wenn es um die Umsetzung und Anwendung geht, sind die externen Spezialisten meist längst wieder weg.

Die meisten grösseren Unternehmen haben heute Abteilungen für die Unternehmensentwicklung, in denen alle notwendigen Tools zugänglich sind. Meist sind intern auch die notwendigen Kompetenzen für das Coaching und die Steuerung des Prozesses vorhanden.

Externe Spezialisten können bei Bedarf hinzugezogen werden, spielen aber vor allem die Rolle als Coach und Sparringspartner.

These 6:
Eine selbst erarbeitete Strategie setzen Mitarbeiter auch selbst um – ohne Change Management

Überzeugungsarbeit kostet viel und erreicht das Ziel nur teilweise

Einsames Ausbrüten von Strategien gefährdet den Umsetzungserfolg. «Die Geschäftsleitung hat 19 Wochen gebraucht, um die neue Strategie zu erarbeiten, die Mitarbeiter haben 20 Minuten gebraucht, um sie falsch zu verstehen.»

Für eine wirkliche Kenntnis der Strategie reicht es nicht, eine in der Unternehmensleitung formulierte Strategie nach unten zu kommunizieren. Von einer wirklichen und verinnerlichten Kenntnis kann nur sprechen, wer an der Ausarbeitung beteiligt war. Sonst heisst es dann: «Kennen Ihre Mitarbeiter die Strategie?» – «Ja, die haben wir bei der letzten Weihnachtsfeier vorgestellt.» Gehört ist jedoch nicht gleich verstanden, verstanden ist nicht gleich einverstanden, und nur wer von einer Sache überzeugt ist, leistet bei deren Umsetzung seinen Beitrag zum Ganzen.

Klassisches Change Management geht von der Annahme aus, dass sich Menschen und Systeme nicht verändern wollen, der Veränderung Widerstand entgegensetzen und dieser erst überwunden werden muss. Bei dieser Annahme wird von der Notwendigkeit von Machtpromotern, Change Agents, Pilotprojekten und Kommunikationsstrategien ausgegangen, um den nötigen Spannungsbogen aufzubauen und Veränderungsenergie zu erzeugen.

Aber: Der Mensch tut das, wovon er überzeugt ist …

… und am meisten überzeugt ist er von einer Erkenntnis, die er selber erarbeitet hat. Wenn die Mitarbeiter also eine Strategie selbst (mit) entwickeln, wollen sie diese auch realisieren, da sie bereits in ihren Köpfen und Herzen verankert ist. Hier braucht es weder zusätzliche Fremdmotivation noch extra Incentives. Die Kraft kommt direkt auf die Strasse!

Zudem gilt, dass sich Menschen für eigene Entwicklungen auch selbst verantwortlich fühlen. Somit gibt es auch keine Verantwortungsdelegation an das Topmanagement, wenn Schwierigkeiten auftreten.

These 7:
Die Unternehmensleitung konzentriert sich bei der Strategieentwicklung auf die richtige Frage- und Aufgabenstellung

Vorgeben der Leitlinie und Fragestellungen

Aufgabe der Geschäftsleitung ist es, die strategischen Leitlinien zu definieren, eine klare Aufgabe zu stellen, die richtigen Schlüsselpersonen zu finden, einzubinden und zu beauftragen und sich bei den Review-Meetings immer wieder einzuklinken und die Richtung vorzugeben.

Strategische Leitlinien beinhalten die Vision, die Mission des Unternehmens, das Leitbild und die Freiräume, innerhalb derer die strategischen Ideen und Optionen zu entwickeln sind; eventuell auch die finanziellen Ziele und Vorgaben zum Wachstum.

Intensive Beschäftigung mit der Unternehmensstrategie

Aber Achtung: Strategiearbeit unter Einbindung der Mitarbeiter entlastet die Geschäftsleitung nicht. Im Gegenteil, die Topmanager müssen sich weit mehr mit Strategie beschäftigen: Sie müssen Unterlagen durchlesen, sich intensiven (aufschlussreichen, anregenden, aber auch herausfordernden) Diskussionen stellen – und dies nicht nur während der Entwicklung, sondern auch bei der Umsetzung. Sie müssen die Arbeit ihrer Mitarbeiter – und oft auch ihre eigene – regelmässig hinterfragen.

Es gilt nachzuhaken, dranzubleiben und die Umsetzung unterstützend voranzutreiben. Fatal wäre es, sich zurückzulehnen und die Soldaten alleine in die Schlacht zu schicken.

Als Belohnung winkt die höchst befriedigende Erfahrung, dass sich die eigenen Leute die Strategie zu eigen gemacht haben und mit voller Energie beweisen wollen, dass ihre Strategie tatsächlich funktioniert.

These 8:
Durch die gemeinsame Erarbeitung von Strategien entstehen eine Kultur des Dialogs und eine gemeinsame Sprache

Die konstruktive Kontroverse

Strategieentwicklung ist ein Projekt und bedingt eine klare Projektorganisation. Im Projektteam findet ein Prozess der konstruktiven Kontroverse statt – Konsens ist nur gut, wenn er aus Dissens entstanden ist.

Voraussetzung eines produktiven Dialogs ist die heterogene Zusammensetzung des Strategieteams (Schlüsselpersonen verschiedener Hierarchieebenen, Funktionsbereiche, Regionen), um das vorhandene Wissen bestmöglich einzubinden.

So anstrengend das Aufeinanderprallen unterschiedlicher Sichtweisen und Erfahrungshintergründe zu Beginn auch ist, so wertvoll erweist es sich in der Folge, wenn die strategischen Überlegungen und Optionen dadurch angereichert werden und auf realen Erfahrungen (mit Kunden) statt Zahlen beruhen.

Gemeinsame Sprache und die lernende Organisation

Dieser Dialog, diese Auseinandersetzung muss stattfinden. Er findet jedoch organisatorisch nur statt, wenn es einen implementierten Prozess und die zugehörigen Gremien gibt, die regelmässig tagen, die Themen aufnehmen und auch verabschieden. Dadurch entsteht im Unternehmen eine gemeinsame Sprache. Die Bedeutung von Begriffen wird eindeutig und durch das gemeinsame Verständnis von Problemen und Lösungen entsteht Vertrauen.

Diese gemeinsame Entwicklung und Gestaltung der Zukunft ist damit ein integraler Bestandteil einer lernenden Organisation.

Wichtiger Nebeneffekt dieses Dialogs ist auf Geschäftsleitungsebene häufig, dass bislang auf ihre jeweiligen Verantwortungsbereiche fokussierte Mitglieder im Zuge des Prozesses beginnen, gemeinsam die Zukunft zu gestalten und auch die persönlichen Beiträge jedes Einzelnen gemeinsam zu bewerten.

These 9:
Die strategische Gesamtverantwortung liegt in jedem Fall bei der Unternehmensleitung

Rollen müssen klar verteilt sein

In der integrierten Strategieentwicklung müssen die Rollen klar definiert werden. Ein strategischer Planungs- und Controllingprozess als eigenständiger Geschäftsprozess hilft, die Verantwortlichkeiten klarzustellen. Strategieentwicklung findet damit innerhalb eines transparenten Planungsprozesses statt. Zum Beispiel:

- Im Rahmen der jährlichen strategischen Planung werden 3–5 strategische Initiativen in Auftrag gegeben, in den folgenden Monaten ausgearbeitet und dann in einer eigenen Strategiesitzung vor der Geschäftsleitung präsentiert und entschieden.

Basis dieser strategischen Initiativen ist ein professionelles Projektmanagement.

Strategiearbeit soll damit nicht demokratisiert werden. Die strategischen Entscheidungen bleiben immer in der Verantwortung des Top-Managements, bauen aber auf einer breit abgestimmten Entwicklungsarbeit auf.

In bestimmten Fällen müssen Entscheide von der Unternehmensleitung autonom erarbeitet werden.

In Ausnahmefällen können strategische Entscheidungen nicht auf breiter Basis erarbeitet, sondern müssen aufgrund von Vertraulichkeitsvereinbarungen durch die Geschäftsleitung – respektive das Top-Management – autonom erarbeitet und getroffen werden. Beispiele solcher Ausnahmesituationen sind Akquisitionen, Verkäufe oder Sanierungen.

These 10:
Durch den integrierten Ansatz entsteht eine einzigartige Strategie, die auf die Bedürfnisse des Unternehmens zugeschnitten und nur schwer oder überhaupt nicht nachzuahmen ist

Massgeschneidert
Eine gemeinsam entwickelte Strategie ist auf dem spezifischen Wissen der eigenen Mitarbeiter und Kunden aufgebaut und erst dadurch tatsächlich auf das eigene Unternehmen zugeschnitten. Eine so entstandene Strategie nutzt das enorme Potenzial der eigenen Mitarbeiter und Kunden (aktuelles Markt- und Kundenwissen), anstatt diese erfolgskritische Arbeit nach oben oder aussen zu delegieren.

Direkt wirksam
Eine solcherart entwickelte Strategie ist direkt wirksam, ohne Übersetzung und somit ohne Zeit- und Kraftverlust. Die Umsetzung geht «wie von alleine», da sich die Mitarbeiter in ihrer Strategie wiederfinden und nun verwirklichen wollen, was sie zuvor selbst erdacht haben.

Nicht nachahmbar
Während Strategiepapiere leicht zu kopieren sind, können Strategien, die in den Köpfen und Herzen der Mitarbeiter und damit in der Organisation verankert sind, nur extrem schwer und, falls überhaupt, mit jahrelanger Verzögerung imitiert werden.

Spätestens dann sind Sie Ihrer Konkurrenz aber schon weit voraus!

14

Literaturverzeichnis

Adam, Dietrich (Hrsg.): Komplexitätsmanagement. Gabler Verlag, Wiesbaden 1998.

Ansoff, H. Igor: Strategies for Diversification. In: Harvard Business Review, September–October 1957.

Ansoff, H. Igor: Corporate strategy; an analytic approach to business policy for growth and expansion. McGraw-Hill, New York 1965. Dt.: Management-Strategie. moderne industrie, München 1966.

Ansoff, H. Igor: Implanting strategic management. Prentice Hall International, Englewood Cliffs 1984.

Arden, Paul: Whatever You Think, Think the Opposite. Penguin Books, London 2006.

Birkenmeier, Beat / Brodbeck, Harald: Wunderwaffe Innovation. Was Unternehmen unschlagbar macht – ein Ratgeber für Praktiker. Orell Füssli Verlag, Zürich 2010.

Bower, Joseph L. / Christensen, Clayton M.: Disruptive Technologies: Catching the Wave. In: Harvard Business Review, January–February 1995.

Brunken, Ingmar P.: Die 6 Meister der Strategie. Ullstein Verlag, Berlin 2005.

Burg, Bob / Mann, J.D.: Go-Givers Sell More. Penguin Books, London 2010.

Buzzell, Robert D. / Gale, Bradley T.: Das PIMS-Programm. Strategien und Unternehmenserfolg. Gabler Verlag, Wiesbaden 1989.

Collins, Jim: How the Mighty Fall. And Why Some Companies Never Give In. HarperCollins, New York 2009.

Clausewitz, Carl von: Vom Kriege. Philipp Reclam jun., bibl. erg. Ausg. 1994, Stuttgart 2005.

Davis, Stan / McIntosh, David: The Art of Business. Make All Your Work a Work of Art. Berrett-Koehler Publishers, San Francisco 2005.

Drucker, Peter F.: Innovation and Entrepreneurship. HarperCollins, New York 1985.

Drucker, Peter F.: Managing for the Future. Butterworth-Heinemann, Oxford 1992.

Drucker, Peter F.: Umbruch im Management. Was kommt nach dem Reengineering? Econ, Düsseldorf 1996.

Eschenbach, Rolf / Eschenbach, Sebastian / Kunesch, Hermann: Strategische Konzepte. Ideen und Instrumente von Igor Ansoff bis Hans Ulrich. 5. Aufl., Schäffer-Poeschel Verlag, Stuttgart 2008.

Flascha, Katja / Hanisch, Michael / Hartmann, Egbert E.: Strategieentwicklung. Gundlagen – Konzepte – Umsetzung. Das Praxisbuch für den Mittelstand. Frankfurter Allgemeine Buch. Frankfurt am Main 2008.

Foster, Richard N.: Assessing Technological Threats. In: The International Journal of Research/Technology Management, July–August 1986.

Gale, Bradley T.: Managing Customer Value. Creating Quality & Service That Customers Can See. The Free Press, New York 1994.

Gälweiler, Aloys: Strategische Unternehmensführung. Campus Verlag, Frankfurt am Main 1987.

Gälweiler, Aloys: Unternehmensplanung. Grundlagen und Praxis. Campus Verlag, Frankfurt am Main 1986.

Gerpott, Torsten J.: Strategisches Technologie- und Innovationsmanagement. Eine konzentrierte Einführung. Schäffer-Poeschel Verlag, Stuttgart 1999 (Uni-Taschenbücher, 2017).

Hamel, Gary / Prahalad, C.K.: The Core Competence of the Corporation. In: Harvard Business Review, May–June 1990.

Hamel, Gary / Prahalad, C.K.: Competing for the future. Harvard Business School Press, Boston, Mass. 1996. Dt.: Wettlauf um die

Zukunft: wie Sie mit bahnbrechenden Strategien die Kontrolle über Ihre Branche gewinnen und die Märkte von morgen schaffen. Ueberreuter, Wien 1997.

Hamel, Gary: Leading the Revolution. Harvard Business School Press, Boston, Mass. 2000.

Henderson, Bruce D./Gälweiler, Aloys (Übersetzung u. Bearbeitung): Die Erfahrungskurve in der Unternehmensführung. 2., überarb. Aufl., Campus Verlag, Frankfurt am Main 1984.

Kerth, Klaus/Asum, Heiko/Stich, Volker: Die besten Strategietools in der Praxis. 5., erw. Aufl., Carl Hanser Verlag, München 2011.

Kiechel, Walter III: The Lords of Strategy. The Secret Intellectual History of the New Corporate World. Harvard Business Press, Boston, Mass. 2010.

Kim, W. Chan/Mauborgne, Renée: Blue Ocean Strategy. How to Create Uncontested Market Space and Make the Competition Irrelevant. Harvard Business School Press, Boston, Mass. 2005. Dt.: Der blaue Ozean als Strategie: wie man neue Märkte schafft, wo es keine Konkurrenz gibt. Hanser Verlag, München 2005.

Kotter, John P.: Die Kraft der zwei Systeme. In: Harvard Business Manager, Dezember 2012.

Lambert, Tom: Key management questions. Smart questions for every business situation. Financial Times Prentice Hall, London 2003.

Lombriser, Roman/Abplanalp, Peter A.: Strategisches Management. Visionen entwickeln, Erfolgspotenziale aufbauen, Strategien umsetzen. 5., vollst. überarb. u. erw. Auflage. Versus Verlag, Zürich 2010 (2012).

Lombriser, Roman/Abplanalp, Peter A./Wernigk, Klaus: Strategien für die KMU. Entwicklung und Umsetzung mit dem KMU*STAR-Navigator. 2., überarb. u. erw. Aufl., Versus Verlag, Zürich 2011.

Machiavelli, Niccolò: Der Fürst. Mit einem Nachwort von Horst Günther. Insel Verlag, Frankfurt 1990.

Mintzberg, Henry: Crafting Strategy. In: Harvard Business Review, July–August 1987.

Mintzberg, Henry/Waters, J.A.: Of Strategies, Deliberate and Emergent. In: Strategic Management Journal, vol. 6, 1985.

Mintzberg, Henry: The rise and fall of strategic planning. Prentice-Hall, New York 1994. Dt.: Die Strategische Planung, Aufstieg, Niedergang und Neubestimmung. Hanser Verlag, München 1995.

Mintzberg, Henry/Alstrand, Bruce/Lampel, Joseph: Strategy safari. The complete guide through the worlds of strategic management. Financiel Times Prentice Hall, London 1998. Dt.: Strategy Safari: eine Reise durch die Wildnis des strategischen Managements. Redline Wirtschaft bei Ueberreuter, Frankfurt am Main 2002.

Mintzberg, Henry: The strategy process: concepts, contexts, cases. Pearson Education, Harlow 2003.

Müller-Stewens, Günter/Lechner, Christoph: Strategisches Management. Wie strategische Initiativen zum Wandel führen. 4., überarb. Aufl., Schäffer-Poeschel Verlag, Stuttgart 2011.

Nagel, Reinhart/Wimmer, Rudolf/osb international: Systemische Strategie-Entwicklung. Modelle und Instrumente für Berater und Entscheider. 2. Aufl., Klett-Cotta, Stuttgart 2004.

Oettinger, Bolko v. (Hrsg.): Das Boston Consulting Group Strategie-Buch. Die wichtigsten Managementkonzepte für den Praktiker. 5. Aufl., Econ, Düsseldorf 1997.

Osterwalder, Alexander/Pigneur, Yves: Business Model Generation. Ein Handbuch für Visionäre, Spielveränderer und Herausforderer. Campus Verlag, Frankfurt am Main 2011.

Porter, Michael E.: Competitive Strategy. Free Press, New York 1980. Dt.: Wettbewerbsstrategie. Methoden zur Analyse von Branchen und Konkurrenten. 10., durchgesehene und erw. Aufl., Campus Verlag, Frankfurt am Main 1999.

Porter, Michael E.: Competitive Advantage. Free Press, New York 1985. Dt.: Wettbewerbsvorteile: Spitzenleistungen erreichen und behaupten. 4., durchgesehene Aufl., Campus Verlag, Frankfurt am Main 1996.

Porter, Michael E.: Competitive Advantage of Nations. The Free Press, New York 1990. Dt.: Nationale Wettbewerbsvorteile: erfolgreich konkurrieren auf dem Weltmarkt. Ueberreuter, Wien 1993.

Pümpin, Cuno: Strategische Führung in der Unternehmungspraxis: Entwicklung, Einführung und Anpassung der Unternehmungsstrategie. Schweizerische Volksbank cop., Bern 1980.

Pümpin, Cuno: Management strategischer Erfolgspositionen: das SEP-Konzept als Grundlage wirkungsvoller Unternehmungsführung. 2. Aufl., Verlag Paul Haupt, Bern 1983.

Pümpin, Cuno: Strategische Erfolgspositionen: Methodik der dynamischen strategischen Unternehmensführung. Verlag Paul Haupt, Bern 1992.

Reeve, Michael D. (Hrsg.): Epitoma rei militaris. Oxford Medieval Texts. Oxford 2004. [Flavius Vegetius: De Re Militari]

Robert, Michel: Strategy II. Pure & simple. How Winning Companies Dominate Their Competitors. McGraw-Hill, New York 1998.

Sawyer, Ralph D.: Sun Tzu. Art of War. Westview Press, Boulder, Col. 1994.

Scheuss, Ralph: Handbuch der Strategien. 220 Konzepte der weltbesten Vordenker. Campus Verlag, Frankfurt am Main 2008.

Simon, Hermann / von der Gathen, Andreas: Das grosse Handbuch der Strategieinstrumente. Werkzeuge für eine erfolgreiche Unternehmensführung. 2., überarb. u. erw. Aufl., Campus Verlag, Frankfurt am Main, 2002 (2000).

Simon, Walter: Kursbuch Strategieentwicklung. Analyse, Planung, Umsetzung. Redline Wirtschaft, München 2008.

Simons, Robert: Seven Strategy Questions. A Simple Approach for Better Execution, Harvard Business Review Press, Boston, Mass. 2010.

Sprenger, Reinhard K.: Radikal führen. Campus Verlag, Frankfurt am Main 2012.

Stern, Carl W. / Deimler, Michael S. (Edts.): The Boston Consulting Group on Strategy. Classic Concepts and New Perspectives. 2nd ed., John Wiley & Sons, Inc., Hoboken, NJ. 2006.

Stöger, Roman: Strategieentwicklung für die Praxis. Kunde, Leistung, Ergebnis. 2. Aufl., Schäffer-Poeschel Verlag, Stuttgart 2010.

Sun Tzu (Sunzi): Die Kunst des Krieges. Insel Verlag, Frankfurt am Main 2009.

Thommen, Jean-Paul: Betriebswirtschaftslehre. Versus Verlag, Zürich 2007.

Tregoe, Benjamin B. / Zimmermann, John W.: Top Management Strategie: der Schlüssel zum erfolgreichen Management. Verlag moderne industrie, Zürich 1981.

Ulrich, Hans: Gesammelte Schriften, Bd. 1–5. Hrsg. von der Stiftung zur Förderung der Systemorientierten Managementlehre, St. Gallen. Verlag Paul Haupt, Bern 2001.

Ulrich, Hans: Das Unternehmen als produktives soziales System, Grundlagen der allgemeinen Unternehmungslehre. Gesammelte Schriften, Bd. 1. Hrsg. von der Stiftung zur Förderung der Systemorientierten Managementlehre, St. Gallen. Verlag Paul Haupt, Bern 2001.

Ulrich, Hans: Unternehmenspolitik. Gesammelte Schriften, Bd. 2. Hrsg. von der Stiftung zur Förderung der Systemorientierten Managementlehre, St. Gallen. Verlag Paul Haupt, Bern 2001.

Venzin, Markus / Rasner, Carsten / Mahnke, Volker: Der Strategieprozess. Praxishandbuch zur Umsetzung im Unternehmen. 2., erw. Aufl., Campus Verlag, Frankfurt am Main 2010.

Walsh, Ciaran: Key management ratios. Financial Times Prentice Hall, London 2003.
Wenger, Andreas: www.organisationsdesign.ch, 2013.
Zook, Chris: Profit From The Core. Growth Strategy In An Area Of Turbulence. Harvard Business School Press, Boston, Mass. 2001.
Zook, Chris: Beyond The Core. Expand your Market Without Abandoning Your Roots. Harvard Business School Press, Boston, Mass. 2004.

Stichwortverzeichnis

123

7Q 234

A

ABC-Analyse 158
Adjacencies 224
Analyse, strategische 127
Analysebedarf 142
Analyseinstrumente 140
Ansoff, Igor 20
Ansoff-Matrix 21, 226
Arbeitssitzungen 95, 139

B

Blue-Ocean-Strategie 36
Brainstorming 214
Budgetierung 321
Businesspläne 280

C

Change Management 69, 343
Clausewitz 19
Controlling 309, 322

D

Disruptive Innovation 52

E

Eckwertecontrolling 312
Eignerstrategie 113
Entscheidungsprozess 92
Erfahrungskurve 46, 166
Erfolgsfaktoren 54
Erfolgspotenziale 22, 54
Erweiterte Business Model Canvas (eBMC) 228

F

Finanzanalyse 153
Frühwarnsystem 309
Fünf-Kräfte-Modell 24, 28
Funktionalkonzepte 61, 267, 276

G

Gälweiler, Aloys 22, 57
Geschäftsfelder 198
Geschäftsfeldgliederung 160, 194
Geschäftsfeldportfolio 195
Geschäftsfeldstrategie 61, 83
Grundstrategien 256

H

Hamel, Gary 26

I

Innovation 52, 338
Integrierte Strategieentwicklung 65

K

Kernkompetenzen 27, 164, 196
Kommunikation 327
Komplexitätskurve 48
Konkurrenzanalyse 150
Kostenstrukturanalyse 154
Kurzstrategie 101

L

Leitbild 33, 114, 247
Leitlinien 116, 344
Leitplanken 144
Lenkungsausschuss 89, 94, 204, 252, 270, 300

M

Machiavelli 19
Markt- und ressourcenorientierte Ansatz 28, 29
Marktorientierter Ansatz 24
Marktsegmentierung 159
Massnahmencontrolling 314
Mintzberg, Henry 30
Mittelfristplanung 321

N

Normstrategien 202

O

Operative Führung 22

P

PIMS 170
Planung der Strategie 263
Planungsprozess 316
Porter, Michael 24
Portfolio-Analyse 168
Positionierung 82, 181
Prahalad, C.K. 26
Prämissencontrolling 310
Projektdokumentation 96
Projektleitung 90
Projektmitarbeiter 90
Projektteam 70
Pümpin, Cuno 34

R

Ressourcenorientierter Ansatz 26
Rollen 89

S

SEP 34
Projektsetup 120
Shareholder-Strategie 113
Shareholder-Value 43
S-Kurve 50
Steuerungsgrössen 58

Störungsanalyse 288
Stossrichtungen 232
Strategic Issue Management 21
Strategieabschluss 302
Strategieentwicklung 40, 42, 65, 344
Strategieentwicklungsprozess 77
Strategieerarbeitung 67, 104
Strategiefreigabe 291
Strategiegestaltung 209
Strategieplanung 30, 263
Strategie-Review 320
Strategieumsetzung 307
Strategische Analyse 127
Strategische Ausrichtung 241, 255
Strategische Erfolgsfaktoren und Erfolgspotenziale 54
Strategische Erfolgspositionen (SEP) 34
Strategische Führung 22
Strategische Gesetzmässigkeiten 45
Strategische Initiativen 106, 318
Strategische Positionierung 82, 181
Strategische Stossrichtungen 232
Strategische Vorgaben 81, 111
Strategischer Planungsprozess 316
Strategisches Controlling 309, 322
Strategisches Management 17, 61
Substitutionsanalyse 167
Sun Tzu 18
SWOT 172, 193, 201
SWOT-GAP-Analyse 216, 230
Systemorientierter Ansatz 32, 42

U

Ulrich, Hans 32
Umfeldanalyse 20, 148
Unternehmensbereiche 118
Unternehmensführung 33
Unternehmenspolitik 33, 61, 114
Unternehmensstrategie 61, 83, 344

V

Value Proposition 162

W

Wertschöpfungsketten-Analyse 156
Wertvorstellungen 197
Wettbewerbsstrategie 25, 27

Z

Ziele 42, 118

Stichwortverzeichnis

Abbildungsverzeichnis

Kapitel 4

Abbildung 1: Der Strategieentwicklungsprozess 79
Abbildung 2: Zwei Strukturen – ein Unternehmen 85
Abbildung 3: Das Konzept des strategischen Controllings kombiniert das Überprüfen der Annahmen, der strategischen Ziele und Projekte 86
Abbildung 4: Die strategische Planung als eigenständiger Geschäftsprozess 88
Abbildung 5: Entscheidungspunkte im Strategieprojekt 92
Abbildung 6: Das grosse Modell: der volle Prozess 99
Abbildung 7: Vereinfachtes Modell: der einfache Prozess 100
Abbildung 8: Die Kurzstrategie 101
Abbildung 9: Der Top-Management-Strategie-Workshop 103
Abbildung 10: Strategieentwicklung im Kloster 105
Abbildung 11: Die strategische Initiative 107

Kapitel 5

Abbildung 1: Prozessschritt Vorgaben 110
Abbildung 2: Die Unternehmenspolitik nach Ulrich 115
Abbildung 3: Roadmap für Projektsetup 124

Kapitel 6

Abbildung 1: Prozessschritt strategische Analyse 126
Abbildung 2: Arbeitsschritte der strategischen Analyse 129
Abbildung 3: Formulare für die Leitplanken 145
Abbildung 4: Zusammenfassung der Hauptaussage je Analysethema 147
Abbildung 5: Zusammenfassung der Hauptaussage je Analysethema 149
Abbildung 6: Formulare für die Konkurrenzanalyse 152
Abbildung 7: Vorlage für die Finanzanalyse 153
Abbildung 8: Vorgehen zur Kostenstrukturanalyse 155
Abbildung 9: Die Wertschöpfungskette nach Porter 157
Abbildung 10: Die ABC-Analyse 158
Abbildung 11: Das invariante Geschäftsmodell 160
Abbildung 12: Nach Buzzel/Gale: Das PIMS-Programm, 1989 162
Abbildung 13: Vorlage für die Value Proposition 163
Abbildung 14: Formulare für die Erarbeitung von Kernkompetenzen 165
Abbildung 15: Substitution von Langspielplatten durch CD 167
Abbildung 16: Formulare für die Portfolio-Analyse 169
Abbildung 17: Einfache SWOT-Matrix 172
Abbildung 18: Vorlage für erweiterte SWOT-Matrix 173
Abbildung 19: Positionieren der SWOT-Ergebnisse 174
Abbildung 20: Formulare für den ersten Teil der SWOT-GAP-Analyse 175

Kapitel 7

Abbildung 1: Prozessschritt strategische Positionierung 180
Abbildung 2: Vorgehensschritte strategische Positionierung 183
Abbildung 3: SWOT auf Unternehmensebene 193
Abbildung 4: Hauptherausforderungen auf Unternehmensebene 193
Abbildung 5: Portfolio der Geschäftsfelder 195
Abbildung 6: Wertvorstellungen in Anlehnung an H. Ulrich, 2001 197
Abbildung 7: Beschreibung des Geschäftsfelds 198
Abbildung 8: Wettbewerbssituation 199
Abbildung 9: Wettbewerbssituation 200
Abbildung 10: Formulare für die Erfassung der Hauptherausforderungen ..201
Abbildung 11: Normstrategien, die sich direkt aus der SWOT ableiten lassen 202
Abbildung 12: Sofortmassnahmen aus der Analysephase 203

Kapitel 8

Abbildung 1: Prozessschritt Strategiegestaltung 208
Abbildung 2: Vorgehensschritte der Strategiegestaltung 211
Abbildung 3: Formulare zur Beschreibung der strategischen Stossrichtungen 217
Abbildung 4: Aus 200–400 Karten/Ideen aus dem Brainstorming entstehen ca. 30–50 strategische Optionen 223
Abbildung 5: Adjacencies als mehrdimensionaler Ansoff 224
Abbildung 6: Bewertung von Strategischen Optionen mit Adjacencies 225
Abbildung 7: Die Ansoff-Matrix 226
Abbildung 8: Die erweiterte Business Model Canvas 229
Abbildung 9: Formulare zur SWOT-GAP-Analyse Teil 2 230
Abbildung 10: Beispiel eines börsenkotierten Unternehmens 231
Abbildung 11: Beispiel für die Bewertung von Stossrichtungen 233
Abbildung 12: Formular zur Beschreibung der strategischen Stossrichtungen 235

Kapitel 9

Abbildung 1: Prozessschritt strategische Ausrichtung 240
Abbildung 2: Vorgehensschritte der strategischen Ausrichtung 243
Abbildung 3: Formulare für die Zusammenfassung der Grundstrategien pro Geschäftsfeld 257
Abbildung 4: Formulare zur Beschreibung der Grundstrategien 259

Kapitel 10

Abbildung 1: Prozessschritt Planung der Strategie 262
Abbildung 2: Vorgehen für die Planung der Strategie 265
Abbildung 3: Vorlage für den Massnahmenplan 279
Abbildung 4: Der strategische Businessplan 282
Abbildung 5: Die Planerfolgsrechnung: Umsätze, Margen, Kostenstrukturen, Profitabilität 283
Abbildung 6: Die Planbilanz: Anlagevermögen, Kapitalstruktur 284
Abbildung 7: Planmittelflussrechnung: Mittelverwendung, Mittelherkunft, Liquidität 285
Abbildung 8: Schlüsselkennzahlen: Wachstum, Wertschöpfung, Gewinn, Kapitaleinsatz, Kapitalverzinsung 286

Kapitel 11

Abbildung 1: Prozessschritt Freigabe der Strategie 290
Abbildung 2: Vorgehen Freigabe der Strategie 293
Abbildung 3: Die organisatorische Einbindung des strategischen Controllings und der Umsetzungssteuerung (PMO) 297
Abbildung 4: Beispiel Projektzeugnis 303

Kapitel 12

Abbildung 1: Prozessschritt Strategieumsetzung 306
Abbildung 2: Frühwarnsystem für das Ergreifen von Sofortmassnahmen bei unerwarteten Ereignissen 311
Abbildung 3: Bei Abweichungen auf dem Zielpfad werden Massnahmen eingeleitet 313
Abbildung 4: Die strategische Roadmap zeigt den Implementierungsplan der strategischen Key-Projekte 314
Abbildung 5: Massnahmenplan 315
Abbildung 6: Der strategische Planungsprozess als eigenständiger Geschäftsprozess 317
Abbildung 7: Prozessschritte für die Erarbeitung einer strategischen Initiative 319
Abbildung 8: Die Überleitung der Ziele aus dem Strategiereport in die Mittelfristplanung 321
Abbildung 9: Organisationsbeispiel des strategischen Controllings und der dazugehörenden Aufgaben 322

Tabellenverzeichnis

Kapitel 4
Tabelle 1: Übersicht Projektschritte 80
Tabelle 2: Kennzahlen 81
Tabelle 3: Beteiligte und Rollen 89
Tabelle 4: Die Sitzungen des Lenkungsausschusses 93
Tabelle 5: Analysethemen 96

Kapitel 5
Tabelle 1: Rahmenziele für einen Unternehmensbereich 118
Tabelle 2: Vorgehensschritte für das Projektsetup 120

Kapitel 6
Tabelle 1: Vorschlag Agenda für Kick-off-Workshop Tag 1 130
Tabelle 2: Vorschlag Agenda für Kick-off-Workshop Tag 2 131
Tabelle 3: Checkliste für die Vorbereitung 136
Tabelle 4: Drehbuch-Vorlage für den Ablauf des Workshops I Tag 1 137
Tabelle 5: Drehbuch-Vorlage für den Ablauf des Workshops I Tag 2 138
Tabelle 6: Übersicht über die Analyseinstrumente 141
Tabelle 7: Die strategischen Erfolgsfaktoren und ihre Wirkung nach PIMS 170
Tabelle 8: Sofortmassnahmen 176
Tabelle 9: Themenspeicher 177

Kapitel 7
Tabelle 1: Vorschlag Agenda Workshop II Tag 1 185
Tabelle 2: Vorschlag Agenda Workshop II Tag 2 186
Tabelle 3: Checkliste für die Vorbereitung 187
Tabelle 4: Drehbuch für Workshop II Tag 1 188
Tabelle 5: Drehbuch für Workshop II Tag 2 190

Tabelle 6: Ergebnis der Geschäftsfeldgliederung 194
Tabelle 7: Die bestehenden Kernkompetenzen mit Hinweisen
           für die Normstrategien 196
Tabelle 8: Die aufzubauenden Kernkompetenzen 196
Tabelle 9: Zusammenfassung der 6 Schlüsselgrössen 201
Tabelle 10: Vorlage für die Entscheidungsunterlage 204
Tabelle 11: Agenda für den Lenkungsausschuss 205

Kapitel 8
Tabelle 1: Die Agenda für den ersten Tag des dritten Workshops 212
Tabelle 2: Die Agenda für den zweiten Tag des dritten Workshops 215
Tabelle 3: Drehbuch für Workshop III Tag 1 218
Tabelle 4: Drehbuch für Workshop III Tag 2 219
Tabelle 5: Übersicht über die Werkzeuge der Gestaltungsphase 221
Tabelle 6: Strategische Optionen nach Ansoff 227

Kapitel 9
Tabelle 1: Vorschlag Agenda für Workshop IV Tag 1 245
Tabelle 2: Vorschlag Agenda für Workshop IV Tag 2 248
Tabelle 3: Drehbuch Vorlage für den Ablauf des Workshops IV 250
Tabelle 4: Entscheidungsvorlage Strategische Ausrichtung 252
Tabelle 5: Agenda für die Lenkungsausschusssitzung III 253
Tabelle 6: Instrumente für die strategische Ausrichtung 255
Tabelle 7: Vorlage zur Beschreibung der Grundstrategien 256

Kapitel 10
Tabelle 1: Die Funktionalkonzepte nach Ulrich 267
Tabelle 2: Vorschlag Agenda für Workshop V Tag 1 269

Tabelle 3:	Vorschlag Agenda für Workshop V Tag 2	271
Tabelle 4:	Liste der Instrumente	275
Tabelle 5:	Die Aufgaben von Funktionalkonzepten	277

Kapitel 11

Tabelle 1:	Vorschlag Agenda für Workshop VI Tag 1	295
Tabelle 2:	Vorschlag Agenda für Workshop VI Tag 2	298
Tabelle 3:	Entscheidungsvorlage für die Freigabe der Strategie	300
Tabelle 4:	Agenda für die Lenkungsausschusssitzung	301

Kapitel 12

Tabelle 1:	Elemente des Prämissencontrollings	310
Tabelle 2:	Elemente des Eckwertecontrollings	312
Tabelle 3:	Agenda für einen jährlichen Strategie-Review	320
Tabelle 4:	Meetings für die Umsetzungssteuerung	323

Danke

Ich danke allen, die mich während der vergangenen 25 Jahren in die Strategieentwicklung eingeführt und mich bei den vielen Projekten begleitet und unterstützt haben. Dabei möchte ich Herrn Reinhard Krause hervorheben, der mir ein guter Lehrmeister und ein strenger und hartnäckiger Chef gewesen ist. Mein Dank gilt Christian Gassner, mit dem ich die ersten Gehversuche bei der Leitung und Moderation von Workshops machen durfte, Andreas Ernst, ohne den ich in einem grossen PDM-Projekt verloren gewesen wäre, den vielen anderen Kollegen und Mitstreitern in St. Galler Zeiten, den Kollegen aus Zürcher Zeiten, namentlich Andreas Laschke, Gerrit Stein und Felix Binder, die in nächtelangen Sessions die Unterlagen für den folgenden Tag vorbereitet haben. Auch all den Kunden und Partnern, die ich hier nicht namentlich aufführen kann, die aber mit ihren Forderungen nach klaren und verwertbaren Resultaten es erst ermöglicht haben, dass ich mich heute getraue, meine Erfahrungen in einem Buch vorzulegen.

Allen voran aber möchte ich meinem Vetter Fridolin Furger danken. Ohne ihn gäbe es dieses Buch gar nicht. In unzähligen Stunden und mit einer bewundernswerten Konzentration und Beharrlichkeit hat er die Texte Satz um Satz durchgelesen, umgeschrieben und ist viele Male auf mich zugekommen mit Bemerkungen wie: «Das kann man nicht so schreiben!», «Das verstehen die Leser so nicht!» oder «Was meinst du denn damit genau!». Wenn das Buch heute verständlich daherkommt, so ist das vor allem sein Verdienst.

Dafür nochmals meine Anerkennung und meinen herzlichsten Dank.

«Endlich ein Buch, das Sie Ihren Mitarbeiterinnen und Mitarbeitern als praktischen Leitfaden in die Hände geben können. Unsere Mitarbeiter haben selbstständig ein Strategie-Projekt aufgesetzt und mithilfe der verfügbaren elektronischen Tools und Checklisten in kürzester Zeit erste Ziele erreicht. Die vielen praktischen Ratschläge motivieren die Mitarbeiter in ihrer Teamarbeit und weisen einen hohen Lerneffekt auf. Ich kann diesen Strategie-Leitfaden jedem CEO und jeder Führungskraft nur empfehlen, der das volle Potenzial seiner Mitarbeiter für das Unternehmen ausschöpfen möchte.

Es wird Ihnen helfen, gemeinsam mit Ihren Mitarbeitern die Zukunft Ihres Unternehmens zu gestalten.»

Werner Tschan
Verwaltungsrat und Geschäftsführer,
SWAP (Sachsen) GmbH Verbundwerkstoffe
D-09669 Frankenberg/Sa